Albert Raffelt

Theologie studieren

D1701711

GRUNDLAGEN THEOLOGIE

Albert Raffelt

Theologie studieren

Einführung ins wissenschaftliche Arbeiten

7. Auflage

HERDER
FREIBURG · BASEL · WIEN

Vorangegangene Auflagen:
1.–5. Auflage: Proseminar Theologie: 1975, ²1977, ³1981, ⁴1985, ⁵1992
6. Auflage: Theologie studieren. Wissenschaftliches Arbeiten und Medienkunde: 2003

Überarbeitete und erweiterte Neuausgabe
(7. Auflage des Gesamtwerks)

© Verlag Herder GmbH, Freiburg im Breisgau 2008
Alle Rechte vorbehalten
www.herder.de
Einbandgestaltung: Finken & Bumiller, Stuttgart
Satz: Barbara Herrmann, Freiburg
Herstellung: fgb · freiburger graphische betriebe
www.fgb.de
Gedruckt auf umweltfreundlichem, chlorfrei gebleichtem Papier
Printed in Germany

ISBN 978-3-451-29815-8

Inhalt

Einleitung

Das Thema »wissenschaftliches Arbeiten« umspannt ein großes Gebiet. Fragen der persönlichen Arbeitsmethoden gehören ebenso dazu wie das Feld der Bürotechnik, das Buch- und Bibliothekswesen und inzwischen – in rasant sich steigerndem Umfang – diverse technische Medien. Um so wichtiger ist die Abgrenzung und Selbstbescheidung einer jeden Anleitung in diesem Bereich. Das vorliegende Buch möchte dem Studienanfänger, aber auch demjenigen, der erstmals im Laufe seines Theologiestudiums eine größere, selbständige wissenschaftliche Arbeit unternimmt, die nötigen handwerklich-technischen Kenntnisse vermitteln und ihn in die weiterführende Literatur einweisen. Die Erfahrung zeigt, dass solche einfachen technischen Kenntnisse im Allgemeinen kaum am Studienbeginn für den Rest des Lebens erworben werden können; manche zunächst als überflüssige Quisquilie belächelte Empfehlung zeigt ihren Sinn vielleicht erst bei der Abfassung einer Dissertation. Auch dafür möchte das Bändchen in seinem Rahmen als bequemes Nachschlagewerk dienen.

Die einzelnen Kapitel sind so gegliedert, dass sie in etwa dem Gang einer solchen wissenschaftlichen Arbeit folgen. Zunächst wird aber versucht, die derzeitige Situation einer durch die neuen Kommunikationstechnologien stark mitbestimmten Studienumwelt zu skizzieren, da sie ständig in die konkreten Arbeitsschritte, die hier beschrieben werden, hineinspielt. Manche Dinge werden hier schon genannt, die später wieder in einem neuen Kontext auftauchen. Solche Redundanzen schienen sinnvoller, als eine zu strenge Systematik. Sodann werden Grundinformationen über die Studieninstitutionen, über Bibliotheken und Buchhandel geboten. Im folgenden Kapitel wird versucht, eine Typologie der Fachliteratur der Theologie zu umreißen. Da diese zum Teil ihr Gegenstück in der digitalen Welt hat, schließt sich ein Kapitel über »digitale Bibliotheken« an, in dem zum Teil die Ausgangsinformationen weitergeführt werden. Sich in dieser komplexen Welt zurechtzufinden, setzt die Fähigkeit, in Bibliothekskatalogen und -portalen zu suchen, und erste Kenntnisse der Bibliographie voraus. Die Gestaltung des eigenen Arbeitsplatzes muss heutzutage traditionelle Elemente bewahren, aber auch den effektiven Umgang mit den neuen Möglichkeiten erleichtern. Die Beschäftigung mit Literatur erfordert einen Blick auf das Problem des rechten Lesens und schriftlichen Fixierens des Erarbeiteten. Das führt zur Frage des »Archivierens« der eigenen wissenschaftlichen Materialien. Ordnungsmittel und Klassifikationssysteme können hier hilfreich sein. Die Gestaltung schriftlicher Arbeiten – aber auch der Vortrag eines Referats bzw. die »Präsentation« eines erarbeiteten Gegenstandes – und schließlich die Drucklegung oder die elektronische Publikation stellen einige allgemeine inhaltliche sowie viele äußerlich-formale Probleme, für die erprobte Lösungsvorschläge geboten werden sollen. Knapper gesagt, der Aufbau folgt dem Schema: die Umwelt – die Institutionen – die Medien – der Arbeitsplatz – die Arbeit – das Produkt.

Die Auswahl der Themen erfolgte ursprünglich aufgrund praktischer Erfahrungen in Seminarübungen. Selbstverständlich konnte für zahlreiche Fragen auf Literatur zurückgegriffen werden. Viele derartige Werke speichern ein Gutteil »geronnener Erfahrung«. Sie sollten hier nicht nochmals abgeschrieben werden, und daher wird demjenigen, der dieses Bändchen zu Rate zieht, durchaus empfohlen, möglichst noch ein weiteres Werk der Gattung »Einführung in das wissenschaftliche Arbeiten« kritisch gegenzulesen[1]. An einzelnen Punkten wird immer wieder auf der-

---

[1] Aus der umfangreichen Literatur seien einige gängige Bücher genannt, zunächst zu den traditionellen Techniken: Johannes E. HEYDE: *Technik des wissenschaftlichen Arbeitens*. Berlin : Kiepert, [10]1970; Oskar Peter SPANDL: *Die Organisation der wissenschaftlichen Arbeit*. Braunschweig : Vieweg, [2]1980 (Vieweg-Studium ; 9). – Ein weiteres Spektrum beziehen ein: Friedhelm HÜLSHOFF ; Rüdiger KALDEWEY: *Mit Erfolg studieren : Studienorganisation und Arbeitstechniken*. München : Beck, [3]1993; Hella und Jürgen DAHMER: *Effektives Lernen : Anleitung zu Selbststudium, Gruppenarbeit und Examensvorbereitung*. Stuttgart : Schattauer, [4]1998. – Nicht auf die Wissenschaften beschränkt ist der

artige gründlichere Darstellungen verwiesen, die im Bedarfsfall zur Vertiefung herangezogen werden können.

Als zu Beginn des 20. Jahrhunderts der Exeget Leopold Fonck SJ sein einschlägiges umfangreiches Werk veröffentlichte[2], behandelte er noch eine ganze Reihe anderer Fragen. Sie mussten aus vielen Gründen hier ausgeklammert werden. So ist es nicht die Aufgabe der folgenden Seiten, in die spezifische *Methodologie* der theologischen Fächer einzuführen. Dies wäre sowohl wegen der hohen Spezialisierung dieser Methoden als auch wegen deren Vielfalt nicht möglich[3]. Auch eine allgemeine Einführung in die

---

Adressatenkreis von Wolfgang ZIELKE: *Handbuch Lern-, Denk-, Arbeitstechniken.* München : mvg, 1988 bzw. Bindlach : Gondrom-Verlag, 1995. – Eines der besten Werke für die Theologie – eine Arbeit des derzeitigen Leiters der Vatikanischen Bibliothek, Kardinal Farina – liegt leider nur auf Italienisch vor: Raffaello FARINA: *Metodologia : Avviameno alla tecnica del lavoro scientifico.* 4. Aufl., 3. Nachdruck. Roma : LAS, 1996 (Biblioteca di scienze religiose ; 71). – Durch die Entwicklung der elektronischen Datenverarbeitung sind allerdings neue Möglichkeiten für viele Arbeitsvorgänge und Details wissenschaftlichen Arbeitens gegeben. Vgl. Ute u. Helmut MOCKER ; Matthias WERNER: *PC-Einsatz in den Geisteswissenschaften : EDV-Anwendungen für das Studium sinnvoll nutzen.* München : dtv, 1993; Werner SESINK: *Einführung in das wissenschaftliche Arbeiten: Internet, Textverarbeitung, Präsentation.* München : Oldenbourg, [7]2007; Georg RÜCKRIEM ; Joachim STARY: *Techniken wissenschaftlichen Arbeitens: Recherchieren, Präsentieren ; multimediale Präsentationen ; interaktive Übungen und Beispiele ; Glossar, Notizfunktion, Formblätter: CD-ROM.* Berlin : Cornelsen Scriptor, 2001; Manuel René THEISEN: *Wissenschaftliches Arbeiten : Technik, Methodik, Form.* München : Vahlen, [13]2006. Eine wertende Übersicht unter bibliothekarischem Blickpunkt bietet Wilfried SÜHL-STROHMEN-GER: Das Bibliothekswesen als eigene wissenschaftliche Disziplin: Was Studierende in »Einführungen zum wissenschaftlichen Arbeiten« über Bibliotheken und Literaturrecherche so alles erfahren. In: *Buch und Bibliothek 57* (2005), S. 735–743.

[2] Leopold FONCK: *Wissenschaftliches Arbeiten : Beiträge zur Methodik und Praxis des akademischen Studiums.* Innsbruck : Rauch, 1908. – [3]1926. – Immer noch ein lesenswertes Buch!

[3] Methodologische Einführungen werden ggf. im Abschnitt 17.7 bei den Einzelfächern genannt. Entwürfe, die die methodische Einheit der Theologie als ganzer zu bedenken suchen, sind insbesondere Bernard J. F. LONERGAN: *Methode in der Theologie.* Leipzig : Benno-Verlag, 1992, und in ganz anderer

Theologie ist nicht beabsichtigt[4]. Eine Darstellung der Geschichte der universitären Unterrichtsformen musste ebenso unterbleiben wie Ausführungen zur *Lernpsychologie* und -motivation[5], zu außerwissenschaftlich-praktischen Fragen des *Studienbeginns* von

Weise Wolfhart PANNENBERG: *Wissenschaftstheorie und Theologie*. Frankfurt a. M. : Suhrkamp, 1987 (stw ; 676).

[4] Solche Einführungen gibt es von verschiedenen Theologen unterschiedlicher Ausrichtung wie Karl BARTH, Wolfgang BEINERT, Gerhard EBELING, Peter EICHER, Helmut GOLLWITZER, Hans GRASS, Bernhard MAURER; vgl. vor allem jetzt auch Josef WOHLMUTH (Hrsg.): *Katholische Theologie heute : Eine Einführung in das Studium*. Würzburg : Echter, [2]1995; Wolfgang KLAUSNITZER: *Grundkurs katholische Theologie : Geschichte – Disziplinen – Biographien*. Innsbruck : Tyrolia, 2002; Barbara HENZE (Hrsg.): *Studium der katholischen Theologie : eine themenorientierte Einführung*. Paderborn : Schöningh, 1995 (UTB ; 1894). *Katholische Theologie studieren: Themenfelder und Disziplinen* / Andreas LEINHÄUPL-WILKE ; Magnus STRIET (Hrsg.). Münster : LIT, 2000 (Münsteraner Einführungen ; 1); *Evangelische Theologie studieren* / Wolfgang MARHOLD (Hrsg.). Münster : LIT, 2001 (Münsteraner Einführungen ; 2); Eva-Marie BECKER ; Doris HILLER (Hrsg.): *Handbuch Evangelische Theologie : Ein enzyklopädischer Zugang*. Tübingen : Francke, 2006 (UTB ; 8326); Michael ROTH (Hrsg.): *Leitfaden Theologiestudium*. Göttingen : Vandenhoeck und Ruprecht, 2005 (UTB ; 2600 S). – In diesem Zusammenhang wären auch die von der Konzeption eines Einführungskurses nach dem Vaticanum II inspirierten Werke von Karl RAHNER: *Grundkurs des Glaubens*. Freiburg i.Br. : Herder, 1976 (kritische Ausgabe in K. RAHNER: *Sämtliche Werke*. Bd. 26. Freiburg 1999, Sonderausgabe dieser Textfassung 2008) bis hin zu Medard KEHL: *Hinführung zum christlichen Glauben*. Mainz : Grünewald, 1984, zu vergleichen. – In anderer Weise (zugleich als geschichtlicher und sachlicher Überblick bei möglichst großer Zurückhaltung des eigenen Standpunkts) bietet eine Einführung Alister E. MCGRATH: *Der Weg der christlichen Theologie*. München : Beck, 1997. Die Überschriften der drei Teile: Wegmarken – Epochen, Themen und Personen christlicher Theologie / Quellen und Methoden / Christliche Theologie.

[5] Vgl. zu ersterem das in Anm. 2 genannte Werk von L. FONCK sowie Joseph DE GHELLINCK: *Les exercices pratiques du »séminaire« en théologie*. Paris : DDB, [4]1948; Joseph F. MITROS: *Religions*. Louvain : Nauwelaerts, 1974, S. 14–61 mit umfangreicher Bibliographie S. 55ff. – Zu Lerntechnik etc. bes. aus Anm. 1 ZIELKE und DAHMER sowie Kurt W. KOEDER: *Studienmethodik : Leitfaden für ein effizientes Studium*. München : Vahlen, [4]2007, und Regula SCHRÄDER-NAEF: *Rationeller Lernen lernen : Ratschläge und Übungen für alle Wißbegierigen*. Weinheim : Beltz, [21]2003 und Augsburg : Weltbild 2007.

der Wohnungssuche bis zum Stipendienwesen[6], des *Studienabschlusses* – etwa der Promotion[7] – und des Einstiegs in den *Beruf*[8]. Schließlich konnte auch der Fragenkreis um die »Spiritualität« des Wissenschaftlers und Theologen nicht besprochen werden[9]. Die Neubearbeitung des zunächst unter dem Titel *Proseminar Theologie* in bislang sechs Auflagen erschienenen Buches erstreckt sich auf alle Teile. Bei der fünften Auflage des *Prosemi-*

---

[6] Dazu etwa HÜLSHOFF/KALDEWEY (Anm. 1) und Wolfgang HENNIGER (Hrsg.): *Uni-Start : Das Orientierungsbuch für den Studienanfänger.* Frankfurt : Cornelsen Verl. Scriptor, ⁵1993.

[7] Vgl. Ansgar NÜNING ; Roy SOMMER (Hrsg.): *Handbuch Promotion : Forschung – Förderung – Finanzierung.* Stuttgart : Metzler, 2007.

[8] Hier wird man während des Studiums die entsprechenden Anlaufstellen ausmachen, die ja für Theologen zumeist im kirchlichen oder staatlichen Bereich (Schule, Bildungseinrichtungen, Bibliotheken) liegen, aber auch im Verlagswesen u. a. m. Bei der derzeitigen beruflichen Situation ist es jedenfalls sinnvoll, frühzeitig Informationen über interessierende Arbeitsfelder einzuholen, um sich ggf. auch durch Praktika usw. vorbereiten zu können, Beziehungen zu entsprechenden Institutionen anzuknüpfen usw. Ganz allgemeine berufskundliche Informationen entnimmt man den *Blättern zur Berufskunde.* Bielefeld : Bertelsmann, die in Einzelheften erscheinen (Band 3 umfasst die Hefte für Berufe mit Universitätsstudium) vgl. auch die Informationen der Bundesagentur für Arbeit: <http://berufenet.arbeitsagentur.de/>. Das in Anm. 1 angeführte Buch von HÜLSHOFF/KALDEWEY enthält ein Kapitel »Der Start in den Beruf«, das einschlägige Tips gibt, seinerseits aber schon einen solchen Informationsprozess voraussetzt. Auch die Universitäten selbst kümmern sich inzwischen um diese Fragen, etwa durch »Career Centers«, vgl. als ein Beispiel <http://www.ccenter.uni-freiburg.de/>.

[9] Klassisch sind Adolphe GRATRY: *Die Quellen I : Ratschläge für die Ausbildung des Geistes.* Köln : Oratorium, 1925; Antonin Dalmace SERTILLANGES: *Das Leben des Geistes.* Mainz : Grünewald, 1951; Jean GUITTON: *Sagesse.* Bruges : DDB, 1971. Interessant sind auch vergleichbare Werke bedeutender Wissenschaftler, wie Santiago RAMÓN Y CAJAL: *Regeln und Ratschläge zur wissenschaftlichen Forschung.* München : Reinhard, ⁵1964; Peter B. MEDAWAR: *Ratschläge für einen jungen Wissenschaftler.* München : Piper, 1984. – Hierher gehört auch der Problemkreis Regeln zur Sicherung »guter wissenschaftlicher Praxis«, wie sie etwa die Max-Planck-Gesellschaft oder die Deutsche Forschungsgemeinschaft vorgelegt haben: Vgl. etwa <http://www.mpg.de/pdf/regelnWissPraxis.pdf> und den Anhang zu <http://www.dfg.de/forschungsfoerderung/formulare/download/2_01.pdf>.

nars war die elektronische Datenverarbeitung auf dem PC (Personal computer) als neuer Punkt dazugekommen, da die preisliche Entwicklung von Hard- und Software diesen Bereich für manche Formen wissenschaftlicher Arbeit, besonders für die Textverarbeitung, unentbehrlich zu machen begann. Damit war ein neues Problem für diese Einführung aufgetaucht: Die schnelle Entwicklung in der Technologie setzt Grenzen für Buchveröffentlichungen. Es können hier nur allgemeine Hinweise gegeben werden, praktische Tips für einen einfachen und überlegten Einsatz. Für die konkreten Fragen der Geräteausstattung – die zu Zeiten, als es nur um mechanische oder elektrische Schreibmaschinen ging, relativ klar zu beantworten waren – halte man sich an die jeweils aktuelle Zeitschriftenliteratur für diesen Markt.

In der Neuausgabe 2003 waren Internet und digitale online-Bibliotheken schon ein wichtiges Thema. Die Entwicklung ist weiter fortgeschritten. Inzwischen ist das Internet durchaus schon als ein *primäres* Informationsmedium anzusprechen. Suchmaschinen, allgemeine und Fachportale, neue kommunikative Techniken spielen eine immer größere Rolle. Damit wächst zugleich das Problem der *Evaluation* des so Zugänglichen. Was auf dem Buchmarkt durch eingespielte Verfahren – zumindest im Bereich der Wissenschaft – einigermaßen übersichtlich war, ist nun eine offene Welt, für die Orientierungsmaßstäbe entwickelt werden müssen. Dabei begleiten die neuen Technologien eigentlich alle Arbeitsstufen, von denen hier zu reden ist.

Schon in den letzten Auflagen mussten wegen dieses Anwachsens der Thematik klassische Arbeitstechniken weggelassen werden, soweit sie nur historisch von Interesse sind. Da herkömmliche Verfahren aber durchaus nicht in *allen* Fällen durch neue Angebote und Techniken ersetzt sind, muss diese Einführung gelegentlich doch die weiterhin sinnvolle traditionelle *und* die mögliche neue Perspektive skizzieren.

Selbstverständlich wurde versucht, neue Normen u. ä. einzubeziehen. Auch der Literaturteil musste gründlich revidiert werden, da eine Fülle neuer Handbücher und Hilfsmittel erschienen, aber auch umgekehrt viele klassische Informationsmittel durch elektronische Angebote überflüssig geworden sind und inzwischen viele Formen des elektronischen Publizierens auf CD, DVD oder auch als Online-Netzangebot in studienrelevanten Bereichen vorliegen.

Für die freundliche Kritik des Buches von der ersten Auflage an bin ich dankbar. Sie zeigt manchmal indirekt Probleme an: So ist das Aufbauschema des Literaturteils nicht immer deutlich erfasst worden; besonders die eigene Auflistung lexikalischer Werke in 17.5, auf die jeweils im »Fachteil« 17.7 verwiesen wird, hat zu Vermisstmeldungen geführt. – Ein gewisses Befremden über die Zitierregeln nach DIN 1505 T. 2 seit der 4. Auflage war durchaus vorauszusehen. Angesichts einer vorliegenden Norm, die ja in Übereinstimmung mit Regelwerken für andere bibliographische und bibliothekarische Unternehmungen steht und auch einen Hintergrund in internationalen Absprachen hat (ISBD – International standard book description), schien es mir aber nicht möglich, stattdessen wie in der 1. bis 3. Auflage des *Proseminar Theologie* eigene Vorschläge anzubieten (die mir persönlich und anscheinend auch manchen Rezensenten manchmal angenehmer schienen und die sicher auch einfacher wären). Inzwischen macht die Allgegenwart dieser Normen über internationale Kataloge im Internet die Entscheidung, sich daran zu orientieren, m. E. noch sinnvoller. Wie man den Vorteil der Norm – die klare Erfassung der einzelnen Kategorien einer Literaturangabe – mit einfachsten Mitteln und ggf. leichten Abweichungen doch wahren kann, ohne etwa in Buchpublikationen ungewöhnliche Formen einzuführen, suchen die Abschnitte 6.4 und 6.6 jeweils kurz anzugeben. Im Übrigen ermöglicht die technische Entwicklung heute den leichten Umgang mit manchen Spezialitäten der Drucktechnik – wie z. B. den Satz von Kapitälchen –, die es nötig und sinnvoll machen, diese Dinge hier anzuführen. Zur Zeit der Entstehung der Norm waren das vielleicht noch eher Seltsamkeiten. Literaturverwaltungsprogramme kennen inzwischen Ausgabefilter, mit denen man unterschiedliche Zitiertypen generieren kann. Aber eben dafür ist es wichtig, die Kategorien zu kennen, die für die Angaben wesentlich sind.

Normen des Deutschen Institus für Normung e. V., also DIN-Normen, sind im Übrigen häufiger genannt. Auch wenn man sich dadurch in seinen privaten Gestaltungen nicht einengen lassen muss, sollte man sie doch kennen, da sie vielfach »passiv« bei der Benutzung irgendwelcher Fremdangebote benötigt werden. Die Automatisierung vieler Bereiche tut das ihrige dazu, dass solche Kenntnisse häufig nützlich sind. Auch wenn in gewisser Weise erschreckend zu sehen ist, was alles genormt wird, so kommt man um die Nennung der einschlägigen Normen nicht herum. Dass es u. U. gute Gründe gibt, Normen nicht anzuwenden oder abzuwandeln, ist aber auch gelegentlich angedeutet.

Das Buch verdankt seine jetzige Form vielen Hinweisen im Laufe seiner verschiedenen Bearbeitungsstufen von Lehrern, Kollegen und Freunden, vor allem an der Theologischen Fakultät und der Universitätsbibliothek in Freiburg i. Br. Besonders nennen möchte ich Karl Kardinal Lehmann, als dessen Assistent in seiner Freiburger Professorenzeit ich die Urform dieser Einführung als Proseminar vor über dreißig Jahren »ausprobieren« konnte. Dipl. theol. Bernhard Krabbe (†) half mir in vielen praktischen Dingen bei den Vorauflagen, woran ich mich in Dankbarkeit erinnere. Besonderer Dank gilt auch den Kolleginnen und Kollegen Thomas Argast, Dr. Michael Becht, Dr. Hermann Josef Dörpinghaus, Dr. Angela Karasch, OStR Norbert Kilwing, Dr. Martin Mayer, Dr. E. Matthias Reifegerste, Dr. Wilfried Sühl-Strohmenger, BDir a. D. Gerhard Schwinge (Karlsruhe) und Dr. Siegfried M. Schwertner (Heidelberg), Dipl. theol. Günter Stitz sowie Herrn Dr. Bruno Steimer und Dr. Peter Suchla vom Verlag Herder und nicht zuletzt meiner Frau Roswitha für Hinweise, Ergänzungen, stilistische Hilfestellung und Korrektur. Viele einzelne Titel konnte ich durch Auskünfte wissenschaftlicher Mitarbeiter der Theologischen Fakultät kontrollieren. Dadurch ist sicher vieles zuverlässiger geworden.

1. Studieren in der Informations- und Mediengesellschaft

Auch wenn man gegenüber futuristischen Szenarios skeptisch ist, kann man nicht leugnen, dass das geisteswissenschaftliche – und damit auch das theologische – Studium heute in einer Umwelt stattfindet, die sich in kurzer Zeit stark verändert hat.

1.1 Neue Medien und neue Kommunikationswege

Vor wenigen Jahren waren gedruckte Medien (Bücher und Zeitschriften) die einzigen Informationsträger, mit denen man es im Theologiestudium zu tun hatte[10]. Archäologische Demonstrationsobjekte oder vielleicht auch Tonträger und filmische Materialien konnten in manchen Fächern noch gelegentlich vorkommen, spielten aber für die Grundinformation letztlich keine Rolle. Die Digitalisierung von Information, vor allem aber ihre Verbreitung im Internet und hier wiederum der Ausbau des World Wide Web zu einem Netz, das Text, Ton, Bild nahezu schrankenlos verbreiten kann und dies immer eleganter mit größeren Übertragungsgeschwindigkeiten und besseren Algorhythmen zur Komprimierung der Information, – dies alles hat eine ganz neue Umwelt geschaffen, in der das Studium stattfindet. Selbst wenn man traditionelle Arbeitsweisen, Lesen, Gliedern und Exzerpieren, das Beschaffen und Durcharbeiten von Büchern etc. nach wie vor für

---

[10] Eine sehr informative Darstellung zu Geschichte und Wandel der Informationsmedien bietet Dietrich KERLEN: *Einführung in die Medienkunde.* Stuttgart : Reclam, 2003 (Universal-Bibliothek ; 17637). Vgl. auch den schönen Vortrag zum Deutschen Bibliothekartag 1999 in Freiburg von Karl Kardinal LEHMANN: *Zeitenwende – Medienwende?* Freiburg : UB, 2001. – Elektronische Ressource: <http://www.freidok.uni-freiburg.de/volltexte/303/>.

grundlegend hält – dies ist im folgenden vorausgesetzt –, so spielt doch ständig der Umgang mit den neuen Techniken in die Arbeitsumwelt hinein.

Die neuen Kommunikationstechniken sind zudem nicht – wie das Telefon oder auch das noch nicht einmal so alte Faxgerät – Hilfsmittel, die man irgendwann *auch einmal* zu einem Studienzweck einsetzen kann. Sie sind vielmehr ständig im Umfeld des wissenschaftlichen Arbeitens präsent. Die Kommunikation mittels e-Mail z. B. – um nur wenige Beispiele zu nennen – ist als Austauschmedium auch für die Einholung wissenschaftlicher Informationen brauchbar, kann für »alerting«-Dienste genutzt werden (automatisierte Information z. B. aus Datenbanken über neue Literatur zu einem gewünschten Thema), kann für den Informationsverteiler eines Seminars in Anspruch genommen werden; das Mobiltelefon kann zum persönlichem Gespräch, wie zur Einholung von Internet-Informationen, Vermittlung von »Mails« usw. benutzt werden und entwickelt sich rasant weiter zu einem multimedialen Kommunikationsmittel; PDAs, »persönliche digitale Assistenten«, können Adressen und Termine verwalten, Texte und Datenbanken an jedem Ort zugänglich halten und manches andere mehr.

1.2 Der Computer als Hilfsmittel

Man muss sich bewusst machen, dass der PC, der Personal Computer, erst rund dreißig Jahre auf dem Markt ist (1981). Auch wenn es vorher schon Kleincomputer gab, sogar solche mit besserer Leistung als die ersten PCs (z. B. der Apple II), so begann doch erst mit dem PC der große Durchbruch der Computertechnologie für den Privatbereich. Seit Ende der 80er Jahre kann man etwa kompliziertere wissenschaftliche Texte mit den gängigen Textverarbeitungsprogrammen einigermaßen zufriedenstellend schreiben und seit der ersten Hälfte der 90er Jahre gilt das auch für exotische Schriften, die man vorher nur mit Spezialausstattungen darstellen konnte. Inzwischen ist durch Unicode sogar die

Austauschbarkeit zwischen verschiedenen Anwendungen prinzipiell möglich. Für den Theologen sind damit in dieser Hinsicht die meisten Anforderungen erfüllt, wenn man davon absieht, dass manche Normen noch nicht überall angewendet werden. Die Anlage großer Datenbanken ist mit leistungsfähigeren Geräten seit etwa derselben Zeit möglich und mit den ständig wachsenden Kapazitäten der Speichermedien (Festplatten, Wechseldatenträger, CDs, wiederbeschreibbare CDs oder DVDs, USB-Sticks, verschiedene Speicherkarten ...) auch unproblematisch geworden. Dies gilt inzwischen selbst für die platzfressende Speicherung von Bild- oder (seit der DVD) Filmmaterial.

Im Gegensatz zu früheren Auflagen dieses Buches braucht deshalb hier keine *grundlegende* Einführung in den Gebrauch des PC mehr gegeben werden. Sein Einsatz ist weitgehend selbstverständlich. Zudem sind die Entwicklungsphasen inzwischen so schnell, dass allzu detaillierte Angaben bald überholt wären. Einige Hinweise folgen im Kapitel über die Gestaltung des eigenen Arbeitsplatzes (7.3 ff.). Die sonstigen Empfehlungen beschränken sich entsprechend auf Anwendungsfragen, die jeweils an ihrem Ort zu behandeln sind.

1.3 Das Internet als Informationsquelle

Die Benutzung des Computers als Hilfsmittel zur Textverarbeitung oder zur Datenaufbereitung und -speicherung (Datenbanken etc.) ist aber selbst nur ein Teilbereich des heutigen Computerarbeitsplatzes. Durch die weltweite online-Vernetzung hat sich der Computer-Arbeitsplatz auch für den Wissenschaftler bzw. für den Studierenden und geistig Arbeitenden grundlegend geändert. In vielen Fällen ist das »Internet« – die Anführungszeichen sollen anzeigen, dass sich dahinter Vielfältigstes, letztlich ein Zugang zur »Welt«, verbirgt – die primäre Anlaufstelle, bei der »Informationen« eingeholt werden: Aussagen über eine *Institution* holt man sich vielfach am einfachsten über deren Leitseite (homepage), Personen und ihre Aufgaben und Funktionen lassen sich oft leicht über Suchmaschinen ermitteln. Wer eine technische Information aus dem Computerbereich erläutert haben möchte, wird sie häufig genug in der vor kurzem noch belächelten *Wikipedia* finden ... Doch setzt gleich hier das Problem der Wertung ein: Eine »homepage« ist eine Selbstdarstellung; der so gefundenen Adresse einer Institution wird man trauen dürfen, aber ihre Darstellung ist oft gleichzeitig Werbung. Das gilt nicht nur für Zusammenhänge der Wirtschaft. Die (jedenfalls derzeit noch) frei für jeden Anwender mitgestaltbare Enzyklopädie *Wikipedia* reizt durchaus Spezialisten zu Beiträgen, bietet aber auch oberflächliche und interessengleitete Beiträge und ist schon genötigt, bei kritischen Feldern Artikel zu sperren (»Vandalismus«, interessegeleitete Fehlinformationen oder Tilgung von Information etc.).

1.4 Orientierung im Internet – die Suchmaschinen als Wege zur Erstinformation

Der rasante Erfolg von *Google* – »googeln« ergibt im »Duden« schon einen Treffer: »*goolgeln* [gu:gln] <engl.>: mit → Google im Internet suchen, recherchieren; Goolgle® [gu:gl] (ohne Artikel) <engl.> ...«[11] – hat wahrlich die Welt verändert, jedenfalls die der schnellen Information. Damit ist deutlich, dass diese Suchmaschine inzwischen ein Quasimonopol hat. Suchmaschinen gab es aber schon vor Google[12]. Suchmaschinen sind Programme zur Suche auf Computern, in Computernetzwerken oder – hier unser Gegenstand – im Internet bzw. World Wide Web. Inzwischen ist es möglich, in den Milliarden von Daten des Internet gezielte Informationen abzurufen. Da der Marktanteil von *Google* z. Z. bei 90 % liegen soll, wird der Schwerpunkt hier auf dieses Instrument gelegt. Es sei aber vorab darauf hingewiesen, dass es

---

[11] Zitat nach <http://www.xipolis.net/> [05.01.08]. Vgl. *Duden, die deutsche Rechtschreibung*. Mannheim : Dudenverlag, [24]2006.
[12] Vgl. hierzu Dirk CHUNG ; Andreas KLÜNDER: *Suchmaschinen-Optimierung : der schnelle Einstieg*. Heidelberg : mitp, 2007.

durchaus sinnvoll ist, die Funktionsweisen und Leistungen anderer Suchmaschinen zu kennen wie *altavista* <http://de.altavista.com/>, *Yahoo* <http://de.yahoo.com/>, *Live Search* (früher: *MSN*) von Microsoft <http://de.msn.com/>[13], *Teoma* bzw. jetzt *Ask* <http://de.ask.com/> und zu wissen, dass es Metasuchmaschinen wie etwa *MetaGer* <http://metager.de/> gibt, bei denen man gleichzeitig über mehrere andere Suchmaschinen suchen, entsprechende Voreinstellungen vornehmen kann u. a. m.[14]

Die große Leistungsfähigkeit der Suchmaschinen – jedenfalls nach dem Durchbruch mit *Google* – hat es vielfach zur Gewohnheit gemacht, nur den »Google-Schlitz« zu benutzen, relativ beliebige Stichwörter einzugeben und die Suche abzuschicken. In vielen Fällen kommt man damit schon zu dem gewünschten Ergebnis – in anderen nicht. Da bei einigermaßen sinnvollen Anfragen fast immer Ergebnisse kommen, hat man leicht den Eindruck, auch schon das Relevante gefunden zu haben. Daher sind einige Überlegungen zu Suchstrategien sinnvoll.

Mehrere Suchbegriffe werden in *Google* automatisch mit dem Operator »and«[15] (und) verbunden. Verwendet man den Operator »or« (oder) werden alle Begriffe gesucht, nicht nur ihre Kombination.

Grundlegend ist, dass man nicht nur Einzelwörter suchen kann, sondern auch Wortfolgen[16]. Diese werden in Anführungszeichen eingeschlossen. Auf diese Weise lassen sich z. B. literari-

---

[13] Zur Zeit der Abfassung dieser Zeilen wird gemeldet, dass Microsoft Yahoo übernommen habe.

[14] Eine amerikanische Untersuchung benannte 2007 als die zehn besten Suchmaschinen: *Quintura* – dann alphabetisch: *Aftervote, Answers.com, Dialogus, Exalad, GoshMe, Kart00, KoolTorch* und *Omigli*. Vgl. *Password* H. 1 (2008), S. 23. Das Interessante daran ist, dass es unterschiedliche Konzeptionen gibt, etwa bei *Quintura* die kontextabhängige »Stichwortwolke« als Ergebnis, die eine Weitersuche unter verwandten Stichwörtern anregt, vgl. <http://www.quintura.com/>.

[15] Die Anführungszeichen sind bei der Eingabe wegzulassen. Sie sollen hier nur das Eingabewort kennzeichnen.

[16] Abweichungen einzelner Suchmaschinen sind im folgenden nicht im Blick, sondern übliche Verfahren.

sche Texte, aber auch Plagiate ermitteln. Bei langen Wortfolgen ist es u. U. sinnvoll, die Suche auch ohne die Anführungszeichen durchzuführen, da Zeilenumbrüche ansonsten die Ergebnisse verringern könnten.

Sucht man qualifizierte wissenschaftliche Texte, ist der Qualifikator »inurl:« verwendbar. Damit kann man etwa durch die ergänzende Anweisung »inurl:uni« nur Seiten von (deutschen) Universitäten aufrufen, deren URLs[17] in der Form aufgebaut sind: <http://www.uni-tuebingen.de>, d. h. meist den Bestandteil »uni« enthalten[18], entsprechend bei Fachhochschulen »fh«, bei Musikhochschulen »mh«, bei Pädagogischen Hochschulen »ph«, bei der Max-Plank-Gesellschaft »mpg« usw. – natürlich ist das Internet kein Normunternehmen und man muss mit derlei Suchen ggf. experimentieren.

Nicht gewünschte URLs können mit »-inurl:« ausgeschlossen werden, also z. B. »-inurl:amazon.de«, wenn man den bekannten Internet-Anbieter ausschließen will.

Gezielte Suche nach URLs ist mit dem Qualifikator »site:« möglich. Dabei kann die URL linkstrunkiert werden, muss nach rechts aber vollständig sein. So findet man mit »site:uni-freiburg.de« und »heidegger« die Heidegger-Seiten der Universität Freiburg im Breisgau oder – raffinierter – mit »site:gov 11 September 2001« die US-amerikanischen Regierungsseiten zu dem

---

[17] Die [bzw. der] URL (Uniform Resource Locator) ist eine Zeichenfolge, die den Zugriff zu einer Ressource im Internet angibt. Am bekanntesten ist die Abfolge zum Anfordern von Seiten im World Wide Web. Sie beginnt mit dem Kürzel http (hypertext transfer protocol), gefolgt von einem Doppelpunkt und zwei Schrägstrichen, einem Servernamen, einem weiteren Schrägstrich und einem Zugriffspfad. Zitiert man URLs, sollte man Trennungen möglichst nur bei einem Schrägstrich vornehmen und vor allem keine zusätzlichen Trennungsstriche vorkommen lassen, die nicht zur URL gehören. In diesem Buch sind URLs in Winkelklammern eingeschlossen.
[18] Ausnahme ist etwa die katholische Universität Eichstätt: <http://www.uni-eichstaett.de/> – die homepage ist zwar auch in der »normierten« Form auffindbar, nicht aber die Unterseiten. Das gleich gilt auch für den übrigen deutschsprachigen Raum. Innsbruck hat <http://www.uibk.ac.at>, wobei auch hier die Hauptseite mit der Angabe uni-innsbruck auffindbar ist.

bekannten Thema. Mit »site:«, der URL einer Einrichtung, der Telefonvorwahl und dem Namen der Person kann man so z. B. Telefonnummern suchen.

Wichtig kann die Suche nach Dokumenttypen sein. Der Qualifikator lautet »filetype:«. PDF-Dateien lassen sich mit »filetype: pdf« suchen, Graphiken mit den entsprechenden Formatendungen usw.

Statt derlei »Expertensuche« im »Google-Schlitz« vorzunehmen, kann man für manche Anfragen auch gleich die »Erweiterte Suche« einstellen, bei der Phrasensuchen, Boolesche Operatoren (and / or / not), Sprachen u. a. m. schon voreingestellt sind.

Bislang haben wir uns weitgehend auf die Textsuche beschränkt. Das Internet enthält aber z. B. auch Bildmaterialien. Hierfür gibt es bei *Google* die Bildsuche <http://images.google.de/>[19].

Überspringen möchten wir hier die *Google*-Buchsuche, da wir im Zusammenhang digitaler Bibliotheken darauf näher eingehen (vgl. 4.5).

1.5 Orientierung im Internet – Flüchtigkeit und Dauer des Mediums

Das Internet bzw. World Wide Web ist ein flüchtiges Medium. Beim Zitieren von Internetquellen werden wir noch darauf einzugehen haben (vgl. 6.3). Internetseiten werden aus verschiedensten Gründen zurückgezogen oder geändert. In den meisten Fällen sind sie damit allerdings nicht völlig »aus der Welt«. So bietet *Google* die Auswahlmöglichkeit »Im Cache«. Sie »enthält einen Schnappschuss der Webseite, der während des Webdurchgangs aufgenommen wurde« (ebd.).

---

[19] Es ist hier unbedingt auch auf *Yahoo* hinzuweisen. Zur Bildsuche aus der Sicht der Kunstwissenschaft ist umfassend: Angela KARASCH: *Architektur- und Kunstgeschichte : Bildrecherche : Abbildungssammlungen und Bilddatenbanken im Überblick.* Freiburg im Breisgau : Universitätsbibliothek, 2003 (UB-Tutor ; 8) – jeweils neuste Ausgabe digital unter <http://www.freidok.uni-freiburg.de/volltexte/119/>.

Eine langfristige(re) Darstellung älterer Webangebote enthält das *Internet Archive* <http://www.archive.org/>. Hier kann man z. B. durch Eingabe der URL »uni-tuebingen.de« in den Suchschlitz die Leitseite dieser Universität seit 1996 finden. Bei den digitalen Bibliotheken werden wir nochmals auf dieses Web-Archiv zurückkommen.

1.6 Das Problem der Evaluation

Gleich im ersten Kapitel einer Einführung ins wissenschaftliche Arbeiten das Internet zu erwähnen, wäre vor einigen Jahren noch obsolet gewesen. Es ist sachlich gesehen auch heute noch nicht ungefährlich. Die Informationsfülle des Internet suggeriert den Zugriff auf alle denkbaren und auf gesicherte Informationen. Beides ist aber nicht der Fall. Viel relevantes Wissen wird auf kommerziellen Wegen angeboten, in gedruckten Büchern, in Datenbanken, deren Zugangslizenz man erwerben muss (»man« bedeutet vielfach eine Institution, Universität oder Bibliothek, da hier erhebliche Gelder fließen). Das »freie« Internet hilft hier nicht weiter.

Ein noch größeres Problem stellt aber der zweite Aspekt »gesicherte Information« dar. Nun ist es nicht so, dass Bücher nur korrekte Inhalte darböten. Aber es gibt beim wissenschaftlichen Publikationswesen doch ein eingespieltes System. Viele wissenschaftliche Publikationen unterliegen einer universitären Qualitätskontrolle[20]; Publikationen müssen finanziert werden – was sicher manche Eintagsfliege verhindert – und schließlich gibt es ein eingespieltes Verlagssystem. Der Leser weiß, dass etwa im deutschsprachigen katholisch-theologischen Bereich Verlagsnamen wie Aschendorff, Benno, Echter, EOS, Herder, Pustet (ohne Vollständigkeitsanspruch) geprüfte Qualität verbürgen – wobei ehemals renommierte Verlage z. T. auch aus der gewichti-

---

[20] Auf die Frage guter wissenschaftlicher Praxis gehen wir unten noch ein. Vgl. auch Anm. 9.

geren theologischen Produktion ausgestiegen sind oder von anderen übernommen wurden und evtl. nur noch als Name fungieren. Schließlich werden die Produkte selbst wiederum durch das wissenschaftliche Rezensionswesen begutachtet, so dass im Idealfall eine Beurteilungskette entsteht, die für Qualitätssicherung sorgt. Nicht so im Internet. Zwar kann man sich durch den institutionellen Weg auch hier gewisse Qualitätsgarantien geben lassen. Der Qualifikator »inurl:« in der Suchmaschine erlaubt z. B., wie oben gezeigt, die Einschränkung auf qualifizierte Web-Seiten, z. B. nur solche von Universitäten.

Die Suchmaschine *Google scholar* <http://scholar.google.de/> und ähnliche Vorhaben suchen ebenfalls einen qualitativ evaluierten Zugang zu Informationen zu bieten. Die Selbstdarstellung von *Google scholar* lautet: »Mit Google Scholar können Sie mühelos eine allgemeine Suche nach wissenschaftlicher Literatur durchführen. Sie können von einer Stelle aus viele verschiedene Bereiche und Quellen finden: Dazu gehören von Kommilitonen bewertete Seminararbeiten, Magister-, Diplom- sowie Doktorarbeiten, Bücher, Zusammenfassungen und Artikel, die aus Quellen wie akademischen Verlagen, Berufsverbänden, Magazinen für Vorabdrucke, Universitäten und anderen Bildungseinrichtungen stammen. Google Scholar hilft Ihnen, die wichtigsten Arbeiten auf dem Gebiet der wissenschaftlichen Forschung zu ermitteln.« Das ist allerdings ein Versprechen, dessen Erfüllung für theologische Gehalte viel zu vollmundig ist. Nicht, dass man nicht auch relevante Ergebnisse finden könnte. Aber es ist völlig unklar, in welchen Daten man sucht; um zu einer gesicherten Übersicht zu kommen, muss man zunächst einmal andere Wege gehen (vgl. 5).

Auch wenn man auf diese Weise immerhin qualifiziertere Texte findet oder doch finden sollte und auch wenn auf Dauer das Instrument eine gesichertere Datenmenge durchsuchen und somit Anspruch auf tragfähige Suchergebnisse haben würde: Eine andere Frage ist damit noch nicht gelöst. Denn schließlich sind häufig gerade die zwar nützlichen, aber hinsichtlich ihrer Herkunft und Qualität nicht zu lokalisierenden Internetseiten das Problem.

Wir haben hier nun nicht die Aufgabe, das ganze Wissen des Web zu qualifizieren – abgesehen davon, dass dies unmöglich ist. Für die theologischen Gehalte sei aber schon hier darauf hingewiesen, dass alles darauf ankommt, selbst ein substantielles Wissen zu erwerben, das eine Beurteilung von Gehalten ermöglicht, weil man einen entsprechenden Quellenfundus kennt, die wissenschaftlichen Verfahren gelernt hat, auch die medialen Tricks durchschauen kann, mit denen Informationen »verkauft« werden und so auch die Vertrauenswürdigkeit neuer Informationen inhaltlich werten kann. Kurz: Eigentlich ist das gründliche Studium eines Fachs die Voraussetzung, sich in der Flut medialer Informationen gesichert zu bewegen. Der »hermeneutische Zirkel« ist also auch hier gegeben.

Wir haben hier die Kapitel über Suchmaschinen und einige grundlegende Kriterien zum Umgang mit dem Internet vorgezogen, weil es inzwischen als üblich gelten kann, thematische Suchen auf diese Weise zu beginnen. Auch das folgende wäre vor kurzem noch suspekt gewesen …

1.7 Wikipedia und Verwandtes

Es ist inzwischen nicht mehr angebracht, über die freie Online-Enzyklopädie *Wikipedia* nur die Nase zu rümpfen, ebensowenig, sie als autoritatives Auskunftsmittel anzusehen.

Die *Wikipedia* steht hier letztlich nur für Informationsgehalte im Web, die nicht durch »offizielle« oder zumindest namentlich verfolgbare Quellen abgedeckt sind. Sie ist Teil eines interaktiven Internets, bei dem der Benutzer gleichzeitig Datenlieferant ist. Genaueres über dieses vielsprachige Projekt lässt sich im einschlägigen Artikel »Wikipedia« in dieser Enzyklopädie selbst ermitteln: <http://de.wikipedia.org/wiki/Wikipedia>. Herauszuheben ist, dass die Informationen durch freiwillige Mitarbeit sowohl von angemeldeten wie von anonymen Bearbeitern zustande kommen (der PC, auf dem die Eingabe erfolgt ist, kann ggf. festgestellt werden). Die Texte unterliegen urheberrechtlich der

GNU-Lizenz für freie Dokumentation, d. h., sie können weitergenutzt werden, auch für kommerzielle Zwecke. Zu den Grundsätzen gehört: *neutraler Standpunkt, Nachprüfbarkeit* und *keine Forschungsbeiträge.* Die schon genannte Selbstdarstellung in der *Wikipedia* informiert auch über die Probleme. Dazu gehören etwa »Scherzartikel« mit Fehlinformationen, Versuche der Einflussnahme von Interessengruppen, auch von Extremisten, von Religionsangehörigen (z. B. fundamentalistischer islamischer Leser gegen historische islamische [!] Mohammed-Miniaturen). Auch Mitarbeitervorstellungen setzen sich in eine Art innere Zensur um, wie man an manchen Diskussionen sehen kann (durch die Möglichkeit, Diskussionen nachzuverfolgen, ist allerdings wiederum eine Offenheit gegeben, die ein Vorzug gegenüber anderen Medien ist).

Kurz: Probleme dieser Kommunikationsformen werden von Betreibern wie Außenstehenden gesehen. Da zudem etwa durch Werbung viel Geld mit Alternativproduktiven verdient werden kann – oder könnte –, ist anzunehmen, da bald verschiedene Konkurrenzangebote sich etabliert haben. Angekündigt ist *knol* (= knowledge) von *Google,* das ein Wikipedia-Problem lösen möchte: Hier sollen auch namentlich gezeichnete Artikel, die nur mit Genehmigung des Autors verändert werden können, aufgenommen werden.

Zwei Meldungen während der Redaktion dieses Kapitels zeigen Tendenzen der augenblicklichen Entwicklung: Die *Brockhaus Enzyklopädie* soll es nach ihrer 21. Auflage (2006) nur noch online in neuen Versionen geben; auch eine kostenfreie Version soll es im »Netz« geben (zu erwarten unter <http://www.brockhaus.de>); damit will man mit »kontrolliertem« Wissen auf die Situation im neuen Medium selbst reagieren. *Spiegel online* kooperiert direkt mit *Wikipedia* sowie mit der Bertelsmann-Tochter *Wissen Media Verlag* und bietet u. a. die *Spiegel*-Artikel seit 1947 frei zugänglich online in einem Portal *Spiegel Wissen* an: <http://wissen.spiegel. de/>.

Fazit: Berührungsangst mit diesem Medium ist fehl am Platz. Meinungsführerschaft und Medieneinnahme versuchen nun auch die traditionellen Anbieter in Konkurrenz oder Kooperation mit *Wikipedia* und Verwandtem zu gewinnen. Wissenschaftliche Ergebnisse sollte man nur mit der nötigen Vorsicht verwenden. Gerade im Fach Theologie ist ein zu großes Vertrauen nicht gerechtfertigt – nicht bei der *Wikipedia* und vielleicht noch weniger beim *Spiegel* –, während man Informationen z. B. über Computertechnologie mit größerer Sicherheit aus derlei Quellen benutzen kann (über Begriffe wie »podcast« oder Unternehmungen wie »YouTube« [mit Übersetzung »Deine Glotze«] kann man sich am allerschnellsten wohl in der *Wikipedia* informieren, bevor die professionelle Lexikographie nachkommt). Auch hier gilt das allgemein über »Evaluation« Gesagte. Der qualifizierte Benutzer ist derjenige, der einen *Wikipedia*-Artikel seines Faches auch rezensieren könnte, d. h. das grundlegende wissenschaftliche Studium und die Parallelbenutzung klassischer Informationsmittel sind der richtige Weg zum Umgang.

1.8 Das Medium ist nicht die Botschaft

Marshall McLuhans Titel *The medium is the message* von 1967 ist selbst schon etwas betagt. Und die heutige Medienwelt ist eine andere als in seinen originellen Überlegungen. Trotzdem hat er natürlich viele Aspekte eines epochalen Wandels gesehen. Für den hier zu behandelnden Gegenstand ist die Sentenz dennoch unzutreffend. Auch wenn die folgenden Vorschläge die technischen Hilfsmittel im Studium für relevant und das computergestützte Arbeiten mit seinen vielen Facetten für sinnvoll und inzwischen unverzichtbar halten, auch wenn sie die vielfältigen Medienangebote ständig zitieren, so wäre nach wie vor theologisches Studium und theologische Arbeit generell auch ohne diese Medien möglich. Und weiter: neue Medien und Techniken ersetzen keinesfalls schlechthin die traditionellen Hilfsmittel, machen keinesfalls Kenntnisse über Bücher und Bibliotheken überflüssig. Wesentlich ist es, Kompetenz im Umgang mit den traditionellen wie den neuen Medien zu erwerben. Die traditionelle Struktur wissenschaftlichen Arbeitens und Publizierens bildet sich weitgehend in den neuen Gegebenheiten ab. Sie ist zudem für die Qualitätssicherung nach wie vor von hoher Bedeutung. Ohne eine gründliche Kenntnis des wissenschaftlichen Standards in der Theologie durch Lektüre grundlegender Arbeiten, ohne den Umgang mit wissenschaftlichen theologischen Zeitschriften, ohne die Benutzung der qualifizierten theologischen Lexika usw. wird man kaum die Fähigkeit erlangen, beliebige Internet-Angebote in ihrer Bedeutung zu werten.

In dieser Situation versucht dieses Büchlein beidem gerecht zu werden: traditionelle Wege weiterhin zu gehen, gleichzeitig aber dazu zu ermuntern, die Möglichkeiten der neuen Informationswelt und -technologie dort auszuschöpfen, wo sie wirklich hilfreich sind.

Anhangsweise sei noch darauf hingewiesen, dass Fragen der Nutzung des Internet an sich nicht Darstellungsaufgabe dieser Einführung sind. Über Blogs, Chat, RSS Feeds, diverse interaktive und kommunikative Elemente des »Web 2.0« und vieles andere mehr findet man anderswo schneller und aktueller die nötigen Informationen – und sei es in der *Wikipedia*.

2. Institutionen

2.1 Fakultäten und Fachbereiche

Wer dieses Buch in die Hand nimmt, hat im Allgemeinen die wichtigsten Kontakte schon geknüpft. Er hat sich wahrscheinlich für einen Studiengang beworben und an der theologischen Fakultät oder dem Fachbereich einer Universität oder einer Hochschule eingeschrieben. Die Grundinformation über die Organisation des Studiums hinsichtlich der Studiengänge, des Studienplans, der Lehrveranstaltungen wie auch der äußeren Bedingungen – Gebäude, Hörsäle, Übungsräume etc. – wird er bei dieser Gelegenheit schon bekommen haben. Das Vorlesungsverzeichnis der Universität oder die vielfach von Fachschaften (oder auch den Fakultäten) herausgegebenen kommentierten Verzeichnisse sollte er kennen. Und die Studienberatung für seinen Studiengang wird ihm ebenfalls bekannt sein.

Die deutsche Hochschullandschaft ist inzwischen uneinheitlicher als noch vor wenigen Jahren. Die Globalisierung – sprich: Anglisierung – der Studiengänge (Bachelor, Master) bringt weitere tendenziell vereinheitlichende, faktisch zunächst aber diversifizierende Elemente dazu. Studien- und Studienortswechsel sind in vieler Hinsicht schwieriger geworden. Eine gründliche Information über die institutionelle Studiensituation muss deshalb jeweils spezifisch auf die Landeshochschulgesetze und die Prüfungsordnungen zugreifen und ist dementsprechend nicht in einer Einführung wie der vorliegenden zu leisten.

Wer sich der Sache »von außen« nähert, kann diese Informationen oder auch die entsprechenden Angebote und Ansprechpersonen heutzutage bei den meisten Einrichtungen über das Internet abfragen. Die deutschen Universitäten haben ihre Informationsseiten meist unter einer Adresse (URL) der folgenden Form abgelegt:

<http://www.uni-tuebingen.de>[21]. Die Eingabe »Universität Tübingen« in eine Suchmaschine wird natürlich zum gleichen Ergebnis führen. Von der Hauptseite der Einrichtung sollte man leicht zu den gewünschten Fakultätsseiten, zur Universitätsbibliothek, dem Rechenzentrum und sonstigen wichtigen Institutionen gelangen. Wenn die Internet-Darstellung der jeweiligen Einrichtung professionell angelegt ist – wovon man im Allgemeinen ausgehen sollte –, kann man hier Studienordnungen, das Vorlesungs- und Seminarangebot, die einzelnen wissenschaftlichen Einrichtungen mit ihren Bibliotheken usw. abrufen und sich die nötigen Informationen zur Benutzung einholen. Der gegenwärtige Trend, »lebenslagenspezifische« Internet-Portale anzubieten (also z. B. unterschiedlich für Studienanfänger, Promovenden, Wissenschaftler u. a.) mag diesen Zugang künftig noch vereinfachen.

2.2 Bibliotheken

Wer so in den Studienbetrieb eingestiegen ist, wird schnell merken, dass er zum Nacharbeiten von Vorlesungen, zum Erarbeiten und Darstellen wissenschaftlicher Ergebnisse, wie sie in Seminaren erwartet werden – z. B. Referaten –, auf Literatur angewiesen ist. Die Klage des Predigers Kohelet: »Im Übrigen, mein Sohn, lass dich warnen! Es nimmt kein Ende mit dem vielen Bücherschreiben ...« (Koh 12,12), ist zwar schon über zweitausend Jahre alt, im digitalen Zeitalter aber aktueller denn je: Wissenschaftliches Arbeiten hat es weithin mit Büchern zu tun, und seine Produkte sind zumeist wiederum Druckwerke oder jedenfalls »Publikationen«, um auch andere Medienformen nicht von vornherein auszuschließen[22]. Lassen wir diese Differenzierung aber

---

[21] Dazu genauer schon oben 1.4.

[22] Auch wenn der Begriff »Bibliothek« modischerweise gern vermieden wird und zentrale Informationseinrichtungen Kürzel wie »ikmz« tragen, ist der Grundinformationsträger des Studiums nach wie vor das Buch, ob man es nun in Papier liest oder auf dem Organizer als Datei hat.

einstweilen noch beiseite. Die Theologie, die es seit jeher mit »Buch« und »Schrift« zu tun hat (und zwar so intensiv, dass sie im Mittelalter als Ganze mit dem Begriff »sacra pagina« bezeichnet werden konnte), kommt auf alle Fälle am »Buch« nicht vorbei – in welcher Medienform auch immer, derzeit aber vor allem und intensiv in seiner klassischen Form. Daher ist die Kenntnis der Institutionen, die Bücher und »Medien« archivieren, ausleihen oder verkaufen, für das Studium wie für den Aufbau einer eigenen Bibliothek von grundlegender Bedeutung.

Wer Theologie studiert, ist meist von Anfang an mit einem ganzen System von Bibliotheken konfrontiert, das zwar örtlich erheblich variiert, in Grundzügen aber (meist) übereinstimmt[23]. Da sind zunächst die *Fachbereichs-, Instituts- oder Seminarbibliotheken,* entweder als Fachbibliotheken für die gesamte Theologie oder als Spezialbibliotheken für einzelne Fächer eingerichtet. Sie bieten die Möglichkeit, an *einem* Ort die Literatur eines bestimmten Fachgebietes durchzuarbeiten. Sie haben im Allgemeinen den Vorteil, dass sie *Freihandbibliotheken* sind – der Benutzer kann sich selbst am Regal »bedienen« – und dank systematischer Aufstellung einen guten Überblick über die Fachliteratur bieten. Sie sind *Präsenzbibliotheken,* wenngleich es fast überall zu bestimmten Zeiten oder in dringenden Ausnahmefällen Ausleihmöglichkeiten gibt[24].

---

[23] Vgl. Werner KRIEG ; Rudolf JUNG: *Einführung in die Bibliothekskunde.* Darmstadt : Wissenschaftliche Buchgesellschaft, [2]1990, zur Geschichte, den Bibliothekstypen, Sammelgegenständen etc. mit Ratschlägen zur Benutzung. Allerdings hat sich in den fast zwei Jahrzehnten seither viel geändert. Vgl. jetzt auf neustem Stand: Wilfried SÜHL-STROHMENGER: *Digitale Welt und Wissenschaftliche Bibliothek – Informationspraxis im Wandel : Eine Einführung.* Wiesbaden : Harrassowitz, 2008. – Bibliotheksadressbücher vgl. in 17.2. – Zur allgemeinen Bibliothekslehre siehe Rupert HACKER: *Bibliothekarisches Grundwissen.* München : Saur, [7]2000. Vgl. auch die 17.1.1 genannten Werke zum Buchwesen allgemein.

[24] Als Beispiel einer traditionellen Fakultätsbibliothek kann diejenige der Theologischen Fakultät der Universität Freiburg im Breisgau angeführt werden. Sie spiegelt z. T. noch die alte Struktur einzelner Seminarbibliotheken wieder. Da der gesamte Bestand elektronisch erfasst, die Bibliothek systematisch aufgestellt und die Literaturbestände im Internet systematisch abrufbar sind, kann man hier

In mehrfacher Weise werden sie durch die *Universitätsbibliothek* (UB) ergänzt. Oft hat diese zwar nur einen geringeren Freihandbestand in ihren Lesesälen (Nachschlagewerke, Bibliographien, Referenzliteratur usw.), dafür ist aber die Möglichkeit der *Ausleihe* gegeben. Am besten informiert man sich gleich zu Studienbeginn oder nach einem Wechsel des Studienortes über die Formalia, die bei der Benutzung zu beachten sind (Benutzungsordnung, Öffnungszeiten, Leihfristen, Gebühren [etwa Mahngebühren, Fernleihgebühren] usw.). Eine Bibliotheksführung kann dabei hilfreich sein. Je eher man die »Schwellenangst« überwindet, desto besser; denn die Universitätsbibliotheken bieten dem Benutzer viele unterschiedliche Informationen und Dienste an. Überhaupt kann man sich hier Auskünfte einholen über eventuell vorhandene weitere Fachbibliotheken, über Lehrbuchsammlungen, belletristisch ausgerichtete Sammlungen, Musikbibliotheken oder was sonst gesucht wird (Studentenbibliotheken, Stadtbibliotheken usw.)[25].

Die Universitätsbibliotheken bieten im allgemeinen von sich aus bereits viel Informationsmaterial an (Merkblätter usw.); an

---

den grundlegenden Literaturbestand der Fächer am Bildschirm bequem ansehen: <http://www.theol.uni-freiburg.de/bibliothek/teilbibliotheken/index.html>. – In großen Magazinbibliotheken lässt sich der Bestand meist nicht auf so einfache Weise durchsichtig machen.

[25] Lokale Bibliotheksführer in Buchform sind heutzutage meist durch Texte im Internet abgelöst, die über die Leitseite der entsprechenden Einrichtungen zu finden sind. – Im Idealfall kann es fachliche Hilfestellungen geben, etwa Ludwig K. WALTER: *Bibliotheksführer Theologie in Würzburg*. Würzburg : UB, ²1995 oder für die neuen elektronischen Medien: Michael BECHT: *Theologie elektronisch – in Freiburg : Eine Einführung in die elektronischen Hilfsmittel für das Studium der Theologie an der Universität Freiburg im Breisgau*. Freiburg : UB, [2006], elektronische Publikation: <http://www.freidok.uni-freiburg.de/volltexte/91>. Die Arbeit wird ständig aktualisiert. – In einigen Städten gibt es weitere wissenschaftliche Großbibliotheken, etwa Staats- oder Landesbibliotheken (z. B. München) oder auch wissenschaftliche Stadtbibliotheken (z. B. Mainz), für die in unserem Zusammenhang Ähnliches gilt wie für die zentralen Universitätsbibliotheken. Für die Theologie sind an manchen Universitätsorten auch Priesterseminar- (z. B. Mainz, Münster) oder Diözesanbibliotheken (z. B. Köln) wichtig.

manchen Bibliotheken gibt es darüber hinaus umfangreiche Schulungsangebote. Vieles kann man heutzutage auch über die Internet-Präsentation dieser Einrichtungen erfahren, die allerdings die Anschauung vor Ort nicht völlig ersetzt. Darüber hinaus sollte man ggf. die Auskunftsstellen der Bibliotheken mit Fragen nicht verschonen. Dies gilt für ganz allgemeine einschlägige Informationen, aber auch für die fachliche Hilfestellung bei der Literaturermittlung, Erklärung von Katalogen und Bibliographien usw., wobei dies aber immer nur »Hilfe zur Selbsthilfe« sein kann.

Am Schluss dieses Hinweises auf die Nützlichkeit von Bibliotheken sei wenigstens noch erwähnt,

- dass sie vielfach weitere *Serviceleistungen* anbieten, z. B. technische Hilfen wie Kopiergeräte, Scanner, Lesegeräte für Mikrofilme/-fiches (d. h. Mikrofilme in Rollen- oder Planfilm-Format) und Readerprinter zur Verfertigung von Ausdrucken von solchen Mikroformen oder Spezialscanner zur digitalen Umsetzung derartiger Medien, Computer (PCs) für Textverarbeitungsaufgaben oder die Benutzung von CD-ROMs (Datensammlungen auf Compact discs), Geräte und Programme zur digitalen Bearbeitung von »Multimedia-Objekten« (Graphik, Ton, Video) u. a. m.;
- dass sie nicht nur Bücher und Zeitschriften, Landkarten und Musiknoten, sondern häufig auch weitere *Medien,* z. B. Musikeinspielungen auf CDs (oder auch in älteren Medienformen: Schallplatten, Tonbandkassetten), Videokassetten, DVDs usw. im Bestand haben;
- dass sie eventuell besonders günstige *Arbeitsmöglichkeiten* (separierte Einzelarbeitsplätze, Laptop-Plätze mit Internetzugang u. a.) anbieten;
- dass sie über die Fernleihe und das Angebot von oder die Information über Dokumentenlieferdienste auch die Entleihung von Literatur ermöglichen, die nicht am Ort vorhanden ist[26].

---

[26] Dieses Kapitel wird im Folgenden nicht genauer behandelt. Online-Fernleihen haben das früher schwerfällige Fernleihsystem bereits stark verbessert. Damit müsste man in einem normalen Studienverlauf an einer der großen Univer-

Die derzeitige Literaturproduktion erlaubt es zwar keiner Bibliothek, *alle* Neuerscheinungen zu sammeln, weder herkömmlich noch digital. In Deutschland gibt es aber ein System von Sondersammelgebieten, die mit Unterstützung der Deutschen Forschungsgemeinschaft die Literatur bestimmter Fächer möglichst »vollständig« sammeln. Für die Theologie ist die Universitätsbibliothek Tübingen zuständig. Auf diesem Wege ist prinzipiell *alle* relevante Literatur für den wissenschaftlich Arbeitenden im Land erreichbar.

Man sollte sich konkret »vor Ort« die nötigen Informationen einholen, da die lokalen Gegebenheiten doch unterschiedlich sind und deshalb hier keine an *allen* Studienorten zutreffende Beschreibung gegeben werden kann.

2.3 Buch- und Medienhandel, Antiquariatsbuchhandel

Durch intensive Nutzung von Bibliotheken kann man sich zwar alle für das Studium notwendige Literatur beschaffen, doch ist es häufig nützlich, wenn man sich selbst eine kleine, ausgewählte Fachbibliothek aufgebaut hat: Zur effektiven Arbeit benötigt man Nachschlagewerke; die fachliche Grundliteratur sollte man insbesondere bei Prüfungsvorbereitungen – wenn wichtige Bücher auch von anderen benötigt werden – zur Verfügung haben[27];

---

sitätsbibliotheken hinkommen. Es ist zu hoffen, dass der Wunsch von Landesrechnungshöfen (z. B. demjenigen Baden-Württembergs) nach Verteuerung der Fernleihe – auch angesichts der Studiengebühren – politisch auf taube Ohren stößt! Bei den (teuren und schnelleren) Dokumentlieferdiensten (z. B. *Subito* <http://www.subito-doc.de/> u. a.) gibt es derzeit Probleme durch die rechtlichen Rahmenregelungen, so dass abzuwarten bleibt, wie sich die Situation entwickelt. Man halte sich an die aktuellen Informationen der Heimatbibliothek.

[27] Lehrbuchsammlungen fangen diesen Bedarf häufig auf. Immerhin sollte man sich absichern, dass man im Bedarfsfall wirklich Zugriff auf die Literatur hat, die man braucht.

vor allem aber in der späteren Berufspraxis, in der nicht immer eine optimale Bibliotheksversorgung vorausgesetzt werden kann, ist die Privatbibliothek unersetzlich.

Der *Buchhandel*[28] geht dem Interessenten hierbei kaufmännisch und – in Grenzen – auch mit Sachinformationen zur Hand. Im *Verzeichnis lieferbarer Bücher* kann man sich eine erste bibliographische Information über lieferbare Monographien, Werkausgaben und Sekundärliteratur holen[29]. Da der deutsche Buchhandel auf der Grundlage der Preisbindung letzter Hand arbeitet (d. h. es gibt zwar im Zwischenbuchhandel, aber nicht für den Endkunden Rabatte, von wenigen Ausnahmen wie Bibliotheksrabatt, Autorenrabatt etc. abgesehen)[30], sind die Möglichkeiten preisgünstigeren Bücherkaufs beschränkt. Die Entwicklung zum wissenschaftlichen *Taschenbuch* bietet wenigstens eine Chance hierzu. Die Prospekte der großen Taschenbuchverlage informieren aktuell (für den Wissenschaftsbereich z. B. stw, UTB, die Beck'sche Reihe, Herder Spektrum, Reclam u. a. m., aber auch die allgemeinen Publikumsreihen enthalten vielfach Wissenschaftstitel).

---

[28] Lehrbücher für die drei Sparten des Buchhandels sind: Friedrich UHLIG: *Der Sortimentsbuchhändler* / Christian UHLIG (Bearb.). / Hamburg : Hauswedell, [19]1992; Bernhard WENDT ; Gerhard GRUBER: *Der Antiquariatsbuchhandel.* Hamburg : Hauswedell, [4]2003; Dietrich KERLEN: *Lehrbuch der Buchverlagswirtschaft.* Stuttgart : Hauswedell, [12]2003. Zum konfessionellen Buchhandel vgl. *Der katholische Buchhandel Deutschlands : seine Geschichte bis zum Jahre 1967.* Frankfurt : Vereinigung des kath. Buchhandels, 1967; Manfred BAUMOTTE: Buchhandel, christlicher. In: RGG[4] 1, 1819–1822 (Lit.); P. HEIDSIECK: Livre religieux. In: *Catholicisme.* Paris : Letouzey, 1975, Bd. 7, Sp. 909–921.

[29] *Verzeichnis lieferbarer Bücher.* Frankfurt : Buchhändler-Vereinigung, 1971–. Inzwischen ist das VLB als digitale Netzpublikation zugänglich: <http://www.buchhandel.de>.

[30] Vgl. das Preisbindungsgesetz von 2002, das das alte Verfahren freiwilliger Absprachen der Verlage auf eine neue gesetzliche Grundlage gestellt hat und für die Verleger und den Buchhandel verpflichtend ist; dazu den aus der Sicht des Buchhandels geschriebenen Kommentar von Dieter WALLENFELS ; Christian RUSS: *Preisbindungsgesetz : die Preisbindung des Buchhandels* / begr. von Hans FRANZEN. München : Beck, [5]2006.

Buchclubs sind für wissenschaftliche Literatur im Allgemeinen nicht so ergiebig. Eine Ausnahme ist die »Wissenschaftliche Buchgesellschaft« in Darmstadt. Sie wurde 1949 mit dem Ziel gegründet, Nachdrucke des durch Kriegseinwirkungen zerstörten wissenschaftlichen Schrifttums herauszubringen und wichtige neue wissenschaftliche Bücher anzuregen, zu verlegen und den Mitgliedern zu günstigen Preisen anzubieten. Heute ist die letztere Aufgabe wohl wichtiger. Es empfiehlt sich, den Katalog der Wissenschaftlichen Buchgesellschaft einmal aufmerksam durchzusehen[31].

Häufig sind gerade ältere, inzwischen vergriffene Bücher von wissenschaftlichem Interesse. Hier liegt die Aufgabe des *Antiquariatsbuchhandels*. Antiquariate kaufen ganze Bibliotheken wie Einzelwerke auf und bieten diese wiederum zum Kauf an. Häufig werden die Angebote in Listen verzeichnet, die auf Wunsch zugesandt werden. Hierbei gibt es keine Preisbindung. Die Preisgestaltung unterliegt den Schwankungen des Markts[32]; auch ist das Preisniveau bei verschiedenen Antiquariaten sehr unterschiedlich. Von Studienkollegen wird man vielleicht Hinweise auf Antiquariate am Studienort erhalten; diese wiederum bieten mancherorts Merkblätter über weitere Antiquariate am Ort an. Es lohnt sich u. U., darüber hinaus noch einige Fachantiquariate anzuschreiben und um die unverbindliche Zusendung ihrer Listen zu bitten. Das Mitgliederverzeichnis des Verbandes Deutscher Antiquare

---

[31] Und zwar den Jahreskatalog für *Mitglieder,* anzufordern bei der Wissenschaftlichen Buchgesellschaft, 64281 Darmstadt <http://www.wbg-darmstadt. de/>. Die verlegerische Konzeption der »WB« hat sich in den letzten Jahren – durch die allgemeine Situation des Buchwesens bedingt – verändert, so dass sie in mancher Hinsicht wie ein »normaler« wissenschaftlicher Verlag wirkt. Der Anspruch ist leider in populären Reihen manchmal auch reduziert (etwa in der *Besonderen wissenschaftlichen Reihe* 2006 der wissenschaftlich inakzeptable Band: *Philosophie : eine illustrierte Reise durch das Denken*). Die historische Bedeutung der »WB« erlaubt aber trotzdem die Heraushebung an dieser Stelle.
[32] Anhaltspunkte für Preise ergeben sich durch Auktionslisten, wie sie z. B. im *Jahrbuch der Auktionspreise* einzusehen sind. Damit kann man in Grenzen den Wert älterer Literatur kalkulieren. Eine andere Möglichkeit sind Preisvergleiche bei den gleich zu nennenden Internetangeboten.

nennt eine ganze Anzahl solcher Fachantiquariate für Theologie, Philosophie und Geisteswissenschaften[33].

Antiquariate vor Ort bieten – wie die Bibliotheken – die Möglichkeit, dass man Dinge findet, die man nicht gesucht hat, und dass man auf nützliche oder schöne Bücher stößt, die man noch nicht kennt. Für die *gezielte* Suche nach Titeln ist allerdings der Weg über Verzeichnisse wie das ZVAB (Zentrales Verzeichnis antiquarischer Bücher) <http://www.zvab.com> oder Suchmaschinen wie findmybook <http://www.findmybook.de/> sinnvoll. Hier bietet inzwischen eine sehr große Anzahl von Antiquariaten seine Titel an; man hat einen direkten Preisvergleich und kann über e-Mail (auf Rechnung) bestellen. Das gleiche lässt sich ausweiten: Die Eingabe von »antiquarian books« in eine Suchmaschine hilft weiter[34].

Eine Sonderform des Buchhandels ist das sogenannte *moderne Antiquariat*. Hier werden Restauflagen verschiedenartigster Werke, zum Teil aber auch eigens gedruckte Lizenzausgaben zu Billigpreisen »verschleudert«. Viele Buchhandlungen betreiben nebenbei ein solches modernes Antiquariat, einige Versandbuchhandlungen haben sich sogar mehr oder weniger darauf spezialisiert. Bei Remittenden verlagsneuer Bücher ist ein Abzug von ca. 30 % vom Neupreis üblich. Ansonsten sind »Schleuderpreise« nicht vorhersehbar[35].

---

[33] Jetzt über die Internetseite <http://www.antiquare.de>. Vgl. auch WENDT: *Der Antiquariatsbuchhandel* (Anm. 28). Zum internationalen Antiquariatsbuchhandel: *International directory of antiquarian booksellers : 1997/98*. Limoges [11]1997, jetzt aktueller über <http://www.abaa.org/books/abaa/index.html>

[34] Beispiele: *Livres anciens:* <http://www.chapitre.com/la/la.htm>, *abebooks:* <http://www.abebooks.fr/>, *Antiqbook:* <http://www.antiqbook.com/books/index.phtml>, *Alibris:* <http://www.alibris.com/home.cfm>.

[35] Anbieter wie <http://www.zweitausendeins.de> oder <http://www.jokers.de> bieten immer wieder »Schnäppchen« an.

3. Fachbücher, Fachzeitschriften – eine Typologie

Die folgenden Abschnitte wollen helfen, einen kleinen Weg durch den Wald theologischer Literatur zu schlagen, indem sie mit einigen wichtigen Literaturgattungen vertraut machen, die z. T. ihrerseits Hinweise auf weitere Literatur geben, einen fachlichen Überblick vermitteln oder aber als Hilfsmittel unentbehrlich sind. Es geht also um eine kleine Medienkunde in fachlicher Absicht. Genauere bibliographische Hinweise zu solchen Werken gibt Kapitel 17.

3.1 Enzyklopädien, Lexika

In vielen Fällen sollte man es nicht als unwissenschaftlich ansehen, sich die erste Information aus einer *allgemeinen Enzyklopädie,* einem Konversationslexikon, zu verschaffen – etwa dem »Brockhaus« oder gar der ausgezeichneten englischsprachigen *Encyclopaedia Britannica* (vgl. 17.5.1). Derzeit gibt es z. B. preiswerte digitale Ausgaben dieser Enzyklopädien; auch die »Encarta« von Microsoft mag nützlich sein, wobei die Orientierung an den klassischen Lexikonredaktionen (Britannica, Brockhaus) gegenüber der vielleicht pfiffigeren multimedialen Technik vorzuziehen ist. Es ist nützlich, ein solches Informationsmittel ständig zur Verfügung zu haben. Die relativ preiswerten Taschenbuchenzyklopädien, z. B. der dtv-Brockhaus[36], bieten eine solche Möglichkeit auch in traditioneller Buchform. Wenn man mit seiner Universität »vernetzt« ist, hat man möglicherweise die digitalen Ausgaben der Lexikon-»Klassiker« ohnehin am privaten Arbeitsplatz zur Verfügung.

---

[36] Derzeit im Angebot der wissenschaftlichen Buchgesellschaft gedruckt *und* digital sehr preisgünstig: Es ist auf solche aktuellen Angebote zu achten.

Eine Sonderform stellt die freie Internet-Enzyklopädie Wikipedia dar. Sie gehört heute sozusagen zum »Wissenschaftsumfeld« jeden Schülers. Wir haben sie daher schon in 1.7 besprochen. Für Begriffe der modernen Informationswelt gibt es häufig auch kaum Alternativen, bevor die professionelle Lexikographie nachkommt.

Seit dem 19. Jahrhundert gibt es Spezialenzyklopädien, die das ganze Fach der Theologie lexikalisch abhandeln. Die neueren deutschen Werke dieser Art (LThK³, TRE, EKL³, RGG⁴ – in diesen Fällen sollte man sich auch die Kürzel merken, vgl. 17.5.2) wird man bald kennen. Bei einiger Beherrschung von Fremdsprachen sollte man sich aber gelegentlich auch die Lektüre eines fremdsprachigen Lexikonartikels zutrauen (vgl. 17.5.3/17.5.4). Manche große Enzyklopädie (wie etwa das französische DThC in vielen Artikeln oder als neustes englischsprachiges Werk die New catholic encyclopedia) lohnt die Mehrarbeit durch umfangreichere Information, die man andernfalls erst wieder eigens suchen müsste. Auch ältere Werke sind häufig nützlich (etwa WWKL oder RE oder die Vorauflagen des LThK – die erste für die traditionelle katholische nachtridentinische »Schultheologie«, die epochemachende zweite für die Umbrüche der Konzilszeit). Sie bieten oft Informationen, z. B. zur Geschichte der Zeit, die spätere Ausgaben aus Raumgründen wieder streichen mussten – dies gilt z. B. auch für Personenartikel in den ersten beiden Auflagen des LThK –; sie enthalten häufig wissenschaftsgeschichtlich wichtige Texte, drucken manchmal Quellentexte ab u. a. m. und sind in ihren geschichtlichen wie systematischen Aussagen durchaus nicht immer überholt.

Lexika haben die Eigenart, dass sich ihre Schwächen und Stärken nur im Gebrauch zeigen, am besten beim Vergleich. Die Lesesäle der großen Bibliotheken bieten hierzu die Möglichkeit.

Die Kenntnis der neuen und gebräuchlichen theologischen Allgemeinenzyklopädien gehört zum Grundwissen des Theologiestudenten. *Fachlexika spezieller theologischer Disziplinen* sind dagegen oft zu wenig bekannt. Dabei bieten gerade sie Spezialinformationen, die man vielfach anderswo kaum finden kann –

jedenfalls als Nichtspezialist. Im Abschnitt 17.5[37] werden solche Werke genannt. Ein vertieftes Theologiestudium setzt ihre Benutzung voraus, und zwar über die wenigen berühmten Exempel der Gattung hinaus, deren Kenntnis kein Student vermeiden kann (wie etwa das ThWNT oder RAC).

Im Übrigen lohnt es sich, seinen Spürsinn – je nach Interesse – auch auf andere Fachgebiete auszudehnen. Die verschiedenen Artikel zu theologischen Themen beispielsweise in dem RDK (etwa »Eucharistie«) werden sicher nicht aus sachlichen Gründen in theologischen Arbeiten so wenig beachtet; die MGG enthält eine Fülle von Darstellungen zur Liturgie bzw. liturgischen Musik. Auch die Tatsache, um ein anderes Beispiel zu wählen, dass Angaben über theologische Literatur bis zur jüngsten Zeit – etwa zu Rahners *Grundkurs* – im KNLL zu finden sind, ist wohl zu wenig geläufig. Die Beispiele ließen sich für andere Fächer leicht vermehren.

Während des Studiums werden sich nur wenige diese großen Standardwerke leisten können, während man sich kleinere Lexika und Fachwörterbücher, wie TRT (17.5.2), das *Theologische Fach- und Fremdwörterbuch* oder das *Kleine theologische Wörterbuch* von Karl Rahner und Herbert Vorgrimler – jetzt nur noch unter Vorgrimlers Namen in neuer Bearbeitung als *Neues theologisches Wörterbuch* (17.5.13) – kaufen sollte. Letzteres wird gleichzeitig auch mit der CD-ROM des vollständigen Textes angeboten. Immerhin ist durch Taschenbuchausgaben einiger großer Enzyklopädien die Möglichkeit zu deren Erwerb ebenfalls leichter geworden: Für LThK[2], RGG[3]/[38], TRE[39], theologische Fachlexika wie ThWNT, TBLNT, LCI, aber auch Enzyklopädien

---

[37] Wegen der besonderen Benutzungsmöglichkeiten zu vielfältigen Informationszwecken haben wir die Lexika in 17.5 eigens aufgeführt, obwohl sie vielfach direkt zu einzelnen Fächern – die in 17.7 genannt sind – gehören. Dort sind jedoch Verweisungen auf die Liste in 17.5 angebracht.

[38] Diese Auflage gibt es auch digital auf CD-ROM, was nicht nur platzsparend, sondern auch von den Suchmöglichkeiten her optimal ist (vgl. 17.5.2).

[39] Die TRE in ihrer Monumentalität ist natürlich auch in der Taschenbuchausgabe noch eher ein »Professorenlexikon«.

anderer Fächer – KLL, MGG[40] – gibt es diese Angebote[41]. In Einzelfällen sind auch digitale Versionen schon billig »verramscht« worden (etwa EKL[3]). Ein Blick auf Billiganbieter (vgl. 2.3) kann also nicht schaden. Je nach seinen fachlichen (oder privaten) Schwerpunkten kann man hiermit die Grundlagen für eine wissenschaftliche Privatbibliothek wesentlich erweitern.

3.2 Fachhandbücher

Bieten sich Lexika zur schnellen Information an, häufig auch zur Vertiefung einer speziellen Fragestellung, so ist es doch schwer – wenngleich mittels der manchen Lexika beigegebenen Register nicht unmöglich –, sich den Gesamtaufbau, die systematische Gliederung, die Methodik und Geschichte eines Fachs aus Lexikonartikeln klarzumachen. Dies ermöglichen Fachhandbücher. Sie bieten – je nach der besonderen Situation einer Disziplin – einen Überblick über den Wissensbestand. Ihre Zielsetzung kann dabei differieren, je nachdem, ob ein geraffter Gesamtüberblick für Studierende (Lehrbuch) geboten sein soll oder eine wissenschaftlich umfassende Gesamtdarstellung. Beides schließt sich allerdings nicht unbedingt aus. Die Liste in Abschnitt 17.7 ist aber vor allem unter dem letztgenannten Gesichtspunkt zusammengestellt.

Ob eine theologische Disziplin[42] sich befriedigend in einem

---

[40] Auch die erste Auflage der MGG ist digital zugänglich (vgl. 17.5.23).

[41] Wenn sie vergriffen sind, ist ggf. die antiquarische Suche sinnvoll.

[42] Zum Fächerkanon der Theologie vgl. Anton ARENS ; Heribert SCHMITZ (Hrsg.): *Grundordnung für die Ausbildung der Priester* / KONGREGATION FÜR DAS KATHOLISCHE BILDUNGSWESEN. Trier : Paulinus, 1974 (Nachkonziliare Dokumentation ; 25). Unsere Liste in Abschnitt 17.7 legt den faktischen Fächerbestand der theologischen Fakultäten in der Bundesrepublik Deutschland zugrunde. Zur Frage des Rechts und der sachlichen Notwendigkeit der fachlichen Ausgliederungen innerhalb der Theologie überhaupt vgl. Wolfhart PANNENBERG: *Wissenschaftstheorie und Theologie* (Anm. 3), S. 349ff.; Gerhard EBELING: *Studium der Theologie: eine enzyklopädische Orientierung.* 5.-7. Taus. Tübingen : Mohr, 1977 (UTB ; 446); vor allem aber die kurzen Facheinführungen in Josef WOHLMUTH (Hrsg.): *Katholische Theologie heute* (Anm. 4).

Fachhandbuch repräsentiert fühlen kann, hängt natürlich von vielen Voraussetzungen ab: Solange es einen weit akzeptierten Kanon der »Schultheologie« gab, konnte man leichter repräsentative Fachhandbücher empfehlen. Fächer, die sich aus methodischen oder inhaltlichen Gründen im Umbruch befinden, können aber kaum in einer Weise befriedigend dargestellt werden, die allgemeine Akzeptanz findet. Handbücher systematischer Fächer sind stark von vorausgegangenen wissenschaftstheoretischen Vorentscheidungen geprägt, die keine selbstverständliche Annahme erreichen u. a. m. Aber abgesehen von all diesen Schwierigkeiten bleiben auch Werke, die in manchem als unzureichend empfunden werden, häufig eine wichtige Informationsquelle, und sei es nur, weil sie eine klassisch gewordene und dadurch in vielem bestimmende Fragestellung repräsentieren oder als bibliographische Sammelwerke weiterhin von Bedeutung sind[43].

Sobald man das Studium eines bestimmten theologischen Fachs aufnimmt, sollte man sich auch die hervorragendsten Handbücher ansehen. Wünschenswert wäre es, eines davon – ggf. vorlesungsbegleitend – durchzuarbeiten. Hier kann man sich dann auch leicht die »technischen« Informationen beschaffen, die in der Vorlesung vielleicht nicht gegeben werden, da sie dort als selbstverständlich vorausgesetzt werden.

3.3 Hilfsbücher

Zu manchen Arbeitsgängen gibt es neben den Handbüchern verschiedenartige Hilfsbücher, auf die wegen ihrer Vielfalt nur relativ global hingewiesen werden kann. Dazu gehören:

---

[43] Das Problem lässt sich durch ein konkretes Beispiel noch etwas verdeutlichen: Bis in die 80er Jahre gab es in der Fundamentaltheologie für den gesamten traditionellen Stoff nur die schon lange als unzureichend empfundene *Fundamentaltheologie* von Albert LANG, während Anfang der 80er Jahre gleich eine ganze Reihe von sehr unterschiedlichen Handbüchern erschien. Das wiederum macht es schwieriger, »objektive« Empfehlungen zu geben.

● *Einleitungen* in Fächer, Problemgebiete, Methoden (dazu ggf. 17.7) oder Autoren (Beispiel: Kurt ALAND: *Hilfsbuch zum Lutherstudium.* Bielefeld : Luther-Verlag, [4]1996; *Augustin Handbuch.* Tübingen : Mohr, 2007),

● *content-books,* die Inhaltswiedergaben theologischer Klassiker zur schnelleren Übersicht bieten (vgl. KLL, KNLL [17.5.25], LThW [17.5.8] oder bedeutende Einzelwerke referieren (z. B. Otto WEBER: *Karl Barths Kirchliche Dogmatik.* [12]2002; Raymund ERNI: *Die Theologische Summe des Thomas von Aquin in ihrem Grundbau.* 3 Bde. 1948–50, auch die Übersichten im *Augustin Handbuch.* 2007) und dadurch die Lektüre nicht ersetzen, aber zu leichterem und besserem Verständnis verhelfen können.

● *Konkordanzen,* die im Zeitalter des Computers in immer größerer Zahl zu den verschiedenartigsten Quellen erstellt werden, inzwischen aber – in Buchform – wohl selbst ein Opfer der neuen Technologien werden, da sie bei elektronischer Volltextspeicherung in vielen Fällen überflüssig werden (vgl. etwa die *Library of latin texts* und den TLG [17.6.3] oder die elektronisch gespeicherten Bibeltexte 17.6.1). Zum schnellen Nachschlagen – oder umgekehrt in besonders komplexen Zusammenhängen wegen ihrer differenzierten Aufbereitung des Materials – sind sie aber (jedenfalls derzeit) nicht ersetzt (vgl. beim NT für ersteren Fall SCHMOLLER, für letzteren die *Vollständige Konkordanz* ...: 17.7.1, als elektronisches Gegenstück aber die ausgezeichnete *Stuttgarter elektronische Studienbibel),*

● *Synopsen,* wie sie für das Studium der Evangelien unverzichtbar sind (17.7.1), aber auch in einigen anderen Fällen vorkommen,

● *Tabellen, Zeittafeln, Register* die bei statistischen Befunden, historischen Arbeiten u. a. m. gebraucht werden,

● *Atlanten* (17.9) und

● *Sprach-* wie *Spezialwörterbücher* (vgl. z. B. 17.7.1, 17.7.3, auch 17.5.27).

Das große Gebiet der *Bibliographie,* das im Abschnitt 5 im Zusammenhang eines eigenen Arbeitsschritts besprochen wird, könnte auch hier eingegliedert werden. Dazu kommen heutzutage noch *Medienangebote*[44], z. B. Folienatlanten zu historischen, geographischen, ikonographischen Sachverhalten für die Tageslichtprojektion oder entsprechende elektronische Angebote usw.

---

[44] Für die spätere Berufsarbeit – etwa Unterrichtstätigkeit – ist dies wichtig. Hier sind die kirchlichen und staatlichen Medienstellen die richtigen Ansprechpartner.

3.4 Textausgaben, Quelleneditionen

Bei Textinterpretationen, wie sie in den meisten theologischen Disziplinen vorkommen, ist man auf die Benutzung von Editionen angewiesen. Es ist wichtig, dass man sich dabei – falls vorhanden – auf kritische Ausgaben stützt. Diese erarbeiten bzw. drucken den »besten Text«[45] eines Werkes ab und geben in einem »kritischen Apparat« meist in Form von Fußnoten – gleichzeitig die Abweichungen der anderen überlieferten Fassungen an. Besonders schwierig ist das immer dann, wenn dabei eine lange handschriftliche Überlieferung rekonstruiert und in ihren Abweichungen erklärt werden muss.

Da der Theologe mit dem griechischen Urtext des Neuen Testaments umgehen muss, ist dieses Beispiel wohl am aufschlussreichsten für die Probleme der Textkritik. Man schätzt in der neueren Textforschung, dass etwa 250.000 Varianten in der handschriftlichen Überlieferung des Neuen Testaments bekannt sind. Die neutestamentliche Textkritik ist daher ein eigener Wissenschaftszweig geworden. Im theologischen Alltag wird man ihre Ergebnisse in der kritischen Handausgabe von Kurt Aland (vormals Nestle, vgl. 17.6.1) benutzen, die jeder Theologiestudent *besitzen* sollte[46] und die es in den verschiedensten Formen gibt (griech./lat., griech./dt., mit Platz für Notizen u. a. m.). Der »Nestle« war früher eine bloße Kompromissfassung verschiedener kritisch erarbeiteter Texte, seit der 26. Auflage von 1979 durch Kurt Aland beinhaltet er aber einen eigenständig erstellten kritischen Text. Wichtig ist, dass man sich mit den Ergebnissen der Textforschung im »kritischen Apparat« vertraut macht. Neben den entsprechenden Lehrbüchern sind (Pro-)Seminare in neu-

---

[45] Die Anführungszeichen bei dieser bewusst etwas naiven Kennzeichnung sollen andeuten, dass man darunter durchaus Verschiedenes verstehen kann. Ein Beispiel ist das gleich zu nennende, seit Jahrzehnten gebrauchte *Novum Testamentum graece* von E. NESTLE in seinen unterschiedlichen Versionen.

[46] Für die schnelle Suche und zum Einbau in den Internet-Browser vgl. <http://www.bibelwissenschaft.de/start/wiss-bibelausgaben/griechisches-nt/>. Die Internet-Version sollte nicht die Handausgabe ersetzen.

testamentlicher Exegese der einfachste Weg dahin. Aber auch wer sich mit Theologie befasst, ohne diese sprachlichen Voraussetzungen zu haben, muss diese Grundproblematik kennen, sich durch Literatur einführen lassen und beim Umgang mit dem Bibeltext die »Urtextnähe« suchen[47].

Verständlicherweise ist auch die patristische Forschung besonders auf derartige Editionen angewiesen, und es ist eine Grundregel, dass man bei Interpretationen solche kritischen Ausgaben den unkritischen Nachdrucken vorzieht, wie sie etwa in den – auf ihre Weise verdienstvollen und für viele Texte immer noch unentbehrlichen – Sammlungen des Abbé Migne aus dem 19. Jahrhundert (PL und PG) vorliegen. Die großen neueren Editionsreihen von Kirchenväter-Schriften (CChr, GCS, CSEL usw.) bieten derartige Ausgaben (17.6.3). Die Handbücher der Patrologie und entsprechende 17.7.3 genannte Verzeichnisse (Claves, Frede) informieren darüber.

Besonders nützlich sind vielfach *zweisprachige* Ausgaben, die den Kriterien des »besten Textes« entsprechen; für die Apostolischen Väter und einige »große« Autoren wie Augustinus[48], Anselm von Canterbury, Thomas von Aquin und Bonaventura gibt es schon seit längerem manche Texte in solchen Editionen. Vorbildlich ist jetzt die noch relativ neue Reihe der *Fontes Christiani*, die in etwa den schon lang eingeführten französischen *Sources chrétiennes* entspricht, leider aber mit ihrer groß dimensionierten dritten Reihe (2003ff.) durch einen Verlagswechsel dem deutschen Publikums-Buchmarkt etwas entzogen worden ist[49]. In Bibliotheken wird man sie finden.

Grundsätzlich kann jedes wichtige Werk textkritisch ediert werden. Für manche mittelalterliche Theologen erscheinen kriti-

---

[47] Es gibt inzwischen ja unterschiedlichste Übersetzungen, die dafür hilfreich sind, vgl. den kurzen Kommentar in 17.6.1 zu Hilfsmitteln wie dem »Münchener NT«.

[48] Jetzt auch die neue Augustinus-Gesamtausgabe (vgl. 17.6.3).

[49] Turnhout : Brepols, auch durch die Wissenschaftliche Buchgesellschaft vertrieben. Die ersten beiden Reihen erschienen im Verlag Herder.

sche *Gesamt*ausgaben (Thomas von Aquin, Bonaventura, Duns Scotus, Raimundus Lullus u. a.), aber auch für Werke einiger neuzeitlicher Philosophen und Theologen bis ins 19. Jahrhundert hinein (z. B. Fichte, Hegel, Schleiermacher – oder als zwei philologisch mit besonderen Problemen behaftete Beispiele: Pascal, Nietzsche). Auch hier kann man in den Fachhandbüchern, Lexika, in KNLL etc. weitere Auskünfte einholen.

Die Problematik mancher Texte führt dazu, dass es sogar Faksimile-Ausgaben des Manuskripts gibt, – naturgemäß gilt das aber erst für komplexe Fälle neuzeitlicher Literatur (z. B. für die *Pensées* von Pascal, in der Germanistik für Hölderlin u. a., in der Philosophie für Wittgenstein).

In anderen Fällen, wo die Textlage nicht so kompliziert ist und der Aufwand einer kritischen Edition aus diesen oder anderen Gründen nicht lohnend erscheint, gibt es wissenschaftliche Ausgaben, die wenigstens den besten Drucktext wiedergeben wollen und eventuell noch Zusätze aus Handexemplaren des Verfassers oder auch kommentierende Anmerkungen beifügen – man vergleiche z. B. die *Gesammelten Schriften* von M. J. Scheeben oder die Neuausgabe der *Katholischen Dogmatik* von H. Schell. Hierher gehört zum Beispiel auch die neue Ausgabe der *Sämtlichen Werke* Karl Rahners (1904–1984), die seit 1995 im Verlag Herder erscheint und das wohl einflussreichste Gesamtwerk der katholischen Theologie im letzten Jahrhundert neu erschließt. Die Ausgabe druckt auch Textvarianten, bietet Übersetzungen bislang nur fremdsprachig vorliegender Texte (von den lateinischen Vorlesungscodices bis zu vormals nur in verschiedenen westeuropäischen Sprachen erschienenen Aufsätzen), Parallelversionen und Hinweise zur Textgeschichte, die wichtig sein können, selbst wenn es sich hier nicht um eine im strengen Sinne »historisch-kritische Ausgabe« handelt[50]. Gut

---

[50] Weshalb hier keine »historisch-kritische« Ausgabe geplant wurde, habe ich in einem Aufsatz dargestellt: A. RAFFELT: Was will die Karl Rahner-Gesamtausgabe? In: *Zeitschrift für katholische Theologie* 121 (1999), S. 413–430. Dort finden sich auch einige Überlegungen zur Frage, inwieweit statt klassi-

zwei Drittel der auf 32 Bände geplanten Ausgabe sind bislang erschienen.

Für manche Teilgebiete der Theologie gibt es daneben noch handliche *Quellenanthologien* – wir wollen sie hier unter dem Namen »Enchiridia« zusammenfassen, den einige von ihnen im Titel tragen. Sie dienen praktischen Zwecken und wollen den in einem bestimmten theologischen Fach Tätigen die wichtigsten (theologiegeschichtlichen, lehramtlichen o. ä.) Quellentexte leicht zugänglich und zitierbar machen. Der für den katholischen Dogmatiker unentbehrliche »Denzinger« (17.7.7), der jetzt auch zweisprachig in Buch- und digitaler Form vorliegt (Denzinger/Hünermann = DH), ist wohl das bekannteste derartige »Enchiridion«[51]. Da diese Hilfsmittel meist zum Gebrauch eines spezifischen theologischen Fachs konzipiert sind, führen wir sie ggf. in Abschnitt 17.7 auf.

3.5 Hochschulschriften

Eine bibliographische Sondergattung bilden die Hochschulschriften. Gemeint sind damit die Prüfungsarbeiten, die zum Erwerb qualifizierter Universitätsgrade (bes. Dr., Dr. habil.[52]) vorgelegt

---

scher kritischer Ausgaben im Zeitalter der Digitalisierung durch elektronische Publikationen ergänzend vieles an Dokumentation geleistet werden kann, was nicht unbedingt aufwendig auf Papier gebracht werden muss.

[51] … und vielleicht auch das problematischeste, so unentbehrlich es ist. Vgl. zu Problematik und richtiger Benutzung Yves CONGAR: Über den rechten Gebrauch des »Denzinger«. In: DERS.: *Situation und Aufgabe der Theologie heute*. Paderborn : Schöningh, 1971, S. 125–150; Wolfgang BEINERT: *Dogmatik studieren*. Regensburg : Pustet, 1985, S. 179–197, sowie P. HÜNERMANNS Einleitung in den »DH«; zur Geschichte: Josef SCHUMACHER: *Der »Denzinger«*. Freiburg i.Br. : Herder, 1974 (FThSt ; 95).

[52] Diplom- und Magisterarbeiten sind hier deshalb nicht genannt, weil sie nicht der Veröffentlichungspflicht unterliegen und nur unter besonderen Bedingungen – u. a. Genehmigung des Verfassers – überhaupt öffentlich zugänglich sind. In den universitären Institutionen (Seminare, Institute) werden sie z. T. aber längerfristig gesammelt. – Nach den hochschulrechtlichen Vorstellungen der früheren Berliner Regierung (2003) sollte die Habilitation als normaler Zu-

werden müssen. Man findet sie – soweit sie nicht im Buchhandel erschienen sind – häufig nur in Spezialbibliographien oder -katalogen (vgl. 17.1.7). Da es sich um Monographien zu den verschiedensten Themen handelt, können wir keine inhaltlichen Beschreibungen geben. Wegen einer Besonderheit sollen sie aber hier eigens genannt werden: Im Allgemeinen enthalten diese Arbeiten Spezialbibliographien, und schon aus diesem Grund sollte man eventuell vorliegende Dissertationen zu einem bestimmten Thema berücksichtigen, selbst wenn sie ansonsten in der wissenschaftlichen Kritik arg zerzaust werden.

Zum augenblicklichen Zeitpunkt findet ein Umbruch bei dieser Publikationsform statt. Durch Beschluss der Kultusministerkonferenz ist die digitale Veröffentlichungsform ermöglicht worden, sie wird derzeit stark befürwortet (Hochschulrektorenkonferenz). Die Universität(sbibliothek)en haben eigene Server als Publikationsplattformen vornehmlich für Dissertationen aufgebaut. Die gängigen Systeme erlauben die Einbindung in die üblichen Kataloge, daneben aber auch die Volltextrecherche etc. Die technisch einfache Art der Publikation, ausgehend von einem mit dem PC erstellten Manuskript[53], die Preisgünstigkeit für den Verfasser (keine Druckkostenzuschüsse!), die schnelle Verfügbarkeit gegenüber einer oft langwierigen Verlagsproduktion, die einfache Möglichkeit, Farbgraphik und Multimedia-Elemente einzubinden, und andere Vorzüge mehr empfehlen diese Publikationsform.

Die Erfahrung zeigt, dass dennoch die Papierform damit nicht völlig ersetzt wird, da der Gebrauchswert eines gedruckten Buchs, ganz abgesehen von seiner repräsentativen Form, weiter-

---

gangsweg zur Professur abgeschafft werden, was für die Geisteswissenschaften in der hochschulpolitischen Literatur heftig als unsachgemäß bekämpft wurde. Es ist immer noch nützlich, sich die seit Jahrzehnten dazu geführte Diskussion zu vergegenwärtigen, vgl. etwa Heinrich ROMBACH: Der Kampf um die Geisteswissenschaften. In: *Stimmen der Zeit* 184 (1969), S. 1–19.

[53] Problem ist die Umformatierung in ein archivierungsfähiges Format. Nicht alle gängigen Textverarbeitungen entsprechen derzeit dieser Forderung. Eine pdf-Export bietet *Open Office / Star Office*. Zu anderen Textverarbeitungen gibt es Zusatzprogramme. Dazu noch unten 7.5.1, 16.1–16.3.

hin sehr viel für sich hat. Es wäre wünschenswert, wenn die Wissenschaftsverlage aus diesem Reservoir die wirklichen Spitzenarbeiten heraussuchen und in »Lesefassungen« veröffentlichen würden[54]. Eine andere Lösung dieses Problems ist die Anfertigung kleiner Bedarfsauflagen »on demand«. Es gibt dazu inzwischen verschiedene Angebote. Falls die Universität(sbibliothek) mit einem entsprechenden Unternehmen kooperiert, kann man sich hier die nötigen Informationen holen. Wir werden in 16.3 darauf zurückkommen.

Für unsere gegenwärtigen Überlegungen – einer Typologie des theologischen Schrifttums – ist dieser Wechsel der Medienform insofern wichtig, als bei konsequenter Weiterentwicklung und flächendeckender Publikation von Dissertationen in dieser von überall her frei zugänglichen Form die gängigen Forschungsarbeiten sehr leicht zugänglich würden und damit eine gute Vorauswahl dessen, was man sich »in Papier« besorgen muss, ermöglicht würde.

3.6 Fachzeitschriften

Über die Aufgaben der wissenschaftlichen Zeitschriften kann man allerhand aus ihrer Geschichte lernen[55]: wie sie aus dem Informationsbedürfnis der gelehrten Welt entstanden, wie sie – im

---

[54] Darunter verstehe ich Bücher, die so redigiert sind, dass der oft aus Dokumentationsgründen unverzichtbare wissenschaftliche »Ballast«, den man leicht über die elektronischen Netze herbeischaffen kann, entfernt ist und die eigentlichen Kernaussagen leserfreundlicher zubereitet sind. Die häufig sehr umfangreichen geisteswissenschaftlichen Dissertationen stehen manchmal aus solchen Gründen ihrer Rezeption selbst im Weg.

[55] Zu den theologischen Zeitschriften speziell vgl. Wilfrid WERBECK; Heinz Robert SCHLETTE: Zeitschriften, wissenschaftlich-theologische. In: RGG[3] Bd. 6, Sp. 1885–1891, der entsprechende Abschnitt Theologische Zeitschriften von Friedrich Wilhelm GRAF in RGG[4] Bd. 8, Sp. 1825–1827 ist leider für den kath. Bereich völlig unzulänglich. – Die älteste wissenschaftlich-theologische Zeitschrift auf katholischer Seite war in Deutschland wohl die von Engelbert KLÜPFEL herausgegebene *Bibliotheca nova ecclesiastica Friburgensis* (1775–1790). Die *Theologisch-praktische Quartalschrift* hat von den immer noch erscheinen-

theologischen Bereich – zunächst eine apologetische Ausrichtung hatten, welche spezifisch wissenschaftlichen oder kulturellen Aufgaben ihnen zukamen usw. Aber auch wenn man an solcher historischer Forschung uninteressiert ist, kommt man nicht an der Aufgabe vorbei, die Fülle des Angebots zu gliedern. Will man sich die verschiedenen Gattungen und damit Funktionen theologischer Periodica klarmachen, so kann vielleicht das folgende Schema dazu eine erste Hilfe bieten. Allerdings erhalten die Einteilungen erst durch den aktuellen Umgang mit den Zeitschriften in einer Bibliothek wirkliche Aussage- und Gliederungskraft. Wir gehen zunächst von der *Funktion* theologischer Zeitschriften aus. Dabei ergibt sich folgende Einteilung:

1) *Bibliographische Organe* (vgl. 17.4.2). Sie reichen von bloßen in sich gegliederten Titellisten bis zu solchen bibliographischen Werken, die kurze »Annotationen« zu dem gesamten Titelmaterial bieten. Im Übrigen wird diese wie die folgende Zeitschriftensparte vermutlich bald vollständig ein Opfer der neuen Technologien werden, da die elektronische Recherche in Bibliographien eine erhebliche Steigerung des Komforts bedeutet. Da ältere Ausgaben häufig noch nicht elektronisch ersetzt sind, behalten wir die Typologie hier bei. Die Entwicklung des ursprünglich als Zeitschrift, seit einigen Jahren als immer leistungsfähigere Datenbank zugänglichen »Zeitschrifteninhaltsdienstes Theologie« der Universitätsbibliothek Tübingen (jetzt »Index theologicus« <http://www.ixtheo.de/>) ist ein Beispiel für die Weiterführung dieser Medien in die digitale Umwelt.

2) *Abstracts* (z. B. OTA, NTAb, RTA, alle inzwischen als elektronische Ressourcen). Sie sind eine konsequente Weiterentwicklung der »annotierten Bibliographie«: Den angezeigten Titeln werden jeweils kurze Inhaltsangaben beigegeben. Sie stammen oft vom Verfasser des angezeigten Werkes selbst. Ihr Sinn ist es, den Lesern die Auswahl unter den möglicherweise interessanten Arbeiten zu erleichtern. Manche große elektronische Datenbanken (ATLA Religion database, Philosopher's index ...) bieten ebenfalls diesen Komfort.

3) *Rezensionszeitschriften*. Diese bilden eine folgerichtige Ergänzung zu den beiden erstgenannten Gruppen, indem sie mehr oder weniger ausführliche und kritische Beurteilungen der angezeigten Werke bieten. Es können dabei Einzelwerke jeweils für sich besprochen (vgl. ThLZ, ThRv) oder in Forschungsberichten verschiedene Neuerscheinungen eines bestimmten Fachgebietes zusammenfassend behandelt

den die ältesten Wurzeln; die längste praktisch durchgehende Erscheinungsweise zeichnet die *Theologische Quartalschrift* aus Tübingen aus.

werden (vgl. ThR, VF). Rezensionen finden sich aber auch in den meisten theologischen Fachzeitschriften.

4) *Nachrichtendienste* (KNA, epd). Diese haben ihren Sinn nicht nur darin, der Tages- und Wochenpresse Informationen anzubieten, sondern sind auch heranzuziehen, wenn es darum geht, aktuelle kirchliche und gelegentlich auch im speziellen Sinn theologische Informationen *schnell* zu erhalten. Sie sind allerdings in Bibliotheken nur beschränkt zugänglich, im Bedarfsfall aber manchmal aktuell über andere Institutionen (Zeitschriftenredaktionen, Ordinariate oder kirchliche Dienststellen u. a. m.) zu erreichen.

5) *Materialdienste und Informationszeitschriften* (vor allem HerKorr). Wegen ihrer selteneren (meist monatlichen) Erscheinungsweise stehen sie gegenüber den Nachrichtendiensten im Verzug, bieten dafür aber häufig gute Zusammenfassungen bestimmter Ereignisse, Kommentare, Interviews mit wichtigen Informationen usw. Hinsichtlich des genannten Beispiels ist unsere Eingliederung vielleicht eine Verengung von dessen inhaltlicher Breite (in früheren Jahrgängen der HerKorr war die nachrichtliche, berichtende Funktion stärker gegenüber der kommentierenden; andere in den Vorauflagen genannte Beispiele haben ihr Erscheinen eingestellt), doch wird die angeführte wichtige Funktion hier jedenfalls wahrgenommen).

6) *Übersichtszeitschriften* (TGA, ThD). Diese wollen nach dem »Digest«-Prinzip, also häufig durch Übernahme und Bearbeitung von bereits anderswo erschienenen Artikeln, eine Übersicht über Bewegungen und »Trends« in Theologie und Kirche geben. Die Gruppe ist natürlich nur schwer abzugrenzen, da einerseits die Materialdienste inhaltlich oft Ähnliches bieten, andererseits auch Forschungsberichte diesen Dienst leisten können. Doch legen erstere – grob gesagt – daneben besonderes Gewicht auf »institutionelle« Fragen, historische Ereignisse usw.; letztere sind dagegen spezialisierter und literaturbezogener.

7) *Kultur-, Bildungszeitschriften* (StZ). Gemeint sind solche Organe, die einer breiteren »gebildeten« Leserschicht eine Übersicht über das kulturelle und theologische Leben geben wollen. Es gibt solche Zeitschriften natürlich nicht nur mit theologischer Ausrichtung (vgl. z. B. Merkur, Neue Rundschau).

8) *Berufs- und Standeszeitschriften* (KlBl, Ordenskorrespondenz). Hierunter fallen diejenigen Zeitschriften, die dem »Praktiker«, sei er Pfarrer, Religionslehrer o. ä., Informationen aus Theologie und Kirche unter spezieller Berücksichtigung seiner Berufstätigkeit und seines Standes bieten wollen.

9) *Theologisch-wissenschaftliche Fachzeitschriften im speziellen Sinne.* Gemeint sind hiermit solche Zeitschriften, die nicht der bloßen Information dienen (wie die Gruppen 1–3 und in anderer Weise 4–6), Fragen des allgemeinen geistigen (7) oder beruflichen (8) Lebens behandeln, sondern sich spezifisch der wissenschaftlichen Fragestellung zuwenden. Damit ist natürlich nicht ausgeschlossen, dass Artikel dieser Art sich auch in den anderen Genera finden.

Diese neunte Gruppe lässt sich nun nochmals untergliedern in Zeitschriften, die das Gesamtgebiet der Theologie (a–b) oder einzelne Disziplinen bzw. noch eingeschränktere Gegenstandsbereiche behandeln. Gewisse Untergliederungen in der ersten Gruppe ergeben sich aus institutionellen Gesichtspunkten, indem wir nach den Trägern dieser Zeitschriften fragen:

a) *Fakultätszeitschriften* (TThZ, ThGl). Diese behandeln den Gesamtbereich der Theologie, wie er sich in der Organisation einer theologischen Fakultät zeigt. In der Ausrichtung dieser Zeitschriften gibt es Unterschiede, je nachdem wieweit man neben »streng wissenschaftlichen« Aufsätzen auch solche zulässt, die im guten Sinne »vulgarisierend« sein wollen. Wie sehr sich diese Differenzierungen sogar in den verschiedenen Etappen einer einzigen Fakultätszeitschrift spiegeln können, zeigt die älteste von ihnen, die *Theologische Quartalschrift* (ThQ).

b) *Ordenszeitschriften* (WiWei). Gemeint sind hier wissenschaftliche Zeitschriften, die von Orden getragen werden und den Gesamtbereich der Theologie behandeln. Sie ähneln den Fakultätszeitschriften, da sie häufig von bestimmten Ordenshochschulen oder von durch Orden getragenen Fakultäten herausgegeben werden (ThPh, ZKTh), und sind zu unterscheiden von den Zeitschriften, die sich den Standesfragen und der Spiritualität des Ordenslebens widmen, sowie den Spezialorganen für Ordensgeschichte. Die Besonderheit gegenüber den Fakultätszeitschriften liegt darin, dass die Spiritualität und theologische Herkunft bestimmter Orden u. U. ihre gegenwärtige Theologie mitbestimmen.

c) *Zeitschriften einzelner Fächer* (ZNW, ZAW, Biblica), *Fachgebiete* (AHC), *Fachinstitute* (JCSW) usw. Hierher gehören alle speziell exegetischen, speziell kirchengeschichtlichen, speziell missionswissenschaftlichen usw. Zeitschriften. Der Ordnungsgesichtspunkt ist die fachliche Abgrenzung, die eventuell auf der Grundlage einer Institution (Fachinstitut) beruhen kann. Damit ergeben sich natürlich nochmals so viele Untergliederungen, wie man – mit oder ohne ausreichenden sachlichen Grund – Spezialdisziplinen der Theologie abtrennen kann.

Randunschärfen der einzelnen Punkte zeigen, dass man immer weiter differenzieren könnte. Für ein grobes Sichzurechtfinden dürfte aber die durchgeführte Unterteilung ausreichend sein[56].

---

[56] Am Publikationsverhalten von Karl Rahner kann man sich den Sinn der Unterteilung klarmachen. Seine fachwissenschaftlichen Aufsätze hat er oft der ZKTh übergeben, seiner Ordens- und Fakultätszeitschrift, Aufsätze für ein allgemeineres und breites Publikum der allgemeinen Kultur- und Publikumszeitschrift StZ, geistliche Aufsätze der Spezialzeitschrift für Fragen der Spiritualität GuL, ganz praktische Fragen des Ordenslebens der Zeitschrift *Jetzt* (München).

Der Umgang mit Zeitschriften zeigt, dass es in den meisten Fällen (abgesehen von den Spezialaufgaben gewidmeten Organen der Gruppen 1–4) eine *Übereinstimmung* im *Aufbau* gibt. Im Allgemeinen enthalten sie zunächst größere Aufsätze, dann kürzere Berichte und Glossen und fast durchweg einen Rezensionenanhang. Gegenüber Büchern haben sie den Vorteil einer größeren Aktualität und Diskussionsoffenheit. Sie sind somit das ideale Forum für die Behandlung von »quaestiones disputatae«.

Wegen der großen Zahl theologischer Zeitschriften wird im Literaturteil dieses Buches keine systematische Übersicht versucht. Einige besonders wichtige Zeitschriften werden im Vorspann zu den einzelnen Fächern angeführt. Anhand des *Index theologicus* der Universitätsbibliothek Tübingen (17.4.2) kann man sich einen Eindruck von den wichtigsten Titeln verschaffen, den man dann an der Zeitschriftenauslage einer Bibliothek konkretisieren sollte!

Das Thema elektronische Zeitschriften – im Jargon »e-Journals« – wird im nächsten Abschnitt mitbehandelt (4.3). Wie man Zeitschriften inhaltlich erschließt, ist u. a. Thema des übernächsten Kapitels (vgl. 5.3.2).

4. Digitale Medien – die virtuelle Bibliothek

4.1 Elektronische Publikationen

Quer zu allem im vorangehenden Kapitel Erwähnten – und deshalb dort gelegentlich auch schon genannt – sind die auf elektronischen Speichermedien oder online im Internet angebotenen Texte einzuordnen. Sie sind zum Teil exakte digitale Abbildungen der Druckmedien, entsprechen in ihrer Form also dem in Kapitel 3 Erläuterten und stellen »nur« eine neue Gebrauchsform dar. Die Möglichkeiten der Digitalisierung gehen aber viel weiter und verändern die Arbeits- und Studienumwelt erheblich, haben institutionelle Auswirkungen und revolutionieren den Arbeitsplatz. Deshalb sollen sie hier in einem eigenen Kapitel behandelt werden.

Eine Vorläuferfunktion hatten COM-Produkte (Computer output on microform). Sie sind besonders im Bereich großer Datensammlungen (Kataloge) genutzt worden: Ausdrucke von Daten, die mit dem Computer erstellt worden sind, auf Mikrofilmen oder Mikrofiches. Im Bereich der Bibliothekskataloge mag man ihnen vielleicht in seltenen Fällen noch begegnen.

Den entscheidenden Schritt bedeutete aber die Nutzbarmachung der Lasertechnologie bzw. der im Audiobereich schon vorher verwendeten Compact discs für die Speicherung von Texten. Die CD der ursprünglichen Norm fasste schon über 600 Megabyte = 300.000 DIN A4 Schreibmaschinenseiten. Da die Daten-CDs vom Anwender nur gelesen, nicht aber beschrieben werden können, hat sich für diese Datenträger das Kürzel CD-ROM (Compact Disc – Read Only Memory) eingebürgert. Der große Vorteil der CDs liegt in den vielfältigen Möglichkeiten der Recherche und der Speicherung und Weiterverarbeitung recherchierter Ergebnisse auf dem heimischen PC. Literaturlisten, aber auch Quellenbelege lassen sich so direkt für eine eigene Arbeit weiterverwenden. Programmtechnisch sind bei manchen Datenbanken allerdings Sperren eingebaut, die z. B. die vollständige Übernahme ganzer Quellentexte verhindern.

Die Entwicklung ist inzwischen in zweierlei Hinsicht weitergegangen:

Seit der DVD (Digital Versatile Disc) sind Speichermedien auf dem Markt, die noch wesentlich größere Datenmengen tragen können, und auch hier sind schon Nachfolgemedien in Anwendung (Speicher-Sticks/Speicher-Karten u. a. m.).

Zweitens ermöglichen es der Ausbau des Internet und die immer besseren Datenübertragungsraten, auch große Textmengen in Netzen anzubieten, sei es frei zugänglich, sei es etwa für Verlagsprodukte unter strengen Lizenzbedingungen über Verlagsserver oder in haus- oder hochschuleigenen »Intranet«-Lösungen oder mit weltweitem Zugriff über Passwort für berechtigte Nutzer, für die das jeweilige Produkt lizenziert ist[57]. Alle Universitäten ermöglichen solche Nutzungsarten in ihren Datennetzen. Entsprechende Informationen einzuholen, sich die Passwörter bei Rechenzentren oder Universitätsbibliotheken zu besorgen usw. gehört heute zum Studienstart.

4.2 Vorteile digitaler Medien – allgemein

Auch wenn nach wie vor die Lektüre *größerer* Texte am Bildschirm trotz aller Entwicklungsschritte von portablen Lesegeräten, digitalem »Papier« u. a. m. ergonomisch kaum empfehlenswert ist und auch arbeitstechnisch meist kaum Vorteile bringt[58],

---

[57] Das AAR-Projekt (verteilte Authentifizierung, Autorisierung und Rechteverwaltung: <http://aar.vascoda.de/>) hat dafür die technischen Voraussetzungen erarbeitet. Ziel ist, dem Nutzer mit einmaliger Anmeldung pro Sitzung von jedem Arbeitsplatz aus den Zugang zu allen ihm lizenzrechtlich zugänglichen Medien zu ermöglichen.

[58] Selbstverständlich gibt es Angebote, bei denen man spezielle Nutzeffekte zusätzlich hat, wie das Anlegen von eigenen Notizen etc. Dennoch ist die Elektronik nach wie vor kein Medium zur Langzeitlektüre.

sind digitale Produkte dennoch mehr und mehr im Vormarsch. Die Möglichkeit der Volltextsuche ist in vielen Fällen äußerst nützlich; die Zitiermöglichkeit von Texten durch »copy and paste«, durch Kopieren und Übertragen in Textverarbeitungsdateien, vermindert Abschreibarbeit; die Möglichkeit, eine Dokumentation digitaler Texte aufzubauen, ersetzt schwierig zu verwaltende, platzraubende und aufwendig zu erschließende Sonderdruck- oder Kopiensammlungen, wie sie bei größeren Arbeiten – etwa Dissertationen – schnell anfallen.

4.3 Vorteile digitaler Medien – zu einzelnen Gattungen

Dazu bietet die digitale Publikationsform für bestimmte der im vorigen Kapitel beschriebenen Buchgattungen praktikable(re) Alternativen:

Lexika

Häufig ist die elektronische Recherche im Volltext eines Lexikons viel ergiebiger, als es der Einstieg unter einem Einzelstichwort, die anschließende Ausnutzung von Verweisungen im Text und eventuell noch ein zusätzliches Recherchieren in Registern und Übersichten sein können. Das Angebot ist inzwischen schon relativ breit von den – oben schon genannten – Allgemeinenzyklopädien *(Brockhaus-Enzyklopädie, Encyclopedia Britannica)* und (älteren) Fachenzyklopädien (RGG[3]) bis hin zu einer Fülle von Wörterbüchern. Es reicht von hochpreisigen Produkten, die sich nur Großinstitutionen (z. B. Universitäten) leisten können (z. B. das *Oxford English dictionary* oder *Grove music online*), bis zu Billigangeboten – manchmal qualitativ durchaus guten, was man häufig dadurch feststellen kann, dass man sich über das verwendete Vorgängerprodukt in Papierform informiert (wenn ein solches zugrundeliegt). Im Kapitel 17 sind diese Angebote daher genannt.

Bibliographien

Hier hat sich die neue Technologie am schnellsten durchgesetzt, da das Blättern in den laufenden Folgen nicht kumulierender Bibliographien sehr mühselig sein kann: Nationalbibliographien, Buchhandelsverzeichnisse, aber auch Fachbibliographien (z. B. *Index theologicus* [inzwischen frei im Internet], *ATLA religion database, Philosopher's index)* sind inzwischen digital zugänglich.

Volltextdatenbanken

Hier sollte man unterscheiden zwischen *universalen* und *fachlichen* Volltextdatenbanken. Durch Produkte wie *Early English Books Online* (EEBO), einer Datenbank der gesamten (!) englischen Buchproduktion bis 1700, und *Early American Imprints,* dem Pendant für Nordamerika (von 1639–1800 gedruckte Bücher), ist das digitale Angebot der englischsprachigen frühen Buchproduktion schon sehr umfassend digital zugänglich[59].

Unter den *fachlichen Volltextdatenbanken* ist für die Theologie derzeit wohl die *Library of Latin texts* – früher *CETEDOC library of christian latin texts* und daher CLCLT abgekürzt – das interessanteste und umfassendste Angebot, das den Textbestand der Editionsreihe *Corpus Christianorum,* um das Gesamtwerk Augustins, Hieronymus', Gregors des Großen, Bernhards von Clairvaux u. a. erweitert, umfasst. Für die griechische Antike gibt es den *Thesaurus linguae graecae* (TLG), der die gesamte griechische Literatur der Antike in kritischen Ausgaben umfasst, der früher eher umständlich, in den neuen Versionen aber hervorragend einfach bedienbar ist; für die klassische lateinische Literatur ist die *Bibliotheca Teubneriana* das Pendant. – Auch der alte

---

[59] Beide Datenbanken sind durch von der DFG erworbene Nationallizenzen in der Bundesrepublik Deutschland für jeden Wissenschaftler zugänglich. Vgl. dazu den Abschnitt 4.4. – Dass trotzdem die *British library* ein Großdigitalisierungsprojekt ihrer Bestände in höherer Qualität beginnt, zeigt, wie schnell die Entwicklung voranschreitet und wie schnell Produkte auch qualitativ überholt werden können. Vgl. Frank PERGANDE: Doppeltes Original alter Schätzchen. In: FAZ (12.02.2008), S. 5 (Beilage »Technik und Motor«). Der Artikel enthält einige Fehler.

Abbé Migne hat mit seiner *Patrologia latina* einen dritten Frühling erlebt, nachdem die Papierausgabe immer noch unverzichtbar ist und seit längerem Mikrofiche-Ausgaben auf dem Markt sind. Obwohl ihre Textbasis häufig nicht gut ist, ist die PLD (*Patrologia latina database*) durch die Recherchemöglichkeiten in einem riesigen Textcorpus vor allem für Historiker eine wichtige, ganz neu erschließbare Quelle geworden, weit über die Texte der Kirchenväter hinaus, da auch die Einleitungen, Anmerkungen etc. wichtiges historisches Material für spätere Zeiten enthalten.

Als Einzeldatenbank eines Autors (allerdings eines der prägendsten der christlichen Geistesgeschichte überhaupt!) soll noch das *Corpus Augustinianum Gissense* (17.6.3) genannt sein, das in den Suchmöglichkeiten die genannten Angebote weit überragt (z. B. ist eine ausgefeilte Recherche nach den Zitaten bei Augustin möglich) und dazu noch eine umfassende bibliographische Datenbank enthält[60]. In diesen »Mehrwertleistungen« liegt natürlich ein großes Potential solch spezialisierter Datenbanken gegenüber den oben genannten universalen Angeboten.

Ein Pionierprojekt der Datenverarbeitung war der *Index Thomisticus* zu Thomas von Aquin, zunächst noch als »Riesenkonkordanz« in 50 Bänden (1975–1980) erschienen, ein Regal füllend, dann auf CD-ROM (^{2}1996), inzwischen frei im Internet zugänglich <http://www.corpusthomisticum.org/>.

Im Bereich der Heiligen Schrift gibt es mehrere Ausgaben der Urtexte und verschiedener Übersetzungen sowie die große Quellendatenbank *Bible works* – auf den angloamerikanischen Bereich ausgerichtet – und die *Stuttgarter elektronische Studienbibel* für den deutschsprachigen Nutzer[61] (17.6.1).

Für Einzelautoren gibt es etwa digital die Werke Blaise Pascals, des Ignatius von Loyola oder – noch nicht offen erreichbar, aber für Recherchen z. B. über das Münchener Karl-Rahner-Archiv zugänglich – die Freiburger Rahner-Datenbank.

---

[60] Auch einsehbar über die Augustinus-Seite <http://www.augustinus.de>.
[61] Herausgegeben von der Deutschen Bibelstiftung in Stuttgart, bei der ja auch die Verlagsrechte der maßgeblichen kritischen Ausgaben der Urtexte liegen.

In anderen Fachgebieten liegen ebenfalls entsprechende Angebote vor (The English Poetry Full-Text Database; Shakespeare; die Akademie-Ausgabe der Schriften Immanuel Kants; das Gesamtwerk von Fichte, Hegel, Schopenhauer – bis hin zum Nachlass Wittgensteins oder Robert Musils: das Angebot expandiert ständig). Die elektronische Verfügbarkeit solcher Quellenmengen hat größere Folgen für das wissenschaftliche Arbeiten. Sie erlaubt gezielte Wort- und Formen-Recherchen durch einen gewaltigen Textbestand mit vielen Kombinationsmöglichkeiten (Boolesche Operatoren: und – oder – nicht), Auswahl-»filtern« u. a. m. und ersetzt so traditionelle Konkordanzen[62], ermöglicht es, Sprachwendungen (z. B. Schriftzitaten) nachzugehen und bietet überhaupt im sprachgeschichtlich-linguistischen Bereich große Möglichkeiten. Je nach urheberrechtlichen Bedingungen ist u. U. auch die Weiterverarbeitung der Texte bzw. die Übernahme in das eigene Textprogramm möglich.

Lizenzierte Angebote von digitalisierter Literatur sind je nach Bibliothek oder Bibliotheksregion sehr unterschiedlich. Diese haben den Qualitätsstatus von Verlagsausgaben, auf denen sie ja auch fast durchweg beruhen. An den großen Bibliothekssystemen sollten etwa die großen patristischen Datenbanken (17.6.3) oder die Gesamtwerke der herausragenden Philosophen (Kant, Hegel ...) digital vorhanden sein. Theologen sind bislang bis auf wenige Klassiker (Augustinus, Thomas, Luther) und die in den Kirchenväter-Reihen enthaltenen vorneuzeitlichen Autoren nicht so leicht zugänglich, was sich jedoch ständig ändert, vor allem auch durch die in den nächsten Abschnitten zu besprechenden Angebote.

Einzelne Monographien/»e-books«
Auf das Publizieren von Monographien in digitaler Form ist schon im Abschnitt über die Hochschulschriften (3.5) eingegangen worden, da es im Bereich der Dissertationen hier einen Para-

---

[62] Es ist allerdings gut, sich auch die Grenzen der Möglichkeiten der jeweiligen Programme klar zu machen. Zu den Konkordanzen vgl. auch die oben bei deren Vorstellung (3.3) gemachte Einschränkung.

digmenwechsel gibt. Eine gewisse Zwiespältigkeit wurde dort auch schon genannt. Sie besteht darin, dass einerseits die Gebrauchsform »Buch« für Lesezwecke nach wie vor unschlagbar ist – ohne technischen Aufwand verwendbar, ästhetisch und lesepsychologisch bei guter Gestaltung äußerst ausgereift, angenehm für die Augen, im Sitzen, Stehen wie Liegen brauchbar und prinzipiell auch preisgünstig. Die digitale Form erlaubt dagegen beliebige Suchroutinen, die direkte Übernahme von Text in eigene Arbeiten (Ich denke an die Vereinfachung des Zitierens und natürlich nicht an Plagiate: Auf diese Gefahr sei allerdings auch hingewiesen), die Speicherung auf kleinstem Raum. Schließlich kann sie auch das Bindeglied zur Papierausgabe sein, etwa beim »Publishing on demand«, wo aus einer Datei auf automatischen Fertigungsstraßen Kleinstauflagen – bis hin zur Einzelherstellung – wirtschaftlich möglich sind (das ist etwa für die Publikation von Dissertationen, die elektronisch auf einem Hochschulserver aufgelegt sind, ein sinnvolles Zusatzangebot und wird in vielen Bibliotheken in Kooperation mit dem Göttinger ProPrint-Angebot geleistet[63]).

Es ist anzunehmen, dass in den nächsten Jahren ein umfangreiches Angebot klassischer (und anderer) Werke auch lizenzfrei digital zugänglich sein wird (dazu auch 4.4 und 4.5). Universitäten sollten diese Möglichkeiten nutzen, wesentliche Quellenliteratur zur Verfügung zu stellen[64]; für Sondersammlungen etc. bietet es sich an, vergriffene Werke mit Zustimmung des Autors und Ver-

---

[63] <http://www.proprint-service.de/>. – Diese Kooperation nutzen z. B. die Hochschulschriftenserver in Freiburg i.Br., Tübingen u. a.

[64] Auch Einzelinitiativen sind sinnvoll. Beispiel: Der in Freiburg forschungsrelevante *Stern der Erlösung* von Franz ROSENZWEIG, eine der großen philosophischen Arbeiten der ersten Jahrzehnte des letzten Jahrhunderts, ist seit 2000 »gemeinfrei« (d. h. er unterliegt keinem Urheberrecht mehr, da der Autor vor 70 Jahren gestorben ist) und daher für Studienzwecke digitalisiert worden: <http://www.freidok.uni-freiburg.de/volltexte/310>. Selbst die in Freiburg digitalisierte *Confessiones*-Übersetzung hat viele Nutzer gefunden. Solche Nischen kann man derzeit durchaus noch sinnvoll mit kleinen Einzelprojekten besetzen.

lags auf diese einfache Weise neu zu verlegen. Ein Problem des Nutzers besteht darin, dass er die Qualität des Internetangebots werten muss, die herkömmlicherweise etwa durch bekannte Verlage und ihre Lektorate oder wissenschaftliche Herausgeber garantiert wurde. Die verlegenden Institutionen – etwa Universitäten (bei Dissertationen) und Universitätsbibliotheken – übernehmen z. T. die entsprechende Rolle[65].

Dass sich die »e-books« der traditionellen Verlage im Vergleich zu den anschließend zu besprechenden »e-journals« bislang nicht so gut auf dem Bibliotheksmarkt durchgesetzt haben, liegt nicht nur an den Vorzügen der »Gebrauchsform Buch«, sondern auch an den Markteinschätzungen der Verlage, die nicht absehen, ob sie mit einem solchen Produkt nicht ihr traditionelles Geschäft schädigen. Als Ausweg hat man »Ausleihmodelle« für elektronische Medien erfunden: Bibliotheken erwerben solche Medien; die fingierte »Ausleihe« des elektronischen Dokuments beschränkt seinen Gebrauch für eine bestimmte Frist auf *einen* Leser ... (*ciando*). Das steht natürlich konträr zu den Möglichkeiten des elektronischen Buches. Andere Anbieter beschränken den Zugriff auf Einzelseiten gleichzeitig, um ein Herunterladen zu verhindern, schränken die Kopiermöglichkeiten ein (*NetLibrary,* auch in den Nationallizenzen) oder bauen eine »Verfallszeit« in die PDF-Datei ein (*Editoria Italiana Online / Monografie,* auch als Nationallizenz; die parallelen / *Periodici* sind nutzungsfreundlicher) oder beschränken die Nutzung auf Gebäude oder den Campus. Solche Behinderungen machen natürlich das Produkt wenig akzeptabel. Hier muss man abwarten, wie sich Markt und Anbietungsformen entwickeln.

---

[65] Zum Problem der »Verlagsfunktion« von Universitäten und Bibliotheken vgl. z. B. das DFG-geförderte Verbund-Projekt »German academic publishers«: <http://www.gap-portal.de/> und entsprechende Materialien der Teilnehmer. Allerdings findet man in diesen Projekten, die Möglichkeiten austesten wollen, nicht unbedingt die wissenschaftlich relevantesten Angebote. Andere Universitäten versuchen auf ihren Universitäts(bibliotheks)servern zunächst einmal repräsentative Angebote für die wissenschaftlichen Leitungen der eigenen Universität aufzubauen, vgl. etwa <http://www.freidok.uni-freiburg.de>.

Elektronische Zeitschriften/»e-journals«

Da die traditionelle Zeitschrift heute durchweg in einem elektronischen Verfahren – von der Texterfassung bis zum Druck – produziert wird, ergibt sich technisch gesehen leicht die Möglichkeit, ein analoges digitales Produkt herauszubringen. So sind in den letzten Jahren vielfach elektronische Zeitschriften als Parallelprodukte von gedruckten Ausgaben erschienen und zunächst manchmal auch als »Bonus« den Abonnenten zur Verfügung gestellt worden. Es ist allerdings selbstverständlich, dass die Verlage diese gewinnbringend anbieten müssen, so dass das »Bonus«-System meist nur ein Anreiz war. Die elektronische Form von Zeitschriften hat große Vorzüge: Sie erlaubt eine schnellere und effizientere Distribution unter alle Interessenten etwa in einer großen Universität; sie ermöglicht die gezielte Abspeicherung (oder auch den gezielten Ausdruck) der benötigten Artikel für das eigene Archivsystem (Datenbank, Literaturverwaltungsprogramm o. ä.). Gekoppelt mit »alerting«-Systemen (also automatisch generierten Hinweisen aus Datenbanken über Neuerscheinungen auf dem eigenen Fachgebiet) wird somit die Arbeitsumgebung eines auf einem bestimmten Gebiet arbeitenden Wissenschaftlers in mancher Hinsicht verbessert. – Allerdings haben die traditionellen Publikationsformen auch Vorteile: Das Blättern in einem Zeitschriftenheft befriedigt nicht nur die Neugier, sondern bietet häufig auch Hinweise auf Dinge, die man nicht gesucht hat und in einem rationell zugeschnittenen und automatisierten Informationsfluss nicht mitgeteilt bekommt. Und umgekehrt: Der sinnvolle Umgang mit den neuen Formen setzt voraus, dass der Nutzer andere Gewohnheiten annimmt, um sich die Übersicht über sein Fachgebiet zu organisieren.

Abschließend sei noch erwähnt, dass auch ältere Zeitschriften in elektronischer Form zugänglich sein können. Es gibt große Digitalisierungsprojekte, in denen wichtige historische Zeitschriften digitalisiert werden. Das JSTOR-Projekt (Journal Storage) ist hier zu nennen, das mindestens in Teilpaketen in den deutschen Universitätsnetzen zugänglich sein dürfte. Hier werden restrospektiv Zeitschriften digitalisiert und – wenn sie noch erscheinen – durch eine Schutzfrist (moving wall) an das aktuelle Angebot herangeführt, das dann über den jeweiligen Verlag direkt abonniert werden muss. Verbunden mit dem direkten Durchgriff auch für historische Zeitschriften aus Datenbanken wie PIO (*Periodicals index online*) bietet dies auch für die historisch ausgerichtete Forschung neue Möglichkeiten (vgl. dazu unten 5.3.2). Zur Datenbank PIO gibt es mit PAO *(Pariocidals Archiv Online)* ein eigenes Paket an Zeitschriften im »Volltext«[66]. Ein deutsches Pendant zu JSTOR ist unter dem Projektnamen *DigiZeitschriften* unter Federführung der Niedersächsischen SUB Göttingen im Entstehen (vgl. <http://www.sub. uni-goettingen.de/projekte/digizeit.html>) und ebenfalls wohl inzwischen an allen großen bibliothekarischen Einrichtungen zugänglich. Derzeit ist das theologische Angebot allerdings noch gering (ALW, JLW, ThR, ZThK, jeweils die Bestände des 20. Jh.s).

In der Theologie sind die Abonnements *traditioneller* Zeitschriften in einer großen Fachbibliothek und die Auslage der neuen Hefte eine Informationsquelle, auf deren Nutzung man (noch) nicht verzichten sollte, wie auch immer künftige Organisationsformen aussehen werden. In anderen Fachgebieten ist die Lage (schon) anders.

4.4 Nationallizenzen – eine neue Qualitätsstufe

Was bisher dargestellt wurde, waren freie oder (vor allem) kommerzielle Produkte, deren Zugänglichkeit an die Institutionen gebunden war, die das Produkt gekauft oder die Lizenz[67] erworben haben, soweit es nicht um Produkte geht, die auch der Einzel-

---

[66] Beides als Nationallizenz zugänglich.

[67] Das Problem »Lizenzen« kann hier nur kurz genannt werden. Bei digitalen Produkten sind vielfach Institutionen als Vermittler wegen der horrenden Preise der Angebote unvermeidbar, also im allgemeinen die Hochschulbibliotheken. Die Lizenzangebote unterliegen jeweils spezifischen vertraglichen Regelungen. Daher kann es zu Einschränkungen für Benutzerkreise (nur Fakultäts- oder Universitätsangehörige etc.), räumliche Einschränkungen der Benutzbarkeit (nur im Campusbereich etwa) oder Restriktionen für die Fernleihe kommen.

nutzer erwerben und finanzieren kann. Da auch die Finanzkraft der großen Bibliotheken den expandierenden Markt digitaler Angebote nicht bewältigen kann, hat die *Deutsche Forschungsgemeinschaft* seit 2004 den Erwerb großer Datenbanken und Zeitschriftenpools (ältere Jahrgänge) für alle wissenschaftlich Arbeitenden in der Bundesrepublik Deutschland finanziert[68]. Die Zugänglichkeit wird von großen bibliothekarischen Einrichtungen organisiert und ist für Hochschulangehörige über deren Bibliotheken gegeben. Aber auch jeder einzelne Wissenschaftler kann sich durch eine persönliche Registrierung als Nutzer dieser Datensammlungen anmelden[69].

Da das Programm sicher noch ausgeweitet wird, kann hier nur über die ersten Stufen berichtet werden. Es sollen nur einige für die Theologie wichtige Titel herausgehoben werden. In der Bücherkunde und bei den entsprechenden Erläuterungen im Buch wird gezielt auf einzelne Angebote hingewiesen.

Unter den schon oben erwähnten Volltextdatenbanken gibt es als Nationallizenz die grundlegende *Library of latin texts* mit den großen Ausgaben der lateinischen Kirchenväter und wesentlicher mittelalterlicher Theologen; die englischsprachige Buchproduktion bis 1800 ist insgesamt mit *Early English Books Online Complete (1473–1700)* gut abgedeckt, – man kann hier z. B. Heinrich VIII. Schriften zu Luther im Originallayout einsehen, allerdings nur, wenn man Henry VIII. sucht (über Suchprobleme und -strategien später!). Mit den weiteren Datenbanken *Eighteenth Century Collections Online* und *Early American imprints* (von den Anfängen bis 1819) ist die englische Literatur bis zum Beginn des 19. Jahrhunderts fast komplett abgedeckt (natürlich inclusive lateinischer in England gedruckter Titel etc.). Mit den *Acta Sanctorum, Aristoteles Latinus Database, Ut per litteras apostolicas* (Papstbriefe des 13. und 14. Jahrhunderts) und *Europa Sacra* (Verzeichnis der zur römischen Kirche gehörenden Bistümer des Mittelalters

---

[68] Das Folgende ist eingeschränkt auf die Bundesrepublik Deutschland. Die Situation in Österreich und der Schweiz ist anders.

[69] Informationen über <http://www.nationallizenzen.de/>.

sowie ihrer Würdenträger) sind weitere wichtige Datensammlungen für die Wissenschaft deutschlandweit zugänglich.

Das *World Biographical Information System Online* ergänzt die biographischen Suchmöglichkeiten Der deutschsprachige Teil ist in der Nationallizenz nicht enthalten, aber in elektronischer Form oder auf Mikroformen wohl in allen größeren Bibliotheken vorhanden.

Ein umfangreicher bibliographischer Zeitschriftenaufsatz-Nachweis ist durch den bereits oben erwähnten *Periodicals index online* zugänglich, und zwar ab Ende des 18. Jahrhunderts: 4.600 Zeitschriftentitel, 350 über *Periodicals archive online* im Volltext, mehr als 15 Millionen Artikel aus dem Zeitraum von 1665–1995, 37 Fachgebieten, über 40 Sprachen. Die neueste Literatur (ca. ab 1990) muss man aber auf alle Fälle in den einschlägigen aktuellen Repertorien suchen (vgl. 5.2.1: EZB).

In der zweiten Marge hat die DFG vor allem auch retrospektive Zeitschriftenbestände in digitaler Form lizenziert. Die Theologie ist hier allerdings noch im Hintertreffen, obwohl gerade bei ihr der historische Wert älterer Zeitschriftenaufsätze vielfach auch für andere geisteswissenschaftliche Fächer hoch ist.

Über die offizielle Nationallizenzenseite <http://www.national lizenzen.de/angebot> kann man sich über den aktuellen Stand wie über die bewilligten und zurückgestellten Angebote informieren. Für 2008 ist z. B. *The Digital Karl Barth Library – Volltextausgabe der Werke, Schriften, Gespräche und Briefe des Theologen Karl Barth (1886–1968)* genannt. Es lohnt sich also, über die offiziellen Seiten den aktuellen Stand des Projekts »Nationallizenzen« zu verfolgen.

4.5 Die digitale Weltbibliothek im Aufbau

Die Nationallizenzen sind für Deutschland ein gewaltiger Gewinn für die Nutzung digitaler Medien in der Wissenschaft. Der Aufbau digitaler Bibliotheken schreitet aber auch darüber hinaus rasant voran. Viele Grundtexte kann man in großen Bibliothekssystemen aus diversen Quellen aus dem Universitätsnetz auf seinen (vernetzten) PC holen. Freie Angebote im Internet kommen hinzu – etwa das schon länger bestehende Projekt Gutenberg, das deutschsprachige Literatur, darunter auch Übersetzungen von Klassikern (z. B. Augustins *Confessiones* …) umfasst[70]. Allerdings muss man hier Beurteilungskompetenz haben, um vertrauenswürdige Angebote von »Ramsch« zu unterscheiden, und wissen, dass nur urheberrechtsfreie Produkte frei zugänglich gemacht werden dürfen (im genannten Fall also keine der sprachlich adäquateren Übersetzungen oder Teilübersetzungen der *Confessiones* von Joseph Bernhart, Hermann Hefele, Kurt Flasch, Wilhelm Thimme oder Norbert Fischer u. a.). Auf diese Weise wird man im Allgemeinen allerdings nur gängige Werke finden, zu deren *Lektüre* man wiederum meist die Buchform vorziehen wird.

Eine ganz neue Qualität hat der Aufbau einer digitalen Weltbibliothek durch die Firma *Google* bekommen. Hier werden aus zunächst amerikanischen, inzwischen internationalen und durch Beteiligung der *Bayerischen Staatsbibliothek* auch deutschen Bibliotheken große Mengen von Altbeständen digital frei angeboten. Suchbar sind sie durch die *Google*-Buchsuche <http://books. google.de/advanced_book_search>[71]. Wenn man die Einstellung »Vollständige Ansicht« ankreuzt, erhält man nur Bücher, die als Volldigitalisate angeboten werden. Die gefundenen Bücher kann man herunterladen und für seine Zwecke – wenn man ein entsprechendes Programm zur Bearbeitung von PDF-Dateien hat – bearbeiten[72]. Auf diese Weise kann man für seine Arbeitsgebiete

---

[70] <http://gutenberg.spiegel.de/>. Vgl. das internationale Gegenstück: <http:// www.gutenberg.org/browse/languages/de>. Während der Drucklegung dieses Buches wurden die urheberrechtlich freien Bestände der Digitalen Bibliothek offen zugänglich gemacht <http://www.zeno.org/>.

[71] Die erweiterte Suche ist m. E. unverzichtbar. Die bibliographische Suchqualität ist ohnehin noch sehr schwach. – Eine ausführlichere Einführung findet sich bei Martin MAYER: *Geschichte elektronisch*. Freiburg : UB, Stand: August 2007, S. 105–110. – Digitale Ressource <http://www.freidok.uni-freiburg.de/ volltexte/205/pdf/Tutor131.pdf>.

[72] Die Nutzungsbedingungen von *Google* sind den Digitalisaten beigegeben. Sie sind freilich ggf. mit dem Urheberecht zu vergleichen und machen u. U. zu

auch eine digitale Bibliothek wichtiger historischer Werke aufbauen. Das Angebot wird immer umfassender.

Ein paralleles Unternehmen einer »Weltbibliothek« ist das »Million book project« der Carnegie Mellon University Libraries mit Partnern in Ägypten, China, Indien und dem Ziel, »to create a Universal Library which will foster creativity and free access to all human knowledge«, zugänglich über: <http://www.ulib.org/ULIBAdvSearch.htm>. Das immerhin schon sechsstellige Angebot ist hinsichtlich deutscher Bücher noch relativ schwach. Man kann sie über die Spracheinstellung alle anzeigen lassen. Der Schwerpunkt ist aber Englisch. Hier kann man auch als Theologe fündig werden; vor allem natürlich bei englischen Theologen, so wenn man die *Analogy of Religion* von Joseph Butler oder die *Apologia Pro Vita Sua* von John Henry Newman lesen möchte, aber etwa auch bei Augustinus – allerdings nur, wenn man Augustine sucht! –, oder auch bei Karl Rahner (in englischen Ausgaben), hier aber nur mit beschränktem Zugriff wegen urheberrechtlichen Schranken, womit wir auf eine neue Fragestellung der »freien« digitalen Projekte stoßen: Diese enthalten inzwischen durchaus schon urheberrechtsgebundenes Material, allerdings mit entsprechenden Beschränkungen hinsichtlich der Nutzungsmöglichkeiten. Bei den »frequently asked questions« des Projekts kann man auch hierzu Informationen finden.

Unter dem gleichen Titel findet man auch im schon im ersten Kapitel genannten *Internet Archive* ein Angebot <http://www.archive.org/details/millionbooks>. Auch hier sollte man die erweiterte Suche für alle im Archiv suchbaren Titel einstellen: <http://www.archive.org/advancedsearch.php>. Mit »Augustine« wird man fündig, beim englischen *Confessions* relativ üppig, beim lateinischen *Confessiones* aber auch noch mit *einer* – sehr schönen – Ausgabe. Diese rasant wachsenden Angebote sind hier nicht insgesamt zu beurteilen, eben auch wegen des schnellen Zuwachses der Inhalte. Es ist aber nützlich zu wissen, welche Mög-

---

weitgehende Einschränkungen. Für den privaten wissenschaftlichen Gebrauch sind die Nutzungsmöglichkeiten allerdings vollständig ausreichend.

lichkeiten zur Suche auch entlegenerer Publikationen jetzt schon gegeben sind, und sie evtl. nach seinen Vorlieben oder Arbeitsinteressen zu durchforschen.

Es ist aber nicht nur sinnvoll, nach vollständig digitalisierten Texten in Programmen wie der *Google-Buchsuche* zu fahnden. Die Buchsuche bietet auch die Möglichkeit, in den Texten selbst zu suchen. Mit der erweiterten Buchsuche gibt es sogar erhebliche Möglichkeiten: <http://books.google.de/advanced_book_search>. So hat man verschiedene Maskenfelder wie Autor / Titelworte / Verlage u. a. m. Man kann dabei nicht nur urheberrechtsfreie ältere Literatur durchsuchen, sondern auch Werke von Verlagen, die *Google* eine Teilsuche in ihrer bzw. eine Teilansicht ihrer Produkten erlaubt haben. Dummerweise muss man derzeit wissen, in welche Richtung man erfolgreich sein kann. So kann man z. B. Begriffe in der Martin Heidegger-Gesamtausgabe des Verlags Klostermann finden, wenn man ein Suchwort (z. B. Pascal), ein Titelwort (Gesamtausgabe), den Autor (Heidegger) und ggf. den Verlag entsprechend eingibt. Allerdings erhält man auf diese Suchanfrage nicht alle Stellen: *Sein und Zeit* fehlt z. B., bzw. erscheint – als solches gesucht – nur in der englischen Ausgabe. Die Gründe für solche Lücken können unterschiedlich sein. Ich vermute, dass hier die deutsche Ausgabe aus rechtlichen Gründen nicht in der *Google-Buchsuche* enthalten ist. Das Fallbeispiel sollte zeigen, dass das riesige Potential dieser digitalen Sammlung mit einer Undurchsichtigkeit der Suchbedingungen kombiniert ist. Dieses Problem wird uns noch weiter begleiten!

Die urheberrechtsgebundenen und nur teilweise freien Angebote in den großen virtuellen Weltbibliotheken zeigen, dass auch die Verlage nicht schlafen und ihr Geschäftsfeld zu bestellen suchen. Das gilt auch für die deutschen Verlage, die ein Internetportal für die aktuelle Verlagsproduktion unter dem Kunstnamen *Libreka* aufgebaut haben (ein »Latinograecismus« aus *liber* und εὕρηκα <http://libreka.de/>). Dieses Portal bietet natürlich keine freien Volltexte an. Es erlaubt aber eine Suche in den Volltexten, womit man relevante Literatur aufspüren, zum Teil auch am Bildschirm lesen und sich dann über Bibliotheken oder den Buchhandel beschaffen kann. Auch hier ist wieder die erweiterte Suche empfehlenswert. Das Angebot ist noch relativ neu. Die Zahl der beteiligten Verlage wird sicher bald höher werden. Derzeit ist z. B. die Wissenschaftliche Buchgesellschaft umfangreich enthalten, der Verlag Herder mit einem Teilprogramm, der Theologische Verlag TVZ, um nur drei hier relevante Beispiele zu geben. Die Entwicklung dieses Verlagsportals wird man beobachten müssen. Derzeit ist es noch in einer Anfangsphase.

Die letztgenannten Aktivitäten zu einer Weltbibliothek – sie wären leicht noch zu erweitern[73] – zeigen einen Trend, der sich in den letzten Jahren derart rapide in Ergebnissen dokumentiert hat, so dass erwartet werden kann, dass eine digitale Weltbibliothek in absehbarer Zeit nutzbar sein wird. Sobald Bestände wie diejenigen der Bayerischen Staatsbibliothek, die in Kooperation mit *Google* digitalisiert werden, auch bibliographisch adäquat recherchierbar sein werden[74], ist ein wesentlicher Schritt dahin getan. Wenn man jetzt schon beobachtet, welche Altbestände auch zur deutschen Geschichte aus amerikanischen Bibliotheken von *Google* digitalisiert wurden, ist die Befürchtung des früheren Direktors der französischen Nationalbibliothek einer Anglisierung der Weltkultur an diesem Punkt nicht unbedingt schlüssig – vorausgesetzt, dass die europäischen Institutionen ihren Beitrag

---

[73] Etwa um das Projekt der Europäischen digitalen Bibliothek <http://www.theeuropeanlibrary.org/portal/index.html>, die allerdings nicht nur digitale Medien enthält, sondern zunächst einmal Katalogdatensätze, weshalb wir das Projekt hier nicht genauer beschrieben haben. – Auf manches schöne Beispiel stößt man, wenn man eigenen Forschungsthemen nachgeht und Suchmaschinen für sich arbeiten lässt, etwa die rund 3.000 Digitalisate der Università degli studi di Torino <http://hal9000.cisi.unito.it/wf/BIBLIOTECH/Umanistica/Biblioteca2/Libri-anti1/>, vor allem für den Bereich des Italienischen der frühen Neuzeit; die Oberrhein-Sammlung der UB Freiburg i.Br. wäre ein einheimisches Beispiel <http://www3.ub.uni-freiburg.de/index.php?id=oberrhein>. Bei der derzeitigen Situation ist es sinnvoll, nach eigenen Forschungsinteressen die Suchmöglichkeiten des Internet auszunutzen, da es (noch) keine systematischen Erschließungen für digitale Volltexte gibt (vgl. aber den KVVK 5.2.5).
[74] Das oben schon teilweise mitangesprochene Thema ist im nächsten Kapitel zu behandeln.

zu dieser Weltdokumentation erbringen, wie etwa die Bayerische Staatsbibliothek. Neben den Großprojekten können das m. E. durchaus qualitätvolle Sparten-Digitalisierungen sein, die von *Google* nicht abgedeckt werden können. Für die Bibliotheken wird sich ein Teil ihrer Funktionen ändern. Altbestände werden in höherem Maße ein schützenswertes, durchaus auch »museales« Gut sein[75], das für Spezialbenutzungen zur Verfügung steht. Sammelaufträge werden in dieser Hinsicht sicher eingeschränkt werden – dafür stehen schon die Rechnungshöfe. Die Großbibliotheken werden hier eine geänderte Spezialaufgabe behalten. Anders ist es beim neuen Buch. Hier ist zum einen von einer Abnahme des Buchkaufs oder eine Verringerung der Buchproduktion nichts zu spüren. Hinsichtlich der digitalen Angebote werden die Bibliotheken und die großen Wissenschaftseinrichtungen darüber hinaus wohl als Partner für die Verlage die zentralen Bezugsgrößen bleiben, die Lizenzen erwerben und Zugänge ermöglichen, manchmal auch ohne dass der Benutzer es merkt, der anscheinend »frei im Internet« eine für ihn freigeschaltete Lizenz erreicht.

---

[75] Die Meinung des baden-württembergischen Wissenschaftsministers P. Frankenberg, dass alle forschungsrelevanten Informationen bei mittelalterlichen Handschriften durch Digitalisierung erreichbar seien, wird sicher als Kuriosum in die Bibliotheksgeschichte eingehen, vgl. dazu ZfBB 54 (2007), S. 305–306. Sie gilt natürlich auch für das gedruckte alte Buch nicht.

5. Literatursuche

Für eine Geisteswissenschaft ist die Beschäftigung mit Literatur grundlegend. Wir haben deshalb im zweiten Kapitel bereits von Bibliotheken und Buchhandel gesprochen, im dritten Kapitel von den Gattungen der Fachliteratur und dies im letzten Kapitel in die digitale Welt weitergeführt. Nun geht es darum, sich etwas systematischer klar zu machen, wie man Fachliteratur suchen und – natürlich – finden kann[76].

5.1 Der Online-Hauptkatalog (OPAC)

Wir gehen davon aus, dass man die benötigte Fachliteratur zunächst einmal in der Fachbereichs- oder Universitätsbibliothek mit Erfolg suchen kann. Dazu wird man im Online-Katalog[77] der Bibliothek – das ist heute der Standard[78] – zumindest die neuere Literatur finden, in vielen Fällen aber auch schon den Gesamtbestand der Bibliotheken oder doch die studienrelevanten Werke. Kataloge sind Bestandsverzeichnisse. Sie informieren darüber, ob ein Buch in der Bibliothek vorhanden ist, und enthalten eine Standnummer (Signatur), d. h. einen Hinweis darauf, wo es zu finden ist und ob es ausleihbar oder nur präsent in der Bibliothek zu nutzen ist[79].

---

[76] Systematisch angelegt und grundlegend hierzu – noch abgesehen von neueren Technologien und Fragestellungen – ist das Buch von Gerhard SCHWINGE: *Wie finde ich theologische Literatur?* Berlin : Berlin Verlag, [3]1994 (Orientierungshilfen ; 16).

[77] Online = im direkten Dialogverkehr mit der Katalogdatenbank. OPAC = Online public access catalogue = Online-Publikumskatalog.

[78] Zu den traditionellen Katalogen vgl. die Kurzhinweise 5.5.

[79] Anhand der Standnummer kann man im Allgemeinen erkennen, ob das Buch etwa im Lesesaal präsent, in einem Freihandbereich abholbar zur Aus-

Mit »Online-Katalog« wird hier der Hauptkatalog einer Bibliothek oder eines Bibliothekssystems bezeichnet (z. B. der Katalog der Bibliotheken einer Universität, der die Bestände der Zentralbibliothek wie der sonstigen Bibliotheken enthält bzw. enthalten kann). Er ist das zentrale Informationsmittel über die Medien vor Ort, weist den Gesamtbestand nach und erlaubt ggf. auch den direkten Durchgriff auf online vorhandene elektronische Publikationen. In der augenblicklichen Situation wird er vielfach noch durch Online-Spezialkataloge ergänzt, die wir daher eigens in 5.2 erwähnen. Die Einbindung weiterer Ressourcen (z. B. der Nationallizenzen) legt andere Lösungen nahe, um die verschiedenen Medienangebote möglichst in *einen* Suchvorgang einzubinden. Wir behandeln dies unter dem Stichwort »Portale« (5.4).

Der Online-Katalog erlaubt zum einen die »formale« Suche: Wenn der Verfasser oder der Titel (oder auch zusätzlich Verlag, Ort, Jahr etc.) bekannt sind, kann man mit diesen Elementen suchen. Er erlaubt aber auch die »sachliche« Suche: Wenn man Literatur zu einem bestimmten Thema ermitteln will, kann man mit Stich- und Schlagwörtern oder auch mit Klassifikationen – wenn die Bibliothek solche verwendet – fündig werden. Die traditionelle Katalogwelt in Karteiform unterschied hier den »alphabetischen Katalog« für die formale Suche, den Schlagwortkatalog und den nach einem Klassifikationssystem geordneten systematischen Katalog. Der besseren Übersicht halber gehen wir diese Aspekte hier nacheinander durch, obwohl sie im Online-Katalog nicht in getrennten Datenbanken verwaltet werden.

---

leihe oder im Magazin zur Bestellung untergebracht ist. Außerdem sollte man sich informieren, welche weiteren Einschränkungen existieren. So wird aus Schutzgründen ältere Literatur nicht nach außen entliehen. Die Jahresgrenze dafür ist in den einzelnen Bibliotheken unterschiedlich. Andere Nutzungseinschränkungen können auf urheberrechtlichen (z. B. Ausgabe von Videomitschnitten etwa nur an Universitätsangehörige unter besonderen Voraussetzungen), gelegentlich auch strafrechtlichen Vorschriften beruhen (z. B. für gewisse nazistische Propaganda-Literatur).

5.1.1 Formale Suche

Es gibt unterschiedlich aufgebaute Einstiegsseiten bei Online-Katalogen. Die »Normalform« dürfte so aussehen, dass bestimmte Felder einer »Maske« auszufüllen sind[80]. Die Angaben sind so zu verwenden, wie sie auf dem Titelblatt vorkommen.

- *Autor:* Hier ist der Verfassername des Werks einzutragen, im Allgemeinen in invertierter Form (also z. B.: Rahner, Karl). Herausgeber oder sonstige Mitarbeiter eines Werks – wenn sie in der bibliographischen Beschreibung auftauchen – können im Allgemeinen hier ebenfalls eingetragen werden (Es handelt sich dann um ein Feld für den Eintrag der Namen beteiligter Personen und streng genommen nicht nur von Autoren-Namen).
- *Titel:* Hier ist der Buch- oder Zeitschriftentitel einzutragen. Je nach Definition des Feldes genügen u. U. einzelne Titelwörter; manchmal kann man die Einstellung »Titelbeginn« oder »exakter Titel« eintragen, was besonders bei vielverwendeten Wörtern die Treffermenge sehr vermindern und damit präzisieren kann.
- *Erscheinungsort, Erscheinungsjahr.* Diese Abfragen verstehen sich von selbst.
- *Sucheinschränkungen:* Sehr wertvoll ist es, wenn der Katalog es ermöglicht, z. B. nach Literaturgattungen zu suchen (Noten, Karten, Zeitschriften, Tonträger u. a. m.). Das Magazin »Der Spiegel« ohne die Einschränkung »Zeitschrift« in einem großen Katalog zu suchen (und ggf. ohne die zusätzliche Angabe des Erscheinungsortes, hier »Hamburg«), könnte sonst zu Problemen wegen der Treffermengen führen.
- *Freitext:* Solche Felder ermöglichen es, aus allen Kategorien der bibliographischen Beschreibung Angaben »gemischt« einzugeben. Das kann durchaus nützlich sein. Kataloge, die auf der Einstiegsebene *nur* diese Möglichkeit bieten, halte ich allerdings für weniger sinnreich.

Die kurzen Bemerkungen zeigen einen großen Vorteil der Online-Kataloge: Sie erlauben es, auch mit unvollständigen Angaben erfolgreich zu suchen, wohingegen man bei traditionellen Katalogen in Karteiform den exakten Ordnungsgesichtspunkt kennen muss und höchstens noch über »Verweisungen« auf den Haupteintrag Hilfestellungen erhält. Zudem sind mit hinterlegten

---

[80] Es gibt allerdings auch Kataloge, die zunächst einmal den »Einheitseingabeschlitz« voreinstellen. Für präzise Suchen ist es m. E. praktisch immer sinnvoll, die »erweiterte Suche« zu wählen, die im Übrigen im »Freitextfeld« im Allgemeinen auch die Grobsuche ermöglicht.

Normdatenbanken meist auch noch andere Wortformen – z. B. beim Namen – suchbar, so dass man nicht unbedingt »Thomas <de Aquino>« eingeben muss, sondern auch mit »Thomas Aquinas« oder »Thomas von Aquin« die richtigen Ergebnisse erhält. Eingabemasken verlangen allerdings, dass man sich vorher klar macht, was verlangt wird und was dementsprechend gesucht werden kann (vgl. oben das Beispiel »Titelworte«, »exakter Titel«, »Titelanfang«). Wenn man das nicht beachtet oder die Voreinstellung der Maske verändert ist, kann man Überraschungen erleben. Übrigens: Generell sollte man bei nicht plausiblen Ergebnissen immer überlegen, ob ein »Kategorienfehler« vorliegt. EDV-Systeme suggerieren, dass ihre Ergebnisse unanfechtbar seien, was natürlich aus vielen Gründen nicht zutreffend sein kann. Deshalb ist immer Skepsis und Überprüfung geboten. Hilfreich sind übrigens:

● *Register:* Bei manchen Katalogmasken lassen sich bei den Eingabezeilen Registerfelder aufblättern, bei denen man gezielt das Gesuchte (also z. B. den korrekten Autorennamen) auswählen kann; das kann übrigens auch hilfreich sein, wenn der Katalog – oder die Datenbank – Verschreibungen enthält, die man auf diese Weise feststellen kann oder umgekehrt, wenn man die genaue Schreibweise selbst nicht weiß.

● *Hilfe-Texte:* Die meisten Kataloge dürften inzwischen auch Hilfe-Texte oder allgemeine Erläuterungen enthalten, die man sich zumindest dann ansehen sollte, wenn die Sache für einen selbst nicht in genügender Form selbsterklärend ist.

5.1.2 Sachliche Suche

Im vorigen Abschnitt haben wir einige Hinweise zu geben versucht, wie man Literatur finden kann, deren Verfasser und Titel (und ggf. weitere formal beschreibende Angaben) man bereits kennt. Sucht man dagegen unter sachlichem Gesichtspunkt Literatur, so kommt man auf diese Weise kaum weiter. Hier ist traditionell der »Sachkatalog« gefragt. In Online-Katalogen ist dies, wie schon gesagt, kein getrenntes Instrument. Es sind vielmehr die entsprechenden Felder der Suchmaske zu benutzen.

5.1.2.1 Verbale Sacherschließung

An diesem Punkt ist eine Erläuterung nötig: Sachlich suchen kann man auf verschiedene Weise. Eine erste Form ist die *Stichwortsuche*, die noch nicht wesentlich über das oben Genannte hinausführt: Im Titel- oder Freitextfeld gibt man Suchbegriffe aus dem Sachtitel der Veröffentlichung ein. Achtung: Diese müssen in exakter Form eingegeben werden – also bei dem Titel »Die Ästhetik Schopenhauers« nicht »Schopenhauer«, sondern »Schopenhauers« – und ggf. auch in der entsprechenden fremdsprachigen Form (»heideggerien« u. ä.). Wegen dieser Problematik der Stichwortsuche und um durch Synonyme verschieden benennbare Gegenstände einfacher suchbar zu machen, ist es sinnvoll, die Buchinhalte durch »*Schlagwörter*« zu bezeichnen, die unabhängig von den Formulierungen der Vorlage den Sachinhalt kennzeichnen, und damit zu erschließen.

- *Schlagwort:* In das entsprechende Feld der Eingabemaske von Online-Katalogen kann man also nur das entsprechend normierte Vokabular eingeben (nebst Verweisungsformen, die in der Datenbank enthalten sind). Wenn man die Beschlagwortung eines sachlich verwandten Titel kennt, kann man die Schlagwörter ggf. auch davon übernehmen. Besser ist, wenn z. B. ein Register aufgeblättert werden kann. Dies enthält dann die verwendete Form und die entsprechenden zur Verfügung stehenden mehrteiligen Schlagwortbildungen (z. B. hier Person/Titel-Schlagwörter).

Beispiel 1:
Heidegger, Martin
Heidegger, Martin / Sein und Zeit
Heidegger, Martin / Unterwegs zur Sprache

Das in deutschsprachigen Bibliothekskatalogen verwendete Schlagwort-Vokabular wird aus einer zentral geführten Datenbank übernommen, der »Schlagwort-Normdatei« (SWD). Sie enthält Personennamen *(Beispiel 1)*, geographische Begriffe *(Beispiel 2)*, Sachschlagwörter, Zeitschlagwörter (in der gewöhnungsbedürftigen Form »Geschichte 1933–1945« etc.) und Formschlagwörter (z. B. »Bibliographie«, ggf. mit dem Berichtzeitraum »Bibliographie 1850–1950«). Auf diese Weise kann man einen Sachgegenstand durch Facetten verschiedener Art einkreisen. Die nachträgliche Kombination mehrerer Schlagwörter (»Postkoordination«)

erlaubt eine solche gezielte Suche. Manche Online-Kataloge ermöglichen nur diese postkoordinierte Suche. Die Logik des der Anwendung zugrundegelegten Regelwerkes, der »Regeln für den Schlagwortkatalog« (RSWK)[81], sieht allerdings vor, dass die vergebenen Schlagwörter »präkoordiniert«, d. h. vom Bearbeiter bereits in aufeinander bezogener Form in sogenannten »Schlagwortketten« abgelegt werden:

Beispiel 2:

Freiburg <Breisgau> / Luftkrieg / Geschichte 1939–1945
Freiburg <Breisgau> / Münster
Freiburg <Breisgau> / Münster / Bauplastik
Freiburg <Breisgau> / Münster / Bildband
Freiburg <Breisgau> / Münster / Führer
Freiburg <Breisgau> / Mundart / Wörterbuch

Beispiel 3:

Rahner, Karl
Rahner, Karl / Christologie
Rahner, Karl / Christologie / Theologische Anthropologie / Barth, Karl
Rahner, Karl / Grundkurs des Glaubens / Trinitätslehre
Rahner, Karl / Gotteslehre
Rahner, Karl / Sakramentenlehre
Rahner, Karl / Schriften zur Theologie / Verzeichnis
Rahner, Karl / USA / Hispanos / Katholische Theologie

Kataloge, die ein Register dieser Ketten enthalten, ermöglichen es, die beschlagwortete Literatur nicht nur quasi auf gut Glück nachträglich nach bestimmten Inhalten zu durchsuchen, sondern direkt im vorliegenden Material zu »blättern«. Auch wenn die differenzierten Ketten in vielen Katalogen nur zur wenigen Titeln führen, ist dies eine ganz wesentliche Suchhilfe. Es ist m. E. ein Skandal, dass viele Kataloge das zugrundeliegende Erschließungsmaterial nicht in dieser Weise abbilden können, obwohl das flächendeckend verwendete Regelwerk seit Jahrzehnten bekannt ist. (Bei den Bibliographien ist der *Index Theologicus [IxTheo]* in dieser Hinsicht positiv hervorzuheben.)

---

[81] <http://deposit.ddb.de/ep/netpub/89/96/96/967969689/_data_stat/www.dbi-berlin.de/dbi_pub/einzelpu/regelw/rswk/rswk_00.htm>

Wir sind in den bisherigen Ausführungen von der Empfehlung ausgegangen, die Schlagwörter über Register bzw. Kettenregister zu ermitteln. Da dies nicht immer möglich ist, sollen wenigstens noch einige knappe Erläuterungen zum Schlagwortmaterial der *Schlagwortnormdatei* gegeben werden:

- Die Schlagwörter werden im Allgemeinen aus einem *Bildungswortschatz* übernommen, wie er etwa in den großen Allgemeinenzyklopädien bzw. Konversationslexika verwendet wird. Erster Einstieg ist also nicht eine spezifische Fachsprache. Das ist für ein universal einsetzbares Schlagwortsystem sinnvoll. Allerdings sind Begriffe spezifischer Fachsprachen in vielen Fällen als Verweisungen in der Datenbank hinterlegt, so dass die Suche auch mit dieser Begrifflichkeit möglich ist.
- Die Begrifflichkeit wird in der *Singular-Form* verwendet. Ausnahmen: Begriffe, die nur im Plural vorkommen (»Eltern«) oder gebräuchlicher sind (»Menschenrechte«, allerdings mit einer auch suchbaren Verweisungsform »Menschenrecht«, da es dieses ja auch im Singular gibt); außerdem die biologischen Klassenbegriffe (»Drosseln«).
- *Zeitangaben* werden in der Form »Geschichte 1933–1945« gemacht oder an Formschlagwörter wie Bibliographie, Briefsammlung u. a. (z. B. »Briefsammlung 1917–1924«) bzw. geographische Begriffe (z. B. bei Kongressen: »Kongress / München <1980>«) angehängt. Die im letzteren Fall zusätzlich verwendeten Spitzklammern kann man sich bei der Eingabe in manchen Katalogen ersparen; manchmal muss man sie allerdings auch eingeben, weshalb auch hier Register hilfreich sein können.
- *Geographische Begriffe* werden im Allgemeinen in der deutschen Form (Turin, nicht Torino; Breslau, nicht Wrocław) angegeben.

Die kurzen Hinweise zeigen, dass es trotz eines gemeinsamen Regelwerkes im deutschsprachigen Raum durchaus Unterschiede bei der Suche in unterschiedlichen Online-Katalogen geben kann. Aus diesem Grund ist es immer sinnvoll, die Hilfe-Texte des Katalogs, den man vornehmlich oder jeweils benutzt, anzusehen.

5.1.2.2 Klassifikatorische Sacherschließung

Die sachliche Erschließung von Literatur in verbaler Form durch Stich- oder/und Schlagwörter ist eine der beiden grundlegenden Möglichkeiten. Sie erlaubt es, gezielt nach einzelnen Sachverhalten zu suchen, nach den »Regeln für den Schlagwortkatalog« in der exakten und engen Form: Amsel, Drossel, Fink und Star sind also einzeln gut auffindbar, die Singvögel als ganze verteilen sich allerdings auf die verschiedensten Abschnitte des Alphabets. Oder: die Literatur zu Taufe und Eucharistie finde ich mit diesen Schlagwörtern; die Literatur zu den Sakramenten finde ich aber nicht an *einem* Ort. Hier helfen *systematische Klassifikationen* weiter. Diese benötigt man auch für Aufstellungszwecke von Büchern in Bibliotheken. Bei *systematischer Aufstellung* ist also die Suche über diejenigen Bestandteile von Standnummern (Signaturen), die für die Gruppeneinordnung relevant sind, gleichzeitig zur sachlichen Suche zu verwenden. Man spricht hier von »Notationen«[82].

Im Bayerischen Bibliotheksverbund und im Südwestdeutschen Bibliotheksverbund kann man z. B. mit den Notationen der Regensburger Verbund-Klassifikation (RVK) recherchieren. Ohne Kenntnis dieser Notationen auch über: <http://www.bibliothek. uni-regensburg.de/rvko_neu/>[83], wo man von der Notation aus eine Recherche im Bayerischen wie Südwestdeutschen Verbundkatalog, aber auch direkt in Katalogen einiger anderer Bibliotheken durchführen kann.

Die RVK ist neben Bayern auch in Sachsen und im südwestdeutschen Raum weit verbreitet. Sie dient gleichzeitig Aufstellungszwecken und ist aus diesem Grunde bei der Neuordnung des Bibliothekswesen in der ehemaligen DDR vielfach verwendet worden.

Eine weitere verbreitete Klassifikation ist die in den norddeutschen Bibliotheken des PICA-Bibliotheksverbunds angewendete Basisklassifikation. Der nordrhein-westfälische Bibliotheksver-

---

[82] Vgl. als traditionelles einfaches Aufstellungssystem z. B. die Signaturübersichten der Fakultätsbibliothek Freiburg <http://www.theol.uni-freiburg.de/ bibliothek/teilbibliotheken/index.html>. Durch die elektronische Rekatalogisierung sind inzwischen auch die Altbestände mancher Großbibliotheken systematisch weitestgehend zugänglich, vgl. etwa für Göttingen <http://opac. sub.uni-goettingen.de/DB=1/BANDRKSYST> oder für Freiburg i. Br. <http:// www3.ub.uni-freiburg.de/index.php?id=1113>.
[83] Als Einführung zur RVK vgl.: Bernd LORENZ: *Handbuch zur Regensburger Verbundklassifikation.* Wiesbaden : Harrassowitz, 2003 (Beiträge zum Buch- und Bibliothekswesen ; 46).

bund verwendet vielfach die Gesamthochschulbibliothekssystematik[84].

Eine Übersicht unter dem Titel *Klassifikationssysteme im WWW* findet sich unter <http://www.fbi.fh-koeln.de/institut/labor/Bir/thesauri_new/klsysfbi.htm>. In manchen Online-Katalogen von Bibliotheken dieser jeweiligen Regionen kann man u. U. zusätzlich zu den in Deutschland überall verbreiteten Schlagwörtern der SWD auch einen Teil der Literatur mit den Notationen dieser Klassifikationen suchen. Hier muss man sich vor Ort erkundigen.

Aufstellungsunabhängige Klassifikationen sind in Deutschland nicht flächendeckend in Anwendung. Allerdings gibt es Bemühungen, die amerikanische *Dewey Decimal Classification* (DDC)[85] als ein solches Instrument anzuwenden. Diese in den USA seit langem verbreitete und vielfach überarbeitete Klassifikation wird international vor allem eingesetzt, um das Titelmaterial von (National-)Bibliographien zu sortieren (z. B. in Großbritannien, Frankreich, der Schweiz, Italien u. a. m.). Da inzwischen ein immenses Titelangebot elektronisch mit dieser Klassifikation erschlossen ist und die DDC darüber hinaus auch in Internet-Angeboten häufiger verwendet wird[86], empfiehlt es sich, diese Notationen auch in deutschen Katalogen suchbar zu machen.

Die DDC ist durchaus kein optimales System. Ihre faktisch große Verbreitung macht aber die pragmatische Entscheidung, dieses System auch im deutschsprachigen Raum anzuwenden,

---

[84] <http://www.hbz-nrw.de/produkte_dienstl/ghb-sys/>. Auf dem Stand 2004 »eingefroren«.

[85] Benannt nach dem Erfinder dieses Ordnungssystems, dem amerikanischen Bibliothekar Melvil Dewey (1851–1931). – Deutsche Ausgabe: *Dewey-Dezimalklassifikation und Register : DDC 22* / begr. von Melvil DEWEY. Hrsg. von Joan S. MITCHELL ... 4 Bde. München : Saur, 2005. Als Einführung: Lois Mai CHAN ; Joan S. MITCHELL: *Dewey-Dezimalklassifikation : Theorie und Praxis ; Lehrbuch zur DDC 22*. München : Saur, 2006. – Daraus als Einzelausgabe (engl.): *Dewey Decimal Classification : 200 Religion class*. Repr. from ed. 20. Albany, NY : Forest Press, 1989.

[86] Vgl. etwa zu Dewey-Ressourcen im Internet <http://www.deweybrowse.org/>.

sinnvoll. Sie ist zudem ein »Expertensystem«. Es ist zu wünschen, dass findige EDV-technische Umsetzungen den Benutzer diese Schwierigkeiten nicht merken lassen werden[87]. Bis zur großflächigen Verbreitung wird aber sicher noch einige Zeit vergehen. Die DDC beruhen auf dem Prinzip dezimaler Gliederung, wie es z. B. auch als Gliederungsprinzip für Inhaltsvezeichnisse verwendet wird. Die DDC unterscheidet 10 Sachgruppen *(Beispiel 4)*. Gruppe 2 ist für »Religion« verwendet. Die Übersicht über die Sachgruppen sowie die Grobübersicht der ersten drei Dezimalstellen der Gruppe »Religion« *(Beispiel 5)* sowie für Ausdifferenzierungen *(Beispiel 6)* sollen das Verfahren erläutern, ohne dass wir hier eine detailliertere Einführung geben wollen, da die DDC in deutschen Bibliothekskatalogen ja noch nicht so weit verbreitet ist[88]. Die Übersicht kann aber vielleicht auch hilfreich sein, wenn man diesem Ordnungssystem in ausländischen Nationalbibliographien begegnet.

Beispiel 4: Die Hauptgruppen der DDC (deutsch)	Beispiel 5: DDC-Klasse 200 (englisch)
000 Informatik, Informationswissenschaft, allgemeine Werke	**200 Religion**
100 Philosophie und Psychologie	201 Philosophy of Christianity
200 Religion	202 Miscellany of Christianity
300 Sozialwissenschaften	203 Dictionaries of Christianity
400 Sprache	204 Special topics
500 Naturwissenschaften und Mathematik	205 Serial publications of Christianity
600 Technik, Medizin, angewandte Wissenschaften	206 Organizations of Christianity
700 Künste und Unterhaltung	207 Education, research in Christianity
800 Literatur	208 Kinds of persons in Christianity
900 Geschichte und Geografie	209 History and geography of Christianity
	210 Natural theology
	211 Concepts of God
	212 Existence, attributes of God
	213 Creation

[87] Das Programm *MelvilSearch,* das dies ermöglichen würde, ist leider lizenzpflichtig, vgl. <http://melvil.d-nb.de/>.
[88] Die ähnlich aussehende Universale Dezimal-Klassifikation (UDK bzw. UDC) entstammt zwar den gleichen Wurzeln, hat sich aber getrennt entwickelt. Sie hat durchaus manche Vorteile. Die große Verbreitung der DDC ist aber ein wesentliches Argument für deren Anwendung.

214 Theodicy	259 Activities of the local church
215 Science and religion	**260 Christian social theology**
216 Good and evil	261 Social theology
218 Humankind	262 Ecclesiology
220 Bible	263 Times, places of religious observance
221 Old Testament	264 Public worship
222 Historical books of OT	265 Sacraments, other rites and acts
223 Poetic books of OT	266 Missions
224 Prophetic books of OT	267 Associations for religious work
225 New Testament	268 Religious education
226 Gospels and Acts	269 Spiritual renewal
227 Epistles	**270 Christian church history**
228 Revelation (Apocalypse)	271 Religious orders in church history
229 Apocrypha and pseudepigrapha	272 Persecutions in church history
230 Christian theology	273 Heresies in church history
231 God	274 Christian church in Europe
232 Jesus Christ and his family	275 Christian church in Asia
233 Humankind	276 Christian church in Africa
234 Salvation (Soteriology) and grace	277 Christian church in North America
235 Spiritual beings	278 Christian church in South America
236 Eschatology	279 Christian church in other areas
238 Creeds and catechisms	**280 Christian denominations, sects**
239 Apologetics and polemics	281 Early church, Eastern churches
240 Christian moral and devotional theology	282 Roman Catholic Church
	283 Anglican churches
241 Moral theology	284 Protestants of Continental origin
242 Devotional literature	285 Presbyterian, Reformed, Congregational
243 Evangelistic writings for individuals	
245 Texts of hymns	286 Baptist, Disciples of Christ, Adventist
246 Use of art in Christianity	287 Methodist and related churches
247 Church furnishings and articles	289 Other denominations and sects
248 Christian experience, practice, life	**290 Other & comparative religions**
249 Christian observances in family life	291 Comparative religion
250 Christian orders and local church	292 Greek and Roman religion
251 Preaching (Homiletics)	293 Germanic religion
252 Texts of sermons	294 Religions of Indic origin
253 Pastoral office (Past. theology)	295 Zoroastrianism
254 Parish government and administration	296 Judaism
	297 Islam
255 Religious congregations and orders	299 Other religions

Die Übersicht zeigt, dass hier manche angelsächsischen Klassifikationsgewohnheiten bzw. theologischen Eigenheiten durchschlagen. Für ein System, mit dem der Benutzer letztlich nicht selbst arbeiten, sondern das ihm durch ein »interface« zugänglich gemacht werden soll, muss das aber kein Nachteil sein.

Beispiel 6:

268   Religious education

...

268.6   Methods of instruction and study
268.63 Lecture and audiovisual methods
268.635 Audiovisual methods

Das ganze System ist durch verschiedene komplexe Kombinationsmöglichkeiten im Übrigen wesentlich differenzierter – und damit auch komplizierter. Für Suchzwecke wird der Benutzer im Allgemeinen mit den größeren Gruppen auskommen. Aus urheberrechtlichen (!) Gründen ist die ganze Klassifikation nicht frei zugänglich.

5.1.2.3 »Umgangssprachliche« Suchsysteme

Die vorangehenden Ausführungen dürften manchen Lesern etwas kompliziert vorkommen. Müsste eigentlich nicht alles einfacher gehen? Müsste es nicht möglich sein, mit üblichem, in der (gehobenen) Alltagssprache gebräuchlichem Vokabular ohne solche komplizierten Verfahren in elektronischen Systemen suchen zu können? Auch wenn man der Meinung ist, dass eine wirklich präzise Suche nicht an der Kenntnis der oben genannten Unterscheidungen vorbeikommen kann, ist die Frage berechtigt. Und es gibt natürlich auch Versuche, die es dem Benutzer ermöglichen sollen, ohne terminologische Vorüberlegungen seine Suchbegriffe in ein entsprechendes Feld einzugeben, ggf. ohne Rücksicht auf Deutsch oder Englisch (das ist schließlich mehr und mehr die Wissenschaftssprache). Ein solches System unter dem Namen OSIRIS ist z. B. an der Universitätsbibliothek Osnabrück im Einsatz[89]. Es verarbeitet die

---

[89] Vgl. <http://osiris.ub.uni-osnabrueck.de>. Es hat allerdings den Eindruck, dass mit Abschluss der DFG-Förderung dieser Versuch nicht weitergeführt worden ist.

»intellektuell« zugeordneten vorhandenen Erschließungsdaten (Stich- und Schlagwörter, und zwar nicht nur die deutschsprachigen, sondern auch die der Library of Congress, British Library etc. – die durch »Fremddatenübernahme« vorliegen – wie auch Aufstellungssystematiken und andere Notationen etc.) automatisch weiter, setzt sie in Beziehung und erlaubt es dadurch dem Benutzer, sozusagen mit beliebigem Vokabular seine Suche zu starten. Auch wenn das System seine Grenzen an den zugrundeliegenden Daten hat, so wird es m. E. als zusätzliches Erschließungssystem in Katalogen, die große Mengen schon anders erschlossener Daten enthalten, immer sinnvoller. Es ist zu hoffen, dass solche und ähnliche Verfahren größere Verbreitung finden oder zu noch besseren Lösungen anregen. Der Einsatz der Suchmaschinentechnologie in Bibliothekskatalogen und -portalen wird weitere Schritte in diese Richtung ermöglichen. Die Hinterlegung von entsprechenden Thesauri, Lemmatisierung von Begriffen (so dass verschiedene Wortformen suchbar werden, also die Suche mit »Biergarten« auch »Biergärten« findet, wie es ein Beispiel aus der bayerischen Fachliteratur veranschaulichte) und andere Techniken werden hier sicher den Komfort der intuitiven Suche in absehbarer Zeit erhöhen – wobei immer darauf zu achten ist, dass die Präzision der Suche durch zu viele Treffer nicht eingeschränkt wird.

5.1.3 Kataloganreicherung

Die bisherigen Ausführungen beziehen sich auf die klassischen Angaben, die in Katalogen enthalten sind und entsprechend auch wieder recherchiert werden können. Es gibt aber weitere Möglichkeiten, den Informationsgehalt von Katalogen zu verbessern, indem andere Informationen hinterlegt werden. Naheliegend ist es etwa, Inhaltsverzeichnisse einzubinden. Den Sinn der Sache kann man sich klarmachen, wenn man in deutschen Bibliothekskatalogen z. B. die Festschrift für Karl Kardinal Lehmann von 2001 *Weg und Weite* sucht[90]. Meist ist sie durch Schlagwörter erschlossen,

---

[90] Etwa über den KVK, vgl. unten unter Metakataloge, 5.2.5.

was bei einem so vielfältigen Werk sehr unspezifisch bleiben muss. Im Südwestdeutschen Bibliotheksverbund kann man aber auch das *Inhaltsverzeichnis* anklicken und sich damit ganz exakt über den Inhalt informieren. Die Beigabe von *Inhaltsangaben* in Form von *Abstracts* ist eine andere Möglichkeit (hier auch gegeben). Nicht ganz unproblematisch ist es, wenn *Rezensionen* angehängt werden, da eine wertende, möglicherweise kritische Stellungnahme auch zu juristischen Problemen führen kann. Wünschenswert wäre es, dass Kataloganreicherungen auch textlich durchsuchbar gemacht würden. Neuere Katalogsysteme, die Suchmaschinentechnologie verwenden, leisten so etwas bereits.

5.1.4 Zusatzinformationen

Aus dem Angebot von Internetversendern ist das System bekannt: der – oft ungewollte – Hinweis, dass Käufer dieses Gegenstandes auch jene anderen gekauft haben. In Bibliothekskatalogen gibt es im Prinzip etwas Ähnliches, wenn etwa eine Sacherschließung angehängt ist, bei der man z. B. eine Notation oder ein Schlagwort bzw. eine Schlagwortkette anklicken kann und damit Literatur zum gleichen Thema erhält. Das Verfahren lässt sich aber weiter ausbauen – wie es eben bei den genannten Internetfirmen der Fall ist –, indem man das Benutzerverhalten einbezieht und statistisch auswertet. Die Universitätsbibliothek Karlsruhe hat ein solches System im Einsatz[91]. Bei einer technischen Bibliothek dürfte dies überzeugender sein als bei einer geisteswissenschaftlich ausgerichteten. Aber man wird dies erst beurteilen können, wenn man wirklich längere Erfahrung mit solchen Methoden gesammelt hat. Wichtig ist hier – wie bei den genannten kommerziellen Angeboten – der mündige Benutzer, der solche Angebote zu beurteilen versteht.

In amerikanischen Katalogen[92] finden sich weitere Hinweise dieser Art, etwa wenn »related persons« zu einem Autor ange-

---

[91] Vgl. Michael MÖNNICH ; Marcus SPIERING: Einsatz von BibTip als Recommendersystem im Bibliothekskatalog. In: *Bibliotheksdienst* 42 (2008), S. 54–59.
[92] So im *WorldCat*, der unten 5.2.5 noch zu nennen ist.

zeigt werden. Wenn alles richtig funktioniert, hat man damit die Hauptautoren der Sekundärliteratur oder die Hauptarbeitsfelder des Autors – wenn er sich mit Personen befasst – gleich genannt. Allerdings muss man auch hier die Spreu vom Weizen trennen können. Zu »Karl Rahner« fand ich überzeugend als modernen Hauptautor unter den »related persons« Herbert Vorgrimler – aber umrahmt von Jesus Christ und Blessed Virgin Mary, womit doch wohl verschiedene Ebenen gemischt sind. Spott ist freilich leicht; je ausgefeilter die Systeme werden, desto sinnvoller sind natürlich solche Angaben.

Ähnliches gilt für Versuche, statistische Angaben zum »audience level« zu machen (von »kids« über »general« bis »special«). Auch hier ist noch nicht die letzte Feinheit erreicht.

Auch Publikationsverläufe eines Autors werden angezeigt (so dass man bei Karl Rahner etwa sieht, wie seine Rezeption weltweit in den Bibliotheken war – Höhepunkt 1968 – und wie mit einer Abschwächung nach seinem Tod eine recht gleichmäßige Publikationszahl bleibt, für bibliometrische Fragestellungen manchmal eine sinnvolle Information).

Auf weitere Möglichkeiten, auch die Benutzer in erschließende oder wertende Verfahren einzubeziehen, soll hier nicht mehr eingegangen werden. Die Hinweise sollten auch eher darauf aufmerksam machen, dass der klassische Katalog (auch der nur bestenfalls wenige Jahrzehnte alte Onlinekatalog) noch ganz neue Dimensionen bekommen kann.

5.2 Spezielle Online-Kataloge

Der Umstieg auf die elektronische Katalogisierung, die Kooperation in großen Bibliotheksverbünden mit der Notwendigkeit genereller Lösungen, die Unterschiedlichkeit der Medienarten und andere Faktoren haben bewirkt, dass neben dem zentralen Online-Hauptkatalog vielfach andere speziellere Nachweisinstrumente bestehen. Das bringt eine gewisse Unübersichtlichkeit mit sich und macht einige weitere Hinweise nötig.

5.2.1 Elektronische Zeitschriftenbibliothek (EZB)

Das Aufkommen elektronischer Zeitschriften – sowohl als Parallelausgabe zu gedruckten Periodika als auch als reine Online-Zeitschriften – hat dazu geführt, dass ein eigenes Nachweisinstrument hierfür aufgebaut worden ist, ursprünglich an der UB Regensburg entstanden, inzwischen in breiter Kooperation und in lokalen Sichten als *Elektronische Zeitschriftenbibliothek* (EZB) geführt. Die EZB verzeichnet im Prinzip *alle* wissenschaftlichen Zeitschriften, die online weltweit zur Verfügung stehen und damit direkt an vernetzten Bildschirmen aufgerufen und gelesen werden können.

Nun ist ein Großteil dieser Zeitschriften allerdings nicht für jedermann online aufrufbar, sondern nur für Abonnenten der digitalen Ausgabe. Das macht lokale Sichten der EZB nötig, die nachweisen, welche Zeitschriften für die jeweilige Bibliothek oder das jeweilige Bibliothekssystem zugänglich sind. Diese sind durch ein einfaches Ampel-System gekennzeichnet: grün bedeutet, dass es sich um eine frei zugänglich Zeitschrift handelt; gelb, dass ein Abonnement (bzw. eine Lizenz) zumindest für bestimmte Jahrgänge »vor Ort« vorliegt; rot, dass die Zeitschrift hier nicht zugänglich ist.

Die Angabe der »roten« Zeitschriften ist dennoch nützlich, da vielfach Inhaltsverzeichnisse oder Abstracts auch ohne Abonnement der Zeitschrift aufgerufen werden können.

Die abonnierten und zugänglichen elektronischen Zeitschriften sollten auch über den Online-Hauptkatalog aufrufbar sein. Für die frei im Internet nutzbaren Zeitschriften ist das jedoch nicht gegeben, noch weniger für die nicht abonnierten (»roten«) Zeitschriften. Daher sollte der Nutzer, der direkt auf Online-Angebote von Zeitschriften zugreifen und diese am Bildschirm lesen will, am besten gleich den Zugang über die EZB wählen[93]. Neben dem Online-Katalog ist die EZB jedenfalls ein unverzichtbares Rechercheinstrument.

---

[93] Zur alternativen Suche über Portale vgl. 5.4.1.

5.2.2 Datenbankinformationssystem (DBIS)

Der Erfolg der EZB hat zu einem zweiten, ähnlich aufgebauten und kooperativ an deutschen Bibliotheken geführten Katalogsystem für Datenbanken geführt. Das Datenbankinformationssystem (DBIS) ist ebenfalls an der Universitätsbibliothek Regensburg entstanden. Auch hier ist die Logik ähnlich wie bei der EZB, nur können die beteiligten Bibliotheken ihre Kategorien etwas freier gestalten. So kommen zu den drei oben genannten Kategorien z. B. noch die nur lokal zugänglichen Datenbanken hinzu; Kategorien für die Nationallizenzen oder kommerzielle Angebote sind möglich. Das sehe man sich am besten in der lokalen Sicht der Heimatbibliothek an.

Etwas komplizierter ist die Frage zu beantworten, was dieses Katalogsystem enthält, da der Begriff»Datenbank« nicht so klar ist wie der Begriff»Zeitschrift« hinsichtlich der EZB. Die Freiburger Erläuterung versucht den Umfang zu umschreiben:»Im Datenbank-Infosystem finden Sie für die Universität Freiburg lizenzierte, in der Universitätsbibliothek lokal vorhandene oder im Internet frei zugängliche Datenbanken der folgenden Typen: Adress- und Firmenverzeichnisse; Allgemeine Auskunftsmittel (z. B. Telefonbuch, Kursbuch DB); Aufsatzdatenbanken; Bestandsverzeichnisse; Bilddatenbanken; Biographische Datenbanken; Buchhandelsverzeichnisse; Dissertationsverzeichnisse; Fachbibliographien; Faktendatenbanken; National- und Regionalbibliographien; Portale; Volltextdatenbanken (u. a. auch Werkausgaben, eBook-Sammlungen); Wörterbücher, Enzyklopädien, Nachschlagewerke; Zeitungen im Volltext; Zeitungs- und Zeitschriftenbibliographien. – Nicht enthalten sind: Einzelne elektronische Bücher (eBooks) und Dissertationen; Freiburger Hochschulpublikationen online (Frei-Dok); Freiburger historische Bestände – digitalisiert; Elektronische Zeitschriften (E-Journals)«. Die hier für Freiburg vorgenommene Beschreibung ist für die jeweils konkreten Bedingungen anderer Bibliotheken zu adaptieren bzw. durch den dortigen Hilfetext zu korrigieren. Sie zeigt, dass der Umfang nicht leicht zu benennen ist.»Große Datensammlungen aller Arten« wäre vielleicht (fast) genau so korrekt. Das DBIS ist jedenfalls neben Online-Katalog und EZB das dritte zentrale Suchmittel. Auch hier gilt wie bei der EZB, dass sich lizenzierte Produkte auch im Online-Katalog finden, nicht aber die freien. Ein weiteres Problem entsteht dadurch, dass einzelne Datenbanken – etwa die *Early English Books Online* – Hunderttausende von Titeln umfassen können. Die hätte man auch gern einzeln suchbar. Über DBIS ist das nur dann möglich, wenn man den Einstieg über den Titel der Datenbank gewählt hat und dann in dieser recherchiert. – Dass es andere Möglichkeiten gibt – wenn auch mit sachlichen Grenzen –, besprechen wir unten unter »Portale« (5.4.1).

5.2.3 Kataloge für Audio- und Videosammlungen

Mancherorts gibt es weitere online-Sonderkataloge für bestimmte Medienarten. Das gilt etwa für Spezialbestände, wie etwa Video- und Audio-Sammlungen. Der Grund dafür, dass man eigene Katalogauszüge für diese durchaus auch im Hauptkatalog nachgewiesenen Medien aufbaut, liegt an der übersichtlicheren Darbietung, die für denjenigen, der *nur* auf diese Medien zugreifen will, ein Navigieren durch Millionen-Bestände vermeiden hilft. Dies lässt sich zwar durch entsprechende Sucheinschränkungen lösen (nur Tonträger z. B.), Spezialkataloge können dazu aber evtl. noch andere Aspekte suchbar machen, die in den Standard-Onlinekatalogen nicht vorgesehen sind.

5.2.4 Inkunabeln, Handschriften, Autographen

Inkunabeln, »Wiegendrucke«, d. h. die von der Erfindung des Buchdrucks (um 1450) bis 1500 gedruckten frühen Bücher stellen hohe Werte dar und sind aus konservatorischen Gründen nur unter sehr restriktiven Bedingungen benutzbar. Deshalb hat man sie schon früher vielfach nicht in den »alphabetischen Katalog« aufgenommen, sondern durch Spezialverzeichnisse in Buchform erschlossen. Inzwischen gibt es elektronische Nachweisinstrumente für diese Spezialgattung. Das ist zum anderen auch deshalb sinnvoll, weil der Nutzer von Inkunabeln vielfach mit anderen Interessen an sie herangeht als der normale Leser eines Buches. Sie sind wichtige Quellen geschichtlicher Art (buchgeschichtlicher, regionalgeschichtlicher, institutionsgeschichtlicher etc.) und werden deshalb gewissermaßen wie »Individuen« katalogisiert.

Dazu gibt es jetzt den *Inkunabelkatalog deutscher Bibliotheken (INKA)*: <http://www.uni-tuebingen.de/ub/kata/inkunabeln.htm>.

Das gilt natürlich um so mehr für *Handschriften,* die vor Erfindung des Buchdrucks geschrieben wurden – sei es als Gebrauchshandschriften für universitären Unterricht oder für das klösterliche Leben oder als Prachthandschriften für Repräsentationszwecke oder auch für die Liturgie. Handschriften sind eo ipso »Individuen« und keine Vervielfältigungsstücke. Auch hier werden die traditionellen Handschriftenkataloge in Buchform durch elektronische Nachweisinstrumente ersetzt. Vgl. dazu die Seite *Manuscripta mediaevalia:* <http://www.manuscripta-mediaevalia.de>.

Ein relativ neues Katalogunternehmen ist das Erschließungsinstrument für »Autographen«, also handschriftliche Hinterlassenschaften neuzeitlicher Personen, das an der Berliner Staatsbibliothek unter dem Namen *Kalliope* aufgebaut wird. In ihm können schriftliche Zeugnisse, angefangen von Buchwidmungen bedeutender Persönlichkeiten, über Briefe bis zu Buchmanuskripten o. ä. nachgewiesen werden. Solches Material war ohne dieses Hilfsmittel nur sehr schwer auffindbar: <http://kalliope.staatsbibliothek-berlin.de/index_800.html>.

5.2.5 Metakataloge

Mit diesem Begriff sind hier nicht die kooperativen Kataloge wie die Elektronische Zeitschriftenbibliothek oder die gerade genannten Unternehmungen gemeint, sondern Instrumente, die ihrerseits auf große elektronische Kataloge zugreifen und die weltweite Suche in vielen Beständen ermöglichen.

Unbedingt kennen sollte man den *Karlsruher virtuellen Katalog (KVK),* der über eine normale Suchmaske die Recherche in allen großen deutschen Verbundkatalogen (den Katalogen der verschiedenen Bibliotheksregionen, in denen die wissenschaftlichen Bibliotheken mehrerer Bundesländer kooperieren) und darüber hinaus in den Verbundkatalogen weiterer europäischer Länder, den Katalogen verschiedener Nationalbibliotheken und in Buchhandelskatalogen ermöglicht: <http://www.ubka.uni-karlsruhe.de/kvk.html>. Allerdings muss man bedenken, dass der KVK nur das finden kann, was schon elektronisch katalogisiert ist, und dass die elektronische Rekatalogisierung älterer Bestände noch keinesfalls überall erfolgt ist.

Sein Pendant, der *Karlsruher virtuelle Volltextkatalog* (KVVK), greift vor allem auf die Dissertations- und Volltextserver der deutschen Universitäten zu, in denen elektronisch publizierte Online-Dokumente vorliegen, die direkt am Bildschirm aufrufbar sind: <http://www.ubka.uni-karlsruhe.de/kvvk.html>.

In den Karlsruher Virtuellen Katalog eingebunden ist die eingeschränkte öffentliche Version des *WorldCat,* der eine eigene Erwähnung verdient. Er ist ein gemeinsames Unternehmen des OCLC (seit 1967, *Ohio College Library Center,* seit 1981 als *Online Computer Library Center*), 1971 mit 54 Bibliotheken als Verbund gestartet, später ausgeweitet und internationalisiert, z.Zt. 80 Mio. Titel, alle Medienarten und -formen mit unbegrenzter Berichtszeit enthaltend: 440 Sprachen und Dialekte (deutsche Titel: über 4,5 Mio.); 9.000 katalogisierende Bibliotheken in aller Welt; 1,1 Milliarden Besitznachweise von etwa 10.000 Bibliotheken weltweit[94]. Der *WorldCat* ist die größte bibliographische Datenbank überhaupt.

Für qualifiziertere Sucheinstiege braucht man allerdings eine Lizenz, die nicht an allen Bibliotheken vorliegt.

Der *WorldCat* bietet – je nach Version – einige der oben genannten Zusatzinformationen (5.1.4). Das probiert man am besten praktisch aus ...

---

[94] Aus der Information der Zentral- und Landesbibliothek Berlin <http://www.zlb.de/>.

5.3 Bibliographien und bibliographische Datenbanken

Dazu eine kleine terminologische Vorbemerkung: Wenn man in bestimmten Bibliotheken oder anderen Institutionen vorhandene Literatur sucht, benutzt man deren *Kataloge;* wenn man sich ohne Rücksicht auf das Vorhandensein der Literatur an einem bestimmten Ort einen (Gesamt-)Überblick verschaffen will, benutzt man *Bibliographien*[95], d. h. Verzeichnisse, die Literatur ohne Rücksicht auf eine bestimmte Sammlung, aber unter einem inhaltlichen oder formalen Aspekt verzeichnen: die gesamte Literatur eines Landes oder Sprachraumes (Nationalbibliographien), eines bestimmten Fachs oder Teilgebietes usw. Für die elektronischen Versionen hat sich der Ausdruck »Datenbanken« eingebürgert[96]. Die elektronischen Formen haben die Papierformen für die aktuelle Information inzwischen beinahe vollständig ersetzt.

Eine weitere wichtige Unterscheidung: Wir haben bislang nach selbständig erschienener Literatur gesucht, nach Büchern und Zeitschriften. Üblicherweise werden nur diese in den Bibliothekskatalogen nachgewiesen. Wenn man auch unselbständig erschienene Literatur, also Teile von Büchern und Zeitschriften, sucht (Zeitschriftenaufsätze, Buchbeiträge …), kommt man nur in seltenen Fällen über Kataloge weiter, etwa wenn der Sonderdruck eines Aufsatzes als »selbständige« Publikation auch hier nachgewiesen wird. Man ist hier wiederum auf Bibliographien (und Datenbanken, s. u.) angewiesen.

Man unterscheidet zwischen *allgemeinen* und *fachbezogenen* Bibliographien, nach der Erscheinungsart zwischen *abgeschlossenen* (einen bestimmten Zeitraum retrospektiv erfassenden)

---

[95] Als Einführung in den Gesamtbereich der Bibliographie (Ordnungsverfahren, Typologie, Benutzung usw.) vgl. Eberhard BARTSCH: *Die Bibliographie.* München : Saur, [2]1989 (UTB ; 948). Dort finden sich Hinweise zu den einzelnen wesentlichen Gattungen.

[96] Der Ausdruck Datenbank umfasst natürlich mehr als »Bibliographie«. Außer bibliographischen gibt es z. B. auch Faktendatenbanken, Bilddatenbanken u. a. m.

und *laufenden* (periodisch immer wieder die Neuerscheinungen verzeichnenden) Bibliographien. Periodische Bibliographien werden häufig in bestimmten Zeitabständen wiederum zusammengefasst (kumulierende Bibliographie). Nach der äußeren Form kann man noch zwischen *selbständigen* und *versteckten* Bibliographien unterscheiden: Erstere erscheinen als Bücher, Hefte, in Karteiform, als Mikrofiche oder als elektronische Datenbank, letztere als Buchanhänge, Einschübe, Kapitelnachträge o. ä. innerhalb anderer Werke (z. B. in Handbüchern; Personalbibliographien besonders häufig in Festschriften usw.). Soweit zur Terminologie.

5.3.1 Allgemeinbibliographie I: Monographien, Zeitschriftentitel

Wenden wir uns zunächst den *Allgemeinbibliographien* zu[97]. Den Gesamtbestand der Literatur eines Landes verzeichnen die sogenannten Nationalbibliographien, die im Allgemeinen an den Nationalbibliotheken (in Deutschland ist dies die Deutsche Nationalbibliothek mit Sitz in Frankfurt und Leipzig, wozu noch das Deutsche Musikarchiv in Berlin kommt) erstellt werden. Es handelt sich dabei nicht nur um die Verzeichnung von monographischer Literatur und Zeitschriftentiteln; auch Sonderpublikationen wie Hochschulschriften, Amtsdruckschriften, Landkarten, Musikalien, »graue Literatur« werden aufgeführt (z. B. Publikationen von Firmen und Institutionen bis hin zu Pfarrnachrichten und sonstigen außerhalb des Buchhandels vertriebenen Werken – wenn solche Publikationen gemeldet werden). Die Deutsche Nationalbibliographie (DNB) aus Frankfurt erfasst die Literatur des ganzen deutschen Sprachraums (vgl. 17.1.3). Der Datenbestand ist ab 1913 – dem Beginn der nationalbibliographischen Verzeichnung in Deutschland – fast vollständig elektronisch erfasst und daher auch im Katalog der

---

[97] Eine Einführung in die Allgemeinbibliographie auf relativ neuem Stand bieten Georg SCHNEIDER ; Friedrich NESTLER: *Handbuch der Bibliographie.* Stuttgart : Hiersemann, [6]1999.

Deutschen Bibliothek abfragbar[98]. Seit 1986 werden die Regeln für den Schlagwortkatalog (vgl. oben 5.1.2.1) bei der Deutschen Nationalbibliothek angewendet, inzwischen ist eine Erschließung nach DDC hinzugekommen[99].

Wenn Sie oben bei der Darstellung des KVK diesen schon etwas näher angesehen haben, werden Sie das Vorstehende als Wiederholung empfunden haben: Der Katalog der Deutschen Nationalbibliothek ist auch über den KVK recherchierbar, dazu auch andere nationale Kataloge und schließlich die »Weltkataloge« der Library of Congress oder des *WorldCat*. Das zeigt nur, dass die retrospektive nationalbibliographische Funktion[100] inzwischen von den elektronischen Katalogen der Nationalbibliotheken und den großen Verbundkatalogen übernommen worden ist.

Es ist trotzdem wichtig zu wissen, dass es diese nationalbibliographischen Aufgabe gibt und dass sie unter den neuen Bedingungen weiterhin wahrgenommen wird. Für die Erfassung der Literatur eines Landes ist sie nach wie vor wichtig. Gerade kleinere Länder pflegen mit großem Einsatz diese kulturelle Dokumentation (vgl. 17.1.3).

5.3.2 Allgemeinbibliographie II: Zeitschrifteninhalte

Die bislang behandelten Allgemeinbibliographien verzeichnen Monographien, also »Bücher« und darüber hinaus zwar Zeitschriften*titel*, aber keine einzelnen Zeitschriften*aufsätze* und ebensowenig Aufsätze aus Sammelbänden[101]. Hierfür ist man auf andere Arten der Allgemeinbibliographie angewiesen.

---

[98] <https://portal.d-nb.de/opac.htm?method=showOptions#top>. Die älteren 5-Jahres-Kumulationen haben trotzdem noch Wert für gezielte Übersichten und sachliche Suchen.

[99] Für die ältere deutsche Literatur vgl. die in 17.1.3 genannten Verzeichnisse.

[100] Abgesehen von der laufenden Verzeichnung und deren Mitteilungsformen in gedruckter oder elektronischer Form, die von den Bibliotheken für den Neukauf benötigt werden. Dies spielt für unsere Darstellung aber keine Rolle.

[101] Durch Kataloganreicherung gibt es hier allerdings eine neue Entwicklung, die aber die Aussage oben noch nicht obsolet macht, vgl. 5.1.3.

Das klassische Beispiel in Deutschland ist die *Internationale Bibliographie der geistes- und sozialwissenschaftlichen Zeitschriftenliteratur*[102], der »Dietrich«. Er ist zwar nach seinem ursprünglichen Verleger benannt (jetzt München : Saur), dies aber höchst passend, da er quasi eine Art »Nachschlüssel« zur Erschließung periodischer Veröffentlichungen darstellt. Das Ziel eines umfassenden Nachweises *aller* Zeitschriftenartikel konnte er zwar nie erreichen, aber doch ein umfassendes Spektrum anbieten. In der Papierform ist dieses bibliographische Hilfsmittel nur sehr mühselig durchzusehen, da es wegen der Menge des Materials mit Zahlenschlüsseln für die Zeitschriftentitel arbeitet, die umständlich aufzulösen sind. Für rund ein Jahrhundert ist er allerdings noch nicht ersetzt! Die Umstellung auf eine elektronische Datenbank (mit den Beständen ab 1983 und inzwischen fast drei Millionen Aufsatztiteln) hat die IBZ mit ihrem Pendant für die Rezensionsliteratur IBR zu einem relativ bequem nutzbaren Hilfsmittel gemacht. Alle Universitätsbibliotheken dürften sie in ihrem Datennetz anbieten.

Bei älteren Zeitschriftenaufsätzen ist die herkömmliche Suche mühselig. Der »Dietrich« geht auch »nur« zurück bis 1897. Eine Datenbank, die Zeitschriftenaufsätze rückwärts bis ins 18. Jahrhundert erschließt, ist PIO[103], *Periodicals index online* (vgl. schon den Hinweis in 4.3 im Blick auf die Anbindung von Volltexten). Damit wird ein riesiges historisches Feld erschlossen. In der »full text«-Version (jetzt: *Periodicals archive online [PAO]*)[104] wird dazu gleich dieses historische Material selbst, also die vollständigen Texte der Zeitschriftenartikel (bislang natürlich nur zum Teil), digital angeboten. Von PIO aus kann man gleichzeitig auf die digitalisierten Zeitschriften des Projekts JSTOR[105] zugreifen,

---

[102] Früher: *Internationale Bibliographie der Zeitschriftenliteratur aus allen Gebieten des Wissens.*

[103] Chadwyck-Healey, jetzt Cambridge : ProQuest.

[104] Derzeit ist beides für wissenschaftliche Nutzer in der Bundesrepublik Deutschland durch Nationallizenz frei zugänglich.

[105] *Journal storage*, ein nichtkommerzielles amerikanisches Unternehmen, vgl. oben 4.3 unter »Elektronische Zeitschriften«.

in dem wiederum eine große Zahl angelsächsischer Zeitschriften digital im Volltext vorliegt[106]. Recherche und Literaturbeschaffung gehen in dieser digitalen Welt Hand in Hand. – In 5.4 werden wir nochmals auf diese Datenbanken zu sprechen kommen.

5.3.3 Fachbibliographien und Fachdatenbanken

Für die tägliche wissenschaftliche Arbeit sind allerdings die Fachbibliographien derzeit von noch größerer Bedeutung. Im Literaturteil sind die wichtigsten periodischen Fachbibliographien zur Theologie und ihren Grenzgebieten genannt (17.4.2, 17.4.3). Fachhandbücher und ggf. Spezialmonographien weisen oft auch die wesentlichen bibliographischen Hilfsmittel für ihr Fach oder Gebiet nach.

Auch hier ist wieder eine Unterscheidung nötig: Es gibt Fachbibliographien für die *gesamte* Theologie oder auch solche für *einzelne theologische Fächer*. Derzeit sind manche davon noch nicht in elektronischer Version zugänglich. Sie werden im Literaturteil bei den einzelnen Fächern genannt.

An dieser Stelle beschränken wir uns auf kurze Hinweise zu den beiden wichtigsten bibliographischen Datenbanken zur gesamten Theologie.

Die *ATLA Religion database* ist die umfangreichste hier zu nennende Bibliographie mit einem Schwerpunkt auf dem angelsächsischen Sprachraum; sie umfasst Bestände ab 1949, ursprünglich nur Zeitschriftenaufsätze, die sachlich mit Schlagwörtern erschlossen werden; eine kurze Inhaltsangabe (abstract) ist in vielen Fällen beigegeben; Rezensionen werden ebenfalls aufgeschlüsselt, später kam die Verzeichnung von Aufsätzen in Sammelschriften hinzu. Über den Umfang ist derzeit im DBIS notiert: »enthält Literatur in 60 Sprachen; wertet mehr als 1.580 Zeitschriften und circa 15.700 Sammelwerke aus und bietet einen Nachweis für über 432.000 Buchbesprechungen«. Selbständig erschienene Verfasserschriften kann man allerdings nur indirekt –

---

[106] Zum deutschen Parallelunternehmen *DigiZeitschriften* vgl. ebenfalls 4.3.

sobald sie rezensiert sind – über Besprechungen in der »Religion database« ermitteln. Für die derzeitige Version der *ATLA Religion database* sei daher auf die Einführung von Michael Becht verwiesen[107]. Die Datenbank bietet inzwischen einen hohen Komfort. Sie lässt sich bibliotheksseitig mit den lokalen Online-Katalogen verknüpfen, so dass man gleich in der Recherche die Bestandsnachweise aus der eigenen Bibliothek angeboten bekommt. Durch einen e-Mail-Dienst lassen sich die Recherche-Ergebnisse an die eigene e-Mail-Adresse weiterschicken; dieser Dienst lässt sich auch automatisch als »alerting-service« einrichten (bzw. SDI = Selective Dissemination of Information), so dass man regelmäßig die Neuerscheinungen zu seiner Suchanfrage zugesandt bekommt.

Die zweite und für die deutsche Studiensituation noch wichtigere Datenbank ist der *Index theologicus (IxTheo)* aus der Universitätsbibliothek Tübingen. Seit er als elektronische Datenbank begonnen wurde, ist der *IxTheo* mit außerordentlichem Engagement immer wieder verbessert worden[108]. Bei Erscheinen dieses Buches umfasst er weit über 370.000 Nachweise aus rund 700 ausgewerteten Zeitschriften, darunter weit über 600 regelmäßig ausgewertete. Daneben wird Aufsatzliteratur aus Sammelbänden, Kongress-Schriften usw. erschlossen. Der *IxTheo* wird seit der Umstellung auf eine elektronische Datenbank auch rückwärts weitergeführt und enthält derzeit Nachweise ab 1977. Der *IxTheo* hat den ganz großen Vorteil, dass er die für Mitteleuropa und besonders den deutschen Sprachraum relevanten Zeitschriften wesentlich vollständiger erschließt als die amerikanischen Bibliographien. Er ist daher auch quasi der Ersatz eines eigenen

---

[107] *Theologie elektronisch – in Freiburg …* (vgl. Anm. 25).
[108] Zur Geschichte vgl. meine Rezensionen in IfB 4 (1995), S. 849–851; 5 (1997), S. 519–521, 6 (1998), S. 125, 7 (1999), S. 250–254 und 10 (2002), H. 1 unter <http://www.bsz-bw.de/SWBplus/ifb/ifb.shtml>, sowie jetzt Michael BECHT: 30 Jahre Dokumentation theologischer Aufsatzliteratur. In: *Bibliotheksdienst* 39 (2005), S. 1116–1132.

Zeitschriftenaufsatz-Katalogs für deutsche wissenschaftlich-theologische Bibliotheken. Ein großer Vorteil ist die sachliche Erschließung nach den »Regeln für den Schlagwortkatalog« (vgl. oben 5.1.1.2). Er enthält ferner für den internationalen Raum auch eine englische Variante. Ein dritter Vorzug ist die Verwendung einer Klassifikation, die sich auch in Kombination mit den Schlagwörtern verwenden lässt. Man kann etwa das Schlagwort »Eucharistie« mit der systematischen Notation für »Konzilien« verwenden und so die entsprechende Schnittmenge suchen. Eine Einführung in die jeweils neuen Versionen des *IxTheo* bietet wieder M. Becht[109].

5.4 Portale

5.4.1 Bibliotheksportale

Die vorangehenden Ausführungen sind vermutlich kompliziert genug: Man soll den Hauptkatalog benutzen, elektronische Zeitschriften aber in der EZB nachschlagen, über DBIS in bestimmte großen Datensammlungen einsteigen und schließlich noch Allgemein- und Fachbibliographien benutzen. Die Komplexität sehen auch Bibliothekare! Es ist aber nicht so einfach, Abhilfe zu schaffen. Schulungen sind eine Möglichkeit. Aber es gibt auch Versuche, Einstiegsseiten zu schaffen, die möglichst alle relevanten Materialien in einer Suche auffindbar machen sollen. Wir fassen sie hier unter dem Stichwort »Portale« zusammen. Einzelne Bibliotheken bieten solche Portale an, die eine gleichzeitige Suche im Online-Katalog, den Spezialkatalogen, dem umfangreichen Angebot der Nationallizenzen (vgl. 4.4) und allgemeiner, an den jeweiligen Institutionen lizenzierter Datenbanken ermöglichen[110].

---

[109] *Theologie elektronisch – in Freiburg …* (vgl. Anm. 25).
[110] Z. B. Freiburg im Breisgau: <http://suchen.ub.uni-freiburg.de/>; Münster i. W.: <http://www.ulb.uni-muenster.de/recherche/digibib/>; Tübingen : <http://portal09.bsz-bw.de:8090/servlet/Top/searchadvanced>.

Dazu gibt es spezifische Fachportale, die zudem noch die Suche in Fachdatenbanken etwa der Theologie einbinden. Um die volle Funktionalität – also auch die Suche in lizenzierten Datenbanken – ausnutzen zu können, muss man die Berechtigung dazu besitzen, d. h. etwa registriertes Universitätsmitglied sein und das entsprechende Passwort besitzen.

Solche Portale bieten den Vorteil, bestimmte definierte Datenmengen mit *einer* Suchanfrage durchsuchen zu können; ihre Einschränkung liegt darin, dass die Suche nur Grundkategorien abfragen kann. Spezielle Suchmöglichkeiten einzelner Datenbanken – auch die volle Suchfunktionalität des Online-Hauptkatalogs – werden dabei nicht ausgeschöpft. Ein Grund, auch weiterhin OPAC, EZB und DBIS als primäre Einstiege zu nutzen. Eine weitere Einschränkung besteht darin, dass aus lizenzrechtlichen Gründen nicht alle lizenzierten Datenbanken der jeweiligen Einrichtungen eingebunden werden können, eine dritte, dass sich nicht alle der vollen Suchlast solcher Portale aussetzen lassen.

Als positives Ergebnis bleibt aber, dass diese Bibliotheksportale inzwischen gewaltige bibliographische Datenmengen durchsuchen, darunter vieles, was der freien Suche in *Google* & Co nicht zugänglich ist, und dass sie häufig mit einigen weiteren »Klicks« den Weg zum Bibliotheksbestand aus den Datenbanken und ggf. sogar zum Volltext ermöglichen. Aber man muss die Einschränkungen im Blick haben, und deshalb ist es sinnvoll, sich die komplexe Situation der Literatursuche auch einmal theoretisch klar zu machen, wie dies oben versucht wurde, und neben den Vorzügen der Portale auch um die spezifische Leistungsfähigkeit der grundlegenden Suchinstrumente wie der speziellen Datenbanken mit ihren Sonderfunktionen zu wissen.

5.4.2 Übergreifende Fachportale

Die eben genannten Bibliotheksportale versuchen die allgemeinen, aber auch die fachspezifischen bibliographischen Informationen, die über die Bibliothek zugänglich sind – im Besitz der Bibliothek befindliche, lizenzierte, z. T. frei im Internet zugängliche, als Nationalizenz erreichbare u. a. m. –, gebündelt und möglichst in einem Suchschritt zugänglich zu machen. Fachliche Information umfasst natürlich ein viel größeres Umfeld. Viele Bibliotheken haben daher noch zusätzliche Fachseiten, die Informationswege ins Internet legen[111] Daher werden im Internet in Zusammenarbeit der Sondersammelgebiete (für die Theologie: Tübingen) Fachportale aufgebaut, die zusätzlich zu lokalen Ressourcen die Wissenszugänge ins Internet und die Ressourcen desselben noch einmal bündeln. *Vascoda. Das Internetportal für wissenschaftliche Information* <http://www.vascoda.de/> ist der Einstieg. Hier kann man sich aktuell über den derzeitigen Stand der nicht durchweg schon voll ausgebauten Informationsportale informieren. Die *Virtuelle Fachbibliothek für Theologie und Religionswissenschaft* ist noch im Aufbau.

5.5 Traditionelle Kataloge

Auch wenn die Literatursuche in Bibliotheken heutzutage weitgehend über elektronische Katalogsysteme abgewickelt wird, gibt es doch noch die traditionellen Erschließungssysteme in Karteiform. In manchen Fällen stehen sie für elektronisch erschlossene Bestände noch parallel zu Verfügung oder enthalten Restmengen, die noch nicht digital katalogisiert sind. Da sie u. U. auch bei Unzulänglichkeiten elektronischer Kataloge hilfreich sein können (man vergleiche etwa die Bestände unter »Biblia«

---

[111] In Freiburg kommt als zusätzliche Einführung die Reihe »UB Tutor« hinzu: <http://www.freidok.uni-freiburg.de/schriftenreihen.php?la=de>, die auch über die lokalen Hinweise hinaus nutzbar ist.

in traditionellen und [manchen!] elektronischen Katalogen), ist die Kenntnis ihrer Hauptprinzipien nach wie vor von Interesse. Zudem sind die Katalogisierungsregeln, die derzeit in den Online-Katalogen verwendet werden, zunächst einmal für Zettelkataloge entwickelt worden, was auch manche Einschränkungen erklärt, – übrigens nicht nur für den deutschsprachigen Raum, da die angloamerikanische Welt nach einem noch älteren Regelwerk arbeitet[112]. Schließlich gibt es nach wie vor viele Bestände, die nur in traditionellen Katalogen erschlossen sind.

Wer nur mit Online-Katalogen in seiner Bibliothek zu tun hat, kann diesen Abschnitt freilich getrost überschlagen.

5.5.1 Alphabetische Kataloge

Gegenüber den Online-Katalogen ist das Hauptproblem der Zettelkataloge, dass man für eine erfolgreiche Suche genaue Sucheinstiege kennen muss und nur zum Teil durch »Verweisungen« auf die »Haupteintragungen« Hilfestellung geleistet wird[113]. Im sogenannten *alphabetischen Katalog* sind im Normalfall selbständig erschienene Schriften (also im Allgemeinen keine Zeitschriftenaufsätze etc.) verzeichnet. Zunächst sollte man klären, ob es *einen* einheitlichen alphabetischen Katalog gibt (für die Zentralbibliothek oder für das universitäre Bibliothekssystem) oder ob er in Teilkataloge nach Gattungen (Zeitschriften[titel]-, Reihen[titel]-Katalog), nach Erscheinungsjahren oder nach Erwerbungszeiträumen zerfällt. Letzteres ist besonders diffizil, da in diesem Fall auch ältere Literatur – wenn sie später angeschafft worden ist – nur in den neuen Katalogen nachgewiesen sein kann. Vor allen Dingen mache

---

[112] Auf die aktuelle Regelwerksentwicklung gehen wir hier nicht ein.

[113] Eine Zwitterform zwischen den Online-Katalogen und den traditionellen Zettelkatalogen sind die sogenannten »Image-Kataloge«, bei denen Zettelkataloge in graphischer Form elektronisiert und ggf. nachträglich um Register etc. erweitert worden sind. Solche Image-Kataloge bieten manche Bibliotheken ebenfalls für bestimmte Zeitabschnitte ihres Bestandes an, vgl. z. B. in Heidelberg die Image-Kataloge für die Bestände bis 1935 bzw. bis 1985: <http://www.ub.uni-heidelberg.de/helios/kataloge/>.

man sich auch klar, dass die Kataloge häufig nach unterschiedlichen Regelwerken angelegt sind (was meist der Grund für deren Vielfalt ist). Das richtige Suchen will daher auch hinsichtlich des richtigen Einstiegs in die Kataloge überlegt sein. Dafür einige Tipps:

Man sieht unter dem *Namen* nach:

a) bei Schriften von ein bis drei Verfassern;
b) wenn eine Schrift von vier oder mehr Verfassern einen Herausgeber hat, unter dessen Namen;
c) wenn vier oder mehr Verfasser genannt sind und kein Herausgeber, dann unter dem erstgenannten oder einem besonders hervorgehobenen Mitarbeiter.

Man *muss* unter dem *Titel* (genauer: *Sachtitel)* nachsehen:

d) wenn man in den Fällen b) oder c) keinen Erfolg hat oder
e) wenn es sich um eine anonyme Schrift handelt.

Die genannten Ratschläge gehen davon aus, dass es oft einfacher ist, unter dem Namen zu suchen. Auf folgende *Schwierigkeiten* der Suche unter *Personennamen* sei aber hingewiesen:

f) Zweifelsfälle sind im Allgemeinen in den Katalogen durch Verweisungen gelöst: Man muss dann an der Stelle des Katalogs, auf die verwiesen wird, weitersuchen; die neueren, für den Benutzer undurchsichtigen Regeln für Vorsatzwörter zum Familiennamen (von, vom, de, de la ...) können ein Stolperstein sein[114];
g) die klassischen (z. B. griechischen, biblischen) und mittelalterlichen Autoren sind im Allgemeinen unter der lateinischen Namensform zu finden;
h) bei mittelalterlichen Autoren ist unter dem persönlichen Namen zu suchen (»Thomas de Aquino«, nicht:»Aquino, Thomas de« oder wie im Amerikanischen: »Aquinas«); beim Übergang zur Neuzeit gibt es hier gelegentlich Unklarheiten, ob schon ein Familienname vorliegt;
i) Päpste werden unter dem Papstnamen verzeichnet (nicht Ratzinger, Joseph, sondern: Benedictus <Papa, XVI.>) – gerade in diesem Fall könnte man in älteren, nicht umgearbeiteten Katalogen aber Pech haben ...;
j) Vornamen werden in älteren Katalogen gelegentlich »normalisiert« (Carl als Karl, also z. B. Jung, Karl Gustav für »Jung, C. G.«);

---

[114] Da es mehrere Möglichkeiten gibt, sei hier nur empfohlen, bei negativer Suche unter dem Namens-Hauptbestandteil unter dem Präfix weiterzusuchen (Beispiel:»von« fällt im Deutschen im Allgemeinen weg, bei Regelsystemen anderer Nationen und daher bei Ansetzung nach deren nationalen Regeln kann das aber durchaus anders sein).

k) gleichnamige Autoren werden meist in *ein* Alphabet mit ihren Titeln zusammengeordnet (das gilt übrigens auch zumeist für online-Kataloge, obgleich es Bemühungen um die »Individualisierung« gibt);

l) findet man eine Einzelschrift des Autors nicht unter seinen im Katalog alphabetisch sortierten Titeln, so denke man daran, dass sie in einer Werkausgabe oder Sammlung von Einzelschriften enthalten sein kann, die nach den Katalogregeln u. U. vor den Einzelschriften des Verfassers unter einem fingierten Titel (»Werke«, »Sammlung« o. ä.) eingelegt wird.

Schwierigkeiten bei der Suche unter dem *Sachtitel* können besonders dann entstehen,

m) wenn in älteren Katalogen nach den sogenannten »Preußischen Instruktionen« die Titel nach einem grammatikalischen Ordnungsschema alphabetisch sortiert werden und unter dem »regierenden Substantiv« (meist das erste Substantiv im Nominativ) eingeordnet werden (»Evangelische Theologie« also als »Theologie Evangelische«); die Regeln sind relativ kompliziert, so dass hier nur der Hinweis auf das Problem gegeben werden kann[115];

n) wenn antikes Schrifttum lateinisch angesetzt wird: Biblia; Testamentum vetus usw.

o) Bei Katalogen nach den neueren »Regeln für die alphabetische Katalogisierung« gibt es noch eine weitere Möglichkeit der Einordnung: unter dem *körperschaftlichen Urheber*. Dabei kann es sich um Gesellschaften, Gebietskörperschaften, Firmen usw. handeln. Bei Titeln, die formal und insofern nichtssagend sind, wie »Jahresbericht«, »Informationen« usw., muss man also

p) unter dem körperschaftlichen Urheber suchen, z. B.: Erzdiözese <Freiburg, Breisgau>: Informationen; Universität <Freiburg, Breisgau>: Uni aktuell; – oder: Freiburg <Breisgau, Landkreis>: Verwaltungs- und Rechenschaftsbericht; – womit gleichzeitig schon die Besonderheit der Gebietskörperschaften eingeführt ist.

5.5.2 Schlagwortkataloge

Auf die Ausführungen zu den Online-Katalogen ist hier rückzuverweisen, da das einzige in Deutschland weitverbreitete Schlagwort-Regelsystem die »Regeln für den Schlagwortkatalog« sind. Das

---

[115] Grundlegend hierzu Klaus HALLER: *Katalogkunde : Formalkataloge und formale Ordnungsmethoden.* München : Saur, ²1983; vgl. auch KRIEG und HACKER (Anm. 23). Nützlicher für die konkrete Katalogbenutzung sind allerdings meist die Merkblätter und Hinweise der betreffenden Bibliothek selbst.

Prinzip ist oben erklärt worden (vgl. 5.1.2.1). Die Regeln sind eigentlich für Zettelkataloge entwickelt. Die zu einem Dokument zusammengestellten Schlagwortketten aus Personen-, geographischen, Sach-, Zeit- und Form-Schlagwörtern werden alphabetisch abgelegt. Die einzelnen Kettenglieder permutieren, so dass die erste Kette auch in ihren Umkehrformen an deren alphabetischer Stelle im Katalog auffindbar ist (wobei »Freiburg <Breisgau> / Universität« in diesem Fall *ein* kombiniertes Schlagwort ist!).

Beispiel:

Heidegger, Martin / Freiburg <Breisgau> / Universität / Geschichte 1933 / Aufsatzsammlung
Freiburg <Breisgau> / Universität / Geschichte 1933 / Heidegger, Martin / Aufsatzsammlung
Geschichte 1933 / Heidegger, Martin / Freiburg <Breisgau> / Universität / Aufsatzsammlung

Auf eine Permutation von Formschlagwörtern wie »Aufsatzsammlung« wird dabei verzichtet, da dies den Katalog unzumutbar aufschwemmen würde (in elektronischen Katalogen stellt sich das Problem eigentlich nicht, doch werden dort leider meistens die Ketten überhaupt nicht in Listenform angezeigt).

Bei Schlagwortkatalogen, die nicht nach den »Regeln für den Schlagwortkatalog« angelegt sind, konsultiere man die örtlichen Merkblätter. Sie können einer höchst unterschiedlichen Logik folgen.

5.5.3 Systematische Kataloge und Mischformen

Der große Vorteil von *Systematischen Katalogen* gegenüber Schlagwortkatalogen ist, dass sie Zusammengehöriges beieinander lassen, indem sie nach einem Fachschema ordnen. Der Benutzer muss sich aber klar machen – anhand der Beschriftungen, der Leitkarten im Katalog oder anhand von systematischen Übersichten –, wie die Systematik angelegt ist. Um ein einfaches Beispiel zu geben: So können die biblischen Bücher an ihrer Systemstelle alphabetisch oder in der kanonischen Reihenfolge angeführt werden. Durch alphabetische Schlagwortregister wird vielfach der Einstieg erleichtert.

Als systematische Klassifikation haben wir oben die Dewey Dezimalklassifikation (DDC) erwähnt (5.1.2.2). Die in technischen Bibliotheken Deutschlands bis vor kurzem weit verbreitete Internationale Dezimalklassifikation wäre ein weiteres, in der Grobanlage ähnliches Beispiel.

Leider ist das Projekt einer *Einheitsklassifikation* der deutschen wissenschaftlichen Bibliotheken in den 70er Jahren des letzten Jahrhunderts steckengeblieben, so dass die Situation hier anders als bei der verbalen Sacherschließung ist. In die Lücke, die besonders nach der Wiedervereinigung Deutschlands sichtbar wurde, ist vor allem die in Bayern entstandene und jetzt auch in Sachsen und darüber hinaus weit verbreitete Regensburger Verbundklassifikation gestoßen[116].

Der obige Hinweis, dass man Einzelheiten in Systematischen Katalogen oft am leichtesten über ein (hoffentlich vorhandenes) alphabetisches Schlagwortregister findet, und die umgekehrte Beobachtung, dass bei Schlagwortkatalogen eigentlich systematische Register nötig sind, um Einzelheiten in Zusammenhang zu bringen[117], legen die Überlegung nahe, dass eigentlich eine Mischform aus beidem benutzerfreundlicher wäre. Der Germanist und Bibliothekar Hanns Wilhelm Eppelsheimer (1890–1972) hat daraus sein System entwickelt – als Mainzer Katalog oder einfach als Eppelsheimer Katalog bezeichnet –, das beide Komponenten verbindet und sich in vielen süd(west-)deutschen Bibliotheken noch findet. Es besteht im Allgemeinen aus einem Personenkatalog und einem geographischen Katalog, die reine Schlagwortkataloge sind. Größere beschlagwortete Einheiten (sei es »Luther, Martin« oder »Deutschland«, um zwei Beispiele zu nennen) werden in ihnen nach einem für jeden Katalogteil feststehenden Schema (»Schlüssel«) untergliedert. Der eigentlich systematische dritte

---

[116] *Regensburger Verbundklassifikation* / Universitätsbibliothek Regensburg. 24 Bde. Regensburg : UB, 1975ff., bis 1995 u. d. T.: *Aufstellungssystematiken.* – Die Online-Ausgabe wurde oben schon genannt (vgl. 5.1.2.2).

[117] Die Schlagwortnormdatei führt bei den Schlagwörtern eine systematische Grobklassifikation mit sich, die leider in Online-Katalogen m. W. nirgends abfragbar ist. – Ein vergleichbarer Fall im traditionellen Buch-Bereich ist das systematische Register zum LThK[2] in dessen Registerband, das die Artikel des Lexikons auf eine theologische Systematik verteilt – leider im LThK[3] nicht wiederholt.

Katalogteil ist nach einer Grobsystematik angelegt, die in der katholischen Theologie etwa den traditionellen Fächern und ihren Unterteilungen (etwa den Traktaten der Dogmatik) entspricht. Auf der unteren Ebene wird wiederum ein festes Schema angewendet, das alle Formalgruppen (Bibliographien, Einführungen, Sammelbände ...) in einer festen Nummernabfolge ordnet. Wo es sinnvoll ist, lässt der Katalog ein zeitliches Schema folgen. Bei den in eine solche Systematik nicht mehr gut einzuzwängenden Einzelheiten werden eine oder mehrere für die jeweilige Systemstelle frei definierbare Schlagwortreihen aufgebaut. Damit hat man die Sachthemen zum einen übersichtlich beieinander und kann zum andern Einzelheiten trotzdem flexibel benennen und anordnen. Ein Register verweist auf die verschiedenen Schlüsselstellen.

Der Hinweis auf diese älteren Kataloge kann nur sehr grob sein. Er soll vor allem zum Nachdenken darüber anregen, ob in der »eigenen« Bibliothek evtl. Erschließungssysteme vorhanden sind, die weitere Suchmöglichkeiten für ältere Literatur bieten, die der Online-Katalog oder sonstige andere Kataloge eventuell nicht oder jedenfalls noch nicht haben.

5.6 Sonderformen bibliographischer Recherche

Gegenüber den herkömmlichen bibliographischen Verzeichnissen stellt das *Citation indexing* eine neuere Form dar. Es beruht auf dem Gedanken, dass Zitierzusammenhänge auch Sachzusammenhänge sind und dass die meistzitierte Literatur auch eine hohe Wichtigkeit haben dürfte. Zitiert wird zudem nicht nur die neueste Literatur. Auch alte wichtige Werke werden immer wieder zitiert. Zudem trennt man beim Zitieren weder nach Literaturgattungen noch nach Fächern, – alles Einschränkungen, die in herkömmlichen Bibliographien eine Rolle spielen können. Erprobt wurde das Verfahren im *Science citation index* und dann auch im *Social sciences citation index* und im *Arts and humanities citation index* angewendet. Diese Verzeichnisse enthalten verschiedene Teile: Man kann z. B. bei einer Sachfrage mit einem Schlagwort einsteigen (Permuterm subject index), wird zu einem Autorennamen geführt (Source index), wo die von diesem zitierte Literatur in Kurzform angegeben ist, die dann im dritten Teil (Citation index) aufgesucht werden kann. Umgekehrt kann man aber auch bei einem bekannten Autor einsteigen, von dem man weiß, dass er auf dem gesuchten Gebiet arbeitet, und dann weiterrecherchieren. Das Verfahren ist – wenn man es in den gedruckten Ausgaben durchführt – zwar ziemlich mühselig, bietet aber doch einige Vorteile. Wegen der teuren Abonnementspreise finden sich die genannten Verzeichnisse jedoch nicht einmal in allen Großbibliotheken.

Auch hier hat die Elektronisierung ein in der Papierform mühselig zu konsultierendes Verfahren revolutioniert. Das Ergebnis ist das *Web of Knowledge* bzw. daraus das *Web of Science,* das vor allem in den Naturwissenschaften zum bibliographischen Standard gehört. Wegen der exorbitanten Preise ist die Zugänglichkeit zu den geisteswissenschaftlichen Datenbanken nicht überall gegeben.

Wichtig ist, dass sich aus diesen Formen bibliometrische Verfahren zur Gewichtung von Publikationen entwickelt haben, die in den »STM«-Wissenschaften (Science, Technology, Medicine) zu Bewertung der Qualität von Veröffentlichungen benutzt werden und u. a. bei Berufungsverfahren eine große Rolle spielen (vgl. die *Journal Citation Reports*). Es ist zu fürchten, dass dies auch in den Geisteswissenschaften nicht mehr allzu fern ist[118]. Doch überschreiten wir hiermit das Feld der bibliographischen Suche.

5.7 Biographische Information, Institutionen, Adressen

An das Thema der Literaturermittlung wollen wir exkursartig einen Hinweis anhängen: Bei mancher Arbeit ist man darauf angewiesen, bei anderer wäre es nützlich, biographische Informationen über einen Wissenschaftler oder Autor zu besitzen; eventuell

---

[118] Zu fürchten, weil die anderen Publikationsbedingungen dabei nicht beachtet werden. Beispiel: Martin Heidegger hat praktisch von seiner Habilitation bis zu *Sein und Zeit* – d. h. über rund ein Jahrzehnt – fast nichts publiziert.

sucht man auch seine Adresse. Nur bei wichtigen Personen der Vergangenheit wird ersteres durch die allgemeinen theologischen (oder sonstigen) Enzyklopädien ermöglicht. Biographische Nachschlagewerke helfen weiter (vgl. 17.3). Hinzu kommt jetzt die Kumulation einer Großzahl älterer biographischer Nachschlagewerke zum »Deutschen biographischen Archiv« (17.3.1) und das Erscheinen ähnlicher Archive für andere Länder. Die Grobdaten sind durch das »World Biographical Information System Online« im Internet zugänglich: <http://www.saur-wbi.de/>. Schließlich sind einige Fächer schon herkömmlicherweise ausgezeichnet (z. B. Kunst) oder wenigstens gut biographisch aufgearbeitet (vgl. 17.3.4).

Bei Wissenschaftlern oder sonstigen Personen des öffentlichen Lebens der Gegenwart ist die Suche in Lexika häufig erfolglos. Vieles kann man inzwischen »ergoogeln«. Für anderes (und auch zur Überprüfung von »freien« Internet-Daten) benutzt man die Bücher der Gattung *Who's who?* Große Bibliotheken führen diese in den verschiedensten Ausgaben (»Who's who in Europa? ... in philosophy? ... in the catholic world?«, »Wer ist wo [!] in der evangelischen Kirche?« usw.). Die kurzen Artikel skizzieren die Vita des Dargestellten, geben seine wichtigsten Publikationen, Adresse und Forschungsgebiet usw. an. Sie beruhen meist auf Eigenangaben. Eine ähnliche Funktion haben das »Internationale biographische Archiv«, eine vor allem für die Presse bestimmte Loseblattsammlung des Verlags Munzinger, Ravensburg oder »Kürschners deutscher Gelehrtenkalender«.

Der Studienanfänger wird nicht ohne weiteres vermuten, dass in den bibliographischen Apparaten von großen Bibliotheken auch vielfältigste Informationen über Institutionen des kulturellen, wissenschaftlichen, politischen, kirchlichen und gesellschaftlichen Lebens zu erhalten sind: Handbücher der Museen, Bibliotheken, Forschungseinrichtungen, Kirchen usw. Nur wenige Titel sind 17.2 genannt. Auch hier ist die »Regalinformation« in einer Bibliothek sinnvoll. Allerdings ersetzen Homepages vielfach auf aktuellere Weise die konkrete Information zu Einzelinstitutionen. Für Übersichten sind die Buchausgaben oft nach wie vor unverzichtbar.

5.8 Praxis der Literatursuche

Die knappe Skizze bibliographischer Genera gab schon einige Hinweise darauf, wie man Suchaufgaben lösen kann. Wir wollen hier nochmals einiges zusammenfassen[119]. Man fängt am besten dort an, wo man die größte und präziseste Menge relevanter Treffer erhält – was nicht immer zusammen gehen muss: Wer Literatur zu Augustinus sucht, wird in den Zehntausenden von Titeln ertrinken, wenn er nicht von vornherein präzisiert. Doch gehen wir einige Fälle nacheinander durch.

5.8.1 Werke eines Autors

Dies ist sozusagen der einfachste Fall: Im Online-Katalog einer großen Universalbibliothek wird man schnell das Relevante beieinander haben; die Metasuche über den KVK erweitert das Spektrum national und international.

Ist größere Vollständigkeit vonnöten, sucht man nach einem Werkverzeichnis bzw. einer Bibliographie der Schriften des Autors. Dies kann man über das Personenschlagwort (den Namen) und das Formschlagwort »Bibliographie« bzw. »Werkverzeichnis« (bei Künstlern, Musikern etc.) in der Schlagwortsuche ermitteln. In einem solchen Verzeichnis kann man dann auch unselbständige Schriften (Aufsätze, Lexikonartikel usw.) ermitteln. Gibt es große Monographien über den gesuchten Autor, findet man eventuell in diesen derartige Verzeichnisse, die idealerweise allerdings auch über die Beschlagwortung auffindbar sein sollten.

Erst für weitergehende Fragestellungen (wenn man selbst z. B. Werkverzeichnisse zusammenstellen will etc.) zieht man die Nationalbibliographien heran und für die unselbständige Literatur die allgemeinen Zeitschriftenbibliographien und die Fachbibliographien.

---

[119] Vgl. auch Michael BECHT: *Einführung in die theologische Literaturrecherche*. <http://www.ub.uni-freiburg.de/referate/04/semapp/proseminar.pdf>.

5.8.2 Sachliche Suche

a) Ein erster Einstieg war traditionell der *Sachkatalog* einer großen Fachbibliothek oder Universitätsbibliothek (ein anderer wäre der Beginn mit Punkt e), d. h. heute der OPAC mit seinen verschiedenen Suchmöglichkeiten. Die Literatur in den Online-Katalogen ist im Allgemeinen aber nur für die neuere Literatur mit einiger Sicherheit beschlagwortet oder durch Notationen erschlossen. Für die ältere muss man häufig auf Zettelkataloge ausweichen bzw. diese zusätzlich konsultieren.

b) Der KVK erweitert auch hier das Spektrum, da er die Suche auf größere Bibliotheksbestände ausdehnt, die zudem unterschiedlich erschlossen sind und evtl. auch da bessere Rechercheergebnisse produzieren, wo die Literatur am Studienort durchaus vorhanden und ausleihbar, aber eben nicht beschlagwortet und damit schwerer suchbar ist.

c) Bibliotheksportale, die zusätzliche Daten – etwa das umfangreiche Angebot der Nationallizenzen oder auch schon zentrale Fachdantenbaken – durchsuchen, bieten immer weitergehende Möglichkeiten, die die Grunddokumentation oder sogar mehr als das oft schon abedecken können.

d) Gedruckte Kataloge von Spezialbibliotheken des Fachs können eventuell weiterhelfen. Wir nennen hier keine Titel, da es hierbei auf die Ausstattung des bibliographischen Apparats der benutzten Bibliothek ankommt[120]. Dies ist vor allem wichtig, wenn *ältere* Literatur gesucht wird. Die zunehmende elektronische Katalogkonvertierung lässt diese Hilfsmittel aber immer weiter in den Hintergrund treten. Manche sind vollständig durch elektronische, viel leichter zu nutzende Angebote überholt[121].

e) Neben dem Einstieg über den OPAC sollte man parallel auch gleich einen Blick in die entsprechenden Artikel der wichtigsten *Fachlexika* und den in Frage kommenden Abschnitt eines bibliographisch gut fundierten *neueren Fachhandbuchs* werfen. Dort findet sich in der Regel die wichtigste Literatur bis zum Erscheinungsdatum dieser Werke. Gegenüber dem Einstieg mit Punkt a) hat man hier eine von Fachleuten erstellte Auswahl; im Gegenzug dazu aber auch eine stärkere Eingrenzung. Man muss sich entscheiden, was für die gestellte Aufgabe vorzuziehen ist.

f) Wenn man auf diese Weise die wichtigste(n) Spezialmonographie(n) zum Thema ermittelt hat, so sollte man diese zu Rate ziehen. Oft enthalten diese Arbeiten gute Bibliographien, die von einem kompetenten Fachkenner zusammengestellt sind. Ob

---

[120] Vgl. G. SCHWINGE: *Wie finde ich ...* (Anm. 76), S. 117f.
[121] Beispiel: Früher waren die 5 Bde. des *Fichier Augustinien* / INSTITUT DES ETUDES AUGUSTINIENNES <Paris>. Boston, Mass. : Hall, 1972–1981 solch ein Hilfsmittel. Heutzutage ist das alles leicht über das Würzburger Augustinus-Literaturportal zugänglich. Die grundlegende neue Handbuchliteratur enthält solche Hinweise (hier etwa das *Augustin-Handbuch*, 17.6.3). Vgl. den nächsten Punkt e).

man wirklich eine qualitativ gute Monographie gefunden hat, wird man eventuell auch durch eine Rezension kontrollieren (die Bibliographie kann aber auch bei negativem Ergebnis gut sein!).

g) Bei Einstieg über die Punkte a) bis c) ist man auf einem hohen Stand der Aktualität. Je nach Bedarf kann man nun noch in nationalbibliographischen Verzeichnissen etc. die Suche nach älterer Literatur perfektionieren, wenn das nicht schon durch d) bis f) überflüssig gemacht ist. Bei Einstieg über Punkt e) muss man jetzt ggf. die Ergänzungsrecherchen in a) bis c) nachholen.

h) Soweit zur Ermittlung von Buchtiteln: Für die Ermittlung von *Zeitschriftenaufsätzen* und *Buchbeiträgen* sind die periodischen Fachbibliographien bzw. inzwischen weitgehend die elektronischen Fachdatenbanken heranzuziehen. Durch den *IxTheo* dürfte in der Theologie vieles relativ schnell abdeckbar sein. Über Literaturportale (vgl. c) kommt evtl. man zu wesentlicher Aufsatzliteratur. Darüber hinaus sind dann die weiteren Spezialbibliographien je nach Aufgabe und Bedarf hinzuzuziehen.

i) An verschiedenen Stellen dieser Reihe könnte man die Suche in den freien Portalen der *Google-Buchsuche* und von *Libreka* (vgl. 4.5) fortführen. Hier kann man ja – wie oben gezeigt – auch in Volltexten neuster Werke recherchieren, auch wenn man diese nicht vollständig gezeigt bekommt, so dass der Schritt zur Bibliothek weiterhin nötig ist. Es wurde aber schon gesagt, dass hier der Umfang der Information so unsicher ist, dass dies derzeit noch keinen Königsweg darstellt.

j) Weiter hilft dann nur noch der (gesteuerte!) Zufall: Informationen über den Buchhändler, eigene Zeitschriftenschau, Verlagskataloge, Gespräche mit Kundigen usw. und durchaus auch das »Googeln«, allerdings bietet es in der Theologie eben nicht – auch nicht bei *Google scholar* – die wissenschaftliche Primärinformation.

k) Die Vollständigkeit, mit der man Literatur zu einem bestimmten Thema sucht, hängt natürlich von der Aufgabenstellung ab. Wenn der Dozent in einem Seminar alles Notwendige vorgibt, kann man sich die weiteren Schritte ersparen. Ist dies nicht der Fall, sollte man nach dem Schneeballprinzip von einem möglichst praktischen Ausgangspunkt, wie unter a) oder e) skizziert, ausgehen und sich das Material von hier aus zusammenstellen. Eine gewisse Praxis und ein Fingerspitzengefühl für solche Arbeiten sollte man im Studium gewinnen. Für die berufliche Praxis – wenn man stärker auf sich gestellt und eventuell auch entfernter von den wissenschaftlichen Institutionen ist – wirkt sich das positiv aus.

6. Literaturangaben, Quellennachweise

Die korrekte Verzeichnung von Literatur und sonstigen Medien muss in vielen Zusammenhängen wissenschaftlicher Arbeit beherrscht werden: in passiver Form bei der Suche in Katalogen und Bibliographien, in aktiver beim Nachweis von Zitaten, benutzten Quellen, Hilfsmitteln, Sekundärliteratur; beim Zusammenstellen von Literaturlisten usw. Sie dient dazu, dass der Leser einer Arbeit die benutzten oder genannten Werke seinerseits wiederum auffinden und ggf. auch erwerben kann.

Geregelt ist die Materie in der Norm DIN 1505 Teil 2[122], die

---

[122] DIN 1505 Teil 2 *Titelangaben von Dokumenten: Zitierregeln.* Die Norm ist abgedruckt in: *Publikation und Dokumentation.* 2 Bde. Berlin : Beuth, [4]1996 (DIN-Taschenbuch ; 153/154), hier Bd. 2, S. 48–65. Für die Gestaltung größerer bibliographischer Arbeiten, für Sonderfragen u. a. m. ist die Norm selbst heranzuziehen. Sind noch speziellere Informationen gewünscht, wie sie für die Führung kleinerer Kataloge, aber auch schon bei bibliographischen Arbeiten auftreten können, ist auf Norm DIN 1505 Teil 1: *Titelangaben von Dokumenten: Titelaufnahme von Schrifttum* zu verweisen, abgedruckt in der dritten Auflage, von *Publikation und Dokumentation.* [3]1989, Bd. 2, S. 73–91. Am umfassendsten – aber nur für eigentliche Bibliotheksarbeiten notwendig – ist die gesamte Materie geregelt in den *Regeln für die alphabetische Katalogisierung.* 2., überarb. Ausg. Berlin : Deutsches Bibliotheksinstitut, 1993 [Loseblatt-Ausgabe] mit Ergänzungen bis 2006 unter <http://www.rak-weiterarbeit.de/>. Dazu gibt es noch Sonderregeln für spezielle Materialien (z. B. die – manchmal nicht unproblematischen – Regeln für Tonträger, Musikalien u. a. m.), Transliterationstabellen für nichtlateinische Alphabete (deren wichtigste: Griechisch, Hebräisch, kyrillische Alphabete, auch in *Publikation und Dokumentation 2* enthalten sind), Ansetzung mittelalterlicher Personennamen usw. Wer Bedarf an diesen speziellen Gegenständen hat, sollte am besten Kontakt mit einem Spezialisten an einer großen wissenschaftlichen Bibliothek aufnehmen und sich dort die nötigen Informationen einholen, auch über die derzeitige Weiterentwicklung der Regeln im internationalen Kontext.

zwar nicht für alle Fälle letztverbindlich sein mag, an der eine Einführung sich aber orientieren muss. Dies um so mehr, als eben solche standardisiert verzeichnete Titelangaben immer stärker und aus immer unterschiedlicheren Medien auf den wissenschaftlich Arbeitenden zukommen, vor allem auch durch automatisierte Datenübernahme. Wie genau man dabei die Feinheiten formaler Regelungen bei seinen eigenen Arbeiten beachten muss, hängt wiederum von deren Zweck ab. Wichtig ist vor allem, dass man sich über die Bedeutung der verschiedenen Kategorien, aus denen eine Literaturangabe besteht, im Klaren ist. Daher ist auf die Kommentierung dieser Kategorien im grundlegenden folgenden Abschnitt besonderer Wert gelegt.

Da zu diesem ganzen Komplex immer wieder Missverständnisse entstehen, sei eigens auf den Abschnitt 6.6 verwiesen. Wie man die Literaturangaben in schriftlichen Arbeiten gegebenenfalls auch automatisieren kann, wird unten bei der Abfassung wissenschaftlicher Manuskripte (14.5) behandelt.

6.1 Selbständige bibliographische Einheiten

Beim Nachweis von *selbständig erschienenen Titeln* (z. B. Büchern, aber auch Noten, Ton- und Bildträgern o. ä.) sind folgende Angaben – soweit gegeben – nötig:

a) NAME, Vorname [des Verfassers bzw. Herausgebers, Urhebers ...]:
b) *Sachtitel : Zusätze* [z. B. Untertitel]. [ggf.] Bandzählung.
c) /[ggf.] NAME, Vorname [sonstiger beteiligter Personen] (Funktionsbezeichnung).
d) Auflagenbezeichnung.
e) Erscheinungsort :
f) Verlag,
g) Erscheinungsjahr
h) (Gesamt-/Reihentitel ; Zählung). –
i) [ggf.] Zusatzinformationen [Format, Umfang, ISBN, Erläuterungen],
j) [ggf.] Seitenangaben, wenn nur ein bestimmter Satz oder Abschnitt zitiert wird.

Die Angaben entnimmt man immer dem Titelblatt (nicht dem Umschlag oder gar Schutzumschlag!), der Titelblattrückseite (Impressum), ggf. der letzten Seite des Buches, wenn sich das Impressum dort befindet. Es galt früher die Regel, dass man Angaben, die man nicht dem Titelblatt, sondern einer anderen Stelle des Buches entnimmt, in runde Klammern setzt, Angaben, die aus sonstigen Quellen stammen, in eckige Klammern. »Echte« Klammern im Titel wurden dann witzigerweise durch Spitzklammern: <...> – ersetzt. Die neuen DIN-Normen verzichten auf diese Kennzeichnung. – Zur Zeichensetzung vgl. 6.4, zur graphischen Gestaltung (Schriftarten) der Angaben 6.5.

Zu a) In alphabetischen Listen ist die Umstellung »Name, Vorname« sinnvoll; im laufenden Text, z. B. in einer Anmerkung, eigentlich nicht. Die Ausschreibung zumindest des Vornamens ist sehr hilfreich, wenn man den Titel beispielsweise in einem größeren Katalog suchen muss und der Verfasser einen häufig vorkommenden Namen trägt. Aus Platzgründen werden Vornamen jedoch oft abgekürzt angegeben.

Hat ein Buch mehrere Verfasser (Beispiel unten: RAFFELT ; VERWEYEN), so werden nach der Norm *alle* genannt. In Bibliothekskatalogen werden jedoch nur Schriften mit bis zu drei Verfassern in dieser Weise verzeichnet. Schriften mit vier und mehr Verfassern erhalten die Haupteintragung unter dem Titel. Unter dem Namen des ersten Mitverfassers erfolgt eine Nebeneintragung bzw. Verweisung. Im Grunde ist diese Regelung praktikabler und könnte auch weiterhin beim Zitieren angewendet werden: Man nennt in diesen Fällen den ersten Verfasser und fügt »u. a.« oder »...« hinzu.

In sehr vielen Fällen haben Vielverfasser-Schriften aber einen Herausgeber. Beim Zitieren kann man ihn sozusagen wie einen Verfasser behandeln, muss aber »(Hrsg.)« oder (»Hg.«) hinzusetzen. Bei mehreren Herausgebern genügt es im Allgemeinen, nur den ersten zu nennen und »u. a.« hinzuzufügen. Es ist aber normgerechter und oft auch sachlich sinnvoller, alle anzuführen (Beispiel: KLINGER ; WITTSTADT); die doppelte Funktionsangabe hinter jedem Namen ist wiederum normgemäß, kann aber durchaus nur einmal nachgestellt und auf beide Namen bezogen werden

(Herausgeber der Schriften eines Einzelverfassers sollten wie in den Beispielen RAHNER oder BOETHIUS dem Titel nachgestellt werden, so dass sich keine Unklarheit gegenüber dem Fall doppelter Herausgeber ergibt). Hat das Werk nur einen körperschaftlichen Verfasser oder Herausgeber, z. B. eine Behörde, Institution, einen Verein o. ä., so nennt man diesen, ggf. mit dem entsprechenden Zusatz, z. B. »DEUTSCHE BISCHOFSKONFERENZ« oder »AMNESTY INTERNATIONAL (Hrsg.)«[123]. Titulaturen (etwa »Kardinal« im Falle von J. H. NEWMAN oder K. LEHMANN) sowie Ordensbezeichnungen (OSB, SJ) usw. werden weggelassen.

Die sprachliche Form des Namens wird man im Allgemeinen der Vorlage entnehmen. Bibliothekskataloge vereinheitlichen dagegen (was bei elektronischen Katalogen durch die Verweisungen im Datensatz unproblematisch ist). Beim Zitieren macht man das aber, um Fehler zu vermeiden, am besten nicht nach. Auch hier gibt es sinnvolle Ausnahmen: Schriften von Origenes sollte man im Literaturverzeichnis nicht – etwa wegen der Benutzung einer französischen Edition – unter »Origène« einordnen; zwei Stellen für »Benedikt XVI.« und zusätzlich »Ratzinger, Joseph« sind ebenfalls nicht sinnvoll usw. Katalogisierungsregeln sind übrigens traditionell papstfreundlich und fordern die Umarbeitung auf den Papstnamen hin: dank EDV ist das jetzt allerdings nur noch eine Kleinigkeit[124].

---

[123] Da solche Körperschaften häufig als Herausgeber von Zeitschriften auftreten, sind diese Angaben besonders für die Benutzung von Zeitschriftenkatalogen wichtig, besonders dann, wenn die gesuchte Zeitschrift einen unspezifischen Titel hat, wie z. B. *Amtsblatt, Informationen* o. ä. Bibliotheken benutzen als Katalogisierungshilfe die *Gemeinsame Körperschaftsdatei* (GKD).

[124] Sachlich gesehen ist das allerdings nicht ganz trivial: Gerade BENEDIKT XVI. veröffentlicht ja auch Texte als Fachtheologe und damit sozusagen als Privatmann. Kataloge handeln hier formal einheitlich. In wissenschaftlich-theologischen Arbeiten kann es daher u. U. durchaus sinnvoll sein, die theologischen Arbeiten unter dem Namen des Theologen Ratzinger zu zitieren.

Zu b) Hier ist ganz besonders zu beachten, dass man nicht den Umschlag- oder Rückentitel des Buches notiert, sondern sich nach der Form des Titels auf dem Titelblatt richtet. In vielen Fällen kann man den Untertitel – falls das Buch überhaupt einen solchen hat – auslassen. Manchmal gibt er jedoch eine spezifische Information oder gerade die entscheidende Inhaltsinformation für den Leser. Dann sollte er mitangeführt werden. Auch andere Zusätze zum Sachtitel (z. B. Dedikationen, vgl. Beispiel: WOLFF) kann man in dieser Art anführen, wenn sie eine wichtige Information darstellen.

Fremdsprachige Titel werden entweder bis auf das Anfangswort, Eigennamen usw. klein geschrieben oder nach dem landesüblichen Verfahren angegeben (z. B. bei englischen Titeln Großschreibung bis auf Artikel, Präpositionen etc.). Eigennamen, Institutionen u. ä. werden selbstverständlich wie üblich groß geschrieben.

Bandangaben werden bei Zitation einzelner Bände hinter dem Titel (ggf. mit der Benennung »Bd.«, »Nr.«, sonst auch bei der Umfangsangabe: vgl. i) angeführt.

Eine kleine Spitzfindigkeit zusätzlich: Bei ORIGENES findet sich ein sog. »Parallel-Sachtitel«: Unter beiden Titeln ist das Werk zitierbar. Nennt man beide, werden sie durch ein Gleichheitszeichen getrennt.

Zu c) In vielen Fällen ist es sinnvoll, sonstige beteiligte Personen wie Illustratoren, Editoren wissenschaftlicher Ausgaben, Übersetzer, Bearbeiter, Verfasser von Vorworten usw. anzuführen (Beispiele: HEYM, RAHNER, BOETHIUS). Nach der Norm ist der Ort dafür nach dem Sachtitel und ggf. dem Untertitel. Die Art der Beteiligung wird in Klammern mit den üblichen Abkürzungen vermerkt (vgl. 6.8; 18.1). Herausgeber, die als einzige beteiligte Personen aufgeführt sind, werden jedoch nach der Norm – wie Verfasser – am Anfang der Angaben genannt, vgl. a).

Wie die Angabe sonstiger Beteiligter kann auch eine Dedikation im Falle einer Festschrift angeführt (Beispiel: KLINGER mit dem Zusatz »(Festschrift für)« bei RAHNER) oder der Adressat bei einer Briefausgabe behandelt werden, z. B. »GOETHE, Johann Wolfgang (Adressat)« bei einer Ausgabe von Briefen an Goethe.

Zu d) Da sich bei Neudrucken, Neuauflagen usw. häufig die Seitenzahlen, aber auch der Text ändern kann – und überhaupt zur exakten Identifikation benutzter Ausgaben –, ist es notwendig, die Auflage oder Ausgabe (z. B. Sonderausgabe, Reprint usw.) genau anzugeben. Auch Zusätze wie »verb.«, »völlig neubearb.« usw. sind häufig sinnvoll. Sind weitere Erläuterungen vonnöten (Beispiel: HEYM), so vgl. unten zu i). In den meisten Fällen dürfte allerdings die in diesem Buch verwendete und ebenfalls normgerechte Kurzform mit hochgestellten Ziffern vor dem Erscheinungsjahr genügen.

Zu e) Die Nennung des Erscheinungsortes ist üblich, zur bibliographischen Identifizierung jedoch häufig nicht unbedingt nötig (außer bei »grauer Literatur«, die nicht auf den üblichen Publikationswegen veröffentlicht wird). Bei Kürzestangaben (z. B. in Lexika) kann sie deshalb u. U. fehlen (in den kommentierenden Texten in Abschnitt 3.3 haben wir es teilweise auch so gehalten). Auf alle Fälle sollte nur der erste (Haupt-)Verlagsort und ggf. noch derjenige der inländischen Verlagsniederlassung angegeben werden.

Zu f) Die Angabe des Verlags ist häufig zur Beschaffung eines Werkes wichtig. Bei Klein- oder Selbstverlagen kann es daher sogar sinnvoll sein, auch die Verlagsadresse anzugeben, wenn man den Leser auf die Beschaffungsmöglichkeit hinweisen will (Beispiel: *Für Karl Rahner*). Vielfach sagen Verlage aber auch etwas über den Inhalt einer Veröffentlichung aus, – der Verlag »Marxistische Blätter« verlegt(e) eben andere Literatur als z. B. »Herder«! – Weitere Gründe gibt es bei ausländischem Schrifttum: »Paris« als Verlagsort ist bei französischen Büchern beinahe vorauszusetzen. Hier spezifiziert nur der Verlag. Bei spanischem, portugiesischem oder für Mitteleuropa entlegenerem Schrifttum ist die eventuelle Besorgung ohne Verlagsangaben manchmal sehr schwer. Daher ist zumindest bei neueren Schriften, die der Leser sich eventuell auch über den Buchhandel beschaffen will, mit der DIN-Norm *die Verlagsangabe* entgegen der weithin üblichen Praxis *zu empfehlen*. Dagegen stehen eigentlich nur ein geringfügig größerer Platzbedarf und der Mehraufwand der Recherche. Da man ohnehin nur Bücher zitieren soll, die man auch benutzt hat, ist dieses Argument allerdings nicht durchschlagend. Bei bibliographischen Unternehmen hingegen, wo man eventuell auch aus weiteren Quellen schöpfen muss, ist gerade die Vollständigkeit der Angaben besonders wichtig.

Zu g) Die Angabe des Erscheinungsjahrs ist unverzichtbar. Daher sollte man notfalls sogar versuchen, dieses zu ermitteln oder – wenn dies nicht möglich ist – eine ca.-Angabe (Beispiel: NEWMAN) machen. Achtung: Das Jahr des Copyright © oder des kirchlichen »Imprimatur« muss nicht das Erscheinungsjahr der Veröffentlichung sein!

Zu h) Wenn Bücher in *gezählten* Reihen erscheinen (Beispiele: LEHMANN, RAFFELT ; VERWEYEN), soll man diese mit der Zählung anführen. Die Abtrennung von Titeln und Zählung erfolgt nach der Norm durch das Deskriptionszeichen Semikolon. Herausgeber von Reihen werden nicht angegeben. Zu Abkürzungsmöglichkeiten vgl. 18.2. Bei Einzelausgaben aus einer Gesamt- oder Auswahlausgabe eines Verfassers kann man hier den Gesamttitel anführen (Beispiel: NEWMAN; analoges Beispiel für eine Einzelverfasserschrift in einem mehrbändigen Handbuch: BAUS).

Zu i) Die ISBN (International standard book number)[125] erlaubt die exakte Identifikation einer Ausgabe. Für dieses Buch: 978-3-451-29815-8. Sie besteht aus einem Präfix (978)[126] einer Ziffer für den Sprachraum (deutsch: 3), der Verlagsnummer (hier

---

[125] Zum System der ISBN vgl. die Seite der deutschen ISBN-Agentur <http://www.german-isbn.org/>. Dort finden sich auch ein einschlägiges Merkblatt und ein Handbuch zur Anwendung.
[126] Erst seit Einführung der 13-stelligen ISBN im Jahre 2006. Die ISBN war bis dahin 10-stellig.

Herder: 451), der Bestellnummer des Verlags (dieses Buch: 29815) nebst einer Computer-Prüfziffer (hier: 8). Das Ganze ist im Impressum auf der Titelblattrückseite, aber auch außen (hinten) auf dem Buch angegeben. Für die Beschaffung durch den Buchhandel ist die ISBN wichtig. Allerdings ist zu beachten, dass schon verschiedene Ausstattung (gebunden, kartoniert) und selbstverständlich jede neue Ausgabe zu einer unterschiedlichen ISBN führen (sollten!). Für Zeitschriften gibt es analog die ISSN (International standard serials number), für Musikalien die ISMN[127]. Völlig unproblematisch sind diese Kennzeichnungen allerdings wegen gelegentlicher inkorrekter Verwendung nicht. In Buchhandel wie Bibliotheken gibt es daher weitere Überlegungen zur Normierung von Identifikationsmerkmalen. Bei Zitatangaben wird die ISBN im Allgemeinen nicht angeführt (falls aus irgendeinem Grund doch gewünscht vgl. Beispiel WOLFF).

Auch Besonderheiten einer Ausgabe (Beispiel: HEYM) kann man an dieser Stelle der Titelangabe nennen. Weitere Angaben (Umfangs-, Preisangaben) sollten dann gemacht werden, wenn sie für den Leser wichtig sind.

Bei »non-book-Materialien« (Schallplatten, Videokassetten, aber z. B. auch Plakaten u. ä.) sollte man die Art der Materialien hier angeben (Beispiel: BACH) und ggf. auch die nötigen technischen Informationen beifügen (z. B. das Aufnahmesystem bei Video, vgl.: *Für Karl Rahner).*

Ebenso sollte man es mit elektronischen Publikationen halten (RAFFELT ; TYKIEL; ggf. – wenn es sich um ein Digitalisat einer vorher als gedrucktes Buch erschienenen Arbeit handelt – unter Angabe auch der ursprünglichen Erscheinungsdaten: SCHWERDT-FEGER).

Zu j) Wenn aus dem genannten Werk bestimmte Angaben zitiert werden oder auf Abschnitte verwiesen wird, folgen hier die Seitenangaben. Manche Bücher sind in eigens gezählten Spalten ge-

---

[127] Die »International ISMN Agency« ist an der Berliner Staatsbibliothek angesiedelt.

druckt (häufig Lexika). Die Angabe wird dann mit »Sp.« einge-leitet. Bei wissenschaftlichen Ausgaben gibt es gelegentlich sogar eine Zeilenzählung (Angaben mit »Z.«).

Beispiele:

LEHMANN, Karl: *Auferweckt am dritten Tag nach der Schrift : Früheste Christologie, Be-kenntnisbildung und Schriftauslegung im Lichte von 1 Kor 15,3–5*. 2., verb. Aufl. Freiburg i.Br. : Herder, 1969 (Quaestiones disputatae ; 38)

WALTER, Peter: *Theologie aus dem Geist der Rhetorik : Zur Schriftauslegung des Erasmus von Rotterdam*. Mainz : Grünewald, 1991 (Tübinger Studien zur Theologie und Philoso-phie ; 1)

WOLFF, Hans Walter (Hrsg.): *Probleme biblischer Theologie : Gerhard von Rad zum 70. Geburtstag*. München : Kaiser, 1971. – ISBN 3-459-0079-6

KLINGER, Elmar (Hrsg.) ; WITTSTADT, Klaus (Hrsg.): *Glaube im Prozeß : Christsein nach dem II. Vatikanum* / Karl RAHNER (Festschrift für). 2. Aufl. Freiburg i.Br. : Herder, 1984

RAHNER, Karl: *Gebete des Lebens* / Albert RAFFELT (Hrsg.) ; Karl LEHMANN (Vorw.). 9. Auflage. Freiburg i.Br. : Herder, 1991

NEWMAN, John Henry: *Apologia pro vita sua : Geschichte meiner religiösen Über-zeugungen* / Maria KNOEPFLER (Übers.). 5.-7. Taus. Mainz : Grünewald, um 1951 (J. H. NEWMAN: Ausgewählte Werke ; 1)

HEYM, Georg: *Umbra vitae : Nachgelassene Gedichte* / Ernst Ludwig Kirchner (Ill.). Frank-furt a. M. : Insel, 1962 (Insel-Bücherei ; 749). – Verkleinerter Reprint der Originalausgabe 1924

ORIGENES: *In Lucam homiliae = Homilien zum Lukasevangelium*. 2. Teilband / Hermann-Joseph SIEBEN (Übers.; Einltg.). Freiburg i.Br. : Herder, 1992 (Fontes Christiani ; 4/2)

BOETHIUS, Anicius M. S.: *Die Theologischen Traktate* / Michael ELSÄSSER (Übers.; Einltg.). Lat.-dt. Hamburg : Meiner, 1988 (PhB ; 397)

BAUS, Karl: *Von der Urgemeinde zur frühchristlichen Großkirche*. Unveränd. Neudr. der 3. Aufl. Freiburg i.Br .: Herder, 1973 (Handbuch der Kirchengeschichte / JEDIN, Hubert [Hrsg.] ; Bd. 1)

RAFFELT, Albert ; VERWEYEN, Hansjürgen: *Karl Rahner*. München : Beck, 1997 (Beck'sche Rei-he: Denker ; 541)

BACH, Johann Sebastian: *Geist und Seele wird verwirret : Kantate 35: BWV 35* / Nikolaus HARNONCOURT (Leitung); Concentus musicus Wien. Hamburg : Teldec, 1974 (Telefunken, Das alte Werk 6.35036–1). – Schallplatte. In: BACH, J. S.: *Das Kantatenwerk*. Folge 10 (Tele-funken 6.35036.EX). – Schallplattenkassette

Für Karl Rahner: Festakademie zum 80. Geburtstag am 5. 3. 1984 in Innsbruck. München : Dia-Dienst (Kaulbachstr. 14), 1985. – Videokassette, VHS in Farbe, 29 Minuten, Best.-Nr. 800014

Hans-Georg GADAMER ; Bernd H. STAPPERT: *Von der Lust am Dialog : Hans-Georg Gadamer im Gespräch mit Bernd H. Stappert*. Köln : Deutschland-Radio, 2000. – 2 CDs – CD 2000-04-01 und 2000-04-02

Albert RAFFELT ; Gertrud TYKIEL: *Ida Köhne : Werkverzeichnis. Teil 1. Gemälde.* Freiburg i.Br. : UB, 2005. – Elektronische Publikation <http://www.freidok.uni-freiburg.de/volltexte/ 1655/>

Nikolaus SCHWERDTFEGER: *Gnade und Welt : zum Grundgefüge von Karl Rahners Theorie der »anonymen Christen«.* Freiburg i.Br. : Herder, 1982 (Freiburger theologische Studien ; 123) – Auch als digitale Veröffentlichung: <http://www.freidok.uni-freiburg.de/volltexte /4164/>

6.2 Unselbständige bibliographische Einheiten

Zitiert man nicht ein selbständig erschienenes Werk, sondern eine darin enthaltene Teilveröffentlichung, z. B. einen Lexikonartikel, so verändert sich das oben angeführte Schema. Man nennt den Verfasser des Artikels oder Aufsatzes, dessen Sachtitel und schließt mit »In:« die notwendigen Angaben nach dem oben genannten Schema an. Die Angabe schließt mit den genauen Seitenzahlen, ggf. mit der Seitenzahl des Zitats, das man im Text gebracht hat oder auf das man verweisen will (eingeleitet mit »hier«).

Beispiele:

Norbert FISCHER: Zur theoretischen Seite der Kantischen Lehre von den Postulaten der reinen praktischen Vernunft. In: DERS. (Hrsg.): *Alte Fragen und neue Wege des Denkens /* Josef STALLMACH (Festschr. für). Bonn : Bouvier, 1977, S. 134–142

Douglas POWELL: Arkandisziplin. In: *Theologische Realenzyklopädie.* Bd. 4. Berlin : de Gruyter, 1979, S. 1–8, hier S. 5, Z. 20–22

Douglas POWELL: Arkandisziplin. In: TRE 4, S. 1–8, hier S. 5, Z. 20–22

Michael BECHT: Acontius, Jacobus. In: LThK^3 1, Sp. 118

Bei *Zeitschriftenaufsätzen* wird üblicherweise insofern von dem allgemeinen Schema abgewichen, als Ort und Verlag nicht genannt und statt des Erscheinungsjahres das in der laufenden Zählung angegebene Jahr (Berichtsjahr, Abonnementsjahr o. ä.) verzeichnet wird (manche Zeitschriftenjahrgänge erscheinen verspätet, so dass dies nicht das Erscheinungsjahr sein muss). Die Angabe des Ortes ist nur nötig, wenn es verschiedene Zeitschriften gleichen Titels gibt; daher regelt die Norm: »Gleichlautenden Titeln verschiedener Zeitschriften und Zeitungen ist der Erscheinungsort in Klammern hinzuzufügen«. Bei unspezifischen Titeln – wie Informationen, Berichte, Amtsblatt – werden die herausgebenden Körperschaften der

Zeitschriften wie im obigen Schema (6.1) unter a) bzw. c) angeführt (Beispiel SMOLINSKY). Unterreihen von Zeitschriften werden mit Komma an den Haupttitel angehängt. Bei manchen Zeitschriften sind unterschiedliche Band- und Jahrgangszählungen vorhanden. Daher sollte man in diesen Fällen diese Benennungen ggf. hinzufügen. Wenn die Zeitschriften Heft für Heft eine neue Seitenzählung haben, muss man selbstverständlich auch die Heftnummer hinzufügen (Beispiel: LEHMANN; hier ist zudem keine Jahrgangszählung vorhanden). Bei Zeitungen ist darauf zu achten, dass es möglicherweise regionale Sonderausgaben gibt, denen der Text entnommen ist, den man zitieren möchte. Hier ist ein Zuviel an Angaben besser als eine unklare Bezeichnung.

Beispiele:

Karl RAHNER: Über das Beten. In: *Geist und Leben* 45 (1974), S. 84–98

Karl LEHMANN: Zum Problem einer Konzentration der Glaubensaussagen. In: *Lebendiges Zeugnis* (1970), H. 3/4, S. 15–44

Karlheinz RUHSTORFER: Sola gratia : Der Streit um die Gnade im 16. Jahrhundert, seine Auswirkungen für die Neuzeit und seine Virulenz in der Gegenwart. In: ZKTh 126 (2004), S. 257–268. – Auch als elektronische Ressource <http://www.freidok.uni-freiburg.de/volltexte/2210/>

Heribert SMOLINSKY: Eine Persönlichkeit an der Zeitenwende : Thomas Murner zwischen Spätmittelalter und Moderne: *Informationen* / BIBLIOTHEKSSYSTEM DER ALBERT-LUDWIGS-UNIVERSITÄT FREIBURG IM BREISGAU Nr. 50 (1990), S. 642–647.

6.3 Zitieren von Internet-Angeboten

Die Verbreitung des Internet als Arbeitsmittel macht es nötig, Informationen, die aus dem Internet gewonnen sind, auch für den Leser erkennbar und auffindbar zu machen. Für die bloßen digitalen »Faksimiles« von originalen Druckpublikationen haben wir schon in 6.1 (SCHWERDTFEGER) und 6.2 (RUHSTORFER) Hinweise gegeben. Bei original als »e-Books« publizierten Büchern (6.1. RAFFELT ; TYKIEL) liegt die gleiche bibliographische Struktur vor. Bei originalen Internet-Publikationen ist das aber aus verschiedenen Gründen nicht immer ganz so einfach, da eine »web site« nicht so klare Vorgaben wie ein Buch macht.

Im Idealfall sind Internet-Angebote durch Metadaten erschlossen. Dies dient vor allem dazu, dass Suchmaschinen die Dokumente finden und einordnen können. Das bekannteste Metadaten-System ist der Dublin-Core[128]. In der Grundform enthalten die Dublin-Core-Daten folgende 15 Elemente:

a) title — Titel
b) Creator — Urheber
c) Subject — Materie
d) Description — Inhaltsangabe, Abstract
e) Publisher — Verleger
f) Contributor — Sonstige beteiligte Personen
g) Date — Datum [nach der Norm ISO 8601]
h) Type — Genre [nach einer vorgegebenen Liste]
i) Format — Dateiformat
j) Identifier — eindeutige Kennzeichnung wie URL, ISBN o. ä.
k) Source — Die Quelle nichtursprünglicher Dokumente
l) Language — Sprache [nach der Norm ISO 639]
m) Relation — Beziehung zu anderen Quellen
n) Coverage — Räumliche und zeitliche Einordnung
o) Rights — Nutzungsbedingungen nach dem Urheberrecht

Die Metadaten werden im Kopf z. B. einer HTML-Datei angegeben. Etwa in folgender Form:

```
<meta name=»DC.Title« content=«Theologie studieren«>
<meta name=«DC.Creator« content=«Albert Raffelt«>[129].
```

---

[128] <http://dublincore.org/>. Die Datenbank *Metaform* der Niedersächsischen Staats- und Universitätsbibliothek Göttingen bietet umfangreiche Informationen (http://www2.sub.uni-goettingen.de/). Vgl. zum folgenden auch Jens BLEUEL: Zitation von Internet-Quellen. In: Theo HUG (Hrsg.): *Einführung in das wissenschaftliche Arbeiten*. Baltmannsweiler : Schneider-Verl. Hohengehren, 2001 (Wie kommt die Wissenschaft zu ihrem Wissen ; 1), S. 383–398 und unter <http://www.bleuel.com/ip-zit.pdf>.

[129] Über die genaueren Konventionen einer mit HTML strukturierten Seite lese man in der Fachliteratur nach. Jetzt etwa Robert TOLKSDORF: *HTML & XHTML – die Sprachen des Web : Informationen aufbereiten und präsentieren im Internet*. Heidelberg : dpunkt-Verlag, ⁵2003.

Bei PDF-Dokumenten kann man im Acrobat-Reader unter Datei / Dokumenteigenschaften / Übersicht zumindest einige der wesentlichen Elemente eingeben bzw. umgekehrt ermitteln. Allerdings liegt hier keine Normvorgabe zugrunde. In diesen Angaben, z. B. den Dublin-Core-Elementen, kann man die wesentlichen klassischen Kategorien für Titelangaben zu Zitierzwecken wiederfinden: Autor, Titel, Erscheinungsjahr. Allerdings kann man solche Metadaten – wenn sie nicht auf der Seite selbst wiederholt sind – nur im Quelltext des Dokuments im Kopfbereich (head) ermitteln, man muss sich also im Browser den Quelltext anzeigen lassen. In vielen Fällen wird es zwischen den Metadaten und den offen zugänglichen Daten Formulierungsdifferenzen geben. Man kann sich schlicht nur an eine der möglichen Formen halten.

Wesentlich bei Internet-Angeboten ist nun, die Datei zu lokalisieren. Hierfür ist die Internet-Adresse, die sog. URL (Uniform Resource Locator) nötig (vgl. im Dublin-Core-Schema 10). Eine korrekte Angabe der Freiburger Sekundärliteratur-Bibliographie zu Karl Rahner im Internet könnte also lauten:

Michael BECHT ; Albert RAFFELT: *Karl Rahner – Sekundärliteratur.* Freiburg : Universitätsbibliothek. – Stand: 10.01.2008. – URL: <http://www.ub.uni-freiburg.de/referate/04/rahner/rahnerli.htm> – Elektronische Ressource

Die Angabe enthält einen weiteren Hinweis: den Stand des Dokuments. Internet-Dateien sind (meist) keine statischen Dokumente, sondern werden laufend verändert. Bei einer Bibliographie, wie im genannten Beispiel, ist das ja gerade der große Vorteil. Wenn man die Datei aufruft, wird man diese daher auf einem anderen Stand vorfinden. Ggf. werden Internet-Dateien auch ganz aus dem Netz herausgenommen. Falls man daher etwas zitiert und unbedingt die Quelle später – etwa für eine Prüfung – parat haben muss, so hilft nichts, als das Dokument herunterzuladen und für eventuelle Überprüfungszwecke selbst zu archivieren[130].

---

[130] Wir gehen hier von Fällen aus, wo dies urheberrechtlich unproblematisch ist. – Ein »Gesamtarchivierung« des Internet (cum grano salis …) ist das *Internet Archive:* <http://www.archive.org/web/web.php/>.

Bei der Angabe ist oben noch der Hinweis »elektronische Ressource« angefügt worden, analog den beschreibenden Hinweisen »Schallplattenkassette« oder »Videokassette« in den entsprechenden Beispielen unter 6.1. Durch die Angabe der URL ist die Medienform allerdings ohnehin klar und könnte auch entfallen. Wie lange sich allerdings der Sprachgebrauch URL hält, ist eine andere Frage, weshalb etwas Redundanz nicht schlecht sein muss. Auch eine URL ist nämlich nicht unbedingt ausreichend. Das oben zitierte Rahner-Angebot hat sich z. B. seit seinem Beginn stark ausgeweitet und ist von der Fachreferatsseite Theologie der Universitätsbibliothek Freiburg …/referate/04 in ein eigenes Unterverzeichnis /rahner/ gewandert[131]. Andere Seiten wechseln gar die Trägerinstitution. Es gibt Versuche – etwa im Verlagswesen – Identifikatoren für elektronische Objekte zu schaffen, die sich nicht ändern wie den DOI (Digital Object Identifier)[132]. Wenn man diese oder künftig auch andere Systeme vorfindet, kann man die entsprechenden Identifikatoren angeben. Derzeit ist dieses Problem noch nicht gelöst, so dass wir hier nur auf die Problematik hinweisen können. Der DOI ist eine Initiative von Verlegerseite. Diese haben ein Interesse, elektronische Publikationen analog Büchern klar identifizierbar und natürlich verkaufbar zu machen. Web-Seiten, wie die oben zitierte, gehören einem anderen Genus an.

Ein Sonderproblem entsteht, wenn elektronische Publikationen für den praktischeren Gebrauch als sog. »on demand«-Publikation ausgedruckt werden. M. E. ist es auch dann am sinnvollsten, das elektronische »Master« zu zitieren und die URL dieses Textes anzugeben. Diese sollte sich dann auch in den Ausdrucken finden. Hat man sie nicht, ist es sinnvoll, das elektronische Original im Katalog (etwa dem KVVK) zu suchen, sich von der Identität mit dem Ausdruck zu überzeugen und dann danach zu zitieren. Ist auch diese Möglichkeit versperrt (etwa bei einem On-demand-Aus-

---

[131] Wir haben oben schon erwähnt, dass frühere Zustände von Internet-Seiten ggf. im *Internet Archive* zu finden sind, hier Folgen ab 2000.
[132] Vgl. <http://doi.org/>. Wenn man den DOI eines Dokuments kennt, kann man die URL über <http://dx.doi.org/> ermitteln.

druck einer kommerziell angebotenen elektronischen Schrift, die als solche für den Nutzer unzugänglich ist), muss man den On-de-mand-Druck wie ein »gewöhnliches« Buch behandeln und mit allen zur Identifikation nötigen Angaben zitieren.

6.4 Zeichensetzung bei bibliographischen Angaben

In der früheren Norm DIN 1505 12.1961 war es noch einfach. Dort stand zu lesen: »Satzzeichen sollen so angebracht werden, dass Missverständnisse ausgeschlossen sind«. Für die täglichen kleinen Arbeiten kommt man mit dieser Devise vermutlich auch heute noch hin. Die Neubearbeitung der Norm DIN 1505 nahm jedoch Rücksicht auf entsprechende Regeln für die Katalogisierung, die ihrerseits auf internationale Absprachen für die Schrifttumsbeschreibung (ISBD = International standard book description) zurückgehen. Daraus resultiert leider ein kompliziertes Geflecht von Regeln für die Satz- und besonders für die sog. Deskriptionszeichen.

Als Positivum der Normung kann man wohl verbuchen, dass die exaktere Regelung dieses Bereichs zu einer klaren Untergliederung der Titelaufnahme in bestimmte Kategorien führt und so vielleicht zu einer logisch durchdachten Anlage dieser Angaben verhelfen kann. Das ist im Prinzip wichtiger als die Anwendung der Satzzeichen selbst, die aber klärend bei der Untergliederung wirken können. Wer selbst mit Datenbankprogrammen entsprechende Dinge verarbeitet, wird bald bemerken, dass solche analytischen Vorgaben wichtig sind, bei Datentransfers hilfreich sein können und dass eine gewisse Pedanterie bei derlei Arbeiten nötig und sinnvoll ist.

Im Schema des Abschnitts 6.1 und in den Beispielen wurden die Zeichen entsprechend der Norm gesetzt. Die wichtigsten Dinge kann man dort ablesen. Sie seien aber nochmals kurz zusammengefasst; die Anwendung folgender *Satzzeichen* sollte man sich merken:

- ein *Komma* steht zwischen Name und Vorname bei Nachstellung des letzteren, ferner hinter der Verlagsangabe wie auch vor der Angabe von Seitenzahlen; bei Zeitschriften zudem hinter dem Sachtitel der Zeitschrift vor der Angabe eventueller Unterreihen;
- ein *Doppelpunkt* steht hinter der dem Sachtitel vorangestellten Verfasser- bzw. Herausgeber-Angabe;
- hinter dem Sachtitel steht ein *Punkt* (wenn nicht das Deskriptionszeichen des Doppelpunkts oder des Schrägstrichs folgt);
- Gesamt- oder Reihentitel stehen in *Klammern*, ebenso – falls nötig – Ortsangaben bei Zeitschriften sowie bei diesen die Angabe des Berichtsjahrs.

Daneben kennt die Norm noch sogenannte *Deskriptionszeichen*, die bestimmte Kategorien der bibliographischen Beschreibung voneinander trennen. Gegenüber den eigentlichen Katalogisierungsregeln sind sie hier in geringerem Umfang angewandt.

Von der *Schreibweise* her sind die Deskriptionszeichen dadurch zu erkennen, dass vor und hinter ihnen ein Zwischenraum (Spatium; Schreibmaschine/PC: Leertaste) gesetzt wird (im Gegensatz zu den einfachen Satzzeichen, die ohne Zwischenraum an das vorhergehende Wort angeschlossen werden bzw. dieses klammern). – Folgende Deskriptionszeichen sind in der Norm DIN 1505 T. 2 verwendet:

- ein *Doppelpunkt* steht zwischen Sachtitel und Zusatz (also vor dem Untertitel) sowie zwischen Erscheinungsort und Verlagsangabe (der Doppelpunkt kommt also als normales Satzzeichen hinter der Verfasserangabe *und* als Deskriptionszeichen vor);
- ein *Schrägstrich* steht vor der Angabe sonstiger beteiligter Personen (im Schema also vor der Kategorie c);
- ein *Semikolon* steht zwischen der Angabe mehrerer Verfasser, Herausgeber o. ä., hat also gleichordnende Funktion; die Norm verwendet es auch bei der Angabe von Reihentiteln (Gesamttiteln) zur Abtrennung der Zählung;
- ein *Gedankenstrich* steht vor sonstigen zusätzlichen Angaben (also vor der Kategorie i). Insbesondere dieses Deskriptionszeichen wird in den eigentlichen Katalogisierungsregeln noch wesentlich vielfältiger zur Abtrennung einzelner Kategorien verwendet.

6.5 Zur graphischen Gestaltung von Titelangaben

Ein Minimalist kann diesen Abschnitt getrost überspringen. Die Norm verwendet jedoch ein System von Auszeichnungen, das bei der Drucklegung von Literaturlisten oder in den Anmerkungen von gedruckten Büchern sinnvoll verwendet werden kann und insbesondere im westeuropäisch-nordamerikanischen wissenschaftlichen Schrifttum auch vielfach angewendet wird[133]. Da moderne Textverarbeitungssysteme inzwischen alle dafür nötigen Optionen (Kursivschrift, Kapitälchen) ermöglichen, ist die Anwendung im »normalen« Wissenschaftsbetrieb inzwischen wesentlich leichter möglich als im »Schreibmaschinenzeitalter«. Kurz auf Regeln gebracht:

- Namen von Verfasser, beteiligten Personen und Körperschaften werden in KAPITÄLCHEN MIT VERSALIEN geschrieben; Vornamen jedoch in Grundschrift;
- die Sachtitel der selbständigen bibliographischen Einheit (also des Buches oder bei der Zitation eines Lexikonartikels oder Zeitschriftenaufsatzes der Titel des Lexikons bzw. der Zeitschrift) werden *kursiv* gesetzt[134];
- alle übrigen Bestandteile der bibliographischen Angaben werden in Grundschrift geschrieben.
- Das Verfahren ist sinnvoll, da es eine schnelle Übersicht über die wichtigsten Kategorien der bibliographischen Nachweise erlaubt und auch ästhetisch befriedigt. In Deutschland wird es im wissenschaftlichen Schrifttum gelegentlich (vgl. als positives

---

[133] Das System wird auch von Typographen empfohlen, vgl. Jan TSCHICHOLD: *Ausgewählte Aufsätze über die Fragen der Gestalt des Buches und der Typographie.* Basel : Birkhäuser, 1975, S. 130; von den Einführungswerken in das wissenschaftliche Arbeiten vgl. Ewald STANDOP ; Matthias L. G. MEYER: *Die Form der wissenschaftlichen Arbeit.* Wiebelsheim : Quelle und Meyer, [17]2004 (UTB ; 272); grundlegend im internationalen Bereich für diese und viele andere Einzelfragen von Manuskriptgestaltung und Typographie ist *The Chicago manual of style for authors, editors and copywriters.* Chicago : Univ. of Chicago Press, [15]2003. Nachdruck 2007. Auch als elektronische Ressource auf CD und in einem kommerziellen Online-Angebot unter <http://www.chicagomanualofstyle.org/home.html>.

[134] Bei der Verwendung von Abkürzungen kann man anders verfahren: Die Abkürzung LThK ist – kursiv oder nicht kursiv – ohnehin nur über einen weiteren gedanklichen Schritt auflösbar.

Beispiel die »Fontes Christiani«), aber keineswegs durchgängig angewendet. Da es aufwendiger zu setzen ist, dürften herkömmlicherweise wirtschaftliche Aspekte seiner Durchsetzung entgegengestanden haben. Der Einsatz der neueren Technologien relativiert dies stark.

6.6 Eine kleine Zwischenbemerkung

In den ersten drei Auflagen dieses Buches – unter dem Titel *Proseminar Theologie* – waren die vorangehenden Abschnitte relativ einfach gehalten. Die DIN-Norm, die zur Überarbeitung führte, hat die Materie komplizierter gemacht. So ist es kein Wunder, dass zur damaligen Neubearbeitung auch einige kritische Bemerkungen fielen. Als kleine Apologie einerseits und Hinweis auf mögliche Freiheiten von übertriebener Regelstrenge seien ein paar Bemerkungen eingeschoben.

Für ein reines Missverständnis halte ich den Hinweis auf die »Regeln für die alphabetische Katalogisierung« als die für geisteswissenschaftliche Arbeiten glücklichere Voraussetzung, da gerade diese eine wesentlich kompliziertere Fassung der einschlägigen Norm darstellen und die älteren »Preußischen Instruktionen« wohl nicht gemeint sein und schon gar nicht mehr guten Gewissens empfohlen werden können.

Sodann scheint mir, dass eine Einführung, wie sie hier versucht wird, zwar persönlich erworbenes praktisches Wissen vermitteln soll, sich dabei aber an verbindliche Vorgaben halten bzw. *zumindest* über sie informieren muss.

Eine solche Vorgabe ist die internationale Absprache über bibliographische Beschreibungen, die sich in verschiedenen nationalen Normen niedergeschlagen hat.

Sachlich scheint mir ein Hauptvorteil der strengen Anwendung dieser Norm zu sein, dass auch noch bei verkürzten Angaben die unterschiedlichen Kategorien klar sind. Zwei Titel als Beispiele:

Karl RAHNER: *Gebete des Lebens.* Freiburg 1984.
Karl Rahner : Bilder eines Lebens. Freiburg 1985.

129

Beim ersten Titel handelt es sich um Texte, die Karl Rahner als Verfasser haben, einfacher: um ein Buch von Karl Rahner. Die Kapitälchen (und die Verwendung des Doppelpunkts ohne Spatium), signalisieren, dass man in einem Bibliothekskatalog unter »Rahner« nachschlagen bzw. als Verfasser suchen muss. Im zweiten Fall haben wir ein Buch über Rahner vor uns. Die Kursive signalisiert »Titel«, das Deskriptionszeichen »Doppelpunkt« den Untertitel. In einem traditionellen Zettelkatalog nach den »Regeln für die Alphabetische Katalogisierung« müssten wir also unter »Karl ...« suchen, in einem Online-Katalog »Karl« oder »Rahner« im *Titel*feld eingeben. Ohne Auszeichnung der Schriftarten (Kapitälchen bzw. Kursive) wäre dies nicht so klar, aber durch die unterschiedlichen Doppelpunkte immer noch für den Kenner deutlich. Selbstverständlich kann man dies auch durch andere Unterscheidungen erreichen. Aber man sollte das Rad nicht immer wieder neu erfinden.

Das wichtigste bei allen Regelungen ist wohl, dass man die Kategorien (vor allem Person / Sachtitel / Impressum / Kollationsvermerk) und deren Unterkategorien (Verfasser – Herausgeber – sonstige beteiligte Personen / Haupttitel – Untertitel – sonstige Zusätze / Ort – Verlag – Jahr / Seitenzahlen – Format – Illustrationen) auseinanderhält. Die Norm mit ihren Unterscheidungen durch Schrift und Satzzeichen unterstützt dies. Die elektronische Datenübernahme aus Bibliographien (z. B. der *Deutschen Nationalbibliographie*), Katalogen und Datenbanken wird immer stärker zum Umgang mit solchen normierten Titelaufnahmen zwingen. Daher sind Grundkenntnisse, wie sie die Zitierregel bietet, sinnvoll.

Im Übrigen gilt *in necessariis unitas, in dubiis libertas*. Die wenigen Besonderheiten der Norm, die von sonstigen Zitiergepflogenheiten abweichen, scheinen mir einmal die Deskriptionszeichen mit ihrem ungewöhnlichen einleitenden »Spatium« zu sein – vor allem beim Semikolon –, zumal in Deutschland (anders als z. B. in Frankreich) vor Satzzeichen nie Spatien stehen. Wenn man sich die Freiheit herausnimmt, generell zwischen mehreren Verfassern Gedankenstriche, nach dem Sachtitel auch vor einem Untertitel einen Punkt zu setzen und bei der Reihenzählung nicht das Deskriptionszeichen Semikolon, sondern ebenfalls einen schlichten Punkt verwendet, so ist das auch möglich. Und wer auch noch den Schrägstrich durch den Punkt ersetzt, der hat zwar einige unterscheidende Elemente der Norm aufgegeben. Falls die sonstigen Konventionen eingehalten werden, sind die Angaben aber immer noch ausreichend klar. Einige bereits genannte Gründe sprechen allerdings eher für eine korrektere Anwendung der Norm. Wichtig ist es jedenfalls, in seinen Angaben eine strikte Gleichartigkeit durchzuhalten. In der Praxis ist man häufig noch von anderen Konventionen – z. B. Verlagsregeln bzw. Zitierregeln von Zeitschriften – abhängig und muss einen sinnvollen Kompromiss schließen bzw. muss seine Daten so organisieren, dass sie entsprechend umformatierbar sind[135].

Die vorangehenden Ausführungen verstehen sich daher als Einführung in die durchaus etwas komplizierte Materie, als Anregung dazu, diese Quisquilien – die doch ihre Bedeutung haben – einmal zu durchdenken und sich dann zu einem vernünftigen Gebrauch zu entschließen. Die jeweils einleitenden Schemata sind dafür übernehmbar oder in sinnvoller Weise abzuwandeln.

6.7 Alternative Zitierschemata

Bei der Abgabe von Zeitschriftenaufsätzen oder Beiträgen für Sammelschriften kann es vorkommen, dass auch andere Zitierschemata gefordert werden. Darüber ist hier nicht genauer zu berichten, da der Autor die Vorgaben ja von dem Publikationsorgan vorgeschrieben bekommt. Es sei aber hier darauf hingewiesen, dass unten im Kapitel 14 unterschiedliche Zitierformen in wissenschaftlichen Arbeiten besprochen werden und in Kapitel 9 Hinweise über elektronische Literaturdatenbanken bzw. über Literaturverwaltungsprogramme gegeben werden. Solche Programme erlauben es automatisch die Zitierformen mancher gängiger Zeitschriften zu generieren – allerdings derzeit in den meisten Pro-

---

[135] Dazu unten bei Verwendung automatischer Verfahren 14.5.

grammen mit einem stark angloamerikanischen Akzent. Immerhin kann man sich hier möglichst ähnliche Ausgabefilter suchen, die dann die Generierung der gewünschten Zitierformen zumindest erleichtern oder in einigen Programmen auch eigene Filter programmieren.

6.8 Abkürzungen

Es wurden nun schon so oft Abkürzungen gebraucht, dass hier ein Hinweis auf ihre Aufschlüsselung notwendig ist. Ein Gutteil von ihnen ist aus dem alltäglichen Leben geläufig oder jedenfalls leicht auflösbar. Die Norm DIN 1505 verwendet derartige Abkürzungen besonders bei den Funktionsangaben beteiligter Personen und bei der Auflagen-/Ausgabenbezeichnung. Zusammen mit sonstigen in den Anmerkungen wissenschaftlicher Bücher üblichen Abkürzungen haben wir die wichtigsten in Abschnitt 18.1 aufgelistet.

Aus Gründen der Platzersparnis haben sich in manchen Fällen Titelkürzungen beim Zitieren eingebürgert. Zum Teil handelt es sich dabei um »sprechende Abkürzungen«, die nach einiger Übung fließend aufgelöst werden können. Die Norm DIN 1502 (1984) stellt hierfür Regeln auf. Sie hat insbesondere Zeitschriftentitel im Blick. Gekürzt werden soll danach möglichst durch Weglassung des Schlussteils des Wortes, an dessen Stelle ein Punkt gesetzt wird (z. B.: wissenschaftl.), in Ausnahmefällen durch Kontraktion (Ztg. für Zeitung), Kürzung ganz häufig benutzter Gattungsbegriffe auf einen Buchstaben (J. für Journal). Substantiven stammverwandte Adjektive werden wie diese abgekürzt. Man könnte nach dem Normblatt also abkürzen:

Z. f. Kath. Theol. = Zeitschrift für Katholische Theologie
Theol. Stud. = Theologische Studien; (aber auch:) Theological studies

Die »aktive« Anwendung solcher Kürzel möchte ich allerdings nicht empfehlen, da der Platzgewinn meist doch gering und kaum von Bedeutung sein dürfte.

Aus dem Bedürfnis nach noch stärkerer Konzentrierung, wie sie vor allem für die Angaben in Lexika nötig ist, hat sich darüber hinaus eine Reihe anderer Abkürzungen eingebürgert, die man nicht nach dem Wortbild auflösen kann, sog. Sigel. Diese werden vor allem zur Bezeichnung von Enzyklopädien und Lexika (LThK, EKL, HThG), von wichtigen Handbüchern (HPTh, My-Sal), von Zeitschriften (ZKTh, ThQ), Schriftenreihen (QD), Editionsreihen (CChr, PL), großen wissenschaftlichen Werkausgaben (WA) und Enchiridia (DH) verwendet. Durch die Abkürzungsverzeichnisse der großen Lexika hat sich bereits ein in vielen Punkten einheitlicher Gebrauch durchgesetzt. Einen Durchbruch zur Vereinheitlichung bedeutete besonders das von Siegfried Schwertner für die TRE erarbeitete *Internationale Abkürzungsverzeichnis für Theologie und Grenzgebiete* (IATG)[136]. Die kurze Liste in 18.2 hält sich an dieses Verzeichnis.

Im Übrigen muss vor einer Übertreibung bei der Verwendung solcher Sigel gewarnt werden. Die allergebräuchlichsten Kürzel – vor allem von Lexika – sollte man zwar verwenden, bei selteneren oder ohnehin nur aus einem Wort bestehenden Titeln jedoch lieber nicht kürzen. Eine rigorosere Verfahrensweise ist bei Schriftenreihen möglich, da deren Nennung eine bibliographisch nicht unbedingt immer notwendige, häufig aber platzraubende Zusatzinformation darstellt. In elektronischen Publikationen im Internet würde ich dagegen Abkürzungen möglichst ganz vermeiden. Verzeichnisse wie das IATG sind in der internationalen Welt des Internet nicht überall zugänglich, eigene Abkürzungsverzeichnisse sind auch umständlich und verlangen ein störendes Navigieren durch das Dokument. Schließlich ist der Platzgewinn meist unerheblich.

---

[136] 1. Aufl. Berlin : de Gruyter, 1974, erw. als Ergänzungsband *Abkürzungsverzeichnis* zur TRE 1976, 2., überarb. und erw. Aufl. u. d. T. *Internationales Abkürzungsverzeichnis für Theologie und Grenzgebiete*. Berlin : de Gruyter, 1992. Ärgerlicherweise sind Kürzel des IATG im LThK[3] und RGG[4] in manchen Fällen wieder anders belegt worden. Das Abkürzungsverzeichnis des letzteren Lexikons ist (anders als das der TRE) auch preiswert zu erwerben: *Abkürzungen Theologie und Religionswissenschaften nach RGG 4*. Tübingen : Mohr Siebeck, 2007 (UTB ; 2868). Es ist also wesentlich, das verwendete Abkürzungsverzeichnis ggf. zu nennen.

Neben den allgemeinen und den bibliographischen Abkürzungen gibt es noch andere kirchliche und theologische Spezialabkürzungen (Orden, kirchliche Organisationen usw.). Auch diese findet man wiederum in den Abkürzungslisten der großen Lexika[137].

6.9 Innere und äußere Zitierweise

Die unter 6.1 und 6.2 erläuterten Zitierweisen bezogen sich immer auf bestimmte Ausgaben. Sind deren Titel wie vorgesehen aufgenommen, so können Einzelzitate durch Angabe von Band- und Seitenzahl nachgewiesen werden. Wir nennen dies die »äußere Zitierweise«. Bei Werken, die in vielen verschiedenen Ausgaben vorliegen, findet man bei solcher Zitation häufig die gesuchte Stelle nicht, da man die falsche Ausgabe zur Hand hat. Hier ist die »innere Zitierweise« von Nutzen, d. h. man zitiert gemäß der »inneren« Gliederung des Werkes nach Buch, Kapitel, Paragraph usw. Dies ist in der Theologie z. B. beim mittelalterlichen Schrifttum (vgl. 6.10.3) üblich.

Eine Reihe klassischer Schriften wird nach Einteilungen zitiert, die zwar nicht von den Verfassern stammen, aber doch allgemein verbindlich geworden sind. Dies gilt von der Kapitel/Vers-Einteilung der Heiligen Schrift, die Stephan Langton (ca. 1150–1228) und R. Estienne (bzw. Stephanus, 16. Jh.) geschaffen haben, aber auch von den Werken Platos und Aristoteles', die nach den Ausgaben von Estienne bzw. Immanuel Bekker (1785–1871) mit Seitenzahlen und Buchstabenmarkierung für die Spalte zitiert werden. Fast alle modernen Ausgaben enthalten diese Angaben als Zusatzinformation. Die verbreitete Gewohnheit, I. Kants Schriften nach

---

[137] Ein nützliches Hilfsmittel für die Auflösung allgemeiner Abkürzungen ist Anja STEINHAUER: *Duden : Wörterbuch der Abkürzungen*. Mannheim : Dudenverlag, [5]2005. Für Abkürzungen von Ordensnamen vgl. LThK[3] 11, S. 742*-746*; für sonstige kirchliche Abkürzungen Friedrich HAUCK ; Gerhard SCHWINGE: *Theologisches Fach- und Fremdwörterbuch*. Göttingen : Vandenhoeck und Ruprecht, [10]2005.

den Seitenzahlen der Originalausgabe zu zitieren, wobei der Zusatz »A« ggf. die erste, »B« die zweite Auflage bezeichnet, stellt dieses System in die Nähe der »inneren Zitierweise«.

Bei einigen Autoren gibt es Ausgaben, die so verbreitet sind, dass gewöhnlich nach ihnen zitiert wird. Dies galt z. B. lange für die Ausgabe der *Pensées* von Blaise Pascal durch Léon Brunschvicg (Br.), nach deren Numerierung die Fragmente in Deutschland immer noch oft zitiert werden (die internationale Pascal-Philologie richtet sich allerdings seit Jahrzehnten meist nach der Ausgabe von Louis Lafuma [Laf.] bzw. inzwischen auch derjenigen von Philippe Sellier [Sel.]. Das Beispiel zeigt also die Relativität solcher Konventionen. Sie sind dennoch sinnvoll, da im Allgemeinen Konkordanzen weiterhelfen[138]).

Sinnvoll ist die »innere Zitierweise« jedesmal, wenn vermutet werden kann, dass ein Teil der Leser nicht die gleiche Ausgabe benutzt wie der Zitierende. Bei der Hl. Schrift ist sie obligatorisch. Bei der Zitation der klassischen theologischen Autoren (z. B. der Kirchenväter) kann es nützlich sein, beide Angaben zu verbinden, um sowohl das gesuchte Textstück in jeder Ausgabe auffindbar zu machen als auch die benutzte (möglichst beste) Ausgabe anzugeben. Der Umgang mit elektronisch gespeicherten Texten macht die »innere« Zitation für klassische Texte noch zwingender; es ist sinnvoll, die benutzte Ausgabe zusätzlich in abgekürzter Form anzugeben. Dafür nun ein Beispiel:

Augustinus: *De doctrina christiana* I, 22, 20 (CChr.SL 32,17)

---

[138] Leider nicht bei der einzigen deutschen Übersetzung nach Lafuma: Blaise Pascal: *Gedanken* / Ulrich Kunzmann (Übers.). Stuttgart : Reclam, 2004 (1. Aufl. dieser Übersetzung Leipzig: Reclam, 1987). Die anderen deutschen Übersetzungen legen völlig veraltete philologische Vorlagen und daher andere Numerierungen zugrunde (H. U. von Balthasar die von J. Chevalier, die ältere von E. Wasmuth diejenige von Brunschvicg usw.).

6.10 Sonderformen verkürzter Titelangaben und Zitatnachweise

Bei einigem theologisch relevanten Schrifttum kommt zum Usus der »inneren Zitierweise« noch die Gewohnheit hinzu, die Titel selbst abgekürzt anzugeben. Die wichtigsten solcher Sonderformen sollen im folgenden kurz angesprochen werden.

6.10.1 Heilige Schrift

Die Bücher der Heiligen Schrift zitiert man durchweg abgekürzt, ohne dass deshalb ein besonderer Hinweis in einem Abkürzungsverzeichnis nötig wäre. Am besten hält man sich dabei an das *Ökumenische Verzeichnis der biblischen Eigennamen* nach den Loccumer Richtlinien (17.5.27), dem wir hier folgen, bzw. an die *Vulgata* oder die *Nova Vulgata* (17.6.1[139]) für die lateinische Form. Wegen der Wichtigkeit der englischen Namen etwa für bibliographische Recherchen geben wir diese ebenfalls an.

Selbstverständlich wird nicht nach den Seitenzahlen irgendwelcher Ausgaben zitiert (es sei denn, dass gerade diese Ausgaben vorgestellt werden), sondern mit Kapitel- und Versangabe (z. B. Röm 16,22). Beide Ziffern werden durch Komma getrennt. Bei verschiedenen Versen aus demselben Kapitel werden die Versangaben durch Punkte getrennt (z. B. Röm 1,3.6.8). Stellenaufzählungen aus verschiedenen Kapiteln bzw. Schriften werden durch Strichpunkte getrennt (z. B. Dtn 15,21ff.; 24,17f.; Lev 19). Die Abkürzung »f.« wird benutzt, wenn nur der folgende, »ff.«, wenn eine unbestimmte Menge folgender Verse gemeint ist; bei einer bestimmten Menge gibt man den ersten und letzten Vers mit an (z. B. Röm 2,3–9). Halbverse werden mit kleinen Buchstaben bezeichnet (z. B. 1 Kor 15,4b)[140].

---

[139] Es sei darauf aufmerksam gemacht, dass es Differenzen der Schreibweisen zwischen der kritisch edierten Vulgata (ed. R. WEBER) und der Clementina bzw. der Nova Vulgata Pauls VI. gibt.

[140] Zu den im folgenden aufgeführten kommen weitere leicht differierende Abkürzungssysteme, vgl. IATG^2 S. XXXIf.

6.10.1.1 deutsch

Altes Testament: Genesis (Gen) – Exodus (Ex) – Levitikus (Lev) – Numeri (Num) – Deuteronomium (Dtn) – Das Buch Josua (Jos) – Das Buch der Richter (Ri) – Das Buch Rut (Rut) – Das 1. Buch Samuel (1 Sam) – Das 2. Buch Samuel (2 Sam) – Das 1. Buch der Könige (1 Kön) – Das 2. Buch der Könige (2 Kön) – Das 1. Buch der Chronik (1 Chr) – Das 2. Buch der Chronik (2 Chr) – Das Buch Esra (Esra) – Das Buch Nehemia (Neh) – Das Buch Tobias (Tob) – Das Buch Judit (Jdt) – Das Buch Ester (Est) – Das 1. Buch der Makkabäer (1 Makk) – Das 2. Buch der Makkabäer (2 Makk) – Das Buch Ijob (Ijob) [auch Hiob] – Die Psalmen (Ps) – Das Buch der Sprichwörter (Spr) – Kohelet (Koh) – Das Hohelied (Hld) – Das Buch der Weisheit (Weish) – Das Buch Jesus Sirach (Sir) – Das Buch Jesaja (Jes) – Das Buch Jeremia (Jer) – Die Klagelieder des Jeremia (Klgl) – Das Buch Baruch (Bar) – Das Buch Ezechiel (Ez) – Das Buch Daniel (Dan) – Das Buch Hosea (Hos) – Das Buch Joel (Joel) – Das Buch Amos (Am) – Das Buch Obadja (Obd) – Das Buch Jona (Jona) – Das Buch Micha (Mi) – Das Buch Nahum (Nah) – Das Buch Habakuk (Hab) – Das Buch Zefanja (Zef) – Das Buch Haggai (Hag) – Das Buch Sacharja (Sach) – Das Buch Maleachi (Mal)

Neues Testament: Das Evangelium nach Matthäus (Mt) – Das Evangelium nach Markus (Mk) – Das Evangelium nach Lukas (Lk) – Das Evangelium nach Johannes (Joh) – Die Apostelgeschichte (Apg) – Der Brief an die Römer (Röm) – Der 1. Brief an die Korinther (1 Kor) – Der 2. Brief an die Korinther (2 Kor) – Der Brief an die Galater (Gal) – Der Brief an die Epheser (Eph) – Der Brief an die Philipper (Phil) – Der Brief an die Kolosser (Kol) – Der 1. Brief an die Thessalonicher (1 Thess) – Der 2. Brief an die Thessalonicher (2 Thess) – Der 1. Brief an Timotheus (1 Tim) – Der 2. Brief an Timotheus (2 Tim) – Der Brief an Titus (Tit) – Der Brief an Philemon (Philm) – Der Brief an die Hebräer (Hebr) – Der Brief des Jakobus (Jak) – Der 1. Brief des Petrus (1 Petr) – Der 2. Brief des Petrus (2 Petr) – Der 1. Brief des Johannes (1 Joh) – Der 2. Brief des Johannes (2 Joh) – Der 3. Brief des Johannes (3 Joh) – Der Brief des Judas (Jud) – Die Offenbarung des Johannes (Offb)

6.10.1.2 lateinisch

Vetus Testamentum: Genesis (Gn) – Exodus (Ex) – Leviticus (Lv) – Numeri (Nm) – Deuteronomium (Dt) – Iosue (Ios) – Iudicum (Idc) – Ruth (Rt) – I Samuelis (1 Sam / früher: 1 Reg) – II Samuelis (2 Sam / früher: 2 Reg) – I Regnum (1 Reg / früher: 3 Reg) – II Regnum (2 Reg / früher: 4 Reg) – I Paralipomenon (1 Par) – II Paralipomenon (2 Par) – Esdras (Esd) – Nehemias (Neh) – Tobias (Tob) – Iudith (Idt) – Ester (Est) – Iob (Iob) – Psalmi (Ps) – Proverbia (Prv) – Ecclesiastes (Eccle) – Canticum Canticorum (Ct) – Sapientia (Sap) – Ecclesiasticus (Eccli) – Isaias (Is) – Ieremias (Ier) – Lamentationes (Lam) – Baruch (Bar) – Ezechiel (Ez) – Daniel (Dn) – Osee (Os) – Iohel (Il) – Amos (Am) – Abdias (Abd) – Ionas (Ion) – Michaeas (Mich) – Nahum (Nah) – Habacuc (Hab) – Sofonias (Soph) – Aggaeus (Ag) – Zaccharias (Zach) – Malachi (Mal) – I Maccabaeorum (1 Mac) – II Maccabaeorum (2 Mac)

Novum Testamentum: Evangelium secundum Matthaeum (Mt) – Evangelium secundum Marcum (Mc) – Evangelium secundum Lucam (Lc) – Evangelium secundum Ioannem (Io) – Actus Apostolorum (Act) – Ad Romanos (Rom) – Ad Corinthios I (1 Cor) – Ad Corinthios

II (2 Cor) – Ad Galatas (Gal) – Ad Ephesios (Eph) – Ad Philippenses (Philp) – Ad Colossenses (Col) – Ad Thessalonicenses I (1 Thess) – Ad Thessalonicenses II (2 Thess) – Ad Timotheum I (1 Tim) – Ad Timotheum II (2 Tim) – Ad Titum (Tit) – Ad Philemonem (Philm) – Ad Hebraeos (Heb) – Epistula Iacobi (Iac) – Epistula Petri I (1 Pe) – Epistula Petri II (2 Pe) – Epistula Ioannis I (1 Io) – Epistula Ioannis II (2 Io) – Epistula Ioannis III (3 Io) – Epistula Iudae (Ids) – Apocalypsis Ioannis (Apc)

6.10.1.3 englisch

Old Testament: Genesis (Gen.) – Exodus (Exod.) – Leviticus (Lev.) – Numbers (Num.) – Deuteronomy (Deut.) – Joshua (Jos./Josh.) – Judges (Jdg./Judg.) – Ruth (Ruth) – Samuel (Sam.) – Kings (Ki./Kgs.) – Chronicles (Chr.) – Ezra (Ezr.) – Nehemiah (Neh.) – Esther (Est.) – Job (Job) – Psalm[s] (Ps[s].) – Proverbs (Prov.) – Ecclesiastes (Eccl./Eccles.) – Song of Solomon/Song of Songs/Canticles (S. of S./Cant.) – Isaiah (Isa.) – Jeremiah (Jer.) – Lamentations (Lam.) – Ezekiel (Ezek.) – Daniel (Dan.) – Hosea (Hos.) – Joel (Joel) – Amos (Amos) – Obadiah (Obad.) – Johna (Jon.) – Micah (Mic.) – Nahum (Nah.) – Habakkuk (Hab.) – Zephaniah (Zeph.) – Haggai (Hag.) – Zechariah (Zech.) – Malachi (Mal.)
New Testament: Matthew (Matt.) – Mark (Mk.) – Luke (Lk.) – John (Jn.) – Acts (Acts) – Romans (Rom.) – 1–2 Corinthians (Cor.) – Galatians (Gal.) – Ephesians (Eph.) – Philippians (Phil.) – Colossians (Col.) – Thessalonians (Thess.) – 1–2 Timothy (Tim.) – Titus (Tit.) – Philemon (Phlm.) – Hebrews (Heb.) – James (Jas.) – 1–2 Peter (Pet.) – 1–3 John (1–3 Jn.) – Jude (Jude) – Revelation (Rev.)

6.10.2 Jüdisch-hellenistisches Schrifttum außerhalb der Bibel

Für die Zitation der Schriften von *Qumran* hat sich die von der *École biblique de Jérusalem* empfohlene Methode durchgesetzt. Da die maßgeblichen Textausgaben diese Sigel enthalten, brauchen sie hier nicht eigens angeführt zu werden (vgl. 17.6.1).

Bei den übrigen hellenistisch-jüdischen Schriften außerhalb der Bibel zitiert man mit vollem Titel nach einer der üblichen Ausgaben. Für Spezialarbeiten sei auf das IATG[2] (S. XXXIVff.) hingewiesen oder auch auf LThK[3] 11, S. 734*f.

6.10.3 Altgriechisches, Patristisches und mittelalterliches Schrifttum

Die große Textdatenbank *Thesaurus linguae graecae* enthält in ihrem Indexband[141] umfangreiche Listen altgriechischer Literatur (darunter die philosophischen Klassiker), zum Teil auch patristischen Schrifttums mit entsprechenden Kürzeln, die im altphilologischen Bereich als gängig gelten und bei Bedarf verwendet werden können. Allerdings sollte man damit zurückhaltend sein. Denn wirklich eindeutige *normierte* Titelkürzungen sind in der Patrologie nicht in Gebrauch. Aus Bequemlichkeitsgründen abgekürzte Titel sollten leicht auflösbar, also »sprechende Abkürzungen« sein. Da die meisten Texte in den großen Reihen erscheinen, kann man die Fundstellen am sichersten hiernach bezeichnen. Aber selbstverständlich gibt es auch hier für Spezialarbeiten Kürzungsmöglichkeiten[142], für einzelne Autoren auch extremere Abkürzungssysteme[143].

Bei der Zitation *mittelalterlicher* Autoren haben sich Kurztitel vor allem beim Werk des Thomas von Aquin eingebürgert. Da sich die Gattungen des mittelalterlichen Schrifttums und auch weitgehend die Titel entsprechen, lassen sich diese Abkürzungen *per analogiam* übertragen[144]. Wegen ihrer Stellung in der mittel-

---

[141] Luci BERKOWITZ ; Karl A. SQUITIER: *Thesaurus linguae Graecae canon of greek authors and works.* New York, NY : Oxford Univ. Press, ³1990.

[142] Praktisch ist LThK³ 11, S. 735*–742*; HThG.dtv I, S. 13ff.; IATG², S. XXIIff.; vgl. für die griechische Patristik die Liste in PGL (17.7.3), S. IXf.; vgl. auch *Der kleine Pauly* (17.5.19) I, S. XXI–XXVI, sowie die entsprechenden Verzeichnisse in den Bänden der »Fontes Christiani«.

[143] Am wichtigen wohl für Augustinus die Werkliste mit Kürzeln im AugL 1, S. XXVI–XLII, die wichtigsten Werke auch LThK³ 11, S. 736*.

[144] Eine grundlegende Einführung in das Werk des hl. Thomas von Aquin ist Marie-Dominique CHENU: *Das Werk des hl. Thomas von Aquin* / Otto-Hermann PESCH (Bearb.). Heidelberg : Kerle, 1960 (Deutsche Thomas-Ausgabe ; Erg.bd. 2). Die dort angegebene Titelliste der Werke Thomas von Aquins (S. 397f.) verwendet allerdings z. T. sigelartige Kürzungen, die man nur in Spezialarbeiten verwenden sollte. – Gut ist wiederum die Liste in HThG.dtv I, S. 32. Ebd. 24ff. finden sich auch Kürzungsvorschläge für die Werke anderer bedeutender Scholastiker.

alterlichen Theologie sind die Sentenzen des Petrus Lombardus noch eigens erwähnt.

Beispiele:

- Die *Sentenzen* des Petrus Lombardus werden zitiert nach Buch und distinctio usw.: PETRUS LOMBARDUS: Sent. I, d. 43.
- Die *Sentenzenkommentare* der Scholastik entsprechend (mit einem »In« vor dem Titel): THOMAS VON AQUIN: In Sent. I, d. 43, 1. 2, a. 1; eine Ausnahme bilden natürlich Sentenzenkommentare, die einen eigenen Titel führen, wie etwa die *Ordinatio* des Duns Scotus.
- Die *Kommentare zur Heiligen Schrift* – soweit sie keine Sondertitel haben – werden unter Benutzung der lateinischen Abkürzungen der biblischen Bücher (vgl. 6.10.1.2) mit vorangestelltem »In« zitiert.
- Die *Summa theologiae* des Thomas von Aquin wird nach ihren *partes* bezeichnet, die nach *quaestio* und *articulus* unterteilt werden. Innerhalb der Artikel werden die *objectiones* durchgezählt, die *responsiones* mit *ad* und der Nummer der *objectio* angegeben; der Hauptteil des Artikels heißt *corpus articuli* und wird mit »corp.« oder »c.« abgekürzt:
  S. th. I, q. 1, a. 2 corp. (= 1. Teil, 1. Quaestio, Hauptteil des 2. Artikels)
  S. th. I–II, q. 3, a. 2, obj. 1 et ad 1 *(prima secundae*, d. h. 1. Teil des 2. Teils der Summa, 3. Quaestio, 2. Artikel, erster Einwand und Antwort darauf)

Die meisten scholastischen Schriftsteller können in Abwandlung dieser Beispiele zitiert werden. Titelkürzungen über die oben genannten Beispiele hinaus sollte man jedoch (außer in mediävistischen Spezialarbeiten) eigens angeben. Am ehesten lassen sich wohl noch die *Aristoteleskommentare* abgekürzt zitieren (In De anima, In Metaph. usw.). Wie sehr man derartige Abkürzungen häufen kann, hängt vom Leserkreis ab.

6.10.4 Juristisches Schrifttum

Da die Zitation des *Corpus iuris canonici* nur für den Spezialisten von Bedeutung ist, kann hier auf den Artikel »Corpus Iuris Canonici« von Richard Puza verwiesen werden[145].

---

[145] LThK³ 2, Sp. 1321–1324. Vgl. auch L. FONCK: *Wissenschaftliches Arbeiten* (Anm. 2), S. 273f. Dort finden sich auch Angaben zum *Corpus iuris civilis* usw. – Zum Material selbst vgl. Georg MAY: Kirchenrechtsquellen. In: TRE 19 (1990), S. 1–44; Rudolf WEIGAND: Kirchenrecht IV. Kirchenrechtsquellen. In: LThK³ 6, Sp. 43–45.

Bei den gegenwärtig gültigen kirchenrechtlichen Vorschriften der katholischen Kirche macht die Zitation nach dem *Codex iuris canonici* (CIC) mit Kanon und Paragraph keine Schwierigkeit (z. B.: CIC, c. 82; c. 825 § 1). Wenn man jedoch den alten Codex zitieren will, sollte man zur Unterscheidung das Jahr seiner Promulgation angeben: CIC 1917. Die übrigen (neueren usw.) Erlasse und Bestimmungen zitiert man wie sonstiges Schrifttum nach den amtlichen Quellen (z. B. den Amtsblättern, den AAS usw.).

Die Zitation der Gesetzbücher des zivilen Rechts wird entsprechend der Paragraphenaufteilung vorgenommen. Die üblichen Kürzel für die Gesetzbücher können dabei als bekannt vorausgesetzt werden (z. B. StGB § 218).

7. Der Arbeitsplatz: Geräte, Hilfsmittel, Programme

Nachdem wir uns zu Beginn mit der institutionellen Umwelt des studentischen Daseins befasst und danach das Kapitel »Literatur« von verschiedenen Seiten umkreist haben, fragen wir nun nach einigen allgemeinen arbeitstechnischen Voraussetzungen und Hilfsmitteln, mit denen man seinen Arbeitplatz gestalten und manche Tätigkeiten etwas rationeller durchführen kann.

Nichts veraltet allerdings in Büchern über wissenschaftliches Arbeiten so schnell wie das zum folgenden Abschnitt Gehörige. Zählten doch z. B. für Fonck noch die Karteien zu den »modernsten Erfindungen der Neuzeit ... im Dienste der Wissenschaft«. Und wie nehmen sich schon heute Kliemanns »Rechenhilfen« neben dem kleinsten Taschenrechner aus[146]! Wir beschränken uns daher hier auf knappe Hinweise, die eher ein Bewusstsein dafür schaffen wollen, mit welchen Geräten und Hilfsmitteln man sich Arbeit ersparen und wo man sich umsehen soll.

Es wird im Folgenden versucht, die Information auf praktisch Brauchbares und in eigener Erfahrung Erprobtes zu reduzieren. Das Angebot an stärker technisch ausgerichteter Literatur ist ja ohnehin überbordend.

---

[146] L. FONCK: *Wissenschaftliches Arbeiten* (Anm. 2), S. 181; Horst KLIEMANN: *Anleitungen zum wissenschaftlichen Arbeiten*. Freiburg i.Br. : Rombach, [8]1973, S. 181.

7.1 Schreibtische, Büroausstattung

Schreibtische, EDV-Arbeitstische etc. sollten eine Höhe um 72 cm haben. Die entsprechenden Normen ändern sich gelegentlich[147]. Am besten sind Verstellmöglichkeiten, solange Prokrustes sich noch nicht vollständig durchgesetzt hat. Bei Bürostühlen sind sie im Allgemeinen gegeben, bei Schreibtischen nur selten. Wer es sich leisten kann, sollte sich einen Schreibtisch mit voll ausziehbaren Teleskopschubladen in den normierten Abmessungen zulegen, in denen man Karteikästen, Hängeregistraturen etc. unterbringen kann. Dies ist natürlich von Preisen, räumlichen Gegebenheiten u. a. abhängig. Immerhin kann man die System-Schreibtische der maßgeblichen Bürofirmen auch nachträglich ausbauen. Spezifisch für die EDV-Ausstattung gibt es (ggf. fahrbare) Kombinationstische, die die gesamte Hardware (Rechner, Tastatur, Bildschirm, Drucker nebst Papier) praktisch unterbringen (Bürofachhandel, Möbelmärkte).

Empfehlenswert – aus gesundheitlichen Gründen und wegen funktionaler Vorteile – sind verstellbare *Bürostühle* mit fünf Laufrollen (Kippsicherheit).

Als *praktische Hilfsmittel* benötigt man am Arbeitsplatz: *Kalender* (Terminkalender) und ggf. *Stundenplan* (wenn man dies nicht elektronisiert hat: Organizer, PDA); *Papier* (DIN A6-Zettel, Druckerpapier DIN A4 in 80g-Qualität); *Bleistifte* (Härte HB[148],

---

[147] Reine Schreibtische haben eine Höhe von ca. 76 cm; wenn noch eine PC-Tastatur aufliegen soll, ist 72 cm günstiger; der klassische »Schreibmaschinentisch« hatte 65 cm Höhe, da die Schreibmaschine selbst nicht so flach ist wie PC-Tastaturen. – Zu den Normen vgl. *Normen für Büro und Verwaltung.* Berlin : Beuth, 1997 (DIN-Taschenbuch ; 102).
[148] Die Härtegrade der Bleistifte sind genormt. HB ist einigermaßen universell einsetzbar. Ansonsten bestimmt die Verwendung die Auswahl: Sehr weiche, tiefschwarze (6B-3B) Minen benötigt man zum Zeichnen und Skizzieren, mittelweiche, schwarze (2B B, HB, F) zum Zeichnen und Schreiben, harte bis sehr harte (H, 2H-6H) zum technischen Zeichnen, für lichtpausfähige Zeichnungen, besonders harte (7H, 8H) für kartographische, litographische und xylographische Arbeiten.

am besten einen Feinminen-Druckstift 0,5, den man nicht zu spitzen braucht; noch feinere Minen sind für normale Arbeiten zu stark bruchgefährdet); *Radiergummi* (hart/weich; sehr schön sind Radierstifte mit Fassung, z. B. Staedtler Radett); *Füllhalter* und/oder *Kugelschreiber; Filzstifte, Folienschreiber; Marker* bzw. *Signalfarbstifte* (es gibt heutzutage auch schöne Kombinationsstifte, die zumindest Bleistift- und Kulimine enthalten)[149]; *Messer* (Taschenmesser, besonders brauchbar für viele Arbeiten sind Cuttermesser, deren Klinge man abbrechen und somit immer wieder »schärfen« kann; aber auch das berühmte »Schweizer Messer« hat Varianten für Spezialisten, z. B. für PC-Bastler ...); *Schere, Locher* (sehr nützlich ist ein großer Bürolocher mit Anlegeschiene für verschiedene Papierformate), *Klebstoffe* (Alleskleber; Planatol für buchbinderische Arbeiten); *Klebestreifen* (Tesafilm; zum Ausbessern von Papier benötigt man einen säurefreien Klebestreifen, z. B. Filmoplast der Firma Neschen, Bückeburg); *Büroklammern, Heftgerät* (auch hier ist ein größeres Gerät nützlich).

Auch manche andere Geräte, die man nicht der Wissenschaft halber anschafft, lassen sich nutzbringend einsetzen: Eine sog. »Pappschere« (ein Gerät mit einer Auflagefläche für das Papier und herunterklappbarer Schneide) zum Zuschneiden von Heften, kleineren Papierstößen oder Pappen ist oft hilfreich; Minidisc-Recorder, MP3-Recorder oder Digitalkameras, die MP3-Files aufnehmen, lassen sich als Diktiergeräte umfunktionieren und vieles andere mehr.

Die voranstehende Checkliste soll weder Vollständigkeit noch die Notwendigkeit *all* dieser Hilfsmittel suggerieren. Sie ist als Hilfe gedacht, wenn jemand bei mancherlei kleinen Arbeiten überlegt, wie er sie vereinfachen könnte. Man findet auch immer wieder neue pfiffige Ideen im Bürofachhandel.

---

[149] *Tuschefüller* für die Beschriftung von Druck- oder Kopiervorlagen brauchen wohl nur noch Spezialisten (wenn technische Präzision vonnöten ist, z. B. Rotring Isograph; wenn dies seltener oder ohne solche Ansprüche vorkommt: Variograph; wenn künstlerische Beschriftung gefordert ist: Rotring art pen), denn viele Arbeiten, für die früher diese speziellen Hilfsmittel benötigt wurden, lassen sich inzwischen mit Textverarbeitungs- und Graphikprogrammen leichter bewältigen.

7.2 Schreibmaschinen

Trotz des Computers verdient die Schreibmaschine noch einen eigenen Hinweis. Die Anfertigung maschinengeschriebener Texte ist in sehr vielen Lebensbereichen üblich, ja notwendig. Alle universitären Hausarbeiten müssen im Typoskript abgegeben werden. Die Beherrschung der Schreibmaschinentastatur ist im Übrigen der erste Schritt zu den modernen Kommunikationstechnologien. Daher sollte man möglichst flüssiges Maschinenschreiben erlernen – was natürlich auf jeder PC-Tastatur und am PC sogar mit entsprechenden Lernprogrammen möglich ist[150].

Eine Schreibmaschine ist für die Erledigung kleiner Notizen, für das Ausfüllen von Formularen, von Durchschreibsätzen und die Verfertigung anderer Schriftsätze, die nicht korrigiert, überarbeitet und gespeichert werden sollen, weiterhin oft das praktischere Hilfsmittel gegenüber dem Computer mit Drucker. Wo sie nicht ohnehin vorhanden ist, wird man sie aber sicher dafür kaum mehr anschaffen.

7.3 Vorbemerkungen zum Einsatz der elektronischen Datenverarbeitung

Die elektronische Datenverarbeitung ist zunächst wegen ihrer Vorzüge bei der Erstellung, Überarbeitung und Archivierung von Texten in das Arbeitsumfeld des wissenschaftlich arbeitenden Theologen geraten. Die »klassischen« Techniken der Texterstellung haben einen Nachteil: Sie erlauben zwar die Verfertigung von Materialien, Exzerpten, Karteien und Texten in angemessener Form und in durchaus bequemer Erstellungsweise. Jede Überarbeitung löst aber – im besten Falle – unschöne Ergänzungen

---

[150] Die Grundregeln für das in Wirtschaft und Verwaltung gängige Maschineschreiben bzw. die Textverarbeitungsvariante enthält *Schreib- und Gestaltungsregeln für die Textverarbeitung : Sonderdruck von DIN 5008* / Hrsg.: DIN Deutsches Institut für Normung e.V. Berlin : Beuth, [4]2005. Zusammenfassung des Wichtigsten auch im Rechtschreibungs-Duden.

oder – im ungünstigsten Falle – ein völliges Neuschreiben des Textes aus[151]. Mit Einsatz elektronischer Textverarbeitung stellt sich die Situation anders dar. Ein elektronisch gespeicherter Text ist leicht zu ergänzen und zu überarbeiten; die Grund- oder Folgeversion kann jeweils neu zum Ausgangspunkt neuer Arbeiten am Text genommen werden, und mit Leichtigkeit ist jeweils wieder ein sauberer Ausdruck herzustellen. Der geschickte Einsatz dieser Technologie (dass es auch einen ungeschickten, einen hinderlichen oder einen sich verselbständigenden gibt, wird am Schluss noch anzumerken sein) ermöglicht es, schon bei der ersten Erfassung von Materialien deren Vorzüge zu nutzen und zudem Doppelerfassung von Texten weitgehend zu vermeiden[152].

Ist der Computer als Arbeitsmittel erst einmal eingeführt, zeigt sich schnell, welche anderen Möglichkeiten er zur Unterstützung wissenschaftlicher Arbeit bietet. Nach einigen kurzen Bemerkungen über die notwendige Geräteausstattung (Hardware) sollen die wichtigsten in Frage kommenden Gattungen von Programmen (Software) angesprochen werden. Genaueres über ihren Einsatz wird ggf. noch bei den jeweiligen Arbeitsschritten erwähnt.

---

[151] Ein schönes Beispiel findet sich bei J. H. NEWMAN: »Mein Buch über Rechtfertigung hat unglaublich Zeit in Anspruch genommen. Ich bin vom Korrigieren ganz erschöpft ... Ich schrieb – ich schrieb noch einmal – ich schrieb im Verlauf von sechs Monaten ein drittes Mal. Dann nahm ich den dritten Entwurf: Ich überzog das Papier buchstäblich mit Korrekturen, so dass es jemand anders gar nicht lesen könnte. Dann schrieb ich es in Reinschrift für den Drucker. Ich legte es weg – ich nahm es wieder vor –, und ich beginne von neuem zu korrigieren ...« – womit der Text noch nicht zuende ist, vgl. Günter BIEMER: *Die Wahrheit wird stärker sein : Das Leben Kardinal Newmans.* Frankfurt a. M. : Lang, ²2002 (Internationale Cardinal-Newman-Studien ; 17), S. 124.

[152] Literatur zur Datenverarbeitung gibt es in so großer Auswahl, dass man sich am besten über das Aktuellste in einer Buchhandlung informiert. Für die Geisteswissenschaften und die Theologie sei aber auf folgende Titel hingewiesen: Ute und Helmut MOCKER ; Matthias WERNER: *PC-Einsatz in den Geisteswissenschaften.* München : dtv, 1993 (dtv ; 50155); Michael KOSCHORRECK ; Frank SUPPANZ: *Geisteswissenschaften studieren mit dem Computer.* Stuttgart : Reclam, 2003 (RUB ; 17644) und Ernst ROHMER : *Literaturwissenschaft und Computer : CD-ROM zum Studienbrief 04549.* Hagen : Fern-Universität, 2001.

7.4 Die notwendige Geräteausstattung (Hardware)

Detaillierte Empfehlungen für Hardware zu geben, wäre obsolet. Die aktuellen Angebote der PC-Fachanbieter, der entsprechenden Handelsketten usw. sind hier zu konstatieren. Derzeit sind eigentlich alle Angebote so ausgerichtet, dass man gleich starten kann, also mit der Hardware (den Geräten) zugleich ein Software-Angebot (die nötigen Programme) ausgeliefert wird. Als *Rechner für den eigenen Arbeitsplatz* setzen wir hier einen *Personal Computer* (PC) voraus. Andere Rechnerfamilien haben zwar auch ihre Vorteile[153]. Wegen der leichteren Austauschbarkeit der Daten im Universitätsbereich, in Verwaltungen etc. gehen wir hier jedoch vom verbreitetsten Standard aus, d. h. von Rechnern mit den Betriebssystemen der Windows-Familie (Microsoft).

Bei der augenblicklich erreichten Technologie ist es auch nicht mehr nötig, über die technischen Daten zu sprechen, da die Größen der Arbeitsspeicher, der Massenspeicher (Festplatte) und der Transfermedien (Disketten, CD-RW = wiederbeschreibbare CD, USB-Flash-Speicher, Speicherkarten u. a. m.) allemal den Anforderungen genügen, die bei der wissenschaftlichen Arbeit in der Theologie entstehen. Nur bei extremeren Graphik- oder gar Video-Anwendungen bzw. bei Spielen – also im sog. Multimedia-Bereich – kommt man ggf. an Grenzen der derzeitigen Standard-Ausstattungen.

Auch die zum Rechner selbst gehörige Peripherie an Eingabegeräten (Tastatur, »Maus« etc.) braucht hier nicht genauer erläutert zu werden. Falls der Platz sehr beschränkt ist, können kabellose Versionen verwendet werden. Auf der Ausgabeseite stehen Monitore (die großen Röhrenbildschirme sind inzwischen durch die schmalen, energiesparenden und strahlungsärmeren TFT-

---

[153] Wer – etwa in der Exegese – mit Griechisch und orientalischen Sprachen arbeiten muss, hatte es lange mit den Macintosh-Rechnern (Apple) leichter als mit den Geräten der PC-Welt, auf die wir uns ihrer Verbreitung wegen beschränken. Inzwischen ist allerdings die Kompatibilität zwischen den Rechner-Welten so weit, dass ein kundigerer Benutzer auch mit dem Datentausch in den meisten Fällen klarkommt.

Flachbildschirme verdrängt) und Lautsprechersysteme. Unverzichtbar als weitere Peripheriegeräte sind heute Scanner, mit denen Graphiken digitalisiert und Texte mit Hilfe einer OCR[154]-Software in Textverarbeitungsdateien konvertiert werden können. Farbscanner sind inzwischen selbstverständlicher Standard. CD/DVD-Laufwerke und CD/DVD-Brenner sind heute in den meisten Rechnern enthalten.

Der Einsatz eines Laptops (tragbaren Kleincomputers) erlaubt die Arbeit in Bibliotheken und anderen Institutionen, auf der Bahn oder eben an wechselnden Orten, ggf. mit Internetzugang in die entsprechenden Funknetze. Die aufwendigere Technik hierfür bedingt allerdings einen höheren Preis. Zudem bringt die Miniaturisierung von Geräten auch eine etwas komplexere Bedienung mit sich (kleinere Tastatur, u. U. problematischere Stellung zum Bildschirm bei der Arbeit, schwierigere Navigation mit einem »Touchpad« o. ä. anstelle einer Maus). Dagegen stehen die genannten Vorteile, die man abwägen muss.

Die weitere Entwicklung vom Laptop zum Tablet-PC, auf dessen berührungssensitivem Bildschirm man handschriftlich arbeiten, den man aber auch über eine Docking-Station an eine Tastatur und ggf. einen größeren Bildschirm anschließen kann, mag ein noch flexibleres Arbeiten ermöglichen.

Die vorgenannten Geräte gehören heute gewissermaßen zum Pflichtprogramm einer PC-Ausstattung – ob als Standgerät oder Laptop. Für die Kür gibt es noch vieles andere. Die PDAs (Personal Digital Assistant) haben ihren Hauch von Luxus verloren. Mit diesen handtellergroßen Computern kann man in der Grundfunktion Kalender, Adressen, Notizen etc. organisieren, aber auch Office-Dateien (Textverarbeitungsdateien oder Blätter aus Tabellenkalkulationen) lesen. Durch einfachen Datentausch über eine Docking-Station kann man seine Daten zwischen PC und PDA synchron und aktuell halten. Der Tausch mit dem eigenen oder anderen PCs, Laptops usw. kann u. U. auch drahtlos über Infrarot oder Funk erfolgen. Zusätzlich kann man Informationen

---

[154] Optical character recognition, vgl. 7.5.6.

anderer Datenquellen aus dem Internet laden (Online-Dienste von Zeitungen etwa). MP3-Player (wie der iPod) können auch für wissenschaftliche Anwendungen genutzt werden, z. B. durch Abonnieren von Podcasts, die e-learning-Module, akademische Vorträge oder auch aktuelle Vorlesungen umfassen können[155].

Manche der Funktionen sind auch über Handys möglich, die sich derzeit zu multimedialen Kommunikationszentren entwickeln. Der Markt der unterschiedlichen Kommunikationsgeräte ist jedenfalls in einer rasanten Entwicklung. Was man dabei einsetzt, wird allerdings auch wesentlich von den Preisen für verschiedene Dienste abhängen.

Digitalkameras sind leicht für alle »bebilderbaren« Aufgaben zu verwenden. Der Einbau von Graphik etwa in Textverarbeitungen ist ja inzwischen eine leichte Angelegenheit. Man kann mit ihnen aber auch Buchseiten abfotographieren und damit u. U. Vorlagen für die OCR-Erkennung schaffen.

Die multimedialen Funktionen moderner Computer ließen sich über die umfangreichen Möglichkeiten der Musikperipherie bis hin zu filmischen Aufgaben weiter darstellen. Doch ist das in unserem Fachgebiet wohl nur für spezielle Fragestellungen bedeutsam.

Dass PCs heute mit Internet-Zugang betrieben werden, ist inzwischen eine Selbstverständlichkeit, die nicht mehr eigens hier behandelt werden muss – wir sind schon am Anfang davon ausgegangen, dass wissenschaftliches Arbeiten sich in diesem Medium bewegt. Wenn trotzdem einige Hinweise auf Programme auch gängiger Art erfolgen, so deshalb, weil es manche Erfahrungen gibt, die nicht jeder selbst machen muss. Der Kundige kann das Folgende natürlich überblättern.

---

[155] Als wohl umfangreichstes Angebot einer amerikanischen Universität vgl. etwa Stanford University <http://itunes.stanford.edu/>; theologische Angebote enthalten auch die Podcasts der UB Freiburg <http://www3.ub.uni-freiburg.de/?id=111>.

7.5 Die Programme (Software)

Computer werden heutzutage, wie schon gesagt, meist für den Normalanwender mit einer entsprechenden Software-Ausstattung ausgeliefert, zu der neben dem Betriebssystem und dem Internet-Browser meist ein sog. Office-Paket oder zumindest Teile eines solchen gehören. Neben der am stärksten verbreiteten Büro-Software von Microsoft gibt es etwa die leistungsfähige *Corel Word Perfect* Suite, die *Lotus* Suite, das *Sun Office, Open Office,* die Programme von *Softmaker* u. a. m. Manche dieser Programmpakete sind für Privatanwender wesentlich günstiger als der Microsoft-Standard zu beziehen, z. T. können Studierende sie sogar billig oder kostenlos bekommen, wenn die Universitäten Gesamtlizenzen erworben haben oder die Verteilungspolitik der Firmen den kostenlosen *(Open office)* oder gering bezahlten Privateinsatz ermöglicht. Ggf. kann man sich hier bei den Rechenzentren der Universitäten informieren. Die Konvertierbarkeit in die Microsoft-Formate ist heutzutage im Allgemeinen gegeben (in beide Richtungen), was jedoch nicht heißt, dass immer alle Feinheiten transferiert werden (dies klappt allerdings auch manchmal innerhalb der Microsoft-Programmfamilie nicht völlig problemlos[156]).

Im Folgenden sollen nur einige allgemeine einordnende Bemerkungen über die Funktionen der gängigen Programme gemacht werden. Hinsichtlich praktischer Fragen werden wir dort auf sie eingehen, wo es um ihre Anwendung geht.

---

[156] Filter für ältere DOS-Programme sind z. T. bei Microsoft nicht gepflegt, so dass nach meiner Erfahrung manchmal der Weg über Programme wie *Open office* sinnvoll ist – was natürlich ein Argument für deren generellen Einsatz ist. – Zur Arbeit mit *Open office* vgl. Natascha NICOL ; Ralf ALBRECHT: *Wissenschaftliche Arbeiten schreiben mit OpenOffice.org 2.0 : formvollendete und normgerechte Examens-, Diplom- und Doktorarbeiten.* München : Addison-Wesley, 2006.

7.5.1 Textverarbeitungsprogramme

Die meist verwendete Grundsoftware ist sicher die *Textverarbeitung*. Sie dient zum Erstellen, zur Überarbeitung und Archivierung aller Arten von schriftlichen Arbeiten – von der Notiz bis zum gedruckten Buch[157]. Seit den 1980er Jahren gibt es Textverarbeitungsprogramme, die – bis auf Sonderaufgaben (Graphik, Altgriechisch, orientalische Schriften etc.) – die hier erforderlichen Funktionen leisten. Die Unterschiede zwischen den Programmen (stärker kommandogesteuert, stärker menügeführt u. a. m.) haben sich inzwischen durch die monopolartige Stellung des meistverwendeten Betriebssystems Windows angeglichen. Leider sind auch die Anforderungen an die Hardware extrem gestiegen, was für den, der aktuell einsteigt, nicht relevant ist. Die Fortschrittsspirale ist bislang allerdings künstlich beschleunigt worden, so dass derjenige, der auf aktuellem Stand elektronisch weiterarbeiten will, kurzfristige Innovationsschritte mitmachen muss. Wer dagegen nur einfache wissenschaftliche Texte publizieren möchte, könnte mit einer Hard- und Software-Ausstattung der 80er Jahre durchaus hinkommen: wenn er nicht Daten von anderen entgegennehmen sowie umgekehrt Daten zur Weiterverarbeitung weiterreichen möchte und wenn er auf Dauer nicht doch weitere Automatisierungen verschiedener Arbeitsschritte (vgl. etwa 14.5) ausnutzen will. Die Kontinuität des Arbeitens ist dabei leider nicht einmal innerhalb einer gleichen Produktschiene immer völlig problemlos möglich. So sollte man sich darauf einstellen, dass der Erwerb einer entsprechenden Ausstattung und entsprechender Programme nicht eine Anschaffung fürs Leben darstellt, – im Gegensatz zur mechanischen Schreibmaschine, die man sich früher im ersten Semester kaufte.

---

[157] Hinsichtlich der Archivierung sind Textverarbeitungen allerdings mit dem Problem belastet, dass Programme sehr schnell veralten und man die eigene Produktion ggf. in gewissen Abständen konvertieren muss, wenn man sie zugänglich halten will.

Aus diesen Gründen ist es sicher sinnvoll, eines der marktführenden Standardprogramme zu verwenden, da man hier mit aktualisierenden Updates rechnen kann, am leichtesten Zusatzprogramme zu bekommen sind und die Zusammenarbeit bei Datentausch wohl am ehesten gewährleistet ist. Es muss nicht das am weitesten verbreitete *Microsoft Word* sein. Auch die anderen genannten großen Office-Pakete enthalten entsprechend leistungsfähige Textverarbeitungen. Im Übrigen empfiehlt sich für den Daten*tausch* ohnehin das rtf-Format (Rich Text Format). Alle verbreiteten Programme können Daten in diesem Format speichern und lesen. Es transportiert einigermaßen (wenn auch nicht vollständig!) korrekt die typographischen Besonderheiten der Dateien, allerdings keine sog. »Makros«! Damit ist aber ein Hauptproblem der Datenweitergabe – die Vermeidung des Transports von sog. Computerviren – mindestens teilweise gelöst, das sich hier gerade bei der Weitergabe von Word-Dateien mit Makros stellen kann. Für die Weitergabe eignet sich natürlich auch das PDF-Format (Portable Data Format). Aus der Textverarbeitung des *Open Office* bzw. dem *Starwriter* kann man es direkt exportieren. Für Word gibt es Zusatzprogramme. Für alle Arten von Anwendungen gibt es Druckertreiber, die direkt PDF-Dateien erzeugen (zu weiteren Funktionen des PDF-Standards unten).

7.5.2 Datenbankprogramme

Neben Textverarbeitungen sind *Datenbankprogramme* wohl das wichtigste Hilfsmittel bei der eigenen wissenschaftlichen Arbeit und auch bei der Organisation manch privater Dinge.

Datenbanken dienen dazu, tabellarisch strukturierte Dateien aufzubauen (einfaches Beispiel: die Adressdatei), die nach allen Kategorien aufzubereiten, zu sortieren und ggf. auszugeben sind. Neben festen Text- und Zahlenfeldern, gibt es dabei Auswahl- (ja/nein; männlich/weiblich) und Datumsfelder, berechnete Felder, Textfelder ohne feste Feldlänge (zur Eingabe quasi beliebiger Textmengen). Aber auch Bildfelder und »Tonfelder« – wenn man das so benennen darf – bzw. Klangdaten lassen sich in manche

Datenbanken einbinden. Datenbanken können auch relational miteinander verknüpft sein. Statistikfunktionen für die Auswertung wie Selektionsmöglichkeiten von Datensätzen für die Ausgabe in Listenform sind weitere Eigenheiten. Bei eigenen Anwendungen habe ich es aufgegeben, zu komplexe relationale Datenbanken aufzubauen, da die Konvertierung in neue Versionen nicht immer problemlos ist, was bei einfachen, linear angelegten Strukturen einfacher ist. Aber hier muss jeder seine eigenen Vorstellungen realisieren[158].

7.5.3 Literaturverwaltungsprogramme

Ein spezielle Art von Datenbankprogrammen verdient inzwischen einen eigenen Unterpunkt, die Literaturverwaltungsprogramme. Zunächst waren sie eine Domäne der STM-Wissenschaften, in denen vieles etwas leichter normierbar ist, als bei den Geisteswissenschaften. Inzwischen gibt es verschiedenartige nützliche Angebote in allen Preisklassen.

Eine Beispiel ist der *Reference manager*[159]. Dieses Programm erlaubt es, eine eigene Literaturdatenbank aufzubauen. Die dafür

---

[158] Im Microsoft-Paket heißt die Datenbank *Access*. Ich selbst arbeite mit einem separaten Produkt, das zu keinem Office-Paket gehört, dem *Visual-Data-Publisher* (<http://www.visual-data-publisher.de/>), der z. B. auch den Einbau von Graphik- und Tondateien, die Erstellung selbstlaufender und je nach Lizenz weitergebbarer Programme und sogar Web-fähiger Datenbanken erlaubt. Nicol/Albrecht (Anm. 156) zeigen, wie man die Literaturverwaltung effektiv mit *Open office* organisieren kann, auch wenn das nicht die Funktionalität von Literaturverwaltungsprogrammen (7.5.3) erreicht.

[159] ISI. Derzeit Version 11. Stand 2008. Andere Produkte sind etwa *Endnotes* (ISI), *Pro Cite* (ISI), *RefWorks* (CSA), *Citavi*. Die amerikanischen Produkte sind z. T. relativ hochpreisig, haben aber evtl. auch »abgespeckte« billigere Versionen, z. B. *Endnote Web*. *Citavi* ist in einigen Hochschulen auch als Campus-Lizenz zugänglich (darüber sollte man sich vor Ort informieren). Daneben gibt es aber auch kostenlos erhältliche Programme wie *Zotero*. Einen Test verschiedener Programme bietet Joachim Eberhardt: *Über Literaturverwaltungsprogramme, Dokumentenmanager und andere elektronische Helfer:* <http://iasl.uni-muenchen.de/discuss/lisforen/Eberhardt_Softwaretest.html>

benötigten Felder (Autor, Titel, Publikationsart ... bis hin zu ISSN, ISBN, Abstract usw.) sind vorbereitet. Der Bildschirm ist geteilt in diese Eingabemaske und ein Listenfeld, in dem die schon in der Datenbank enthaltenen Titel in geordneter Reihenfolge erscheinen und ggf. durchzublättern sind. Die Ordnungsgesichtspunkte (nach Autor alphabetisch, nach Jahr aufsteigend oder absteigend etc.) und die Anzeigereihenfolge in der Liste können nach Bedarf verändert werden.

Bis dahin ist noch nicht mehr erreicht, als was man mit jeder Datenbank leicht selbst programmieren kann. Der *Reference manager* erlaubt daneben aber den bequemen Import aus Fremddaten. Er enthält Voreinstellungen, die z. B. Importe aus der großen amerikanischen Datenbank *PubMed* der National Library of Medicine ermöglichen oder (kostenpflichtig) aus dem *Web of Science* der Firma ISI, die den *Reference manager* vertreibt, oder wiederum aus sonstigen Datenquellen – etwa Bibliothekskatalogen – über eine sog. Z39.50 Schnittstelle.

Aber auch für den Import aus Datenbanken, die lokal auf CD oder in einem universitären Netz zugänglich sind, enthält der *Reference manager* viele »Filter«, mit deren Hilfe man automatisch die Recherche-Ergebnisse aus diesen Datenbanken laden kann, z. B. derzeit für *Philosopher's index*. Ein Filtergenerator ermöglicht es, sich mit etwas Aufwand solche Filter auch selbst zu schreiben. Wenn die zugrundeliegende Datenbank die benötigten Kategorien differenziert genug trennt, ist dies keine große Schwierigkeit. Wenn dies nur begrenzt möglich ist, muss man die importierten Titel nach der Übernahme entsprechend nachredigieren. Wenn man sich zudem durch einen »alerting«-Dienst die neusten Titel zu seinem Arbeitsgebiet ständig aus Datenbank-Updates zusenden lassen kann, kann man sich eine aktuelle Literaturdatenbank aufbauen[160].

---

[160] Vgl. z. B. die Darstellung bei Wilfried SÜHL-STROHMENGER: *Psychologie elektronisch – Einführung in die Nutzung der von der Universitätsbibliothek Freiburg bereitgestellten elektronischen Informationsressourcen.* Freiburg i.Br. : UB, 2000. – Jeweils aktualisierte Fassung unter der URL: <http://www. freidok.uni-freiburg.de/volltexte/55/>.

Es wäre wünschenswert, wenn alle wichtigen elektronische Bibliographien in Export-Formaten angeboten würden, die das direkte Laden in derartige Programme ermöglichen. In vielen Fällen ist das inzwischen möglich. Die konkreten Formen der Automatisierung der Texterstellung mit diesem Hilfsmittel behandeln wir an »Ort und Stelle« (vgl. 14.5 zu Anmerkungen, Literaturverzeichnissen etc.)

Als kostenlos zu nutzendes Angebot ist *Zotero* eine sinnvolle Alternative[161]. Es klinkt sich in den *Firefox*-Browser ein. In einem dreigeteilten Fenster sieht man die »Sammlungen«, die man angelegt hat, die Titel in der auswählten Sammlung (die kopierbar in andere Sammlungen sind, so dass man für verschiedene Projekte Literaturlisten mit unterschiedlichen oder auch den gleichen Titeln anlegen kann). In der rechten Spalte werden die Angaben zu den jeweiligen Dokumente sichtbar. Man kann Webseiten, links, Dateien einbinden, Angaben beschlagworten, Daten importieren und exportieren ... Ein automatisches Laden aus Katalogen, die das *Reference manager*-Format anbieten, ist möglich. Für den Export einer Literaturliste zur Übernahme in eine Textverarbeitung gibt es unterschiedliche Filter u. a. sehr brauchbar nach dem *Chicago manual of style*[162]. Sehr gut ist die Möglichkeit, in *Zotero* auch Web-Seiten u. a. zu verwalten oder auch direkt Dateien – also z. B. zur bibliographischen Angabe den Volltext des Zeitschriftenaufsatzes – zu speichern. Speichert man das *Zotero*-Verzeichnis auf einem USB-Stick, so kann man mit dem Programm auch an verschiedenen Computern mit seinen Daten arbeiten. *Zotero* scheint eine Zukunftsperspektive zu haben, auch wegen der jetzt begonnenen Zusammenarbeit mit dem *Internet Archive*.

In einigen Hochschulen des deutschsprachigen Raums gibt es Campuslizenzen von *Citavi*[163], früher unter dem Namen *LiteRat* verbreitet. Es hat den Vorteil eines deutschsprachigen Programms. Mit *Citavi Free*, das man kostenlos benutzen kann, kann man alle

---

[161] <http://www.zotero.org/>.
[162] Vgl. Anm 133.
[163] <http://www.citavi.com/>.

Programmfunktionen ausprobieren. Es ist allerdings auf 100 Datensätze eingeschränkt, was aber für die Testoption reicht.

Auf was für ein Programm man sich festlegt ist sicher *auch* eine finanzielle Frage, vor allem aber kommt es darauf an, welche Funktionen man sinnvoll nutzen kann und möchte. Ein allzu hohe Automatisierung kann auch problematisch sein. Entspricht sie aber dem eigenen Arbeitsstil, ist sie entlastend.

Für jeden, der intensiv mit der Produktion wissenschaftlicher Texte zu tun hat, sind diese Verfahren eine große Hilfe, gerade bei dem extrem textbezogenen geisteswissenschaftlichen Arbeiten. Insofern ist anzunehmen, dass entsprechende Arbeitstechniken bald üblicher sein werden. Für die einzelnen Produkte soll hier keine Werbung gemacht werden. Daher wurden nur drei sehr unterschiedliche Programme angesprochen – eines aus dem Hochpreisbereich, ein kostenloses, ein mancherorts für Studierende lizenziertes, aber im üblichen Preislevel angesiedeltes.

7.5.4 Tabellenkalkulation

Zu den klassischen Anwenderprogrammen der Office-Pakete gehört noch die *Tabellenkalkulation* (bei Microsoft: *Excel*). Sie ist im kaufmännischen Bereich eine Hauptanwendung. Mit einer Tabellenkalkulation kann man aber auch Berechnungen durchführen, die im beruflichen Umfeld von Theologen vorkommen, vom Notenspiegel für eine Schulklasse bis zu komplizierteren Etatberechnungen. Diese lassen sich visualisieren in Diagrammen unterschiedlichster Art und diese wiederum können in Textverarbeitungen oder Präsentationsprogramme übernommen werden.

7.5.5 Präsentation, Graphik, Multimedia

Inzwischen sind auch *Präsentationsprogramme* in den Office-Paketen Standard (bei Microsoft: *Powerpoint*) enthalten. Diese erlauben die Projektion von Text- und Graphikseiten, ggf. auch in »animierter« Form oder mit Videosequenzen angereichert zur Unterstützung von Vorträgen oder zu Produktvorstellungen etc.

Sie können auch selbstablaufend angelegt sein. Den Bereich der Präsentation behandeln wir in Kapitel 15. *Graphikprogramme* dienen zum einen zur weiteren Bearbeitung von Bildern, z. B. Fotos. Mit der Digitalkamera aufgenommene Fotos (oder mit dem Scanner digitalisierte) können digital retouchiert und auf alle erdenkbaren Arten weiterverarbeitet werden. Dies geschieht, indem die Pixel-(= Punkt-)Struktur der Bilddateien gewissermaßen Punkt für Punkt verändert wird (das zum Windows-Zubehör gehörige *Paint* ist ein einfaches Programm dieser Art; *Paintshop pro* ist ein vielseitiges Programm; unterschiedlichste Programme sind Digitalkameras beigegeben). Von den Freeware-Programmen hat sich *IrfanView* einen guten Namen gemacht. Eine andere Art von Graphiken – Vektorgraphiken – werden nicht in Pixel-Form, sondern gewissermaßen in mathematisierter Form gespeichert (*Corel Draw* z. B.). Mit solchen Graphik-Programmen lassen sich viele praktische Anwendungen gestalten (Grundrisse, Übersichten, Möblierungsskizzen u. a. m.).

Inzwischen ist die multimediale Verwendung von Bild und Ton auch für mancherlei Visualisierungen im Unterrichtsbereich – nicht nur der Universitäten – üblich und oft sicher auch sinnvoll. Einfache Programme, mit denen man Bildfolgen (digitale Fotos, kurze Videosequenzen) zusammenstellen und ggf. auch mit Sprache und Musik »vertonen« kann, sind ebenfalls manchmal mit der den Digitalkameras beigegebenen Software oder auch mit Freeware-Programmen möglich (etwa dem *Slide Show Movie Maker,* zu dem man dann allerdings einen »Encoder« braucht, der die Bilder in Videosequenzen umformatiert, etwa *DivX*).

Das Abonnieren von Podcasts, die Verwendung und Bearbeitung von Ton-Dateien auf dem PC legt es nahe, das frei zugängliche *iTunes*-Programm von *Apple* auf seinen PC zu nehmen und Programme wie *audacity* zur Tonbearbeitung, Formatwandlung etc. zu nutzen.

Die schnelle Entwicklung dieser Technologien lässt hier nicht mehr als den Hinweis zu und den Verweis auf entsprechende Computerzeitschriften, die derartige Programme besprechen und auch auf ihren Heft-CDs neuste Versionen veröffentlichen.

7.5.6 Texterkennungsprogramme

Die Digitalisierung von gedruckten Texten zur Weiterverarbeitung in Textprogrammen ist eine oft hilfreiche Technik, wenn man Textauszüge benötigt, die man nicht abschreiben möchte, oder wenn man sich umfangreichere wissenschaftliche Textdokumentationen anlegen will.

OCR-Programme (optical character recognition), die gescannte Textvorlagen – die damit als »Graphik« vorliegen – in Textverarbeitungsdateien »übersetzen« und damit weiterverarbeitbar machen, gehören inzwischen zum Standard und sind auch wohl überall dort vorhanden, wo ein Scanner angeschlossen ist. Es ist sinnvoll, mit leistungsfähigen Standardprogrammen wie *Omnipage* oder *Finereader* zu arbeiten. Sie arbeiten inzwischen sehr korrekt, wenn man einigermaßen gut gedruckte Vorlagen in Antiqua-Schriften einlesen will. Die Texte werden bei der Erkennung an Wörterbüchern vorbeigeführt. Diese sind in den großen Programmen für praktisch alle gängigen Sprachen vorhanden. Leidig ist hier das Rechtschreibungsproblem im Deutschen, da die Masse der Texte nicht in der sog.»neuen« Rechtschreibung vorliegt, manche Programme ihre Wörterbücher aber leider danach ausrichten.

Hinsichtlich der Erkennung von Frakturschriften kenne ich keine einfachen Lösungen[164]. Auch kommerzielle Angebote verlangen nach meiner Erfahrung viel Nacharbeit, d. h. liefern teuer zu bezahlende Ergebnisse.

7.5.7 Programme für das Publizieren – im Druck und elektronisch

Desktop-Publishing-Programme erlauben das Mischen von Texten und Abbildungen und die bessere Beherrschung des Endprodukts, als es die mit vielen nicht beeinflussbaren Automatismen

---

[164] Angeboten wird der ABBYY Finereader für Fraktur <http://www.fraktur schrift.de/>. Im Bedarfsfalle muss man die aktuellen Versionen und deren erreichte Leistungsfähigkeit überprüfen. Die Vielfalt der Frakturvorlagen ist aber einstweilen noch ein gravierendes Problem.

versehenen Textverarbeitungen ermöglichen. Für kleinere Publikationen geeignete Programme sind z. T. in Office-Produkten enthalten (*Microsoft Publisher* z. B.) und bieten Vorlagen für Standardaufgaben (Kataloge, Magazine, Visitenkarten etc.). Programme für die Buchproduktion sind eher im professionellen und entsprechend kostenträchtigen Bereich zu Hause. Sie verlangen im Übrigen auch einiges an Einarbeitung, was der am wissenschaftlichen Produkt Interessierte häufig nicht gerne zusätzlich leistet. Der wissenschaftliche Normalanwender muss sich wohl weiterhin mit den für diese Aufgaben nicht ganz optimalen Textverarbeitungsprogrammen herumschlagen, die aber immerhin doch schon eine noch vor wenigen Jahren nicht erwartete Leistungsfähigkeit haben.

Da in vielen Bereichen die elektronische Publikation immer wichtiger wird, sind einige weitere Fragen für diesen Bereich kurz anzusprechen.

Was die *technische Seite* des elektronischen Publizierens anbelangt, so ist jedes mit einer Textverarbeitung erstellte Dokument im Prinzip elektronisch publiziert. Man könnte es auch ins Netz stellen (auf einem Server in einem Verzeichnis ablegen etc.). Potentielle Leser könnten dann z. B. ein Word-Dokument mit dem *Word-Viewer* lesen, den die Firma Microsoft anbietet. Nach den bisherigen Erfahrungen sind solche Angebote in proprietären Formaten aber wenig sinnvoll, da die Programme sehr schnellem Wandel unterworfen sind und die Firmenpolitik vielfach so ist, dass der Umgang mit älteren Formaten erschwert wird. Das Abspeichern und Anbieten in einem Format wie *RTF (Rich Text Format),* das für den Datentausch gedacht ist, löst das Problem zum Teil, ist auch hinsichtlich der Übertragung von Computerviren unproblematischer (ein *Word*-Dokument wird kein vorsichtiger Nutzer aus dem Internet laden!). Allerdings führt die Übernahme in unterschiedliche Textverarbeitungen nicht immer vollständig zum gewünschten Ergebnis.

Das *PDF-Format* der Firma Adobe hat sich inzwischen für dieses Problem als Standard durchgesetzt. PDF ist geschaffen, um den Austausch von Dokumenten auf verschiedenen Betriebssystemen zu ermöglichen. Gelesen werden die Dokumente mit dem *Acrobat-Reader* der Firma Adobe, der privat kostenlos nutzbar ist[165]. Das Format korrespondiert mit der im Druckbereich führenden Seitenbeschreibungssprache *Postscript* der gleichen Firma. So kann erreicht werden, dass Druckversion und elektronisches Angebot ein identisches Layout haben. Dissertationsserver verlangen vielfach die Abgabe im PDF-Format. Auch im kommerziellen Publikationswesen (z. B. bei den e-Journals) ist das Programm Standard. Die Erstellung eines PDF-Dokuments von einer Textverarbeitungsdatei aus ist im Prinzip einfach. Wenn das vollständige (kostenpflichtige) *Acrobat*-Programm vorhanden ist, kann man den sog. *Acrobat-Distiller* als Drucker auswählen und die Datei elektronisch »ausdrucken«. Der Distiller konvertiert die Textverarbeitungsdatei in eine PDF-Datei. Nebenbei: Das Verfahren funktioniert nicht nur für Textverarbeitungsprogramme, auch aus Musik-Notenschreibprogrammen etc. kann man solche »Ausdrucke« ansteuern.

Noch einfacher geht es mit der Textverarbeitung von *Open office,* die eine direkte Exportfunktion besitzt.

Wenn man die Gliederungspunkte als »Lesezeichen« im Dokument anwählbar in einer linken Seitenspalte anzeigen lassen will, muss man das Dokument in dem *Acrobat*-Programm nachbearbeiten. Ebenso kann man Sprung-Verweisungen innerhalb des Dokuments oder auf andere Dokumente oder Internet-links einbauen. Für *Word* gibt es ein Makro *(PDF-Maker),* das diese Schritte während der Konvertierung zum Teil automatisch durchführt. Es gibt auch die Möglichkeit, sich über Internet-Online-Tools Dokumente konvertieren zu lassen. Dissertationsserver, die dieses Format verlangen, informieren über die verschiedenen Möglichkeiten[166].

---

[165] <http://www.adobe.de/products/acrobat/readstep.html>.

[166] Vgl. z. B. Thomas ARGAST: *Elektronisch publizieren im PDF-Format : Ein Online-Tutorial.* Stand: August 2006. Freiburg i. Br. : UB. – <http://www.freidok. uni-freiburg.de/doku/tutorial/index.html>; Thomas MERZ ; Olaf DRÜMMER: *Die PostScript- & PDF-Bibel.* München : PDFlib Edition ; Heidelberg : dpunkt-Verl., ²2002

Das PDF-Format ist z. B. dort ideal verwendbar, wo »statische«, d. h. konstant bleibende Dokumente im Internet angeboten werden sollen. Es ist leicht handhabbar, auf allen Systemen lesbar, weit eingeführt; die »Statik« behindert nicht die Anlage von interaktiven Elementen. Es lassen sich auch multimediale Inhalte mit einem PDF-Dokument verbinden.

Mit Hilfe des Acrobat-Programms lassen sich auch größere Text-Datenbanken aus mehreren Einzeldateien über Indices im Volltext erschließen. So kann man sich etwa – soweit urheberrechtlich möglich – das Werk-Corpus eines Autors, den man bearbeiten möchte (oder dessen relevante Teile), einscannen, mit OCR-Software erschließen, in ein PDF-Dokument konvertieren und sodann mit einem Index Wort für Wort absuchbar machen. Die Texte und – jedenfalls bei früheren Versionen – auch das (kostenlose) Reader-Programm lassen sich auf eine CD brennen; wenn man ein entsprechendes Autorun-Info anlegt[167], kann man unter Windows eine selbststartende CD daraus machen[168].

Weitere Einsatzmöglichkeiten können hier nicht mehr genauer beschrieben werden. Es sei nur darauf hingewiesen, dass es auch einfache Verfahren gibt, Texte *in graphischer Form* als PDF zu speichern (diese sind dann allerdings nicht indizierbar und dementsprechend nicht im Volltext absuchbar; für Fraktur-Vorlagen kann das aber ausreichend sein, da OCR-Verarbeitung hier ohnehin schwer zu leisten ist; durch gliedernde Lesezeichen kann man auch solche Dokumente begrenzt erschließen). – Das *Capture-*

---

[167] Ein solches enthält im Text-Format etwa folgende Informationen:
[autorun]
icon=start.ico
open=reader\AcroRd32.exe start.pdf
Dabei zeigt die erste Zeile das Genus der Datei, Zeile 2 benennt ein mögliches »Icon«, ein Symbol, das z. B. in der Dateiübersicht im *Windows-Explorer* angezeigt wird, Zeile drei nennt den Ort, wo das Programm (der *Acrobat-Reader*) auf der CD zu finden ist (hier im Verzeichnis »reader«) und nach Leerzeichen die erste zu öffnende Datei. Die Datei selbst heißt bei Windows »autorun.inf«.
[168] Über PC-Zeitschriften kann man sich auch über andere aktuelle Programme informieren, die die Verarbeitung des Formats PDF ermöglichen.

Programm im *Acrobat*-Programmpaket erlaubt (bei Antiqua-Texten, nicht bei Fraktur) eine »mittlere« Lösung: die graphische Erfassung der Texte, die mit einer etwas gröberen OCR-Erkennung hinterlegt ist. Zu diesen Dingen muss man die Handbücher oder sonstige Spezialliteratur befragen.

Das PDF-Format hat derzeit große Vorzüge in allen Bereichen, wo eine Parallelität von Druckpublikation und elektronischer Veröffentlichung vorausgesetzt oder angezielt ist. Einer grundsätzlich anderen Logik folgt die *Internet-Sprache HTML,* die *Hypertext Markup Language*[169]. Sie beschreibt nur die Strukturelemente eines Dokuments. Der HTML-Text wird dann vom jeweilig verwendeten Browser (z. B. *Mozilla Firefox* oder dem *Internet Explorer* von Microsoft) interpretiert, so dass das Layout vom Browser abhängig ist, im Gegensatz zum PDF-Dokument, bei dem das Layout exakt festliegt. Solche Strukturelemente sind etwa Überschriften verschiedener Wertigkeit, Absätze, Schriftauszeichnungen (kursiv, fett), Tabellen, Einfügung von Bildern, Rahmen, Linien usw.

Ständig zu aktualisierende Dokumente – wie etwa die oben zitierte Rahner-Bibliographie (vgl. 6.3) – legt man daher sinnvollerweise in HTML an.

Eine Einführung in die HTML-Codierung kann hier nicht gegeben werden[170]. Das seit gut einem Jahrzehnt verwendete HTML ist seitdem ständig ergänzt worden und wird durch den Ausbau der übergreifenden Auszeichnungssprache *XML (Extensible Markup Language)* und deren Berücksichtigung zu *XHTML* weiterentwickelt. Damit werden HTML-Dokumente strengeren Syntax-Anforderungen genügen müssen, sollen sie weiterhin von Browsern akzeptiert werden. Wer jetzt in die Materie einsteigt, sollte sich da-

---

[169] Standards für das WWW werden durch das W3-Konsortium verwaltet. Informationen finden sich unter <http://www.w3.org>.

[170] Aus der Literatur vgl. etwa Robert TOLKSDORF: *HTML & XHTLM – die Sprachen des Web.* Heidelberg : dpunkt.verlag, ⁵2003. – Sehr praktisch ist das Online-Angebot von SELFHTML: <http://de.selfhtml.org/>. Für die in der Theologie immer wieder vorkommenden Sonderzeichen und fremden Schriftzeichen und deren Umsetzung in *Unicode* ist die *Free Unicode Character Map* <http:// www-atm.physics.ox.ac.uk/user/iwi/charmap.html> außerordentlich praktisch.

her mit diesen Dingen vertraut machen, um später möglichst wenige Umarbeitungen vornehmen zu müssen.

Was in HTML schon alles dargestellt und eingebunden werden kann, zeigen viele Web-Seiten, mit denen man es unvermeidlich bei der Suche im Internet zu tun bekommt. Da es bei theologischen Web-Angeboten im Allgemeinen um das Darstellen von Texten mit begrenzter Beigabe von Graphik geht (dass in der Praxis andere Dinge vorkommen können, die auch Show-Elemente, Werbetechniken etc. interessant machen, ist eine andere Sache), kann man sich relativ leicht durch einen Blick in den Quellcode vorbildlicher HTML-Seiten die Logik der HTML-Programmierung aneignen und – ggf. mit Hilfe entsprechender Literatur – eigene Lösungen daraus ableiten. Auch hier gilt allerdings wieder das Urheberrecht: Vorbildliche Lösungen einfach »abzukupfern« ist nicht erlaubt. Die Techniken kann man aber so erlernen.

Für die Erstellung und Pflege von HTML-Seiten gibt es eigene Editoren. Wer mit HTML einigermaßen umgehen kann, für den ist ein Editor sinnvoll, der den Quelltext anzeigt und den Autor direkt in diesem arbeiten lässt. Es gibt frei zugängliche, einfache Programme, die für die Pflege einfacher textbezogener Dateien durchaus ausreichend sind[171]. Man kann auch in Textverarbeitungen Dateien nach Wunsch gestalten und dann als HTML-Datei abspeichern. Die Erfahrung mit *Word 2000* zeigt allerdings, dass dabei ein aufgeschwemmter, übergroßer und dadurch wenig geeigneter Quellcode zustandekommen kann. Bei älteren Versionen war das z. T. anders, bei späteren mag es wieder besser sein.

Im Grunde wäre es natürlich sehr wünschenswert, wenn der Standard der Textverarbeitungen auch für die Edition von HTML-Seiten durchgängig verwendet werden könnte, da der Normalnutzer des Internet letztlich wenig Gewinn davon hat, Feinheiten der HTML-Syntax zu kennen. Dieser Logik folgen

---

[171] Ein solches Programm ist *Arachnophilia* (<http://www.arachnoid.com/>), das z. B. grobe Syntaxfehler farblich anzeigt und für einfache textbezogene Aufgaben hilfreich ist, ein anderes Programm dieser Gattung ist *Phase 5* (<http://www.meybohm.de>).

Editoren wie *FrontPage* aus dem Microsoft Office-Paket (Nachfolger 2007: *expression web*). Mit diesem Editor kann man wie in einer Textverarbeitung arbeiten. Aus einer Auswahl von Vorlagen kann man entsprechende Muster übernehmen und verändern bzw. weiterverarbeiten. Über die »Seiteneigenschaften« kann man auch die nötigen Metadaten eingeben etc. Wer eine wirkliche Kontrolle über sein Produkt haben will, sollte aber (jedenfalls derzeit) das Produkt in einem einfachen HTML-Editor überprüfen.

Auf die sachliche Bedeutung des elektronischen Publizierens gehen wir im Kapitel 16 nochmals genauer ein[172].

7.5.8 Notenschreibprogramme

Notenschreibprogramme sind nicht nur im Bereich der Liturgie und Kirchenmusik von Interesse. Inzwischen haben sie einen hohen Standard erreicht und den klassischen Notenstich wohl weitgehend auch in den Verlagen ersetzt. Dank der heutigen Rechnerleistungen ist das Angebot auch für den PC-Bereich inzwischen sehr gut[173]. Nebenbei: Auch hier gibt es Scan-Programme, die einen gut gedruckten Notentext in ein Dateiformat rückübersetzen können[174].

Notenschreibprogramme sind im Übrigen mehr als Textverarbeitungen für Notenschrift. Sie erlauben Manipulationen am musikalischen Text wie etwa das Transponieren in andere Tonarten, das Erstellen von Stimmenauszügen, das Umsetzen in die Musik-Ausgabe über den MIDI-Standard, die Einbindung von Klangbibliotheken[175], u. a. m. Sie gehören also auch in die Multi-

---

[172] Zum Gesamtkomplex elektronischen Publizierens vgl. *The Columbia guide to digital publishing* / William E. KASDORF (Hrsg.). New York : Columbia University Press, 2003.

[173] Früher war dies eine Domäne anderer Rechnerfamilien, etwa des »Mac«. Aus eigener Erfahrung kenne ich für den PC das empfehlenswerte Programm *capella* (<http://www.capella.de>). Klassiker ist das Programm *Finale*, als sehr gut gilt auch *Sibelius*.

[174] Z. B. *cappella-scan*.

[175] Etwa *capella Vienna orchestra*.

media-Welt (7.5.5). Dazu kommt, dass sie inzwischen in Programmfamilien eingebunden sind, die weitere Funktionen wie das Suchen von Tondateien, die Konvertierung in andere Formate, das Brennen von Musik-CDs, die Gestaltung von Mitspiel-CDs (»music minus one«)[176], Musiklernprogramme, Gehörbildungs- und Satzprogramme umfassen und schließlich die weitere Verarbeitung von Tondateien ermöglichen[177].

7.5.9 Sprachausgabeprogramme

Dass der *Voice reader*[178] ins Programm der Wissenschaftlichen Buchgesellschaft aufgenommen ist, zeigt, dass Vorleseprogramme auch im wissenschaftlichen Alltag sinnvoll einsetzbar sind. Beispiele sind etwa Textvergleiche, z. B. bei Editionsarbeiten. Aber auch in anderen philologischen Zusammenhängen gibt es solche Aufgaben. Hier erübrigt der Einsatz eines solchen Programms, dass man eine zweite Person mit der ermüdenden Vergleichsarbeit verschiedener Texte quält, die von einem einzigen Leser nur mühselig durchführbar ist. Natürlich gibt es andere Anwendungsmöglichkeiten, etwa für Arbeitsplätze von Sehbehinderten oder – ganz anders – zu Sprachausgabe von Web-Seiten u. a. m. Fremdsprachige Versionen können auch beim Sprachenlernen helfen.

7.5.10 Spezial- und Hilfsprogramme

Verschiedene sonstige *Hilfsprogramme*, die man früher eigens erwerben musste, sind in den neueren Windows-Versionen enthalten, vom genannten einfachen Zeichenprogramm (*Paint*) bis zum CD- und Medien-Player. Andere Aufgaben, für die früher auch eigene Programme nötig waren, wie die Suche von Dateien oder von Texten *in* Dateien, lassen sich inzwischen ebenfalls mit

---

[176] Z. B. *capella playAlong*.
[177] Vgl. bei <http://www.capella.de> etwa den *Media Producer*, die Programme *Capriccio, Tonica, Audite* usw.
[178] <http://www.linguatec.de/>.

Programmteilen des Betriebssystems erledigen[179]. Es gibt natürlich viele weitere Hilfsprogramme zu verschiedenartigen Aufgaben, z. B. Komprimierungsprogramme, die zur Datensicherung
selten gebrauchter Dateien oder auch zum Versand großer Textmengen nützlich sind, spezielle Datensicherungsprogramme, mit
denen man die Datensicherungsabläufe automatisieren kann[180],
Programme zum Aufspüren von Viren u. a. m. So gibt es noch
eine ganze Reihe weiterer Hilfsmittel, die bei manchen Arbeiten
nützlich sind, durch Änderungen der Programmumgebungen
aber auch wieder überflüssig werden können.

Nützlich ist es auch, das Grundprogramm für das Internet –
den Browser – durch »Add ons« zu erweitern, z. B. durch einen
»Google-Schlitz« in der oberen Browser-Leiste. Auch der Inter-
net-Kommerz (z. B. Amazon) sucht sich nicht anders als die Wikipedia hier einzuklinken. Ausgesprochen nützlich für jeden
Theologen ist das Angebot der Deutschen Bibelstiftung, die direkte Suche und Anzeige des Bibeltextes in den maßgeblichen kritischen Ausgaben (BHS, LXX, Vg, NT graece) sowie die Menge-
und die Luther-Übersetzung (Version 1984) in den *Firefox*-
Browser einzubinden[181]. Auf dieses Angebot kann eigentlich kein
ernsthaft theologisch Arbeitender verzichten[182].

---

[179] Desktop Suchprogramme sind evtl. trotzdem empfehlenswert, wenn man
sehr große Datenmengen verwaltet, etwa das frei erhältliche *Copernic desktop
search* oder das entsprechende Programm von *Google*.

[180] Die Organisation der Datensicherung ist ein wichtiges Thema. Hat man
wenig Dateien, mag ein regelmäßiges Speichern auf verschiedenen Datenträ-
gern reichen, bei ständiger Arbeit am PC wird man dies automatisieren, etwa
durch Anschluss einer externen Festplatte und ein regelmäßiges automatisches
Sichern. Derartige Programme liegen häufig externen Festplatten bei (z. B.
Nero BackItUpEssentials). Man macht in Abständen Gesamtsicherungen und
lässt etwa regelmäßig differentielle Sicherungen ausführen, deren letzte dann
immer zusammen mit der Gesamtsicherung den Datenbestand rekonstruieren
ließe. Mit solchen Programmen lassen sich auch Start-CDs für den PC anfertigen.

[181] <http://www.bibelwissenschaft.de/>. Stichwort »Browser-Tools«.

[182] Die Einheitsübersetzung wird fast ebenso komfortabel – wenn auch ohne
»Browser-Tool« und deshalb hier bei den Hilfsprogrammen eigentlich nicht

Genannt haben wir schon den unverzichtbaren *Acrobat-Reader* (wenn man nicht ein anderes PDF-Lese- oder gar Bearbeitungsprogramm wählt).

Auf Programme, die im Grund ein inhaltliches Angebot – z. B. auf Basis einer Datenbank – aufbereiten, brauchen wir nicht näher einzugehen. Dazu gehören formale Lernprogramme (vom Vokabeltrainer angefangen) oder inhaltliche Wissensangebote (etwa in Geographie, Astronomie u. a. m.) wie schließlich Volltextdatenbanken, die an ihrer sachlichen Stelle erwähnt sind.

7.6 Programmkauf, Vertriebsformen und Urheberrecht

Eine Schlussbemerkung ist aber noch nötig: Dass Programme geistiges Eigentum ihrer Urheber und daher urheberrechtlich geschützt sind, dürfte bekannt sein. Es verpflichtet zu einem ehrlichen Umgang mit ihnen. Da die Investitionen in umfangreichere Programme beim Kauf nicht gering sind (im Vergleich etwa zu Büchern werden EDV-Programme derzeit m. E. allerdings vielfach recht teuer angeboten; anderseits gibt es häufig billige oder gar kostenlose Alternativen), ist aber nicht einzusehen, dass die Testmöglichkeiten häufig so gering gehalten werden. Zudem bedeutet der Erwerb eines Programms verbunden mit der notwendigen Einarbeitung eine langfristigere Festlegung. Daher ist es nachahmenswert, dass einzelne Firmen vollständige Demoversionen anbieten, die nur beim Druck Einschränkungen unterliegen (z. B. das genannte Notenschreibprogramm *capella*) oder bei Datenbanken nur eine begrenzte Kapazität von Datensätzen zulassen (wie beim Literaturverwaltungsprogramm *citavi*) und so eine vernünftige Entscheidung für ein Programm ermöglichen.

Ein anderes Konzept hat die sogenannte »Shareware«: Hier werden vollständige Programme frei zugänglich vertrieben. Will man das Programm ständig nutzen, muss man sich registrieren

---

zu nennen – vom Katholischen Bibelwerk angeboten <http://alt.bibelwerk.de/bibel/>.

lassen, dafür eine Gebühr zahlen und erhält dann ggf. ein Handbuch, Update (neueste Programmversion) o. ä. Manche Programme erlauben auch den freien privaten, nicht jedoch den gewerblichen Gebrauch. Der hinter dem Shareware-Konzept stehende Gedanke, dass Software vor dem Kauf getestet werden sollte, ist leider in vielen Fällen praktisch doch nicht ganz durchführbar, da die Autoren häufig zu viele immer wiederkehrende Registrieraufforderungen einbauen, so dass der Test unangemessen mühselig und zeitaufwendig wird. In anderen Fällen sind gerade die entscheidenden Leistungen aus der »Prüfversion« herausgenommen. Drittens ist die oft bescheidene Dokumentation, die in entsprechenden Dateien mitgeliefert wird, für nicht besonders versierte Anwender nicht ausreichend. Schließlich ist für den Nichtspezialisten manchmal die rückstandsfreie Deinstallation der getesteten Programme nicht einfach oder gar unmöglich. Deshalb gehört zum Umgang mit Shareware zumindest die Bereitschaft, einiges an Zeit zusätzlich zu investieren.

Frei verfügbar sind dagegen sogenannte *Public-Domain-* oder *Freeware-Programme.* Sie brauchen deshalb nicht schlecht zu sein. Doch muss man wissen, dass nicht alle Shareware- oder Public-Domain-Programme Reklameversprechungen der Vertreiber standhalten und dass auch viel »Schrott« in diesem Bereich vorliegt. Computer-Zeitschriften bieten häufig in ihren Heft-CDs frei nutzbare Programme an. Darunter finden sich oft auch ältere Versionen hochwertiger Standard-Software, die natürlich den Nutzer neugierig auf die neueste Version machen sollen, in vielen Fällen aber völlig ausreichend sind. In vielen Fällen muss man sich allerdings dafür als Anwender registrieren lassen, was oft mit der Berechtigung zum Update verbunden ist, fast immer aber häufige Reklame-Mails mit sich bringt.

Das Aussuchen aus dem Riesenangebot ist manchmal mühselig, und es ist leider auch nicht allen Zeitschriften-»Tests« zu trauen. Man kann daher in diesem Bereich ungünstigenfalls viel Arbeit und Geld investieren, was man beim Kauf eines bewährten Standardprogramms eventuell vermieden hätte – umgekehrt bei gutem Überblick freilich auch manches sparen.

7.7 Probleme im Umgang mit der elektronischen Datenverarbeitung

Dass die Arbeit mit dem Computer nicht nur Vorteile mit sich bringt, versteht sich von selbst. Eine wichtige Arbeitsvoraussetzung ist die Auswahl der richtigen Hard- und Software für die Zwecke der eigenen Arbeit. Die übersichtliche Organisation der Dateien auf der Festplatte des Computers ist die zweite Forderung. Man muss sich überlegen, wie man seine Verzeichnisse und Unterverzeichnisse anlegt, wie man allzu lange Suchwege vermeidet und wie man Dateien richtig und wiederauffindbar benennt usw. Bei vielen Programmen kann man auch über den programmeigenen Dateimanager Kommentare und Suchbegriffe zu jeder Datei ablegen. In diesen Bereich gehört auch die Fragestellung, welche Hilfsprogramme man sich zusätzlich besorgt. Unverzichtbar ist die Organisation der Datensicherung (vgl. Anm. 180).

Der konsequente Einsatz der EDV sollte aber auch immer wieder zur Überprüfung der eigenen Arbeitsabläufe Anlass geben. Die leichte Übernahme älterer Texte erlaubt es, auch »leichtsinnig« und unkontrolliert mit ihnen weiterzuarbeiten und auf diese Weise eventuell alten Ballast auf lange Zeit mit sich herumzuschleppen. Es ist wichtig, Notizen immer korrekt anzulegen, Angaben nur kontrolliert (oder sonst mit entsprechenden Vermerken) abzulegen, ältere Texte durchzusehen usw. Dass man Texte auch wieder löschen kann, sollte nicht vergessen werden. Die leichte Kumulierbarkeit gespeicherter Texte (… vom Proseminar-Referat bis zur Habilitation), die Übernahme aus anderen Datenbeständen usw. erlauben auch viel Bluff und ein Umgehen der Grundforderungen wissenschaftlicher Ehrlichkeit. Daher sind genaue Quellenangaben bei gespeicherten Fremdtexten wichtig. Ein leichtfertiger Umgang kann große Probleme mit sich bringen (Plagiatvorwürfe!). Ferner kann die Datenverarbeitung einer Tendenz zur Kumulation ohne genügende Durcharbeitung und eigenes Reflektieren Vorschub leisten, da ein rasches quantitatives Wachstum leicht möglich ist. Bei universitären Aufgabenstellungen wird man künftig darauf zu achten haben. Wie jede Technik ist die elektronische Datenverarbeitung eben nur so gut und nützlich wie ihr Anwender. Im Übrigen muss man sich selber klar werden, welche Dinge man in herkömmlicher Weise betreiben und für welche Arbeiten man sich technischer Unterstützung bedienen will. Die Notiz auf einem Zettel mit Bleistift und Kugelschreiber, einfache Karteien sind in vielen Fällen die schnelleren und rationelleren Alternativen, die ohne Gerätestart und ohne das störende Geräusch eines Computer-Lüfters zur Verfügung stehen. Insofern überholt die Datenverarbeitung nicht schlechthin alle traditionellen Techniken. Sie ersetzt sicher komplizierte traditionelle Verfahren (etwa im Karteienbereich) auf eine derzeit konkurrenzlose Weise; es gibt aber andere Dinge, in denen die Technisierung kompliziert und ablenkt. Es gehört zu einem normalisierten Umgang mit der Technik, dass man in diesen Fällen auch auf sie verzichten kann.

8. Lesen und Exzerpieren

»Zwei Dinge sind es vor allem, durch die jeder Wissen erlangt, nämlich Lesen und Meditation«, schrieb schon Hugo von Sankt Victor († 1141)[183]. Und auch heute noch ist es nützlich, sich einige Gedanken über das Lesen zu machen.

8.1 Lesetempo

Es gibt Lesegewohnheiten, die einem konzentrierten und zügigen Lesen im Wege stehen: das Buchstabieren (das wohl kein Fehler von Studenten sein dürfte), das Vokalisieren (das äußerliche oder innerliche Mitsprechen des Textes), das zu langsame und daher unkonzentrierte Lesen (zu oft schweifen die Gedanken ab) und die damit zusammenhängende Gewohnheit der Regression (immer wieder muss man Texte ein zweites Mal lesen, weil man sie nur überblickt, aber nicht aufgenommen hat) und schließlich das Wort-für-Wort-Lesen.

Manche Probleme können durch äußere Umstände bedingt sein: zu wenig Pausen (lernpsychologisch sind nach 20 Minuten oder einer halben Stunde Kurzpausen, nach etwa zwei Stunden eine längere Pause mit einer abwechselnden Tätigkeit nötig, vom Kaffeetrinken bis zum Musizieren); äußere Störungen (Lärm, Ablenkungen, TV …); »innere Störungen« (etwa Belastung durch ein anderes Problem). Einige Gedanken sollte man daher auch auf die Organisation seines Arbeitsumfeldes und -ablaufs verwenden.

---

[183] *Didascalicon : De studio legendi* / Thilo OFFERGELD (Übers.). Freiburg : Herder, 1997 (FC ; 27), S. 107, praef. – Eine tiefsinnige Betrachtung über Lesekultur dazu ist Ivan ILLICH: *Im Weinberg des Textes : Als das Schriftbild der Moderne entstand. Ein Kommentar zu Hugos »Didascalicon«.* Hamburg : Luchterhand, 1991.

Man kann aber auch die schlechten Lesegewohnheiten selbst durch ein konsequentes Lesetraining abstellen. »Schnell-Lesen«, »Dynamisches Lesen« o. ä. sind die entsprechenden Programme betitelt, die in großer Auswahl angeboten werden. Wie man schon der Aufzählung hinderlicher Lesegewohnheiten entnehmen konnte, geht es dabei um kein reines Schnelligkeitstraining. Vielmehr soll die Steigerung der Lesegeschwindigkeit gleichzeitig zu größerer Konzentration führen. Im Zusammenhang mit anderen Übungen soll dabei auch ein genaueres Durcharbeiten, besseres Verstehen und Behalten des Gelesenen erreicht werden: »Wenn man zu schnell oder zu langsam liest, versteht man nichts« (Pascal)[184].

Es gibt selbstverständlich noch andere sinnvolle Formen des Lesens: so das betrachtende Lesen etwa eines Schrifttextes, eventuell auch in der klassischen Form des Mitsprechens[185] oder zumindest des innerlichen Nachsprechens, ohne das der Nachvollzug eines

---

[184] *Pensées,* Laf. 41. – Für die obigen Hinweise haben wir das Bändchen von Ernst OTT: *Optimales Lesen : schneller lesen – mehr behalten.* Reinbek : Rowohlt, [31]2007 (rororo ; 16783) benutzt. Es gibt mehrere derartige Leselern-Programme im Buchhandel. – Umfassend zu allen Aspekten des Themas »Lesen« ist Alfred C. BAUMGÄRTNER (Hrsg.): *Lesen : ein Handbuch.* Hamburg : Verl. für Buchmarktforschung, 1973. Dort findet man auch bedenkenswerte und Schnelligkeitsoptimismus relativierende Sätze, z. B. S. 449f.: »Im Deutschen ist ein sinnvolles Lesen ohne gelegentliche Einschaltung des akustischen Apparats gar nicht möglich, einfach deshalb nicht, weil sich der Inhalt eines deutschen Satzes oft erst auf der Grundlage einer Klanginterpretation ergibt« (ob die »Essener Bibliographie« die Stadtgeschichte oder die Qumran-Sekte behandelt, ist nur klanglich zu entscheiden; vgl. auch den Witz: »Was ist Konsequenz? – *Heute* so, *morgen* so. – Was ist Inkonsequenz? – Heute *so,* morgen *so!*« Graphische Mittel wie die Kursive können in solchen Fällen hilfreich sein). Nichtsdestoweniger ist Lesetraining auch im Blick auf Schnelligkeit sinnvoll.
[185] Ps 1,2: ... der »seine Thorah lesend vor sich hinspricht Tag und Nacht«, wie H.-J. KRAUS übersetzt bzw. im dichterischen Verdeutschen M. BUBERS: »über seiner Weisung murmelt tages und nachts!« Vgl. die Hervorhebung des stillen Lesens bei Ambrosius, die der Gepflogenheit der Antike nicht entsprach, in der Darstellung des Augustinus: »Las er aber, so glitten seine Augen über die Seiten, und sein Herz ergründete den Sinn, Stimme und Lippen aber schwiegen« (*conf.* *6,3,* vgl. Aurelius AUGUSTINUS: *Confessiones* / Wilhelm THIMME [Übers.] ; Norbert FISCHER [Einf.]. Düsseldorf : Artemis und Winkler, 2004, S. 214).

poetischen Textes wohl nicht möglich ist. In bestimmten Zusammenhängen wissenschaftlicher Arbeit spielen auch diese Formen eine Rolle[186].

8.2 Studierendes Lesen

Wer sagt, er habe ein Buch »durchstudiert«, meint, dass er es besonders gründlich gelesen habe. Hier liegt der qualitative – nicht quantitative – Schwerpunkt bei der Benutzung von Fachliteratur[187]. Zum studierenden Lesen gehören mehrere Schritte: Man muss sich zunächst einen *Überblick* über das zu lesende Buch verschaffen. Die aufmerksame Durchsicht des Inhaltsverzeichnisses, die Lektüre der Einleitung, eine gute Rezension u. a. können hier helfen. Dem Eingearbeiteten sagt vielleicht bereits der Name des Autors einiges aus. Er wird sich auch ansehen, welche Literatur verarbeitet ist (Literaturverzeichnis).

Wichtig ist es, sich seine *eigene Fragestellung* an das Buch klarzumachen: Lese ich unter einem bestimmten Blickpunkt? Welches sind die Hauptprobleme? Oder geht es mir nur um einen allgemeinen Überblick? Selbstverständlich hören die Fragen bei der Lektüre nicht auf. Vielmehr kommt es hier zu einer Begegnung meines Vorverständnisses mit demjenigen, das der Verfasser ausgearbeitet hat. Die Fruchtbarkeit der Lektüre liegt gerade darin, dass mein Vorverständnis durch sie entweder bestätigt oder aber in Frage gestellt, korrigiert, ergänzt wird. Je nach Art des Themas werden dabei meine Erfahrungen in die Auseinandersetzung mit dem Autor eingebracht.

Es wird wichtig sein, bei Gedankenschritten zu *rekapitulieren,* sich nochmals den Zusammenhang klarzumachen, beson-

---

[186] Vgl. dazu Jean GUITTON: *Sagesse* (Anm. 9), S. 226. – Da das Christentum sich auf schriftliche Urkunden stützt, ist es nicht verwunderlich, dass es auch eine *Theologie* des Buches und des Lesens gibt. Vgl. Karl RAHNER: *Sämtliche Werke.* Bd. 16: *Kirchliche Erneuerung.* Freiburg i.Br. : Herder, 2005, S. 163–180.
[187] Neben E. OTT: *Optimales Lesen* (Anm. 184), vgl. auch Regula SCHRÄDER-NAEF: *Rationeller Lernen lernen* (Anm. 5).

ders auf zusammenfassende Äußerungen zu achten, die Hauptideen herauszustellen usw. Zu solchem Zweck sollte man die Lektüre gegebenenfalls unterbrechen und über den erarbeiteten Stoff nachdenken. Das dient auch dem besseren Behalten des Gelesenen. Seine eigenen Bücher sollte man mit Bleistift durcharbeiten. *Anstreichungen* dienen zum einen dem Gliedern im Verlauf des Lesens. Sie sollen wichtige, eindrucksvolle, unklare, falsche usw. Stellen markieren und haben so auch eine Funktion für die Wiederholung. Solchermaßen durchgearbeitete Bücher können später viel leichter erneut benutzt und »kursorisch« gelesen werden. Es ist dabei gut, sich ein – nicht zu ausgefeiltes – System von Zeichen zuzulegen und es systematisch anzuwenden. In vielen Fällen werden schon die Unterstreichungen und das Unterschlängeln ausreichen – das eine für Wichtiges, das andere für Zweifelhaftes. Ergänzen kann man beides durch Buchstabensymbole (»Z« für »Zusammenfassung« usw.[188]). Man kann auch den inneren Rand der Seite für formale und den äußeren für inhaltliche Anmerkungen benutzen. Es kommt weniger auf die Methode des Unterstreichens und Anmerkens an als auf den Effekt. Komplizierte Anstreichsysteme sind allerdings wohl eher hinderlich[189].

Ein noch strengeres System macht sich aber eventuell bei »Paukstoff« bezahlt. Hierbei kann – etwa in Vorlesungsskripten – auch ein Arbeiten mit Farbstiften sinnvoll sein. Dies gilt besonders für Lehrbücher, die nach altem Muster in Thesenform mit nach Wichtigkeit gegliedertem »Merkstoff« angelegt sind. Far-

---

[188] Formal – nicht unbedingt inhaltlich – kann man sich z. B. an Hans-Joachim ECKSTEIN: *Bibel-Anstreichsystem : mit Verzeichnis biblischer Begriffe.* Neuhausen-Stuttgart : Hänssler, ⁹1996, halten.

[189] Es gibt berühmte »Marginalisten« in der Geistesgeschichte. So ist man etwa dabei, die Randbemerkungen VOLTAIRES in seiner Bibliothek zu edieren: *Corpus des notes marginales de Voltaire.* Berlin : Akademie-Verl., 1979ff. (6 Bde. bis 1994!). Auch Martin HEIDEGGER hat eigene und fremde Bücher häufig mit Marginalien und Anstreichungen versehen, vgl. etwa die in der Neuausgabe von *Sein und Zeit* abgedruckten Randbemerkungen. Bei fremden Büchern ist solches aber nur Genies erlaubt – und auch das nur nachträglich.

banstreichungen erleichtern dann z. B. die bloße Wiederholung der Thesen oder nur der biblischen Begründungen usw.

8.3 Kursorisches Lesen

Die Menge des gedruckten Materials macht das kursorische Lesen, das nicht einfach als oberflächliches Lesen verstanden werden darf, immer wichtiger. In vielen Fällen kommt es zunächst einmal auf eine Vorinformation an: Lohnt sich ein gründliches Durcharbeiten? Bringt es für meine Arbeit einen neuen Impuls? Sind hier neue oder andersartige Thesen entwickelt? – In anderen Fällen ist eine grobe Kenntnisnahme aus irgendwelchen Gründen unbedingt notwendig, ein systematisches Erarbeiten aber überflüssig.

Kursorisches Lesen setzt ein gewisses Vorwissen über den Gegenstand voraus und will daher auch gelernt sein. Die Kunst besteht im Aufspüren der wesentlichen Aussagen des Textes. Methodisch kann man dabei so vorgehen, dass man sich an die Gliederung des Verfassers hält, seine Hervorhebungen besonders beachtet, zusammenfassende Abschnitte gründlicher liest, im Überfliegen der Seiten die zentralen Begriffe sucht und ihren Kontext etwas genauer beachtet. Einfacher ist es, wenn das kursorische Lesen nur den Sinn hat, ein Buch oder einen Aufsatz auf eine ganz bestimmte Frage hin zu untersuchen. Wenn einige »Reizworte« den Umkreis des Problems genügend bezeichnen, kann man beim Durcheilen des Textes gewissermaßen warten, bis man über sie »stolpert«.

Die Fertigkeit der kursorischen Lektüre ist freilich durch schlechte Lesegewohnheiten beeinträchtigt. Das in 8.1 Gesagte ist daher hier grundlegend.

8.4 Exzerpieren

Das Exzerpieren, also das Notieren der wesentlichen oder wichtigeren Gedanken eines Textes, dient der Gedächtnisentlastung und der Strukturierung. Auch ein gründlich erarbeitetes Buch bleibt nicht immer und oft nicht sehr lange im Gedächtnis haften. So ist es von Vorteil, wenn man sich bestimmte Gedankengänge nochmals anhand seiner Aufzeichnungen klarmachen kann. Zum Teil kann dies aber auch erreicht werden, wenn man ein Buch gründlich mit Anstreichungen durchgearbeitet hat (ein *eigenes*, versteht sich!): Im Durchblättern sieht man dann sehr schnell, welche Argumentationen entscheidend waren oder auch – wenn's darauf ankam – wo die pointierte Formulierung, das Bonmot usw. standen. Das Exzerpieren mit dem nötigen zusammenfassenden Formulieren ist aber sicher eine »nachhaltigere« Methode der Erfassung eines Textes.

Bei Büchern, die man nicht selbst besitzt, wird man in vielen Fällen zur Fotokopie greifen[190]. Jedenfalls ist sie bei kleineren literarischen Einheiten inzwischen so preisgünstig, dass sich ein umfangreiches Exzerpieren erübrigt, wenn man nur Texte bereithalten möchte.

Trotzdem bleibt das Exzerpt in vielen Fällen wichtig, besonders, wenn es darum geht, für eine konkrete Arbeit Material bereitzustellen. Exzerpieren hat hier den Sinn, dass man beim Entwurf der Arbeit ohne langes Suchen die Aussage finden kann, die man

---

[190] Das derzeitige Urheberrecht regelt die Frage des Kopierens für den eigenen wissenschaftlichen Gebrauch relativ großzügig. Vgl. Wilhelm NORDEMANN ; Kai VINCK ; Paul W. HERTIN: *Urheberrecht.* Stuttgart : Kohlhammer, [9]1998, 10. Aufl. angekündigt. Die Änderungen des Urheberrechtsgesetzes vom 24. Juni 1985 *(Bundesgesetzblatt* T. 1, Nr. 33, S. 1137ff.) untersagen die *im wesentlichen vollständige* Fotokopie eines Buches oder einer Zeitschrift ohne Einwilligung des Berechtigten, gestatten sie aber, wenn das Werk mindestens zwei Jahre vergriffen ist. Der Urheberrechtsschutz erlischt 70 Jahre nach dem Tod des Urhebers mit Ablauf des jeweiligen Kalenderjahrs. – Autoren und Verlage werden durch pauschale Abgaben auf Geräte und Kopien über Verwertungsgesellschaften entschädigt (für die Wissenschaften die VG Wort: <http://www.vgwort.de/>).

für seine Thesen benötigt. Eine erste Art solcher Belege sind die bibliographischen Angaben der benutzten Schriften. Zwar ist das Notieren eines Titels noch kein »Exzerpieren«. Für einen sinnvollen Ertrag im Umgang mit Exzerpten ist aber die Voraussetzung, dass man jederzeit die bibliographischen Angaben parat hat. Daher wird man sich am besten die Literatur zu seinem Thema auf Zetteln bzw. Karteikarten (oder in einer eigenen Literaturdatenbank) exakt notieren. Die eigentlichen Exzerptkarten benötigen dann nur noch gekürzte (aber eindeutige!) Verweisungen auf diese bibliographische Kartei. Das internationale Postkartenformat (DIN A6) dürfte hierfür ausreichend und günstig sein. Wir empfehlen es auch für die eigentlichen Exzerpte[191].

Das Exzerpt dient der Fixierung dessen, was für die spätere Arbeit von Bedeutung ist. Es kann in verschiedenen Formen angelegt werden. Etwa als *Schlagwortexzerpt:* Zu den entscheidenden Begriffen der begonnenen Arbeit notiert man sich die entsprechenden Quellentexte, Interpretationshinweise, kontroverse Meinungen und anderes wichtiges Material. Der Exzerptzettel enthält oben das Schlagwort – nach dem er ja eingeordnet und aufgefunden werden soll –, dann den Text und die bibliographische Referenz. Es ist wichtig, die Exzerpte formal so auszuführen, dass sie später lesbar sind, dass Zitate wörtlich übernommen werden können, dass die Seitenangaben genau notiert sind usw. Manche Autoren empfehlen noch eine Datumsangabe auf dem Zettel. Das ist u. U. insofern wichtig, als bei einer längeren Arbeit in verschiedenen Stadien die Zielsetzung und Methode wechseln können und das Datum die rechte Zuordnung erlaubt. Es lässt sich im Übrigen auch schnell durchführen – etwa im Zuge einer wöchentlichen Einordnung der Exzerpte mit Hilfe eines Datumsstempels. Dieser bewirkt gleichzeitig, dass das Datum auffällig

---

[191] Zur Frage, inwieweit Karteien sich durch EDV-gespeicherte Dateien ersetzen lassen möchte ich erst weiter unten Vorschläge machen (vgl. 9.4). Solange man nicht generell mit elektronischen Medien (Laptop etc.) an allen Arbeitsplätzen ausgestattet ist, haben die traditionellen Verfahren einiges für sich, mindestens als »Zwischenträger«.

genug angebracht ist. Für kleinere Seminararbeiten ist derlei nicht nötig.

Inhaltlich kann das Schlagwortexzerpt durchaus unterschiedliche Funktionen übernehmen: Es kann als *Zitierexzerpt* angelegt werden, wenn das Exzerpierte später in die eigene Arbeit als Zitat eingehen soll, oder als *Florilegienexzerpt,* wenn gute Formulierungen usw. gesammelt werden sollen, oder aber als *Referatexzerpt,* wenn eine Sache zusammenfassend selbst formuliert wird. Für Prüfungszwecke braucht man ein *Memorierexzerpt,* das die dargestellte Sache mnemotechnisch günstig wiedergibt und sie besonders einprägsam macht (Thesenform o. ä.). Letzteres wird freilich meist schon zur nächsten Gattung gehören, bei der es gilt, vollständige literarische Einheiten zusammenzufassen.

Neben dem Schlagwortexzerpt bietet sich nämlich noch eine andere Möglichkeit an: das *Verfasserexzerpt*[192]. Sein Sinn ist, die durchgearbeiteten Texte in ihrer Ganzheit zur Verfügung zu stellen. Es ist also nicht so abhängig von einer konkreten Fragestellung wie das Schlagwortexzerpt (freilich auch nicht so unabhängig, wie manche meinen, die es propagieren) und ist daher – wenn eine konkrete Arbeit abgeschlossen ist – eher des Aufhebens wert. Eine konsequent über ein ganzes Studium hin angelegte Verfasserexzerpt-Kartei hätte einen großen Informationswert. Dem steht entgegen, dass der Student der Theologie in mehreren Einzelfächern sein Grundstudium durchführen muss, die ihm später nicht alle gleich wichtig sein werden. Oft ist der Kauf der Grundliteratur dem Exzerpt vorzuziehen. Schließlich ist die Mühe des Exzerpierens gerade im Fall des Verfasserexzerpts sehr groß: Statt zu exzerpieren, kann man manche andere Arbeit tun und manches andere Buch lesen.

Trotzdem ist aber auch das penible Verfasserexzerpt sinnvoll, jedenfalls für denjenigen, der ein wissenschaftliches Gebiet auf

---

[192] Vgl. hierzu Martin GRESCHAT u. a.: *Studium und wissenschaftliches Arbeiten.* Gütersloh : G. Mohn, ²1974, S. 82ff. Dieses Buch behandelt sehr gründlich die Anlage einer »privaten Dokumentation«, allerdings mit Hilfe einer Karteimethodik, die dank des Computers inzwischen antiquiert ist. Zur Logik von Ordnungsfragen kann man hier aber immer noch sehr viel lernen.

längere Zeit hin bearbeiten will. Für ihn bedeutet eine Sammlung solcher Exzerpte eine private Dokumentationsstelle. Wie Exzerpieren für quellenbetonte Arbeiten auch zur Vorbereitung der Darstellung, zum Feststellen von Abhängigkeiten und Übereinstimmungen von Quellen usw. notwendig ist, zeigt eine schöne Stelle in J. A. Jungmanns Buch über die Heilige Messe[193]:

»Was hier die Quellen boten, und zwar neben den neueren Textausgaben auch die älteren Sammlungen, vor allem der schon über zwei Jahrhunderte alte, noch nie entsprechend ausgewertete Martène [De antiquis Ecclesiae ritibus], musste übersichtlich exzerpiert werden. So reihten sich bei verschiedenen Kapiteln immer wieder in Meterbreite die Parallelkolumnen aneinander, Dutzende und bis an die hundert schmaler Streifen, die dann, um die Feststellung von Gemeinsamkeiten und Grundformen zu ermöglichen, alsbald in allen Farben des Regenbogen schimmerten, bis sich wieder die Erkenntnis eines Stückes Entwicklung ergab. Diese wird dem Leser meist in wenigen Sätzen dargeboten, zu denen noch ein paar Dutzend ausgewählte Quellenbelege unterm Strich kommen, die dem kritischen Benützer die erwünschte Sicherheit und die Basis zu weiterer Arbeit bieten, den unbefangen gläubigen Leser aber nicht weiter zu stören brauchen. Auch sonst war es nicht immer leicht, den Ertrag der unzähligen Einzeluntersuchungen, Entdeckungen, Hinweise, Kontroversen so zusammenzufassen, dass daraus eine lesbare Darstellung wurde und die Steinchen sich zum Mosaik zusammenfügten, aus dem das große Bild der römischen Messe hervorleuchten konnte, das trotz manchen Übermalungen und zeitbedingten Anpassungen auch heute in ruhiger Klarheit auf uns niederblickt.«[194]

---

[193] Auch bei der Elektronisierung des hier geschilderten Arbeitsvorgangs – etwa durch Anlage von Tabellen mit Spalten etc. – bleibt die Aufgabe des Exzerpierens.

[194] Josef Andreas JUNGMANN: *Missarum sollemnia*. Bd. 1. Wien : Herder, ²1949, S. VII [Nachdruck Bonn : Nova et vetera, ⁵2003], worauf dann noch die Notwendigkeit der »Überprüfung der sämtlichen Zitate, die noch über ein halbes Jahr angestrengter Arbeit in Anspruch nahm« erwähnt wird. Das grandiose Buch ist für die gegenwärtigen Diskussionen um die Messliturgie wieder äußerst aktuell und zeigt gut, auf wie soliden Fundamenten die Liturgiereform des Vaticanum II. steht, die Trient eben noch nicht kannte – ganz unabhängig von möglichen Fehlentwicklungen, die es immer wieder gibt.

8.5 Eigene Notizen

Legt man sich seine Arbeitsmaterialien im Sinne einer Schlagwortkartei an – selbstverständlich wäre auch die Heftform denkbar, diese Dinge muss man nach seinen speziellen Bedürfnissen gestalten –, so kann man eigene Reflexionen, Einfälle, Analysen usw. im Grund auf die gleiche Weise wie Schlagwortexzerpte behandeln. Auch die eigenen Kommentare zur durchgearbeiteten Literatur brauchen nicht gesondert behandelt zu werden.

Arbeitet man mit Verfasserexzerpten, so ist die Unterscheidung zwischen *Kommentarkarten* und *Notizkarten*[195] nützlich. Man sollte die verschiedenen Gattungen dann auch formal – etwa farblich – unterscheiden.

Der Inhalt solcher Eigenaufzeichnungen wechselt je nach Thema, theologischem Fach oder jeweiliger Methodik erheblich. Im Übrigen ist es wesentlich eine Frage des Arbeitsstils, wieviel von seinen eigenen Überlegungen man sich schriftlich notieren muss und schon gar, was man für spätere Arbeiten davon archivieren will. Wenn man dies tun möchte, ist die Eingabe solcher Notizen in elektronische »Karteien« resp. Datenbanken zu überlegen (vgl. oben 7.5.2 zu den Programmen und unten 9.4 zu den praktischen Fragen).

---

[195] Vgl. M. GRESCHAT, a. a. O., S. 90–92.

9. Materialsammlung, Kartei

In diesem Abschnitt machen wir zunächst einmal eine Pause in der Vorbereitung der schriftlichen Arbeit, der wir bislang in einigen Stadien gefolgt sind, und fragen uns, wie wir denn das ganze schriftliche Material praktisch ordnen können: Exzerpte, Notizen, Vorlesungsnachschriften, vervielfältigte Arbeitspapiere, Fotokopien usw. Dabei stellen sich zwei Probleme: das technische, das hier behandelt werden soll, und das der sachlichen Klassifikation (vgl. 10).

9.1 Formatfragen

Glücklicherweise hat man es in der Theologie nicht mit Gesteinsproben, Herbarien usw. zu tun, sondern meist mit Papier, und so geben wir nur hierzu Hinweise.

Zunächst sollte man sich auf bestimmte Papierformate beschränken. Da aufgrund von Normen das Angebot weitgehend vereinheitlicht ist, hält man sich am besten an diese Maße. Die DIN-Formate der A-Reihe, die hier zu benutzen sind, entstehen – ausgehend vom Format DIN A0 (841 x 1189 mm)[196] – jeweils durch Halbieren des größeren Formats. Man wird mindestens mit zwei Formaten arbeiten müssen:

Das Format DIN A4 (210 x 297 mm), das für Briefblöcke, Schreibmaschinenpapier u. a. üblich ist, wird im Allgemeinen

---

[196] Das Format DIN A0 hat eine Fläche von 1 m^2 bei einem Seitenverhältnis von 1 : $\sqrt{2}$. Vgl. zu Norm- und Buchformaten Helmut HILLER ; Stephan FÜSSEL: *Wörterbuch des Buches.* Frankfurt : Klostermann, ^{7}2006, S. 125–129. Ursula RAUTENBERG: *Reclams Sachlexikon des Buches.* Stuttgart : Reclam, 2003, S. 94–95 (Buchformat) und S. 390–391 (Papierformate). Vgl. die Normen DIN 198 und 476 *Papier-Endformate,* auch abgedruckt in *Publikation und Dokumentation.* Bd. 1 (Anm. 122), S. 1–9.

für vervielfältigte Arbeitsmaterialien, Fotokopien usw. verwendet. Am besten legt man seine größeren Aufzeichnungen (wie Vorlesungsmitschriften, Entwürfe usw.) in diesem Format an. Daneben benötigt man aber ein kleineres Format für Literaturkarteien, Schlagwortexzerpte, Notizen usw. Das Format DIN A6 (= Postkarte) ist dafür m. E. am besten geeignet. Für reine Titelkarteien genügt zwar auch DIN A7, doch lassen sich auf diesem Format kaum zusätzliche Notizen unterbringen.

Leider sind nicht alle DIN-Formate ästhetisch schön[197]. So ist es kein Wunder, dass *Buchformate* den DIN-Formaten meist nicht entsprechen. Herkömmlich ging man bei ihnen von der Falzung eines Papierbogens aus. Dessen Größe schwankte jedoch zwischen 330 x 420 mm und 470 x 780 mm, so dass man Groß- und Kleinformate unterscheiden muss. Einmaliges Falzen des Bogen ergibt das Folioformat (2°, 2 Blätter, also 4 Seiten), zweimaliges das Quartformat (4°, 4 Bl., 8 S.), dreimaliges das Oktavformat (8°, 8 Bl., 16 S.), viermaliges das Sedezformat (16°, 16 Bl., 32 S.). Die historischen Formate haben somit mehr mit der Falzung und Laufrichtung des Papiers als mit der Größe zu tun. Die mittleren Formate in älteren Bibliothekskatalogen oder Bibliographien gehen dagegen von durchschnittlichen Buchgrößen aus (bis 25 cm = 8°, bis 35 cm = 4°, bis 45 cm = 2°; anders jedoch bei der Beschreibung historischer Bestände in Inkunabel-Katalogen). Heutzutage gibt man Formate in cm der Buchhöhe an (bei Querformaten Höhe x Breite).

---

[197] Vgl. Jan TSCHICHOLD: Normformate sind nicht immer brauchbar. In: DERS.: *Erfreuliche Drucksachen durch gute Typographie*. Ravensburg : Maier, 1960, S. 111ff. [Neuausg. des Buches: Augsburg : Maro, 2001.] Tschichold empfiehlt dort, DIN A4-Bögen für den privaten Gebrauch – z. B. für einen ästhetisch schönen Brief – um 17 mm in der Höhe zu kürzen. DIN A5-Formate in der Breite um 8 mm, so dass sich die Formate 21 x 28 cm und 14 x 21 cm ergeben. Aus praktischen Gründen wird man das freilich meistens nicht tun. Dass das bei Offset-Reproduktionen etwa im Dissertationsdruck übliche DIN A5-Format kein schönes Buchformat ist, kann man wohl auch erkennen, ohne sich in die Proportionsregeln von Tschichold zu vertiefen.

9.2 Aufbewahren größerer Formate

Je nachdem, ob es sich um Einzelblätter oder größere, viele Blätter umfassende Texte (wie etwa vervielfältigte Vorlesungsnachschriften) handelt, wird man in verschiedener Weise vorgehen. *Umfangreiche Skripten* kann man z. B. in den üblichen *Aktenordnern mit Hebelmechanik* unterbringen. Der Nachteil besteht darin, dass diese Ordner einen relativ hohen Platzverbrauch durch die Mechanik haben (abgesehen von Ordnern mit Spezialmechanik); ferner lassen sich die eingelegten Schriftstücke nicht gut blättern; sie müssen also zum bequemen Lesen aus dem Ordner genommen werden; drittens ist das Lochen bei größeren Textmengen sehr zeitraubend, wenn man nicht einen großen Bürolocher mit Anlegeschiene besitzt. Der Vorteil dieses Aufbewahrungssystems besteht darin, dass man leicht Blätter einschieben kann.

Eine alternative Methode ist in diesen Fällen die *Klammerheftung,* doch braucht man hierzu ein größeres Heftgerät. Es empfiehlt sich daher eher die *Klebebindung,* wie man sie normalerweise vom Buchbinder für Staatsarbeiten, Dissertationen usw. durchführen lässt. Wem dies zu teuer ist, der kann seine Arbeiten und Materialien auch selbst klebebinden. Dazu verwendet man Spezialklebstoffe (z. B. Planatol), die eine genügende Elastizität im getrockneten Zustand besitzen (daher auf keinen Fall die ähnlich aussehenden Holz-Weißleime!). Der zum Einbinden vorbereitete Blätterstoß muss ganz glatt aufgestoßen werden. Er wird dann am besten mit einer Schraubzwinge zwischen zwei Brettern eingespannt, und zwar so, dass der Kleberand genügend weit übersteht, damit man die Blätter etwas auffächern kann. Das ist nötig, damit genügend Klebstoff zwischen die Blattenden gelangen kann. Der Kleberand wird so mit dem Klebstoff fest eingestrichen. Auf die Klebestelle wird möglichst ein Gazestreifen gelegt und mit angeklebt. Wenn man noch zwei feste Deckel zuschneidet und den Rücken mit Leinenstreifen oder Tesaband überklebt, ist das Ganze auch ästhetisch annehmbar. Entsprechend vorbereitete Deckel, in die man nur noch die Blätter einzulegen braucht (der Rückenstreifen besitzt bereits eine Klebstoffschicht), werden auch im Bürofachhandel angeboten. Natürlich sollen nicht alle Blätter, die man aufheben will, fest verleimt werden. Für *Einzelblätter* bietet sich nach wie vor der *Ordner* mit Hebelmechanik bzw. das *Ringbuch* an. – Sehr praktisch sind *Hängeregistraturen*. Sie bestehen aus einem Draht- oder Kunststoffrahmen, den man einzeln kaufen oder auch in System-Schreibtischen vorfindet. In diesen Rahmen kann man Hängemappen verschiedener Art oder auch Hängehefter einhängen. Mit Klarsichtstreifen beschriftbar ist ein solches System sehr übersichtlich und praktisch. Die Mappen kommen der Faulheit resp. Arbeitsökonomie entgegen: Mit einem Handgriff kann man alles sachlich geordnet verschwinden lassen. Nachteile der Hängeregistratur sind die relativ hohen Preise für die Mappen und ferner die überstehenden Einhängeschienen, die den Transport in Aktentaschen erschweren.

Den letztgenannten Nachteil der Hängeregistratur und die schlechte Raumausnutzung herkömmlicher Ordner vermeiden bestimmte Formen der *lochlosen Schriftgutablage* (z. B. Mappei, Siegen). Hierbei werden Blätter in kleine, relativ preiswerte Mappen aus Papier – oder auch vornehmer in teurere Klarsichtmappen – eingelegt. Diese können mit Klebeschildern (Taben) beschriftet werden. Man bewahrt sie in Ordnungsbehältern in der Größe von Aktenordnern wie in einer Kartei auf. Diese Behälter können oben oder seitlich geöffnet sein (Vertikal- oder Lateralablage). Vorteil ist die karteimäßige Ordnungsmöglichkeit, die Übersicht durch die Beschriftungstabe und die leichte Transportierbarkeit ohne Behinderung durch Hängevorrichtungen oder Ordnermechaniken.

Für die Aufbewahrung von *Kleinschriften* oder *Fotokopien* eignen sich einfache Pappschuber. Man kann diese in sehr vornehmer Leinenausführung oder als sog. Archivschachteln auch in Pappe kaufen. In Bibliotheken fallen ebenfalls häufig brauchbare Schuber an, da viele großformatige Bücher darin verpackt werden.

9.3 Zettelkasten, Kartei

Bei Aufzeichnungen im Format DIN A6 (und kleiner) ist die ideale Aufbewahrungsform die Kartei. Falls man sich Karteikästen kauft, sollte man vorher überlegen, ob man sie später stapeln will (dann braucht man Zugkästen, keine Kästen mit Deckel), in einen System-Schreibtisch einsetzen (Norm-Maße) oder ob man mit »Einzelstücken« arbeiten will (dann genügen u. U. Zigarrenkästen, die aber vielleicht auch nicht mehr so einfach zu bekommen sind). Die Abmessungen sind nach DIN 4544 genormt (der Kartei-, nicht der Zigarrenkästen!). Die einfachste Ordnung von Karteien erzielt man mit Hilfe von Leitkarten. Diese besitzen einen über die anderen Karten herausragenden Vorsprung (Tab, evtl. Aufsteckreiter mit Klarsichtfenster zur Beschriftung), der mit dem Ordnungswort, der Ordnungsziffer oder dem entsprechenden Buchstaben beschriftet werden kann. Untergliederungen nimmt man entweder durch weitere beschriftbare Aufsteckreiter vor oder durch einfache, bloß markierende Reiter. Man kann dabei auch der Farbe, Form und Stellung dieser Reiter eine besondere Bedeutung zuordnen und auf diese Weise (z. B. mit Hilfe einer vorangestellten Leitkarte, die die Schlagwörter an der zugehörigen Stelle verzeichnet) etwa eine alphabetisch abgelegte Verfasserexzerpt-Kartei zusätzlich nach Themen kennzeichnen.

Das gleiche lässt sich geschickter auch mit Karten durchführen, die am oberen Rand eine Schlitzloch-Perforierung besitzen, in die unverschiebbare Kunststoffreiter eingesetzt werden können. Für ad-hoc-Karteien, die nur einer bestimmten kurzfristigen Arbeit dienen, ist dieses Verfahren freilich zu aufwendig. Eine einfachere Ordnung mit Hilfe von Leitkarten mit Ordnungs-Schlagwörtern wird meist ausreichend sein.

Die letztgenannten Sonderformen haben natürlich auch preisliche Nachteile, weil sie stärkere Papiere voraussetzen. Für normale Exzerpte und Notizen im Format DIN A6 genügen Blätter in einfacher Papierqualität (etwa 80 g/m^2 = normales Schreibmaschinenpapier). Bei DIN A5-Karteien wäre deren Standfestigkeit aber schon zu gering. Da es Vorteile hat, die Karten nur einseitig zu beschreiben, genügt im Grunde auch Konzeptpapier, das bereits einseitig benutzt – z. B. bedruckt – ist. Dies ist jedoch eine Geschmacksfrage, und wessen Arbeitskraft durch schönere Materialien erhöht wird, der kann natürlich hier die qualitätsmäßig besseren, aber teureren handelsüblichen Karteikarten verwenden. Es gibt im Übrigen Organisationsmittel, die zur übersichtlicheren Gestaltung von Karteien verwendet werden können, z. B. *Schrägsicht-Leitkarten*, ferner Formen der Kartei, die für bestimmte Ordnungsaufgaben eine bessere Übersicht erlauben *(Flachkarteien, Streifenkarteien)*[198]. Kompliziertere Karteitechniken *(Randlochkarten*[199]*, Sichtlochkarteien)*[200] sind zwar sehr leistungsfähig, dank der EDV aber wohl nur noch historisch interessant.

9.4 Die elektronische Kartei: Datenbanken

Die einfacheren Formen von Karteien – sprich: das Aufbewahren von Karteikarten in einer einfachen (z. B. alphabetischen) Anordnung in Karteikästen sind durchaus noch nicht überholt, wenn man Materialien für eine konkrete Arbeit sammelt. Anderseits sind die Vorzüge der Elektronisierung intensiv genutzter Karteien auch nicht zu verkennen. Eine Adressdatenbank ist z. B. bei Zunehmen des Adressbestandes, mit dem man es zu tun hat, eine Erleichterung. Ein periodischer Ausdruck der Datei in Listenform für die Aktentasche oder den Urlaub kann dabei durchaus sinnvoll bleiben (wenn man nicht auch hier elektronische Hilfsmittel wie PDAs hat).

---

[198] Vgl. dazu etwa Gottfried WEILENMANN: *Die zweckmäßige Kartei.* Stuttgart : Taylorix, ²1980.

[199] Als Information zur Arbeit mit Randlochkarten vgl. das Buch von M. GRESCHAT: *Studium und wissenschaftliches Arbeiten* (Anm. 192).

[200] Dazu F. CLAUS: *Das Sichtlochkartenverfahren.* Berlin : Dt. Akad. d. Wiss., Inst. f. Dokumentation, 1963 (Bücherei des Dokumentalisten ; 17); H.-J. TRUMPF: *Lochkartenfibel.* Hannover : EKAHA, ⁴1971.

Mittels einer Literaturdatenbank lassen sich z. B. Sonderdrucke, Fotokopien, Literaturexzerpte etc., die man verwahren will, leicht verwalten. Die Datenbank muss die entsprechenden bibliographischen Felder enthalten und eine (möglichst automatisch generierte) laufende Nummer, unter der der Text abgelegt wird. Ein weiterzustellender Nummernstempel zur Kennzeichnung der Objekte für das (zugegebenermaßen wie jede Ordnungsarbeit unangenehme) Ablageverfahren ist hilfreich.

Einen Schritt weiter gehen Literaturverwaltungsprogramme, die wir oben (7.5.3.) eingeführt haben. Hier ist einem die Programmierarbeit schon abgenommen. Die Verwaltung einer Ablage ist bei Ihnen nicht unbedingt vorgesehen, aber ggf. zu organisieren, indem man entsprechende Nummernfelder benutzt oder frei Felder mit Nummern bzw. Signaturen belegt. Ein Programm wie *Zotero* ermöglicht in der Datenbank selbst die Ablage von Volltexten. Eine andere Möglichkeit ist die Verknüpfung mit ihren Adressen auf der Festplatte (Pfaden) oder im Internet (URLs).

Für Sonderaufgaben lassen sich entsprechende Spezialdatenbanken aufbauen, etwa eine Datei der Choralvorspiele zu den Nummern des Gesangbuchs»Gotteslob« für einen Organisten oder eine Schallplatten- oder Video-Datenbank, eine Bild-Datenbank u. ä. die die Übersicht über größere Bestände solcher Materialien ermöglichen.

Die Demo-Datenbank zu Singvögeln, die dem Datenbankprogramm *Visual Data Publisher*[201] beigegeben ist (mit Bildern und Tonbeispielen derselben), zeigt, dass Datenbanken noch ganz andere Möglichkeiten haben und audiovisuelle Komponenten miteinbinden können.

Datenbankprogramme sind, wie schon gesagt, in den heute gängigen Office-Paketen enthalten. Es lassen sich damit einfach strukturierte wie hochkomplexe Anwendungen gestalten. Nach eigener Erfahrung würde ich heute meine selbstprogrammierten Datenbanken möglichst einfach strukturieren, um sie leichter in neue Umgebungen (Updates, Transferieren in andere Programme

---

Vgl. <http://www.tdb.de/text/visual_data_publisher.html>.

etc.) übersetzen zu können. Die Einarbeitung in neue Programm-versionen ist m. E. schon bei Textverarbeitungen unangenehm ge-nug, wenn man gelernt hat, mit einem Programm flüssig zu arbei-ten. Wo der Aufwand es lohnt, sind aber mit einiger Einarbeitung auch komplexe relationale Strukturen nicht allzu schwer auf-zubauen und auch sinnvoll. Man soll nur die Folgeprobleme (Da-tenbankpflege) mitbedenken.

10. Klassifikationen

Wir haben bislang nur die technische Problematik des Ordnens besprochen. Es stellt sich nun die Frage, nach welchen Schemata man klassifizieren soll.

10.1 Alphabetische Ordnung

Eine einfache Ordnungsmöglichkeit bietet oft das Alphabet. Für alle Zweifelsfälle gibt es hierbei Regeln, die das Normblatt DIN 5007[202] nennt. Dort kann man bei Bedarf die komplizierteren Fälle (Ordnungsfolgen von arabischen und römischen Ziffern, Sonderzeichen u. ä.) nachlesen.

Für den Normalbedarf – aktiv wie passiv – ist wichtig, dass »ß« als »ss« geordnet wird und dass es für Umlaute *zwei* Regeln gibt: Umlaute werden in Wörterbüchern, Lexika, Nachschlagewerken allgemeiner Art und Registern wie die Grundbuchstaben eingeordnet (»ä« ordnet wie »a«, dgl. Buchstaben mit Akzenten »à«, »â« etc.)[203]; beim alphabetischen Ordnen in Namens-, Orts- und Straßenverzeichnissen, Adress- und Fernsprechbüchern, Schriftgutablagen (Registraturen), Karteien, Bibliothekskatalogen dagegen werden Umlaute wie Grundbuchstabe + e eingeordnet (»ä« also als »ae«; »â« etc. natürlich auch hier wie »a«). Wichtig ist, dass automatisch erzeugte Ordnungsfolgen (bei Datenbanken etc.) unterschiedlich angelegt sein können, wobei man häufig keinen Einfluss

---

[202] DIN 5007 Ordnen von Schriftzeichenfolgen (ABC-Regeln). In: *Publikation und Dokumentation*. Bd. 1 (Anm. 122), S. 230–240.

[203] Die genannte Norm weist darauf hin, dass bei einer Neubearbeitung generell diese Regel für alle mit diakritischen Zeichen versehenen Buchstaben einschließlich Umlauten gültig werden könnte.

auf diese Automatismen hat. Der Hinweis »nach DIN 5007« genügt also nicht! Beim Umgang mit fremdsprachigen Ordnungssystemen muss man sich ohnehin an noch andere Regeln gewöhnen (vgl. das skandinavische Nachordnen von Zeichen wie »å« etc.). Außer in der Kartei bietet sich die alphabetische Ordnung auch zur Ablage von Kleinschriften an, die man nach den Verfassern geordnet in Schubern bzw. Schachteln unterbringen kann. Als Problem könnte dabei noch die Einordnung von Familiennamen mit Vorsatzwörtern auftauchen. Die alte Norm DIN 5007 (1962) bestimmte: »Die Vorsatzwörter *von, der, van der, de, de la, du* usw. vor Namen werden, auch wenn sie groß geschrieben sind, beim Einordnen *nicht* berücksichtigt. – Ist ein Vorsatzwort mit dem Namen zu einem Wort verschmolzen, so wird der ganze Name wie *ein* Wort behandelt«. Das ist immer noch eine praktische Regelung für eigenes Sortieren, man muss allerdings daran denken, dass bei Recherchen in Katalogen und Verzeichnissen andere Regelungen gelten können[204].

10.2 Andere einfache Ordnungssysteme

Keine Probleme bietet die *numerische Ordnung* – wo sie durchführbar ist. Eine Sammlung von Kleinschriften in fortlaufender Numerierung in Schubern etwa ermöglicht ein kontinuierliches,

---

[204] DIN 31638 Bibliographische Ordnungsregeln. In: *Publikation und Dokumentation.* Bd. 2 (Anm. 122), S. 252–266 enthält auch nochmals die Alphabetisierungsregeln für diesen Bereich, daneben die Regelungen für die grundlegenden Verhältnisse von Ordnungselementen. Die alte, oben genannte Bestimmung fehlt aber, da inzwischen Katalogisierungsregeln internationale Gepflogenheiten übernehmen. In DIN 1505, Teil 1 *(Publikation und Dokumentation.* ³1989 [!], Bd. 2, S. 87) findet sich daher der Hinweis: »Präfixe (Präpositionen, Artikel und Verbindungen von beiden) gelten mit dem Familiennamen als ein Wort (z. B. Dubois, Martin) oder werden mit dem Vornamen nachgestellt (z. B. Coster, Charles de), je nach dem Brauch des Staates, dessen Bürger eine Person ist« – welche Bräuche und Staatsangehörigkeiten man für seine Kartei sicher nicht recherchieren möchte!

platzsparendes Unterbringen, macht aber eine zusätzliche Verfasser- oder Sachkartei mit Angabe der Ordnungsnummer nötig, – was mit Hilfe der EDV ja auch leicht zu leisten ist (vgl. 9.4). In Karteien selbst lässt sich wohl nur wenig Material numerisch ordnen. Die *chronologische Reihenfolge* ist ebenfalls relativ leicht zu handhaben, jedoch höchstens für historische Gegenstände und auch da meist nicht als einziges Ordnungsschema durchführbar. Einige Sachgebiete bringen ihre »*natürliche*« *Ordnung* sozusagen schon mit. So ist die Ordnung der biblischen Schriften – wenn man sich einmal bei der Psalmzählung festgelegt hat, wenn die Frage der nichthebräischen (deuterokanonischen) Schriften des Alten Testaments geklärt ist usw. – sozusagen unverrückbar und lädt geradezu zur Anlage einer Kartei zur Heiligen Schrift ein. Übrigens ein ebenso nützliches Unterfangen für die Wissenschaft wie für die Praxis in Predigt und Unterricht!

10.3 Fachsystematik

Alle Fachhandbücher, viele Enzyklopädien (vgl. etwa den Registerband des LThK[2] – leider nicht des LThK[3]) und manche Spezialarbeit bieten eine Systematik eines bestimmten theologischen Fachs, die man zur Grundlage einer Karteiordnung machen kann. Am sichersten findet man derlei in Fachhandbüchern: Wenn diese bibliographisch gut gearbeitet sind, müssten sie schon in der Einleitung bei der Rechtfertigung ihres Aufbaus solche Versuche referieren oder zumindest nennen.

In den traditionellen Sachkatalogen großer Bibliotheken kann man u. U. schon ausgearbeitete Versuche solcher Fachsystematiken vorfinden. Allerdings ist es manchmal schwierig, sich die zugrundeliegenden Schemata zu beschaffen. Bei Online-Katalogen ist selten eine Systematik zugänglich und recherchierbar. Ein umfassendes deutsches bibliothekarisches Ordnungssystem ist die Regensburger Aufstellungssystematik, die traditionell und in Online-Version vorliegt (vgl. 5.1.2.2). Als Vorbild für eigene Ordnungsaufgaben kann man auch solche Klassifikationen vereinfacht heranziehen.

10.4 Dezimalklassifikation

Die Dezimalklassifikation ist ein universales Ordnungsschema, das Ende des 19. Jahrhunderts zur Ordnung von Universalbibliotheken erdacht worden und inzwischen immer mehr verfeinert, internationalisiert und normiert worden ist[205]. Wir haben oben schon aus der Perspektive des systematischen Katalogs und entsprechender sachlicher Literatursuche darüber gesprochen (vgl. 5.1.2.2). Die in Deutschland bis vor kurzem noch in Teilgebieten (etwa technischen Bibliotheken) weit verbreitete Version (DK), ist inzwischen von der an ihrem Ursprung stehenden und ebenfalls parallel, aber unabhängig, weiterentwickelten *Dewey decimal classification* (DDC) in mancher Hinsicht überholt worden, wie ebenfalls schon ausgeführt (vgl. Anm. 85). Hier ist also nur noch daran zu erinnern, dass man die Schemata der Dezimalklassifikation(en) auch bei sonstigen Klassifikationsarbeiten heranziehen kann.

Deren *Vorteil* besteht zunächst einmal in dem doch recht einleuchtenden (wenn auch – wie gesagt – nicht immer »sachlichen«) Gliederungsschema. Ferner ist sie sprachenunabhängig. Da z. B. viel Nationalbibliographien (z. B. die *British national bibliography*) oder ganze Bibliotheken (etwa in Frankreich) nach der DDC geordnet sind, kann ihre Kenntnis gelegentlich hilfreich sein. Damit ist ein zweiter Vorteil schon mitgenannt: ihre Universalität. Wer nach ihr ordnet, kann sicher sein, dass auch ein neues, ihn jetzt noch nicht interessierendes Sachgebiet gegebenenfalls sinnvoll unterzubringen ist – es benötigt höchstens eine zusätzliche Leitkarte oder eine neue Nummer.

Man sollte von einem Ordnungssystem, dessen Sinn das Auffinden irgendwelchen Materials ist, nicht verlangen, dass es an allen Punkten dem inneren Sinn und der genuinen Ordnung eines Fachgebietes entspricht. Trotzdem kann etwa ein Theologe barthianischer Richtung durch die der Theologie in der DK voranste-

---

[205] Vgl. dazu Karl FILL: *Einführung in das Wesen der Dezimalklassifikation.* Berlin : Beuth, [4]1981. Das Bändchen enthält auch eine »Kleinstausgabe« der DK, die für normale Ordnungszwecke schon recht brauchbar ist.

hende Dezimalstelle 21 Natürliche Theologie (DDC 210: Natural theology), die ja für ihn »vom Teufel« ist, so geärgert werden, dass er ein sachlich zutreffenderes Schema entwickelt.

Auch aus wissenschaftsgeschichtlichen Gründen, aufgrund neuer Fragestellungen u. a. m. lässt sich die Forderung begründen, dass die geisteswissenschaftlichen Abteilungen der DK wie der DDC zu revidieren seien (was zumindest bei der Dewey decimal classification übrigens auch ständig geschieht), doch ist gerade die Universalität der Dezimalcodes ihr eigentlicher Wert für Ordnungsarbeiten, so dass die Revisionen auch aus diesem Grund nie zu befriedigenden Gesamtlösungen kommen können, da sie doch mehr oder weniger an der Grundschematik festhalten müssen.

Für die Theologie und Philosophie gibt es Beispiele, durch die man ggf. für private Ordnungsarbeiten die Dezimalen 1 und 2 ersetzen kann (womit man das übrige Schema immer noch weiterbenutzen kann)[206] – eigentlich widerspricht das aber der Anwendung solcher Schemata und mindert ihren Wert, der in der Kompatibilität zu Fremdleistungen (Ordnung in Nationalbibliographien, Codes in Katalogen etc.) liegt[207]. Wenn man sich auf diese Dinge einlässt, scheint mir der Vorteil des »Original« – die weltweite Verbreitung – solche Versuche im Zeitalter des Internet obsolet zu machen.

---

[206] Beispiele bei R. Farina: *Metodologia* (Anm. 1).
[207] Für größere Klassifikationsaufgaben vgl. auch DIN 32705, Klassifikationssysteme: Erstellung und Weiterentwicklung von Klassifikationssystemen. In: *Publikation und Dokumentation* (Anm. 122). Bd. 2, S. 267–278.

11. Formen schriftlicher Arbeiten

Im Lauf der Universitätsgeschichte haben sich einige Standardformen wissenschaftlicher Arbeiten herausgeschält, die jeder Student irgendwann zu bewältigen hat, und zwar mehrfach. Wir gehen hier nicht auf Historisches ein (vgl. Anm. 5), sondern skizzieren nur ganz knapp die wichtigsten Gattungen schriftlicher Arbeiten.

11.1 Protokoll

Die Verfertigung eines Protokolls wird schon auf der Schule geübt zur Ausbildung der Fähigkeit, einen Vorgang exakt aufzufassen und wiederzugeben *(Verlaufsprotokoll)*. In vielen Lebensbereichen werden Protokolle verlangt und geführt: von der Bundestagsdebatte bis zum Verkehrsunfall.

Das Verlaufsprotokoll, das eine Seminarsitzung exakt wiedergeben soll, muss zunächst einmal die notwendigen äußeren Daten enthalten: Seminarthema, Tag, Stundenthema, Name des Referenten und des Protokollanten. Es muss den Gang der Diskussion wiedergeben und die erreichten Einsichten formulieren. Die Forderung F. Stegmüllers, »Der Protokollführer ... darf auch an der Leitung der Diskussion Kritik üben«, dürfte verschieden beurteilt werden, und auch in nachautoritärer Zeit nicht nur Freunde schaffen[208]. Teilweise fordert man reine Faktenwiedergabe.

Es versteht sich, dass ohnehin den Seminarteilnehmern vorliegende Materialien (»Papers«, Referate usw.) nicht nochmals dargestellt und zusammengefasst zu werden brauchen.

---

[208] Friedrich STEGMÜLLER: *Wege und Ziele der Seminararbeit.* In: Adolf KOLPING: *Einführung in die katholische Theologie : Geschichtsbezogenheit, Begriff und Studium.* Münster : Regensberg, ²1963, S. 187–201, hier 199.

Während Verlaufsprotokolle den Gang einer Seminarübung dokumentieren, dienen *Ergebnisprotokolle* dazu, jeweils schnell den Anschluss an die letzte Stunde zu finden. Auch das Ergebnisprotokoll findet man in anderen Lebensbereichen, etwa wenn es gilt, die Beschlüsse einer Sitzung festzuhalten.

11.2 Rezension

Die Rezension als die Darstellung und Beurteilung eines anderen Werkes ist in den folgenden Formen in manchem vorausgesetzt. Sie sollte im Idealfall den Leser befähigen, sich einen Eindruck von dem besprochenen Werk, seinem Inhalt und seiner Methodik zu machen, und eine sachlich begründete Beurteilung ermöglichen. Rezensionen sind ein wichtiges Steuerungsmittel in der Wissenschaft. Es gibt sie auch unter anderen Namen, so wenn Zeitschriftenartikel vor Druck von einem Gutachter beurteilt werden (Peer-Reviewing) oder Bücher vor Aufnahme in ein Verlagsprogramm.

Eine Rezension muss sachlich sein, das heißt zunächst, die zu beurteilende Schrift korrekt und angemessen wiedergeben. Je nach Funktion oder Ort der Rezension kann das natürlich unterschiedlich geschehen. Die Miniaturform der Rezension, die bloße Anzeige, wäre der untere Grenzfall[209], der Rezensionsaufsatz der obere[210]. Die angemessene Rezension setzt natürlich einen guten Überblick über den Gegenstandsbereich voraus. Sie ist insofern sicher keine Anfängeraufgabe, muss aber auch in adäquaten Formen vom Beginn des Studiums an geübt werden.

---

[209] Beispiele dafür finden sich in theologischen Zeitschriften früher häufiger. So etwa die dem damaligen Verfahren entsprechenden Rezensionen Karl Rahners vor allem in der *Zeitschrift für katholische Theologie,* die jetzt zum Teil in seinen *Sämtlichen Werken* wiederabgedruckt sind.

[210] Um wieder Karl Rahner zu bemühen: Sein – für die Rezeption entscheidender – Einsatz für die Erstlingsschrift von Hans Küng gehört hierhin. Vgl. K. Rahner: Zur Theologie der Gnade. In: ThQ 138 (1958), S. 40–77.

Natürlich soll eine Rezension kritisch sein (κρίνειν = beurteilen). Ein besonderes Problem ist die negative Rezension (der »Verriss«). Das Optimum ist erreicht, wenn der Beurteilte – vielleicht nicht unbedingt erfreut – der Kritik zustimmen kann. Das setzt allerdings beim Beurteiler voraus, dass er nicht in der Haltung kritisiert, alle Wahrheit liege ohnehin auf seiner Seite. Im Übrigen gibt es auch positionelle Kritik, die sich auf den Gegenstandpunkt erst gar nicht einlässt und so nur die eigene Sicht unproduktiv »von ihrer Warte aus« reproduziert. Und schließlich gibt es natürlich auch unberechtigte oder nur teilberechtigte Kritik, wobei es dann für den Kritisierten schwer ist, sich zur Wehr zu setzen, ohne dass er in das Licht des Rechthaberischen gerät.

Hinsichtlich Darstellung und angemessener Formulierung von Kritik ist die Rezension jedenfalls eine interessante wissenschaftliche Aufgabe.

11.3 Referat

Das Referat ist sozusagen die klassische Form der vom Studenten verlangten schriftlichen Arbeit. Es dient der wissenschaftlichen Behandlung eines speziellen Themas. Als Vorbereitung zu späteren größeren Arbeiten (11.4) ist es unersetzlich[211].

Friedrich Stegmüller weist darauf hin, dass das Referat in sehr unterschiedlicher Form gehalten werden kann: »I) *als Arbeitsbericht*. Der Referent berichtet über die einzelnen Schritte, die er getan hat; die Seminarteilnehmer sagen, was sie an seiner Stelle getan hätten und wie sie fortfahren würden. II) *als Literaturbericht*. Der Referent berichtet kritisch über den bisherigen Gang der Forschung zu seinem Thema und entwickelt daraus den aktuellen Fragestand; die Hörer geben Ergänzungen und stellen Fragen. III) *als Buchbericht*. Der Referent berichtet über Verfasser, Thema, These, Begründung eines Buches. Wie ist es in die bishe-

---

[211] Gerd PRESLER ; Jürgen DÖHMANN: *Referate schreiben – Referate halten*. München : Fink, ²2004 (UTB ; 2343) gibt eine Reihe praktischer Tipps.

rige Forschung einzureihen? Worin besteht das Neue? Wie ist es zu beurteilen? Was können wir daraus lernen?[212] IV) *als Darstellung.* Der Referent trägt, möglichst frei, einen Teil seiner Seminararbeit vor. Die Hörer erwägen, ergänzen, fragen. V) *als Diskussionsgrundlage.* Der Referent stellt ein Problem, berichtet über verschiedene Lösungsversuche, legt Gründe und Gegengründe vor und stellt das Ganze zur Diskussion«[213].

Da das Referat einerseits Vortrag (vgl. 15.) ist, anderseits wegen der komplizierten Materien doch fast durchweg schriftlich ausgearbeitet werden muss, sollte zwischen dem erarbeiteten Grundtext und der vorgetragenen Form differenziert werden, zumal es oft möglich ist, allen Hörern das vollständige Referat zum Eigenstudium kopiert oder – umweltschonender – als Datei zukommen zu lassen. Bei moderne Seminarorganisation ist ja oft ein e-Mail-Verteiler für alle Teilnehmer gegeben oder es wird mit Programmen gearbeitet, die das Einstellen von Referaten erlauben.

Das *Thesenreferat* wird man wohl nicht als eine eigenständige Form begreifen, sondern einerseits als eine Einübung, als Kleinform des Referats, etwa wenn es darum geht, einen Text knapp zusammenzufassen und für die Diskussion vorzustellen. Dies wäre eine typische Proseminaraufgabe. Anderseits ist das Thesenreferat, wenn es um die thesenhafte Zusammenfassung eines Sachthemas geht, u. U. die schwierigere Form gegenüber dem »gewöhnlichen« Referat, da die Zusammenfassung seitens des Referenten den Gesamtüberblick voraussetzt und von den übrigen Seminarteilnehmern nur bei genügend hoher Vorinformation sachgerecht verstanden wird.

Ein wenig in Vergessenheit geraten ist das *Korreferat.* Dieses soll das Referat prüfen, ergänzen und beurteilen, indem es sich zu diesem äußert, seinen methodischen Gang befragt und zu sei-

---

[212] Da dieser Punkt m. E. auch die Voraussetzung für II) und implizit auch für die komplexeren wissenschaftlichen Arbeiten ist, ist er im vorigen Punkt getrennt dargestellt worden.
[213] F. STEGMÜLLER: *Wege und Ziele* ... (Anm. 208), S. 198.

ner These Stellung nimmt, eventuell auch zu Einzelheiten. Es muss sehr prägnant formuliert sein[214].

Von der äußeren Gestaltung her ist das Referat Staatsarbeiten und Dissertationen zu vergleichen. Es muss den in Abschnitt 14 genannten formalen Anforderungen genügen.

11.4 Zulassungsarbeit, Abschlussarbeit, Dissertation

Die bei der Anfertigung von Referaten geübten Fertigkeiten kann man bei Zulassungs- bzw. Abschlussarbeiten zu bzw. bei den Abschlussexamina und bei Dissertationen zum Erwerb des Doktorgrades in selbständiger Weise einsetzen. Der Unterschied zwischen diesen Arbeiten liegt im verschiedenen Ertrag, den sie erbringen sollen. Während Zulassungsarbeiten die Beherrschung der Methodik des Fachs und die Fähigkeit, sich eine Fragestellung selbständig zu erarbeiten, dokumentieren sollen, müssen Dissertationen gleichzeitig einen Beitrag zur Forschung bieten. Vor der Abfassung derartiger Arbeiten sollte man sich über eventuelle Voraussetzungen oder formale Auflagen genau informieren (bei der Studienberatung und auf dem Dekanat o. ä.)[215].

Dissertationen unterliegen in Deutschland zudem der Veröffentlichungspflicht, d. h. der Promovend muss sie in einer in den Promotionsordnungen festgelegten Zahl entweder selbst produzieren lassen oder einem Verlag zur Publikation überlassen. Ein gewisse Stückzahl davon – in ersterem Fall mehr, im zweiten weniger – wird von der jeweiligen Universitätsbibliothek mit anderen Universität(sbibliothek)en getauscht.

---

[214] F. STEGMÜLLER: *Wege und Ziele ...*, S. 197f. nennt als Vortragszeit für ein Referat 15 Minuten, für ein Korreferat 5–10 Minuten. Das meiste Unbehagen gegenüber Referaten dürfte darauf beruhen, dass man diese Richtzeiten weithin erheblich überschreitet. G. PRESLER (Anm. 211), S. 13, gibt den Seminarleitern (!) den Rat: »Dosieren Sie den Stoff für ein Referat so, dass er in 12 bis 15 Minuten vorgetragen werden kann.«

[215] Zum Problemkreis »Dissertation« vgl. auch das Anm. 7. genannte *Handbuch Promotion*.

Durch die elektronische Publikationsform auf Servern der jeweiligen Universität(sbibliothek) wird diese Form derzeit weitgehend ersetzt. Vorzeitig hat m. W. nur die Universität(sbibliothek) Mainz bereits generell ihren Schriftentausch eingestellt, der bislang eigentlich nötig ist, um die Reichweite der Veröffentlichungspflicht wirklich zu garantieren.

Eine Publikationspflicht von Dissertationen in elektronischer Form, wie sie die Hochschulrektorenkonferenz anstrebt, wäre generell eine sinnvolle Lösung und würde den Promovenden unnötige Publikationskosten und den Bibliotheken unnötige Anschaffungskosten ersparen. Es wäre dann für wissenschaftliche Verlage sinnvoll, die wirklich herausragenden Arbeiten in überarbeiteter und angemessener Buchgestalt zu verlegen. Vielfach stehen wissenschaftliche Arbeiten durch überbordende Dokumentation – die im Prüfungsexemplar durchaus ihren Sinn hat – ihrer Lesbarkeit und damit Verbreitung selbst im Wege. Die elektronische Veröffentlichung der »Dokumentationsausgabe« und die eigenständige Buchpublikation einer »Leseausgabe« würden das Problem lösen. Schöne Muster lesbarer Dissertationen – vor aller Möglichkeit elektronischer Publikation – enthält übrigens die philosophische Buchreihe »Symposion« in ihren ersten Bänden[216]. Auf solche leserfreundlichen Praktiken sollte man zurückkommen.

---

[216] Vgl. auch den instruktiven Aufsatz von Jürgen BABENDREIER: Dissertationentausch – Vervielfältigung, Verbreitung und Archivierung von Hochschulschriften im elektronischen Zeitalter. In: *ABI Technik* 23 (2003), S. 12–23.

12. Vom Entwurf zur Reinschrift

Voraussetzung für den ersten Gliederungsentwurf einer Arbeit ist die klare Fragestellung und sodann die Sammlung und Ordnung der zugehörigen Materialien. Schon die antike Rhetorik hat Regeln entwickelt, wie man solche Arbeiten in geordneter Weise angeht. Der mittelalterliche Merkspruch »Quis, quid, ubi, quibus auxiliis, cur, quomodo, quando? – Wer [tat] Was? Wo? Womit? Warum? Wie? Wann?«[217] bietet solch eine Einstiegshilfe, um Gedanken und Fragestellungen zu sichten.

Die vorbereitenden Arbeitsgänge, Fertigkeiten und Hilfsmittel sind schon besprochen worden. Die Bearbeitung eines Themas setzt zudem die Beherrschung der fachlichen Methodik voraus, die in diesem Buch nicht behandelt wird (vgl. dazu bei der fachlichen Bücherkunde 17.7 jeweils die entsprechende Einführungsliteratur). Die Fähigkeit, klar zu schreiben, zu argumentieren, zu gliedern usw. sollte bereits im Schulunterricht grundgelegt sein. Durch kritische Selbstprüfung und Übung muss man sie verbessern[218]. Das Folgende bezieht sich mehr auf die formale und arbeitspraktische Seite.

---

[217] Stephen TOULMIN: Die Verleumdung der Rhetorik. In: *Neue Hefte für Philosophie* H. 26 (1986), S. 55–67 greift diese Tradition wieder auf. Vgl. auch M. FAUSER: Chrie. In: *Historisches Wörterbuch der Rhetorik*. Bd. 2. Darmstadt : Wiss. Buchgesellschaft, 1994, Sp. 190–197.

[218] Vgl. etwa Gert UEDING: *Rhetorik des Schreibens : Eine Einführung*. Frankfurt : Hain, ³1991 (mit umfangreichen Literaturangaben); Rüdiger BERNHARD (Hrsg.): *Vom Handwerk des Schreibens*. Berlin : Tribüne, ²1983. Zur Stilistik ist immer noch lesenswert Ludwig REINERS: *Stilkunst : ein Lehrbuch deutscher Prosa* / Neubearb. von Stephan MEYER und Jürgen SCHIEWE. 2. Aufl. der neubearb. Ausg., 141.–144. Tsd. der Gesamtauflage / München : Beck, 2004. – Es gibt eine Fülle von Hinweisen bekannter Autoren, z. B.: Hugh TREVOR-ROPER: Zehn Gebote : Anweisungen zum deutlichen Schreiben. In: FAZ Nr. 66 (19. 3. 2003), S. N 3.

12.1 Gliederungsentwurf

Schon im Laufe der vorbereitenden Lektüre einer Arbeit werden sich die Hauptpunkte der eigenen Untersuchung und damit die wichtigsten Gliederungspunkte abzeichnen. Wie Blaise Pascal einige seiner später als »Pensées« veröffentlichten Notizen mit »ordre/Ordnung« überschrieb[219], so kann man vielleicht auch von Anfang an die Hauptpunkte für die Gliederung sammeln und danach später einen ersten Rohentwurf wagen. Als Vorbereitung dafür ist aber eine gedankliche Ordnung des Materials nötig. Man kann sie auch »visuell« unterstützt vornehmen. Maurice Blondel hat sich nach einer umfangreichen Exzerpt- und Notationsphase[220] großformatige »Pläne« (plans) gemacht, in die er die Hauptgesichtspunkte eingetragen und verbunden hat.

»Mind mapping« ist eine modisch benannte Version solcher alter Praktiken. Es gibt dafür auch Computerprogramme, die »Visualisierungsvorschläge« machen. Solche Gliederungsüberlegungen dienen dazu, die eigenen Exzerpte und Notizen gedanklich sinnvoll zu ordnen, so dass sie für die Ausarbeitung in praktischer Form zuhanden sind.

Ein ähnliches Verfahren ist auch bei der häufigen Aufgabenstellung, Texte zusammenzufassen, darzustellen und zu beurteilen, möglich. Hauptproblem ist dabei manchmal, nicht zu eng am Vorgegebenen klebenzubleiben. Entsprechende Gliederungsnotizen, Stichwörter und freies Zusammenfassen können hilfreich sein für die selbständige Auseinandersetzung mit Texten wie den späteren Aufbau der Arbeit.

---

[219] Vgl. das erste Bündel der Fragmente, B. PASCAL: *Pensées,* Laf. 1–12.
[220] Diese Aufzeichnungen für seine Dissertation *L'Action* (1893) hat Peter HENRICI als »notes philosophiques« ediert, vgl. die elektronische Fassung: <http://www.ub.uni-freiburg.de/referate/02/blondel/notes/not-ser0.pdf>.

12.2 Rohentwurf und Ausarbeitung

Der Einstieg ist oft der schwierigste Teil, und es ist aufschluss-reich, dass hierzu ganz verschiedene Verfahren in der Literatur wie auch von bekannten Wissenschaftlern genannt und prakti-ziert werden. Jean Guitton meint sogar, dass man geradezu das »Anfangen« vermeiden muss. Man kann leicht bei dem Versuch scheitern, ein Arbeitsprojekt »von Anfang an« durchzuformulie-ren: Fortfahren und Wiederaufnehmen sind oft einfacher[221]. Wichtig ist es, hier – ausgehend von den schon erbrachten Vor-arbeiten – seinen *eigenen* Stil zu finden.

Man beginnt – nach Erstellung mindestens einer ungefähren Gliederung – am besten mit der Ausarbeitung des Abschnitts, den man am leichtesten bewältigen kann, etwa mit einem zentralen Stück des Hauptteils. Die Einleitung wird man sich bis zuletzt auf-heben, da sie einen Überblick über das Ganze voraussetzt[222]. Die-ses »Ganze« wird sich aber sicher im Verlauf der Ausarbeitung än-dern. Die Gliederung, nach der man angetreten ist, sollte nur als ein Entwurf betrachtet werden. Sie kann im Verlauf der Arbeit im-mer wieder aus sachlichen Erwägungen korrigiert werden.

Wenn man sich an einem Punkt »festfährt«, so versucht man am besten, erst einen anderen zu bearbeiten, und kommt danach auf den ersten zurück. Überhaupt kann man nicht jeden einzelnen Teil bis zur Vortrags- oder Druckreife ausfeilen und dann erst an den nächsten gehen. Vielmehr wird man im Verlauf der Arbeit häufig gezwungen sein, an schon geschriebenen Teilen Korrektu-ren vorzunehmen. Viele Gedanken kommen doch erst bei der konkreten Arbeit, und möglicherweise versteht man auch erst manche Problemstellungen richtig, wenn man sie selbst formulie-ren muss.

---

[221] Vgl. Jean GUITTON: *Sagesse* (Anm. 9), S. 269; auch die Beispiele ebd., S. 79f. (Taine und J. Benda) u. ö.

[222] Vgl. B. PASCAL: *Pensées,* Laf. 976 / Br. 19: »Das letzte, was man findet, wenn man ein Werk schreibt, ist, daß man weiß, was man an den Anfang stel-len muß«.

12.3 Endredaktion

Ist das letzte Stück formuliert, so wird man das ganze Manuskript nochmals redigieren müssen. Jetzt ist vor allem auf Wiederholungen zu achten, der Stil zu kontrollieren, Überflüssiges zu streichen, auf Stimmigkeit der Proportionen zu sehen; Übergänge sind zu glätten usw. Die Kontrolle des Stils an dieser Stelle setzt freilich voraus, dass man von Anfang an eine gewisse Disziplin geübt hat. Die klassischen Forderungen an die Objektivität des wissenschaftlichen Stils: kein »Ich« verwenden, darstellende und wertende Äußerungen klar trennen, keine Kalauer[223], keine Flegeleien, keine Insinuationen (SPIEGEL-Stil), kein Feuilleton-Stil[224] – außer bei Polemik, die aber ein Anfänger ohnehin vermeiden sollte und die auch sonst nur in seltensten Fällen erlaubt ist[225], kurz: diese und andere Regeln haben durchaus noch ihren Sinn, auch wenn man mit ihnen differenziert umgehen sollte. Eine persönliche und wertende Empfehlung wird zu Recht im Ich-Stil vorgenommen. Über saloppe Wendungen lässt sich dagegen schon streiten, auch wenn man dem Autor bei trockenen Materien vielleicht solche zugestehen sollte. In einer wissenschaftlichen Darstellung z. B. die bedeutenden liberalen Theologen der Wende vom 19. zum 20. Jahrhundert als »Harnack und Genossen« zu bezeichnen, ist für den Schreiber disqualifizierend (auch dieses Beispiel ist nicht erfunden und Beispiele ließen sich vermehren und belegen).

---

[223] Die »kreuzfidele Jungfrau« – mariologisch verwendet – ist solch eine Peinlichkeit, die auch in der Predigt nicht »zugelassen« sein sollte.

[224] Schlechte Beispiele lassen sich auch im »Feuilleton« renommierter Zeitungen finden, wenn die Autoren sozusagen ihren Stil »sprießen lassen«.

[225] PASCALS *Lettres Provinciales* in ihrer Kritik am moraltheologischen Laxismus seiner Zeit haben z. B. sicher ein Recht dazu gehabt, obwohl auch bei diesem literarischen Meisterwerk die Grenzen eines solchen Verfahrens klar werden. – Sie schlägt ansonsten leicht auf den Autor zurück, etwa die peinlich stilisierte Rahner-Kritik eines ansonsten so stilsicheren Autors wie Hans Urs von BALTHASAR: *Cordula oder der Ernstfall*. Einsiedeln : Johannes-Verlag, 1966 u. ö. (Kriterien ; 2)

Es ist gut, zur Kontrolle der Endredaktion auch einen »Unbeteiligten« heranzuziehen, da einem die eigenen Fehler häufig genug aus Gewohnheit entgehen.

Es gibt aber auch viele sprachliche Hilfsmittel, die für derartige Arbeiten zur Verfügung stehen. Zwar wird man Lehrbücher der Stilistik nicht gerade in einer solchen intensiven Arbeitsphase studieren können; die Kenntnisse aus solcher Lektüre kann man aber jetzt einbringen.

Für eigentliche Redaktionsarbeiten sind verschiedenartige Wörterbücher hilfreich. Aus der Reihe »Duden« war früher deren Rechtschreibungsband unverzichtbar für die korrekte Rechtschreibung (da der Duden nicht mehr »alleinverbindlich« ist, kann man sich auch an Alternativen halten)[226]. Allerdings sind nach der sogenannten Rechschreibungsreform und ihren verschiedenen Änderungen unterschiedliche Rechtschreibungen im Gebrauch – die traditionelle, der viele bekannte Schriftsteller folgen, die Rechtschreibung der Presseagenturen, die amtliche Rechtschreibung und weitere Varianten. Im Wissenschaftsbereich ist die bewährte Rechtschreibung nach wie vor üblich und bei großen, jahrzentelang laufenden Unternehmen – etwa der Rahner-Gesamtausgabe – der Kontinuität halber auch gar nicht vermeidbar. Im allgemeinen Tagesgeschäft von Zeitung und Büro hat sich fast nur die neue Regulierung von »ss« (nach kurzem Vokal) und »ß« durchgesetzt, die leider den Sinn dieser Ligatur nicht mehr erkennen lässt (und z. B. einen korrekten Fraktursatz verunmöglicht), nebst einigen Änderungen der Groß- und Getrennt-/Zusam-

---

[226] *Duden : Die deutsche Rechtschreibung : das umfassende Standardwerk auf der Grundlage der neuen amtlichen Regeln.* 24., vollst. neu bearb. u. erw. Auflage. Mannheim : Dudenverlag, 2006. Ebenso verbindlich, aber nicht identisch: *Wahrig – die deutsche Rechtschreibung : das aktuelle Standardwerk auf der Grundlage der neuen amtlichen Regeln; 125.000 Stichwörter und Schreibweisen und über 500.000 Angaben zu Worttrennung, Grammatik, Bedeutung, Gebrauch, Aussprache und Herkunft* / Leitung der Neuausg.: Sabine KROME. Gütersloh : Wissen-Media-Verlag, 2006. – Im Schulgebrauch Baden-Württembergs gelten die Wörterbücher als korrekt, die von sich behaupten (!), den amtlichen Regeln zu folgen.

menschreibung. Ein Großteil der auf Fehletymologien[227] beruhen-
den Schreibweisen in den ersten Phasen der Rechtschreibungs-
reform und Differenzierungen verhindernde Regeln der Getrennt-
schreibung aus den ersten Reformprojekten sind inzwischen
aufgehoben oder mindestens alternativ zugelassen[228]. Das vorliegende Buch sucht sich an die »ss-Regel« und die wesentlichen
Großschreibungsregeln zu halten, die wohl als Quintessenz der
Reform bleiben werden[229].

Die Duden-Reihe enthält aber weitere praktische Hilfsmittel:
Man findet hier ein Stilwörterbuch, Fremdwörterbuch, etymolo-
gisches Wörterbuch, ein Wörterbuch sinn- und sachverwandter
Wörter (Synonymenwörterbuch) u. a. m. Das frühere Monopol
hat der Duden aber, wie gesagt, verloren. Große Textverarbeitungsprogramme bieten in ihrem »Thesaurus« manchmal ebenfalls Synonyme an. Beim konkreten Formulieren kann das hilfreich sein. Achtung bei automatischer Umsetzung auf die neue
Rechtschreibung: Zitate dürften nicht verändert werden!

Bei diesem überprüfenden Arbeitsgang sollten auch noch einmal alle Belege kontrolliert werden (Schriftstellen, Zitatbelege,
Seitenzahlen, Titel usw.), damit man die Abschlussarbeiten nicht
durch störendes Nachschlagen unterbrechen muss. Lässt man
seine Arbeit gar von anderen fertigstellen (Schreibbüro o. ä.), so
können derartige Lücken oder Fehler viel Ärger hervorrufen:
beim Schreiber oder auch bei der eigenen bzw. – noch schlimmer –
fremden Korrektur der Arbeit[230].

---

[227] »schnäuzen« – mit der Schnauze!

[228] Die berühmte »allein stehende Frau« u. a. m.

[229] Um die Aufdeckung der Skurrilitäten der anfänglichen Normen, die die
Kultusminister zunächst wider alle Einwände durchzudrücken suchten, hat
sich besonders Theodor ICKLER verdient gemacht, vgl. von ihm etwa *Rege-
lungsgewalt : Hintergründe der Rechtschreibreform*. St. Goar : Leibniz-Verlag,
2001, und: *Falsch ist richtig : ein Leitfaden durch die Abgründe der Rechtschreibreform*. München : Droemer, 2006.

[230] Eine Übersicht für »Systematiker« über alle zur Erstellung einer Arbeit nötigen Einzelschritte gibt Oskar P. SPANDL: *Die Organisation …* (Anm. 1), S. 30f.:
Stufenplan bei der Anfertigung einer schriftlichen wissenschaftlichen Arbeit.

13. Die Gestaltung von Manuskripten

Nachdem wir die Grundformen wissenschaftlicher Texte besprochen und eine kurze Skizze zu den verschiedenen Stufen der Erstellung von Texten gegeben haben, sollen nun die allgemeinen Eigenschaften eines *maschinenschriftlichen* Textes besprochen werden. Handschriftliche Texte sind im Wissenschaftsbetrieb nicht üblich. Voraussetzung für das folgende ist die Benutzung einer Textverarbeitung (7.5.1). Schreibmaschinen sind dafür inzwischen wegen der meist nötigen Überarbeitungsstufen nicht mehr im Blick, obwohl sie die Grundfunktionen natürlich immer noch erfüllen. Der Begriff »Manuskript« ist hier also im weiten Sinne zu verstehen und umfasst das »Typoskript« und seine technischen Hilfsmittel[231].

13.1 Schriften, Zeichen

Als Grundschrift wird man eine Proportionalschrift verwenden, da Proportionalschriften sowohl platzsparender als auch leichter lesbar sind. Sie verwenden im Gegensatz zu herkömmlichen Schreibmaschinen-Schriften, bei denen für »i« und »m« der gleiche Raum gebraucht wurde, mehrere Schrittweiten. Traditionelle Antiqua-Schriften (z. B. »Times« oder »Dutch«) sind den Groteskschriften (serifenlose Antiquaschriften wie z. B. die »Helvetica«, »Swiss« oder »Arial«) bei Lesetexten vorzuziehen[232]. Bei Pla-

---

[231] Es gibt auch eine Norm: *Schreib- und Gestaltungsregeln für die Textverarbeitung : Sonderdruck von DIN 5008 : 2005.* Berlin : Beuth, [4]2005. Sie ist aber für die Büroarbeit gemacht und gibt für typographische Arbeiten häufig falsche Ratschläge.

[232] Zur Klassifikation der im Buchdruck verwendeten Schriften vgl. DIN 16518: Klassifikation der Schriften, in: *Publikation und Dokumentation* (Anm. 122). Bd. 1, S. 327–329, knapp auch in Hiller/Füssel: *Wörterbuch*

katen und sonstigen Beschriftungen ist das anders: Nicht umsonst sind Ortsschilder meist in der Helvetica beschriftet.

Eine Grundregel guter Typographie ist, nicht unnötigerweise Schriften zu mischen. Auch mit unterschiedlichen Größen soll man sparsam umgehen.

Für den Grundtext ist eine Schrift von 12 oder 10 Punkt[233] angemessen, in Fußnoten können auch 10 oder 8 Punkt-Schriften verwendet werden[234].

Auszeichnungen (Hervorhebungen) nimmt man durch *Kursivschrift* vor. Sie ist der (halb-)fetten Schrift vorzuziehen, da sie nicht so stark heraussticht. Wenn gerade dies erreicht werden soll (bei Merkblättern etc.) ist die Sachlage natürlich anders!

Bei Anmerkungen kann man sinnvollerweise auch Kapitälchen für die Verfassernamen verwenden, wie oben erläutert (vgl. 6.5).

---

des Buches (Anm. 196), S. 295. Wer mit dem vielfältigen Angebot heutiger Textverarbeitungen umgeht, sollte minimale Grundkenntnisse dieser Schriftarten haben. Zu Schriften allgemein auch Erhardt D. STIEBNER ; Walter LEONHARD: *Bruckmann's Handbuch der Schrift*. München : Bruckmann, [4]1992.

[233] Zur Maßeinheit: Das von dem Franzosen Pierre-Simon Fournier 1764 eingeführte und von François-Ambroise Didot verbesserte (und daher manchmal nach ihm benannte) typographische System beruht auf dem typographischen Punkt. Diese Maßeinheit des Druckgewerbes misst 0,376 mm (1 m = 2.660 Punkte; abgerundete Zahlen) bei 20° Celsius (vgl. DIN 16507, Teil 2. In: *Publikation und Dokumentation* [Anm. 122]. Bd. 1, S. 313–318]). Vgl. auch HILLER/FÜSSEL: *Wörterbuch des Buches* (Anm. 196), S. 293 (Schriftgrad) und 330 (Typografischer Punkt). Allerdings wird die Sache schwieriger, wenn man in den außereuropäischen Raum geht: Der angloamerikanische Punkt misst 0,351 mm. Bei Textverarbeitungen amerikanischer Herkunft kann das zu Unstimmigkeiten führen. Im Fotosatz (DIN 16507 Teil 2, a. a. O.) wird in mm gemessen. – Der Vollständigkeit halber: Bei Schreibmaschinenschriften wird nach Zeichen-pro-Zoll gemessen (10 oder 12 sind hier übliche Werte, wobei in diesem Fall 12 die kleinere Schrift ist!). – Zum Messen gibt es für die Praxis Typometer.

[234] Bei qualitätvollem Druck genügen die kleineren Werte, die für den Buchdruck üblich sind. Für Referate, die auf Papier im Format DIN A4 geschrieben werden, scheinen mir die größeren angemessen. Wenn man Druckvorlagen schreibt, die für den Buchdruck verkleinert werden, muss man daran denken, eine größere Ausgangs-Schrift zu wählen.

Die Verwendung von Spezialschriften ist im wissenschaftlichen Schreiben weniger bedeutsam: Frakturschriften, die in Deutschland früher weit verbreitet waren, erst von den Nationalsozialisten verboten wurden[235] und dann infolge der Angleichung an westliche Publikationspraktiken kaum mehr aufkamen, gibt es fast nur noch in Zeitungstiteln (z. B. FAZ) oder bei Urkunden; Schreibschriften, wie etwa die zum derzeitigen Windows-Umfang gehörigen, als »Script« oder »Handwriting« bezeichneten Schriften, eignen sich für Einladungen oder auch als Hauptüberschrift für Programme usw. Des weiteren gibt es Effekt- und Spezialschriften für Plakate u. a. m.

Ein wichtiges Problem stellt allerdings im theologischen Publizieren die Darstellung des Altgriechischen und Hebräischen dar[236]. Seit man im Betriebssystem Windows sog. True-Type-Schriften verwenden kann, gibt es dafür geeignete Angebote. Allerdings war deren Austauschbarkeit beschränkt und die Eignung als Druckvorstufe dadurch nur begrenzt gegeben, da die Tastenbelegung bzw. die Codierung nicht normiert war.

Durch die Normierung tendenziell aller auf der Welt verwendeten Schriften im *Unicode*-Zeichensatz hat sich dies inzwischen geändert. Die offizielle Unicode-Seite ist <http://www.unicode.org/>. Für den Anwender wesentlich ist aber, dass er eine Schrift zur Verfügung hat, die auch alle von ihm benötigten Zeichen des Unicode-Zeichensatzes enthält[237]. Für Altgriechisch ist dies als »erweitertes Griechisch« unter Windows 2000 bei den Schriftarten Arial Unicode MS und Palatino Linotype (leider derzeit nicht bei der verbreiteten Times New Roman) gegeben. Man kann sich diese Zeichen unter Word einzeln über die Menüpunkte

---

[235] Mit der völlig unsinnigen Begründung der »Judenschrift«.

[236] Ich beschränke mich hier auf die PC-Situation. Bei anderen Computersystemen war das Problem schon früher gelöst. Wesentlich ist allerdings jetzt die inzwischen erfolgte Normierung durch Unicode.

[237] Bei Internet-Seiten, die in HTML codiert sind, können die Unicode-Zeichen in der Form »&#Unicodenummer;« eingegeben werden. Eine einfache Umsetzung in Unicode für HTML ermöglicht die *Free Online Unicode Character Map:* <http://www- atm.physics.ox.ac.uk/user/iwi/charmap.html>.

»Einfügen/Symbol« in den Text holen. Bei allen Programmen lässt sich dies auch über die Windows-Zeichentabelle bewerkstelligen. Wer mehr als gelegentliche Worte einzufügen hat, für den ist dieses Verfahren zu umständlich. Wenn es nur um einmalige Lösungen geht, kann man dafür eine eigene Datei anlegen, in die man die benötigten Wörter schreibt und nur noch durch Kopieren in den Haupttext holt. Wer ständig mit diesen Schriften umgeht – z. B. als Bibelwissenschaftler oder Patrologe –, der benötigt Makros, die ein direktes Schreiben dieser Zeichensätze erlauben. Darüber kann man sich auf entsprechenden Internet-Seiten jeweils aktuell informieren[238].

Die neueren Textverarbeitungen machen auch einen Blick auf die sonstigen *typographischen Zeichen* nötig. Anführungszeichen sollte man inzwischen wie im Buchdruck verwenden: Anführungszeichen unten als eröffnende, oben als schließende, *Word* nennt dies »typographische Anführungszeichen«[239]. – Bei fremdsprachigen Texten verwenden Textverarbeitungen (z. B. wiederum *Word*) manchmal automatisch die typographischen Gepflogenheiten dieser Länder, z. B. die französischen Anführungszeichen « » (ALT + 174 bzw. 175). Als Mischform ist dies natürlich unsinnig und der manchmal schwer zu überwindende Automatismus ärgerlich.

Die Schreibmaschine kennt nur eine Form des Trennungs-, Binde- und Gedankenstrichs: -. Für letzteren verwendet man in Textverarbeitungen besser das Zeichen: – (ALT + 0150).

---

[238] Derzeit etwa zur Exegese Stefan LÜCKING: *Unicode für Exegeten.* URL: <http://www.stefanluecking.de/exegese/unicode.html> und zu den in der Patrologie benötigten Schriften Martin WALLRAFF: *Fremdsprachige Zeichensätze für Patristiker.* URL: <http://homepage.swissonline.ch/wallraff/fonts.html>.

[239] Bei Word 2000 ist unter »Extras/AutoKorrektur/AutoFormat« die Formatierung in typographischen Anführungszeichen während der Eingabe einzustellen.

13.2 Formate

Die wichtigsten Daten dazu haben wir schon oben (vgl. 9.1) genannt und dort auch die ästhetische Problematik des im Dissertationsdruck häufig verwendeten DIN A5 als Buchformat erwähnt. Nun ist das ästhetische Problem für Promovenden meist zweitrangig. Wenn man ein schöneres Format erreichen kann, das den Proportionsregeln des goldenen Schnitts in etwa entspricht, so sollte man das aber versuchen (statt DIN A5 = 210 x 148 mm lieber 210 x 140 mm; im Buchdruck ist ca. 230 x 155 mm eines der Standardformate). – Nebenbei: Für Merkblätter ist das extreme Hochformat des dreigeteilten DIN A4-Bogens gut brauchbar (210 x 98 mm), das auch in die Standard-Briefumschläge der C-Reihe passt.

Im Allgemeinen stellt sich das Problem überhaupt nicht, da man seine normale Textproduktion – vom Brief bis zum Referat – auf den handelsüblichen DIN A4-Papierbögen schreiben oder drucken wird.

13.3 Satzspiegel

Vom Format ist der Satzspiegel abhängig. Die Gleichmäßigkeit des Satzspiegels (gleiche Zeilenzahl; Blocksatz bei Buchveröffentlichungen, d. h. rechts und links »gerader« Rand) sollte das Textverarbeitungsprogramm gewährleisten. Ggf. ist mit Verlag oder Druckerei vorher abzusprechen, welche Maße zu verwenden sind. Die Berechnung eines ästhetisch schönen Satzspiegels unterliegt den gleichen Proportionsregeln, die auch für das Format wichtig sind und seit der griechischen Antike tradiert werden (»goldener Schnitt«[240]). Wichtig: Bücher werden aufgeschlagen gelesen! Das

---

[240] »*Goldener Schnitt, stetige Teilung, Sectio aurea.* Ist eine Strecke AB durch einen Punkt E so geteilt, dass sich die Länge der ganzen Strecke zur Länge des größeren Teilabschnitts verhält wie diese zur Länge des kleineren Teilabschnitts, so nennt man die Strecke stetig oder im G. S. geteilt .... Als rationale Näherung für das (irrationale) Teilverhältnis wird häufig 8 : 5 verwendet«

mag banal klingen, bedeutet aber, dass immer zwei Seiten zugleich sichtbar sind und die Gesamtproportion deshalb bedacht werden muss. Außen- und Innenrand sind deshalb unterschiedlich[241]. Textverarbeitungsprogramme können daher die Seiten »spiegeln«, d. h. gerade und ungerade Seiten unterschiedlich anlegen[242]. Wenn die Seiten allerdings erst in einer Druckerei montiert werden, ist es u. U. hinderlich, solche Feinheiten in seine Druckvorlagen einzubringen, da sie die Folgeverarbeitung erschweren könnten. Deshalb muss man auch diese Dinge vorher absprechen.

13.4 Der laufende Text

Textverarbeitungen bieten für die *Zeilenhöhe* Standardwerte, die ggf. für unterschiedlich große Schriften neu berechnet werden. Dies ist von der Schreibmaschine her im Prinzip bekannt (Ein-, Anderthalb-, Zweizeiligkeit). Allerdings lassen sich diese Werte ändern. Es sind auch meist Zwischenwerte möglich. Etwas mehr »Durchschuss« zwischen den Zeilen kann die Lesbarkeit erhöhen, kostet aber natürlich Platz. Hierzu kann man wiederum die genannte Fachliteratur konsultieren oder mit verschiedenen Einstellungen etwas experimentieren. – Auch die Zeilenbreite ist wichtig für die Lesbarkeit. Sie ist natürlich abhängig vom Format (s. o.). Bei Großformaten (DIN A4) kann es sinnvoll sein, zweispaltig zu drucken, da sonst die Zeilen zu lang werden und schlecht aufnehmbar sind.

Ein Text wird sinnvollerweise durch nicht allzu lange *Absätze* gegliedert. Anfangsabsätze und Absätze nach Überschriften be-

---

(Brockhaus Enzyklopädie[19], Bd. 8, S. 644); nochmals vergröbert arbeitet man häufig auch mit 3 : 2.

[241] Vgl. HILLER/FÜSSEL: *Wörterbuch des Buches* (Anm. 196), S. 285: »Danach ergeben sich für den Bundsteg (innerer Rand); Kopfsteg (oberer Rand); Seitensteg (Außenrand); Fußsteg (unterer Rand) folgende Verhältniszahlen; 3 : 5; 5 : 8«. Vgl. auch Heinrich HUSSMANN: *Über das Buch : Aufzeichnungen aus meinen Vorlesungen.* Wiesbaden : Pressler, 1968, S. 70ff.

[242] Bei *Word 2000* ist dies unter »Datei/Seite einrichten/Ränder« der Punkt »gegenüberliegende Seiten«.

ginnt man »stumpf«, d. h. am linken Rand ohne Einzug. Folge-
absätze sollte man mit einem »Geviert« (Höhe x Breite) Einzug
beginnen. Mit einem Einzug von 5 mm liegt man bei Texten auf
DIN A4 meist ganz gut! Wenn man mit Textverarbeitungsprogrammen arbeitet, die die
Definition von Druckformatvorlagen (Style sheets o. ä.) erlauben,
so kommt man für die Absätze des laufenden Texts mit der
Druckformatvorlage für einen Standard- (= Anfangs-) und einen
Folgeabsatz meist hin. Die Werte für den Folgeabsatz sind mit denen für den Standardabsatz bis auf den zusätzlichen Einzug der
ersten Zeile um ein Geviert identisch. Eventuell braucht man drittens noch eingezogene Absätze für größere Zitate u. ä.[243], die
eventuell auch eine kleinere Schrift und einen engeren Zeilen-
abstand verwenden. Viertens ist ein Absatzformat brauchbar, bei
dem die erste Zeile am linken Rand beginnt, die folgenden erst
beim ersten Tabulatorstop (hängender Absatz). Damit kann man
herausgestellte Numerierungen oder Aufzählungen mit Hilfe von
Spiegelstrichen gestalten. Beim Literaturverzeichnis ist diese
Form ebenfalls sinnvoll, vgl. 14.4[244].

Die Verwendung von Leerzeilen zur Trennung von Absätzen ist
wohl ein Nachlassprodukt der Schreibmaschinenzeit und sollte vermieden werden[245]. Dies gilt jedenfalls für »Buchtexte«. Falls bei anderen Druckvorlagen (Arbeitspapiere, Tischvorlagen etc.) so etwas

---

[243] Linker Rand 1 cm eingezogen, ggf. auch hier in Anfangs- und Folgeabsatz
(erste Zeile wiederum 0,5 cm eingezogen) zu unterscheiden.

[244] Dass man mit diesen wenigen Absatzypen und zusätzlich nicht mehr als
drei oder vier Überschrifts-Formatvorlagen auch umfangreiche Publikationen
gestalten kann, zeigt etwa A. RAFFELT ; B. NICHTWEISS (Hrsg.): *Weg und Weite*. Freiburg i.Br. : Herder, ²2001. Allerdings sind Textverarbeitungen aus anderen Gründen nicht ideale Produktionsmittel für umfangreiche Druckpublikationen, da die vielen nicht zu umgehenden Automatismen vor allem beim
Umbruch nicht die volle Kontrolle über das Druckbild gestatten. Doch sind
hier beim derzeitigen Stand eben Kompromisse für die Anwender nicht zu umgehen, selbst wenn dadurch Feinheiten der Druckgestaltung, die professionel-
ler Buchsatz leicht beherrschte, nicht möglich sind.

[245] Sie wird von DIN 5008 allerdings für den Bürobereich (Briefe) dekretiert
(vgl. Anm. 231).

erwünscht ist, um Absätze deutlich »abzusetzen«, so genügt es, mit dem Standardabsatz zu arbeiten und bei diesem den Abstand nach dem Absatz auf einen entsprechenden Wert zu setzen.

Ein besonderes Kapitel sind – im Schriftsetzerdeutsch – »Schusterjungen« (erste Zeile eines eingezogenen Absatzes unten auf der Seite, nächste Zeilen auf der folgenden) und »Hurenkinder« (letzte Zeile eines Absatzes oben auf der Seite). Man sollte sie möglichst vermeiden. Nachdem diese Dinge früher Spezialthemen für Typographen und ansonsten Kuriosa waren, kommen sie nun durch Textverarbeitungsprogramme wieder zu Ehren, die die Möglichkeit eines Absatzschutzes bieten, der solche typographischen Fehler vermeidet. Allerdings muss man aufpassen: Im Buchdruck werden solche Zeilen durch »Einbringen« (Kürzen, Verwendung engerer Wortabstände) oder »Ausbringen« bzw. »Austreiben« (größere Wortzwischenräume) vermieden, während Textverarbeitungsprogramme die entsprechenden Absätze auf Kosten des Satzspiegels beieinander lassen. Damit ist für den Buchdruck nichts geholfen und viel verdorben. Deshalb gleicht man solche Dinge u. U. besser manuell aus oder ignoriert sie schlicht und einfach. Letzteres jedenfalls bei »Schusterjungen« im Fußnotensatz, die den Satzspiegel nicht besonders beeinträchtigen. Es gibt auch eine gesunde Liberalität gegenüber solchen Geschöpfen[246]!

13.5 Gliederung und Inhaltsverzeichnis

Eine formal gut gestaltete Arbeit wird neben einer Einleitung, die zum Thema hinführt und die nötigen Vorinformationen gibt, und einem Schluss, der zusammenfasst oder einen Ausblick eröffnet, in ihrem Hauptteil in mehrere Abschnitte untergliedert sein. Bei einer kurzen Arbeit mag es genügen, die einzelnen Abschnitte

---

[246] Gerade bei den Kleinigkeiten der Typographie kann man viel von Fachleuten lernen. Hilfreich ist etwa Jan TSCHICHOLD: *Erfreuliche Drucksachen* (Anm. 197), und vor allem DERS.: *Schriften 1925–1974*. 2 Bde. Berlin : Brinkmann und Bose, 1991–1992.

durchzuzählen. Sind die Abschnitte jedoch größer und vielfältiger, so müssen sie nochmals unterteilt werden.

Für die Hauptteile benutzt man *herkömmlicherweise* große Buchstaben (A, B), für die nächsten Unterteilungen römische Ziffern (I, II, III), für weitere Unterabschnitte arabische Ziffern (1, 2), dann kleine Buchstaben (a, b), doppelte kleine (aa, bb) oder griechische Buchstaben (α, β), – noch weiter (hebräische …) sollte man die Gelehrsamkeit nicht treiben. Kommt man mit weniger Unterteilungen aus, so beschränke man sich auf römische Ziffern, arabische Ziffern und kleine Buchstaben.

Neben dieser herkömmlichen Art zu gliedern, ist die *Dezimalgliederung* weithin üblich geworden. Die DIN-Norm 1421 (Gliederung und Benummerung in Texten)[247] regelt sie. Dabei werden arabische Ziffern benutzt. Die Hauptabschnitte werden fortlaufend von 1 an numeriert (Einleitungen können mit 0 bezeichnet werden). Die Abschnitte können dann in jeweils beliebig viele Unterabschnitte aufgeteilt werden nach dem gleichen Schema, das bei der Dezimalklassifikation besprochen wurde. Nur sollte man bei Abschnittsgliederungen nach DIN 1421 vor jeder weiteren untergliedernden Dezimale einen Punkt setzen. Auf diese Weise kann man mehr als zehn Unterpunkte erstellen. Ein Beispiel dezimaler Gliederung kann man diesem Buch entnehmen. Textverarbeitungssysteme erlauben eine automatische Anlage solcher Gliederungen.

Die Hauptsache guten Gliederns ist natürlich, dass sachgemäß unterteilt wird, dass Proportionen stimmen, dass keine logischen und formalen Inkonsistenzen entstehen (keine Untergliederung durch bloß einen Punkt. Hier gilt:»Wer a sagt, muss auch b sagen«) u. ä.

Einige Hinweise noch zur typographischen Gestaltung von Überschriften: Bei Überschriften ist nach Wertigkeit vorzugehen: *Word* kennt etwa die Formatvorlagen Überschrift 1, 2, 3 usw. Diese kann man entsprechend seinen Gestaltungswünschen abändern. Schriftmischungen sollte man vermeiden oder sehr sorgfäl-

---

[247] Abgedruckt in *Publikation und Dokumentation* (Anm. 122). Bd. 1, S. 81–84.

tig überlegen, größere Schriftgrade braucht man höchstens bei
Haupt- oder Kapitelüberschriften. Auch da kommt man aber
häufig mit einer halbfetten (bzw. in einer Textverarbeitung, die
solche Differenzierungen nicht kennt: fetten) Schrift aus.
Bei Zwischenüberschriften genügt Kursive oder sogar die Grundschrift
selbst. – Bei Überschriften kann man die Zentrierung als zusätzliches
Gestaltungsmittel einsetzen. Verwendet man jedoch das dezimale
Gliederungssystem für seine Überschriften, so liegt es eigentlich
in der Logik der Sache, dass man auf Zentrierung
verzichtet, damit die die Wertigkeit angebenden Ziffern auch untereinander
stehen. Ohne graphische Hervorhebung der Hauptüberschriften
wird man aber auch hier nicht auskommen, jedenfalls
wenn eine entsprechend tief gestufte Gliederung vorliegt[248].

Wichtig ist auch, dass man die Abstände vor und nach der Überschrift
entsprechend einrichtet: In Zeilen gerechnet etwa vor einer
Überschrift 1. Ordnung 3 Zeilen, danach 2 Zeilen, bei der Überschrift
zweiter Ordnung 2 Zeilen, danach eine Zeile, bei derjenigen
3. Ordnung nur noch eine Zeile davor und eine danach, wäre ein
einfaches Schema (um Platz zu sparen, kann man beim Druck natürlich
auch zu weniger großzügigen Lösungen kommen). Bei Beginn
auf neuer Seite sollten die Zeilenabstände vorher aber wegfallen
(ggf. außer bei der ersten Überschrift). Das kann zu Problemen bei
der Verwendung von Textverarbeitungen für Druckvorlagen führen,
die man ggf. durch einen weiteren Satz von Textvorlagen für Überschriften
bei Seitenbeginn umgehen kann. Die ständige Verschiebung
des automatischen Umbruchs durch Änderungen kann dem
»Editor« hier aber erhebliche Probleme bereiten, die es u. U. sinnvoller
machen, an diesem Punkt auf die Automatik zu verzichten –
was sonst eine »Sünde« bei der Benutzung von Textverarbeitungen
wäre. Die Verwendung von Leerraum unterhalb der für die Einzeiligkeit
gewählten Punktzahl ist natürlich möglich (vor 9 Punkt, nach
3 Punkt z. B. bei 15 Punkt für die Zeilenhöhe); allerdings sollte man

---

[248] DIN 1421, Gliederung und Benummerung in Texten, in: *Publikation und
Dokumentation* (Anm. 122). Bd. 1, S. 81–84 gibt auch Hinweise für die graphische Gestaltung.

des ausgeglichenen Satzbildes wegen das Zeilenraster möglichst einhalten, damit die Gegenseiten einigermaßen »Register halten«, auch wenn dies mit Textverarbeitungen und bei Fußnotensatz nur bedingt erreichbar ist. Hier muss man Kompromisse eingehen.

Inhaltsverzeichnisse werden heute von Textverarbeitungen automatisch generiert. Ihre Formatierungen muss man aber selbst überlegen. Ggf. wird man sie nacharbeiten[249]. Bei der hier empfohlenen dezimalen Gliederung ist die bereits genannte Norm DIN 1421 einschlägig[250]. Sie legt fest, dass die Abschnittsnummern immer am linken Rand beginnen und die Texte an einer weiteren Fluchtlinie dahinter, wobei mehrzeilige Überschriften dann an dieser Linie umbrochen werden, so dass die Abschnittsnumerierung immer klar herausgestellt ist. Überschriften ohne Numerierung (z. B. von Tabellen oder Anhängen) beginnen nach der Norm an der Fluchtlinie der Abschnittsnummern.

Zusätzlich ist es nötig, graphisch zu gliedern. So kann man die Hauptüberschriften (erste Dezimale) hervorheben (fett, kursiv) oder auch vor jeder neuen ersten Dezimale eine Leerzeile einfügen. Auch wenn die dezimale Gliederung in sich völlig klar ist, so müssen doch dezimale Gliederungen optisch wie alle anderen aufbereitet werden. Der Vergleich einiger gut gestalteter Bücher kann hier wieder hilfreich sein.

13.6 Kopfzeilen, Fußzeilen, Kolumnentitel

Bei umfangreichen Texten – von der Diplomarbeit bis zur Dissertation – ist es sinnvoll, eine Kopfzeile bzw. – im Buchdruckerdeutsch – einen »lebenden Kolumnentitel« einzufügen, der den

---

[249] Es ist u. U. dazu nötig, den Text zu kopieren, in einer eigenen Datei als »nur Text«-Format abzuspeichern (um die Automatismen auszuschalten), die Formatierung neu »von Hand« einzugeben und wieder in den Ausgangstext zu kopieren.

[250] Gliederung und Benummerung in Texten. In: *Publikation und Dokumentation*. Bd. 1 (Anm. 122), S. 81–84.

Kapiteltitel oder bei Sammelbänden linksseitig den Autor, rechtsseitig den Aufsatztitel anzeigt. In diese Kopfzeile kann man auch – jeweils außen – die Seitenzahl einfügen, was natürlich auch in einer Fußzeile möglich ist. Bei Einzeldateien, die man zu irgendwelchen Zwecken ausdruckt und natürlich auch wiederfinden möchte, mag es auch sinnvoll sein, automatisch den Speicherort in der Fußzeile (in kleiner Schrift) anzeigen zu lassen. Das entfällt natürlich bei Druckvorlagen.

13.7 Beigaben: Graphiken, Bilder, Noten

Graphische Elemente wie Sternchen und größere Punkte, die man zur Hervorhebung nutzen kann (vgl. etwa Hans Küngs populäre Schriften seit »Christ sein«), finden sich in den normalen Zeichensätzen für Texte (vgl. die Windows-Zeichentabelle). Mit weiteren graphischen Symbolen sollte man auf alle Fälle vorsichtig sein. *Windows* bietet auch solche an (Schriftarten *Symbol, Wingdings* usw.).

Diagramme lassen sich aus Tabellenkalkulationen etc. in Textverarbeitungen u. U. direkt übernehmen. Strichzeichnungen machen ebenfalls keine Probleme (Autoformen in *Word* und entsprechenden Textverarbeitungen oder die Übernahme aus einfachen Graphikprogrammen wie dem im Windows-Zubehör enthaltenen *Paint*).

Eigentliche Graphik-Verarbeitung beginnt, wenn auch Farben oder Grauwerte vorkommen. Eingescannte Bilder können in den gängigen Graphikformaten (z. B. *.tif, wenn die Speicherung in besserer Qualität beabsichtigt ist, *.jpg, wenn kleinere Dateien angezielt sind usw.) in Textverarbeitungsprogramme übernommen werden. Konvertierungsprobleme lösen Graphikprogramme wie z. B. *Paintshop pro*. Die weite Verbreitung der Digitalfotographie bietet andere Bildquellen an. Auch wenn textbezogene Arbeiten nicht immer durch visuelle Elemente gewinnen, so gibt es doch genügend Teilgebiete, wo dies der Fall ist und wo man daher die heutigen Möglichkeiten nutzen sollte.

Der wirklich qualifizierte Umgang auch hinsichtlich der Weiterverarbeitung mit digitalen Graphiken ist allerdings durchaus komplex. Man braucht für qualitätvolle Anwendung einige Spezialkenntnisse[251]. Wer sich hier einarbeitet und auch komplexere Vektorgraphik-Programme einbezieht, kann viele Aufgaben damit lösen.

Eine Sonderform codierter Zeichen stellen *Musiknoten* dar. Wir hätten sie oben bei den Schriften behandeln können. Spezialprogramme wie *Capella* (auf dem meine Erfahrungen beruhen) ermöglichen die Erstellung selbst komplexer Partituren[252]. In der Theologie wird solches am ehesten in Kirchenmusik und Liturgiewissenschaft benötigt. Aber auch bei praktischen Arbeiten in Gemeinde und Schule (z. B. Liedblätter) kann dies brauchbar sein. Die Noten (ggf. natürlich textiert) lassen sich als Graphik ausgeben (hier im Format *.tif) und in Textverarbeitungen problemlos einbinden[253]. In Graphikprogrammen wie *Paintshop pro* kann man diese Exporte vor dem Einfügen weiter verarbeiten.

[251] Ausgezeichnet zum Thema Scannen/Graphik ist: Peter und Anton KAMMERMEIER: *Scannen und Drucken : Perfekte Fotos mit DTP.* Bonn : Addison-Wesley, ⁵1994, Nachdr. 1995. Es gibt hierzu reichhaltige Literatur.
[252] Vgl. schon oben 7.5.8.
[253] Als Beispiel vgl. A. RAFFELT ... (Hrsg.): *Weg und Weite* (Anm. 244), S. 310ff.

14. Besonderheiten wissenschaftlicher Manuskripte

Es bleiben nun noch einige Besonderheiten wissenschaftlicher Manuskripte[254] zu behandeln, die über die allgemeinen Regeln zur Erstellung von Typoskripten hinausgehen und solche Texte etwa vom schöngeistigen Essay unterscheiden und die man bei der Erstellung einer solchen Arbeit vor Augen haben muss. Neben Hinweisen für die formale Gestaltung soll dabei auch der Sinn dieser Eigenheiten wissenschaftlicher Texte wo nötig erläutert werden. Einige Formalia universitärer Prüfungsarbeiten behandeln wir hier mit.

14.1 Verwendung und Schreibweise von Zitaten

Zitate sind wesentlicher Bestandteil »textorientierter« wissenschaftlicher Arbeit. Daher ist als erstes die Frage nach ihrer *Funktion* wichtig[255]. Es gibt sie auch in der Alltagsrede, jedenfalls dort, wo diese Rede sich »schmückt«. Man spricht von »geflügelten Worten« (von Georg Büchmann stammt die gleichnamige, vielfach aufgelegte klassische Sammlung[256]), wenn es

---

[254] Wir verwenden den Ausdruck hier unterschiedslos auch für Typoskripte (mit der Schreibmaschine erstellte Texte) oder für mit Textverarbeitung auf dem PC verfasste Texte.

[255] Vgl. den schönen Aufsatz von Otto F. BOLLNOW: Über den Gebrauch von Zitaten. In: DERS.: *Maß und Vermessenheit des Menschen*. Göttingen : Vandenhoeck und Ruprecht, 1962, S. 198–213, sowie Donald D. DAVIDSON: *Wahrheit und Interpretation*. Frankfurt : Suhrkamp, ³1999, Nachdruck 2007 (stw ; 896), S. 123ff. – Am umfassendsten zu allen textlichen »Sonderaspekten« von Publikationen ist das originelle Buch von Gérard GENETTE: *Paratexte*. Frankfurt : Campus, 1989, bzw. Frankfurt : Suhrkamp, 2001 (stw ; 1510), wo Titel, Mottos, Widmungen, Anmerkungen u. ä. behandelt werden.

[256] Neuste Ausgaben: *Geflügelte Worte : der klassische Zitatenschatz* / Unveränd. Taschenbuchausg. der 43., neu bearb. und aktualisierten Ausg. von Win-

sich um klassisches Bildungsgut handelt. Aber auch Sprichwörter[257] können so eingesetzt werden. Diese Form des *rhetorischen Zitats* kommt auch in wissenschaftlichen Arbeiten vor, sollte hier aber eine inhaltliche Bedeutung haben. Sie hilft, die Aufmerksamkeit zu erwecken, und kann daher in der Einleitung nützlich sein. Vielleicht hatte das mittelalterliche »videtur quod« am Anfang eines »articulus«, gegen das die Argumentation gewissermaßen anrennen musste, auch einen solchen Sinn. Auf ähnliche Weise kann ein Schlusszitat rhetorisch wirksam sein, in dem es zusammenfasst und den Hörer entweder mit einem Anstoß zum Nachdenken oder mit einer schlagkräftigen Pointe entlässt.

Die spezifisch wissenschaftliche Funktion des Zitats ist aber nicht die bloß rhetorische, sondern die *dokumentierende* – wenngleich beide Formen durchaus Berührungspunkte haben. Dies ist etwa der Fall, wenn ein Zitat – als »Autoritätsbeweis« – den Ausführungen Nachdruck verleihen soll, weniger wenn es im eigentlichen Sinn als Beleg und Bestätigung dient. Vor allen Dingen bei referierenden Teilen einer »textbetonten« Arbeit wird es als beweiskräftige Versicherung dafür angeführt, dass die Darstellung wirklich zutreffend ist. Bei geschichtlichen und philologischen Arbeiten kann ein reichhaltiges Zitieren notwendig sein[258]. Die Kunst der Darstellung liegt aber im richtigen Abmessen, denn ein Zitat soll nicht eigene Gedanken ersetzen, sondern diese un-

---

fried HOFMANN. Berlin : Ullstein, 2007 (Ullstein ; 36953) bzw. *Der neue Büchmann : geflügelte Worte* / Bearb. und weitergeführt von Eberhard URBAN. München : Bassermann, 2007.

[257] Vgl. Lutz RÖHRICH (Hrsg.): *Lexikon der sprichwörtlichen Redensarten.* Tb.-Ausg. 4 Bde Freiburg i.Br. : Herder 1977. – Erw. Neuausg. ebd. 1992. – Auch auf CD-ROM: Berlin : Directmedia Publ.; Freiburg i. Br. : Herder, 2000 (Digitale Bibliothek ; 42).

[258] Carl BRAIGs Spott in: Marc-Antoine M.-F. DUILHÉ DE SAINT-PROJET: *Apologie des Christenthums auf dem Boden der empirischen Forschung.* Freiburg : Herder, 1889, S. XIII zeigt die Grenze sinnvollen Anhäufens: »Man braucht über eine Sache nur elf Bücher zu ›citieren‹, und das so entstandene zwölfte ist das gelehrteste Werk unter dem Dutzend«. Doch das gehört wohl schon mehr zum Komplex »Anmerkungen«.

termauern. Daher ist es wesentlich, die nicht so bedeutenden Teile der zu zitierenden Ausführungen wegzulassen und das treffende Belegstück auszuwählen.

Hierbei ist auch im *Formalen* äußerste Sorgfalt vonnöten. Es versteht sich, dass wörtliche Zitate immer in Anführungszeichen angeführt werden. Unklarheiten oder Fehler werden nicht stillschweigend korrigiert, sondern entweder durch ein Ausrufungszeichen in eckigen Klammern hinter der zweifelhaften oder fehlerhaften Stelle gekennzeichnet oder durch eine Bemerkung in der Anmerkung kenntlich gemacht. Die Rechtschreibung darf nicht geändert werden. Auslassungen im Zitat werden durch drei Punkte markiert. Diese zusätzlich nochmals in eckige Klammern einzuschließen, ist im Allgemeinen wohl nicht nötig (Was soll man auch machen, wenn man eine solche Stelle abermals zitieren muss? Doppelte eckige Klammern?) und sollte textkritischen Ausgaben u. ä. vorbehalten bleiben. Bei Zitaten im Zitat werden die vorgegebenen doppelten durch einfache Anführungszeichen ersetzt. Hervorhebungen (Kursivdruck, Sperrungen) werden übernommen. Hat man selbst etwas durch Kursive hervorgehoben, so muss man dies in einer Fußnote (hinter dem Zitatbeleg) kenntlich machen. Am besten verwendet man dazu die Initialen seines Namens (»Hervorgehoben von X. Y.«), da die Form »... vom Verf.« unklar ist.

Jedes Zitat muss in einer Anmerkung oder bei dem noch zu erläuternden bibliographiebezogenen Zitieren (14.4) durch die notwendigen Angaben als Klammereinschub hinter dem Zitat genau belegt werden. Die in Anmerkungen notwendigen bibliographischen Angaben wurden bereits besprochen (6).

Zitiert man Ausführungen nicht wörtlich, sondern fasst sie bloß zusammen, so belegt man dies ebenfalls in einer Anmerkung, die man mit dem Hinweis »vgl. ...« einleitet.

Gelegentlich wird die Frage gestellt, *was* zitiert werden darf. Die Antwort lautet: grundsätzlich alles, wenn man es nur seinem Wert nach einzuordnen weiß und nicht etwa ein Konversationslexikon als Spezialliteratur zur Transsubstantiationslehre zitiert. Natürlich kann man auch briefliche oder mündliche Angaben zi-

tieren, wenn sich dies nicht aus anderen Gründen verbietet. Zudem sollte der Sachgehalt solcher Zitate nachvollziehbar[259] und
die Äußerung nicht zu belanglos sein[260]! In der Anmerkung wird
man die Zitate entsprechend belegen, möglichst (jedenfalls bei
Briefen) das Datum nennen, um so eine Einordnung und eventuelle Nachprüfbarkeit des Zitats zu ermöglichen. Es gibt freilich
eine Grenze, wo solche Zitate einen so vagen Charakter anneh-
men, dass sie zumindest für die »dokumentierende« Aufgabe des
Zitats nicht mehr verwendbar sind. Wer unveröffentlichte oder
nicht allgemein zugängliche Materialien zitiert, hat eine besondere Verantwortung, den Leser nicht mit willkürlichen Ausschnit-
ten zu manipulieren, sondern den Sinn des Zitierten möglichst
objektiv zugänglich zu machen[261].

14.2 Die Aufgabe von Anmerkungen

Für manchen scheinen viele Anmerkungen Wissenschaftlichkeit
schlechthin auszudrücken, und ein wissenschaftliches Manuskript, das stark mit Anmerkungen unterkellert ist, nötigt dem
Leser zumindest einige Achtung vor dem Fleiß des Autors ab.
Doch trügt letztlich der Schein; der Sinn zeigt sich auch hier in
der Ökonomie. Die Überprüfung großer Anmerkungskeller ist

---

[259] Das scheint mir z. B. bei der in LThK[3] Bd. 6, Sp. 122 zitierten angeblichen
Rahner-Äußerung über den in Rahners Werk nirgends genannten Pater W.
Klein SJ nicht der Fall zu sein, da der »Sitz im Leben« der behaupteten Aussage
nicht einmal angedeutet ist und somit die Absicht der Aussage nicht zu erfassen
ist. Hier möchte man Malebranche Recht geben: »On ne doit jamais citer per-
sonne« Nicolas MALEBRANCHE: *De la recherche de la vérité, IXe éclaircisse-
ment* = N. MALEBRANCHE: *Œuvres*. Bd. 1. Paris : Gallimard, 1979, S. 896
[260] »W. Jens bekannte öffentlich Sympathie mit Dürers allegorischem Bild der
›Melancholie‹« ist z. B. keine lexikonwürdige Mitteilung über Dürer, Jens oder
die Allegorie, da der Grund dieser »Sympathie« nicht erkennbar ist (vgl. *Historisches Wörterbuch der Rhetorik* [Anm. 217], Bd. 1, Sp. 330).
[261] Ein nicht erfundenes Extrembeispiel dafür, wie es nicht geht, aus dem Jahre
1990 (!): »Rez. hat in einer bislang nicht veröffentlichten Arbeit 1934/35 das
Problem ... aufgezeigt«.

manchmal geradezu ein Enttarnungsunternehmen. Auch hier gilt das Prinzip der Angemessenheit[262].

In einem kleinen Vortrag zum Komplex »Anmerkungen« hat Adolf von Harnack[263] die grundlegenden Dinge hierzu zusammengefasst. Den Anfang setzten die textkritischen Arbeiten der hellenistischen Grammatikerschulen, vor allem der alexandrinischen. Aber erst nach weiteren tausend Jahren wurde es üblich, dass Autoren selbst ihre Arbeiten mit Anmerkungen versahen. Die Forderung, dass der Autor seine Ausführungen beweisen und ihre Nachprüfbarkeit ermöglichen müsse, führte in der Spätrenaissance zu diesem Brauch, der in der Folgezeit – mit gewissen Ausfallphasen – immer mehr kultiviert wurde.

Diese kleine geschichtliche Reminiszenz gibt schon eine wichtige *Funktion* der Anmerkungen an: Sie dienen zur Erklärung und Verdeutlichung von Wörtern oder Gedanken, bieten eventuell Übersetzungen fremdsprachiger Ausdrücke (oder umgekehrt das genaue fremdsprachliche Original eines übersetzten oder bloß referierten Zitats), Lesarten (bei philologischer Arbeit), Datierun-

---

[262] Vgl. wieder den beredten Spott von Carl BRAIG: »Oft kann man auch in systematischen Werken kaum zwei Sätze lesen, ohne dreimal auf die Vogelscheuche der Schulstube zu stoßen, welche in Gestalt von numerirten Noten und Nötchen den Geist von einer ungestörten Vertiefung in den eigentlichen Context abschreckt. Warum darf der Leser seinen ›kritischen‹ Ansprüchen nicht zeitweilig entsagen, um sich der einfach redlichen Glaubwürdigkeit eines Buches zu freuen, dessen Verfasser Gedanken aus dem Ganzen und Vollen anbietet?« (*Apologie* … [Anm. 258], S. XII).

[263] Über Anmerkungen in Büchern. In: Adolf von HARNACK: *Aus Wissenschaft und Leben*. Gießen, 1911, Bd. 1, S. 148–162. – Dieser Text ist wohl die »vergessene Fußnote«, die Dietrich SCHWANITZ: *Bildung – alles, was man wissen muss*. Frankfurt : Eichborn, 2002, S. 360f. in seiner amüsanten und lehrreichen »Fußnote über die Fußnote« hätte benutzen müssen. – Vgl. jetzt auch G. GENETTE: *Paratexte* (Anm. 255), S. 304ff. – Die Bedeutung des Mittelalters für diesen Komplex – speziell des Umbruchs im 12. Jahrhundert – zeigt sehr schön I. ILLICH: *Im Weinberg des Textes* (Anm. 182), bes. S. 104ff. – Schließlich noch: Peter RIESS ; Stefan FISCH ; Peter STROHSCHNEIDER: *Prolegomena zu einer Theorie der Fußnote*. Münster : Lit, 1995 (Fußnote ; 1). 57 S., darin S. 1–28. – eine wahrhaft »byzantinische« Fußnotologie: einerseits ironisch augenzwinkernd, anderseits ernsthaftest systematisierend, jedenfalls »umfassend«.

gen o. ä. Sie entlasten dadurch den Text von mancherlei Hinweisen und machen ihn lesbarer. Aus diesem Grund gehört auch die Angabe derjenigen Literatur, die man im Text auswertet oder zitiert, in die Anmerkung. Der genaue Beleg ist hier für die Nachprüfbarkeit unerlässlich. Durch den getrennten Druck wird zudem die Angabe bei späterem Suchen leichter auffindbar. Referiert man aber über längere Zeit hin *ein* Buch, so kann man gelegentlich auftauchende Seitenzahlen auch im Text belassen, doch muss völlig klar sein, worauf diese sich beziehen.

Eine Weiterführung dieser *belegenden* ist die *bibliographische* Anmerkung. Sie nennt weitere Literatur, die im Text nicht ausdrücklich berücksichtigt wurde, eventuell auch Werke, die nicht eingesehen werden konnten (mit einem entsprechenden Vermerk), gibt dem Leser bibliographische Hinweise und bietet so die Möglichkeit, sich leichter in das Sachgebiet einzuarbeiten bzw. weiterzuforschen. Bei dieser Art der Anmerkung ist freilich die Gefahr »gelehrter Prunksucht«[264], wie es Harnack nennt, zu vermeiden.

Auch Erläuterungen, Auseinandersetzungen, Modifikationen und Querverweise können in den Anmerkungen erscheinen. Harnack hat in dem genannten Vortrag »Zehn Gebote für Schriftsteller, die mit Anmerkungen umgehen«, zusammengestellt. Darin finden sich wichtige Überlegungen zum Verhältnis von Text und Anmerkung: Der Text soll auch ohne die Anmerkungen lesbar sein; die Anmerkungen sollen nichts enthalten, was ihn in Frage stellt oder was wichtiger als der Haupttext ist; sie sollen nichts im Text Vergessenes nachträglich einbringen, wohl aber haben sie die Aufgabe, »zu ergänzen, Akkorde anzuschlagen und Ober-

---

[264] HARNACK, a. a. O., S. 152. Erheblich derber sagt GOETHE dasselbe, vgl. Richard DOBEL (Hrsg.): *dtv-Lexikon der Goethe-Zitate.* Bd. 2. München : dtv, 1972 (dtv ; 1090), Sp. 731, Z. 33ff. »Ein andermal verglich er die Professoren und ihre mit Zitaten und Noten überfüllten Abhandlungen, wo sie rechts und links abschweifen und die Hauptsache vergessen machen, mit Zughunden, die, wenn sie kaum ein paarmal angezogen hätten, auch schon wieder ein Bein zu allerlei bedenklichen Verrichtungen aufhöben, so dass man mit den Bestien gar nicht vom Flecke komme, sondern über Wegstunden tagelang zubringe«.

töne zu bringen«. Harnack plädiert für den sparsamen Gebrauch, erinnert an Exkurse und Parenthesen als Alternativen und warnt vor unnötiger Polemik in den Anmerkungen.

14.3 Zur Form der Anmerkungen

Dass Anmerkungen als Fußnoten geschrieben und nicht ans Ende der Arbeit gestellt werden, sollte mit Verbreitung der Textverarbeitung eine Selbstverständlichkeit geworden sein, da es keinerlei Mehraufwand bedeutet. Der Leser kann auf diese Weise Text und Anmerkungen parallel lesen.

Leider wird aus typographischen Gründen in manchen Verlagen gegen diese Regel verstoßen. Bei wissenschaftlichen Werken sollte aber die Typographie der Lesebequemlichkeit untergeordnet sein. Das parallele Lesen der Anmerkungen ist hier einfach nötig.

Der *Stil der Anmerkungen* kann telegrammartig sein. Geläufige Abkürzungen bieten sich hier an. Bei wiederholtem Zitieren desselben Titels arbeitet man entweder mit Kurzfassungen, z. B.: RAHNER: *Grundkurs,* S. 100; mit Rückverweisungen auf das Vorkommen des Titels, wenn er weiter oben zitiert wurde – wie in unserem Band praktiziert –, z. B.: RAHNER: *Grundkurs* (Anm. 4), S. 100; üblicherweise auch mit den Kürzeln »a. a. O.« (am angegebenen Ort, d. h.: die bibliographischen Angaben sind bereits in einer früheren Anmerkung aufgeführt) und »ebd.« (ebenda, d. h.: die Angaben finden sich in der vorigen Anmerkung). Die Verwendung von »a. a. O.« ist allerdings häufig deshalb nicht so günstig, weil man nie weiß, wie weit man zurückblättern muss, um die bibliographischen Angaben zu finden. Die Verwendung von »ebd.« kann bei Textverarbeitungen gefährlich sein, wenn im Laufe der Redaktion doch eine weitere Anmerkung »automatisch« dazwischen geschoben wird. Deshalb werden hier die anderen Verfahren stärker empfohlen; Literaturverwaltungsprogramme (vgl. 7.5.3) erlauben die direkte Übernahme der Angabe in unterschiedlichen Formaten entweder aus ausgegebenen Listen oder in direkter automatischer Übernahme – eingebunden in die Textverarbeitung.

Besitzt die Arbeit ein Literaturverzeichnis (vgl. 14.4), so kann man die Verweise so anlegen, dass sie nach dem Verzeichnis auflösbar sind (bibliographiebezogenes Zitieren). Man zitiert dann nur Verfasser und Jahr und fügt die Seitenzahl hinzu, z. B.: Rahner (1976), S. 100. Eine andere Form ist, bei einem durchnumerierten Literaturverzeichnis nur die Bibliographie-Nummer in den Text einzufügen. Solche Belege kann man – da sie sehr kurz sind – in Klammern im laufenden Text unterbringen. Zum Verfahren vgl. 14.4. Es ist aber wohl nicht nur Nostalgie, wenn man die »klassische« Form der Zitatbelege in Fußnoten vorzieht, jedenfalls solange wenigstens rudimentäre Kurztitel mitgegeben werden. Bei literaturbezogener Arbeit ist dies immer eine wichtige Information und das ständige Blättern im Literaturverzeichnis eine lästige Angelegenheit. In medizinischen, naturwissenschaftlichen, aber auch humanwissenschaftlichen Fächern (Psychologie, Soziologie) ist das Verfahren aber weit verbreitet, bei vielen Zeitschriften vorgeschrieben und durch Automatisierung auch besonders einfach handhabbar.

Fußnotenziffern im Text wird man mit hochgestellten kleinen Ziffern angeben (ohne Klammer); in der Anmerkung selbst ist die Hochstellung eigentlich nicht sinnvoll, jedenfalls dann nicht, wenn der ganze übrige Anmerkungstext vom linken Rand aus eingezogen ist, so dass die herausgestellte Ziffer klar auffindbar ist. Benutzt die Textverarbeitung aber für die Fußnotenziffer im Text wie für die Ziffer unter dem Text die gleiche feste Einstellung, wird man sich dem anbequemen.

Anmerkungen in einem kleineren Schriftgrad zu drucken spart Platz, ist ästhetisch gut und auch üblich (10 Punkt oder 8 Punkt im Buchdruck).

Bei Fußnoten ist – wie schon gesagt – das Auszeichnungssystem von DIN 1505 Teil 2 für bibliographische Angaben sinnvoll (vgl. 6.5), da man damit sehr schnell die hauptsächlichen Ordnungselemente finden kann (Autor = Kapitälchen; Titel der selbständigen bibliographischen Einheit = Kursive).

14.4 Literaturverzeichnis

Bei umfangreichen wissenschaftlichen Manuskripten – vom ausgebauten Referat bis zur Dissertation – ist es üblich, ein eigenes Literaturverzeichnis beizufügen. Eine solche Liste erfüllt mehrere Aufgaben; sie erleichtert erstens die Kontrolle über die benutzte Literatur, sie erfüllt im besten Falle zweitens die Aufgaben einer Spezialbibliographie, die denjenigen, die später über das gleiche oder ein ähnliches Thema arbeiten, die Literatur bis zu einem bestimmten Zeitpunkt nennt, und sie ermöglicht es drittens, die Literaturangaben in den Anmerkungen gekürzt zu bieten. Die *Anlage* eines solchen Verzeichnisses erfordert ein gewisses Fingerspitzengefühl. Nicht alles irgendwie genannte Material muss unbedingt aufgeführt werden. Selbstverständlich zu benutzendes Handwerkszeug – z. B. der »Denzinger« in einer dogmatischen Arbeit – sollte nicht eigens genannt werden, es sei denn, es käme gerade auf die Kontrolle dieser handwerklichen Kenntnisse an. Bei einer Spezialuntersuchung ist es eigentlich nur sinnvoll, die unmittelbar für das Thema relevanten Titel anzuführen. Diese scheidet man bei einer historischen oder philologischen Arbeit sinnvollerweise in die beiden Abteilungen »Quellen« und »Sekundärliteratur«. So gehören beispielsweise bei einer Arbeit über Hegel die entsprechenden Einzel- und Werkausgaben und eventuell die direkt darauf bezogenen Dokumente in die erste Rubrik; auch Hilfsmittel wie Register, Konkordanzen, Bibliographien könnte man hier nennen (dann sollte man als Titel »Quellen und Hilfsmittel« wählen). Nicht in diese Abteilung gehören die sonstigen benutzen Werke klassischer Philosophen. Sie wird man im Normalfall nicht nennen, da ja – um bei dem Beispiel zu bleiben – eine Arbeit über Hegel kein bibliographisches Handbuch zur Geschichte der Philosophie ersetzen will. Will man nach ihnen bibliographiebezogen zitieren, gehören sie eigentlich in die zweite Rubrik »Sonstige Literatur«. Hierhin kommt die gesamte Sekundärliteratur.

Selbstverständlich kann man ein Literaturverzeichnis auch in weitere Rubriken untergliedern (um im Beispiel zu bleiben:

Werke Hegels – Hilfsmittel – Sonstige Quellen der Philosophiegeschichte – Sekundärliteratur zu Hegel – Sonstige ...). Das kommt
ganz auf die Funktion an: Soll es vornehmlich die Funktion eines
bibliographischen Spezialverzeichnisses erfüllen, kann dies sinnvoll sein. Will man jedoch nach dem Literaturverzeichnis bibliographiebezogen zitieren, also die im Literaturverzeichnis benutzten Werke in den Anmerkungen nur in Kurzfassung angeben, so
sollte man höchsten zwei Sparten unterscheiden. Entweder muss
man dann die Sekundärliteratur mit den sonstigen benutzten
Werken mischen und nimmt so der Spezialbibliographie zum
Thema ihren eigentlichen Sinn, oder man zitiert in den Anmerkungen nur die Sekundärliteratur im strengen Sinn mit Kurztiteln
und nennt alles weitere mit vollen bibliographischen Angaben. In
der ersten Anmerkung müsste man dieses Verfahren aber erläutern. Auf alle Fälle darf die Eindeutigkeit der Angaben wegen einer geringen Platz- und Arbeitsersparnis nicht leiden.

Die *Ordnung* innerhalb eines Literaturverzeichnisses sollte im
Normalfall *alphabetisch* sein. Ob man die Initialen der Vornamen
voranstellt oder nachstellt, ist eine Geschmacksfrage. Schreibt
man die Vornamen aus – was zu empfehlen ist –, so ist die Nachstellung übersichtlicher. Welche bibliographischen Angaben zu
nennen sind, ist in Abschnitt 6 notiert; zur Arbeit mit Literaturverwaltungsprogrammen vgl. den nächsten Abschnitt. Anonyme
Sachtitel werden nach der natürlichen Wortfolge in das Alphabet
der Verfasser eingeordnet. In einigen Fällen – in der Abteilung
»Quellen« wohl meistens – ist auch die *chronologische Ordnung*
sinnvoll (etwa mit weiteren Untergliederungen, z. B. bei Hegel:
Gesamtausgaben – Einzelausgaben – Hilfsmittel). Dies gilt besonders auch für Bibliographien, die die Forschungsentwicklung eines bestimmten Gegenstandes dokumentieren. In solchen Fällen
mag auch eine *systematische Anordnung* gelegentlich sinnvoll
sein.

Das Verzeichnis legt man in Listenform an und beginnt jede
Einheit mit einer neuen Zeile. Die Ordnung der Literatur in der
entsprechenden Reihenfolge ist gut zu bewerkstelligen, wenn
man sie schon in Karteiform gesammelt hat. Hat man sie in einer

Datei mit Hilfe eines Datenbankprogramms gespeichert, so lassen sich Sortierung und Listenerstellung automatisieren.

Mehrfach wurde schon auf das *bibliographiebezogene Zitieren* eingegangen, hier noch einmal aus dem Blickwinkel »Literaturverzeichnis«: Numeriert man das Verzeichnis durch, so kann man im laufenden Text oder den Anmerkungen mit Nummer und Seitenzahl exakte Angaben machen. Der Nachteil ist: Der Leser muss viel blättern und hat keine inhaltlichen Hinweise durch die Nummern. Die zweite Möglichkeit ist, mit Name und Erscheinungsjahr zu zitieren. Dann muss das Verzeichnis möglichst auch in der Form angelegt werden, dass hinter dem Verfassernamen das Erscheinungsjahr angegeben wird[265]. Mehrere Veröffentlichungen eines Verfassers sind dann mit Zusätzen zu kennzeichnen (1976a, 1976b usw.); bei Titelangaben »o. J.« (= ohne Jahr[esangabe]) ergeben sich weitere Schwierigkeiten. Die Nachteile sind fast die gleichen wie bei der ersten Methode. Die dritte und empfehlenswerte Form bibliographiebezogenen Zitierens ist die Angabe von Verfasser und Kurztitel in der Arbeit (im Text oder im Allgemeinen besser in Fußnoten); die Literaturliste kann dann mit bibliographisch korrekten Angaben (wie in Kapitel 6 erläutert) in alphabetischer Folge angelegt werden. Diese Methode ist für den Leser von den drei genannten sicher am günstigsten.

Im Grunde muss man sich zwischen zwei Möglichkeiten entscheiden: entweder dem Leser möglichst bequem die Angaben, die er ggf. benötigt, an der Stelle darzubieten, wo er bei der Lektüre auf sie stößt – und das spricht für möglichst komplette bibliographische Angaben in Fußnoten – oder aber von einer rationellen und platzsparenden Konzeption der Vermittlung dieser Informationen auszugehen, und das spricht für möglichst weitgehenden Wegfall von Fußnoten, möglichst knappe Beleg-Angaben im Text,

---

[265] DIN 1505 Teil 3, Titelangaben von Dokumenten : Verzeichnisse zitierter Dokumente (Literaturverzeichnisse), regelt diese Form (abgedruckt in: *Publikation und Dokumentation* [Anm. 122]. Bd. 2, S. 66–69). Die in den Geisteswissenschaften üblichen Formen werden hier aber nicht erläutert, sondern nur in einer Vorbemerkung global angesprochen.

möglichst einfaches bibliographiebezogenes Zitieren (etwa Version zwei im obigen Text). Entschieden für vollständige Angaben »am Ort« sollte man aber bei Netzpublikationen optieren, da das Blättern auf dem Bildschirm nicht gerade praktisch ist.

Einige Bemerkungen sind noch zur typographischen Gestaltung zu machen. Die einschlägige DIN-Norm[266] bietet praktische Beispiele, wie ein zum bibliographiebezogenen Zitieren als Referenzliste gedachtes Literaturverzeichnis angelegt werden kann: Die Namen sind dort invertiert (Name, Vorname), fett hervorgehoben, dgl. bei anonymen Werken die alphabetisch eingeordneten Sachtitel. Es folgt (dort ebenfalls fett) das Jahr. Die Namen sind ca. 5 mm herausgestellt (bzw. die zweite und folgende Zeile ist um diesen Wert eingezogen = hängender Absatz). Die Liste ist (bei DIN A4-Format) in zwei Spalten angelegt.

Bei der eben genannten Form kommt es auf schnelles Erfassen der gesuchten Referenzen für das bibliographiebezogene Zitieren an (Name/Jahr); dabei helfen Hervorhebung, Einzug und Spaltensatz. Wenn nicht mit Name und Jahr bibliographiebezogen zitiert wird, sondern z. B. nach einer laufenden Nummer, dann sollte auch das Jahr nicht nach vorne gestellt werden.

Bei Quellenverzeichnissen, bei denen es nicht auf das Hervorheben solcher »Blickpunkte«, sondern doch eher auf die »Lektüre« der Angaben ankommt, würde ich allerdings unbedingt empfehlen, die Auszeichnungen so vorzunehmen wie bei den sonstigen Zitatangaben: Verfassernamen in Kapitälchen, Titel der selbständigen bibliographischen Einheit kursiv, alles andere in Grundschrift. Die Herausstellung des Namens (hängender Absatz) ist allerdings sinnvoll, Spaltensatz wohl nur bei Großformaten.

---

[266] DIN 1505 Teil 3, Titelangaben von Dokumenten, a. a. O.

14.5 Automatisierung der Anlage der Belege und des Literaturverzeichnisses

Durch Anlage eigener Literaturdatenbanken zu Forschungsgebieten kann man das Verfahren optimieren. Hat man alle Angaben auf diese Weise vorbereitet, so kann man sich durch die Ausgabe eines »Reports« – einer Liste aller benötigten Titel – das Literaturverzeichnis automatisch erstellen lassen und aus dieser Liste auch Quellenbelege in die Anmerkungen kopieren.

Wesentlich weitergehende Möglichkeiten bieten Literaturverwaltungsprogramme, wie wir sie oben 7.5.3 vorgestellt haben. Am Beispiel des *Reference manager:* Bei seiner Installation trägt er sich z. B. in die Menüstruktur neuerer *Word*-Versionen selbständig ein (dies ist auch bei *Word Perfect* möglich). Wenn man nun einen Text schreibt und einen Beleg in der Form bibliographiebezogenen Zitierens (vgl. 14.3) einbauen will, so geht man (bei *Word*) auf den Menüpunkt »Extras/Reference Manager«, wählt »Insert citation« und gibt die Datenbank an, aus der die Angabe übernommen werden soll. Der entsprechende Titel ist darin auszuwählen. Er kann dazu mit einer Suchfunktion in der Datenbank – auch in Verbindung mehrerer Datenfelder – recherchiert werden. Vor der Übernahme ist noch einzustellen, nach welchem Zitierschema vorgegangen werden soll. Entsprechende Konvertierungs-Filter sind in sehr reichhaltiger Weise im Programm enthalten. Sie wandeln die Angaben in das normierte Zitierformat bestimmter Zeitschriften um. Die Zitierkonventionen von mehreren hundert Zeitschriften sind derzeit vorgegeben. Sie betreffen aber meistens – nicht nur! – Zeitschriften aus dem naturwissenschaftlichen, technischen, medizinischen und humanwissenschaftlichen Bereich. Bei der Übernahme fügt der *Reference manager* dann in den Text die nötige Verweisung ein – etwa in der Art: (Rahner, 1984); oder eine Nummer (1) – und baut gleichzeitig ein Literaturverzeichnis mit den vollen Angaben auf. Beides kann bedarfsweise nachredigiert werden.

Die Kurzbelege lassen sich auch in Fußnoten einbinden, womit man der in geisteswissenschaftlichen Arbeiten üblichen Zitierform schon näher kommt. Man kann auch selbst im *Reference manager* andere Zitierformate festlegen. So ist es möglich, auch die vollständigen bibliographischen Angaben in die Anmerkungen einfügen (ohne zusätzliches Literaturverzeichnis) oder aber als Kurztitelangaben mit Verfasser und Titel, die dann durch ein Literaturverzeichnis aufgeschlüsselt werden. Die Darstellung des einen Beispiels deckt die Möglichkeiten ähnlicher Angebote einigermaßen ab. Unterschiede muss man sich durch einschlägige Tests aufweisen lassen[267].

Ob solch ein ausgefeiltes Angebot wie der *Reference manager* wirklich den eigenen Bedürfnissen entspricht, ist aber vor der Entscheidung für solch ein Programm zu prüfen. Für nicht so komplexe Aufgaben genügen durchaus kostenlos erhältliche Programme. Der hohe Automatisierungsgrad ist nur sinnvoll, wenn man ihn voll nutzt – und damit allerdings auch Gestaltungsmöglichkeiten von Texten aus der Hand gibt, die eventuell wiederum in anderer Hinsicht einfachere Arbeitsvorgänge ermöglichen. Der Einsatz solche ausgefeilter Systeme ist m. E. nur sinnvoll, wenn man sie konsequent nutzt, was sowohl Einarbeitungsaufwand als Konsequenz und Konstanz bei der Arbeit damit voraussetzt. Durch etwas Experimentieren mit den oben genannten oder anderen Programmen, kann man am besten feststellen, was den eigenen Vorstellungen entspricht.

14.6 Abkürzungsverzeichnis

Ein eigenes Abkürzungsverzeichnis wird in vielen Fällen nicht nötig sein. Referate sollten ohne ein solches auskommen. Ein Hinweis zur Auflösung der möglichst sparsam verwendeten Abkürzungen mag genügen, etwa:»Die in dieser Arbeit verwendeten Abkürzungen richten sich nach dem Abkürzungsverzeichnis zur Theologischen Realenzyklopädie«. Falls aus sachlichen Gründen doch mehr Abkürzungen nötig waren, kann man diese aber auch noch eigens in einer Liste zusammenstellen. Bei Monographien

[267] Vgl. z. B. oben Anm. 159.

über einen bestimmten Autor werden häufig dessen Werke durch Sigel zitiert (Kant: KdrV, Thomas von Aquin: S.th. u. a. m.). Eine kurze Liste dieser Abkürzungen sollte dann auch beigegeben werden (zumindest wenn es sich um ungewöhnlichere Titelkürzungen handelt). Generell sollte man aber überlegen, ob man nicht mit Kurztiteln arbeiten und den Leser dadurch stärker schonen kann[268]! Textverarbeitungen erlauben es, solche häufig gebrauchten Wortfolgen als Textbaustein abzulegen und ebenso bequem wie die Abkürzung abzurufen.

14.7 Titelblatt

Der letzte Schritt vor der Abgabe eines Referats oder der Prüfungsarbeit ist das Anfertigen des Titelblatts.

Bei Prüfungsarbeiten sehe man zunächst in der entsprechenden Prüfungsordnung nach, ob eine bestimmte Form vorgesehen ist. Bei Referaten kann man sich an das folgende Schema halten:

Institut (bzw. Seminar)
Seminarart (Pro-, Hauptseminar usw.), Seminarleiter, Semester
Thema des Seminars
Titel der Arbeit
vorgelegt von ...
Ort, Datum, Adresse

Ein eigenes Titelblatt entfällt bei Protokollen, Kurzreferaten und anderen Kurztexten. Bei Zulassungsarbeiten und Dissertationen ändert sich dieses Schema leicht:

Titel
Zweck der Arbeit (z. B.: Als Inauguraldissertation zur Erlangung der Doktorwürde an der Theologischen Fakultät ... vorgelegt von)
Name
Jahr

Die Formulierung von Titeln ist im Übrigen auch einige Überlegungen wert. Sie sollen vor allem eine möglichst prägnante In-

---

[268] Vgl. oben 6.10, bes. 6.10.3.

formation bieten. Bei Publikationen sollten sie aber auch griffig sein und bei Verlagspublikationen eine gewisse Werbewirkung haben, die Aufmerksamkeit erregen und so auch schon einen Antrieb zum Lesen des Buches geben. In diesem Fall ist es häufig sinnvoll, einen prägnanten Titel mit einem Untertitel zu versehen. Kulturgeschichtlich sind Titel übrigens eine reizvolle Sache[269].

Zur Typographie von Titelseiten: Bei ihnen kann man seinen ästhetischen Sinn etwas spielen lassen: Zentrierung der Überschriften, größere Schriftgrade etc. sind hier sinnvoll. Gut gestaltete Bücher bieten hierzu Anregungen[270]. Größere Textprogramme leisten sogar schon typographische Feinarbeit wie das Unterschneiden von Buchstaben (kerning). Wer sich auf solches einlassen will, sei wieder auf die typographische Fachliteratur verwiesen.

14.8 Register

Auch wenn der Papst Pius XI. zugeschriebene Satz, ein Buch ohne Register sei kein Buch, nicht »unfehlbar« ist, so sollten doch wissenschaftliche Monographien bei Drucklegung durch ein Register erschlossen werden, jedenfalls wenn dies nicht durch Umfangs-, Preisgründe o. ä. zu sehr erschwert ist[271]. Ein Register legt man in fast allen Fällen am besten *alphabetisch* an (vgl. 10.1 DIN 5007). Wenn möglich, sollte man einem *einheitlichen Register*

---

[269] Vgl. Walter BARTON: *Denn sie wollen gelesen sein : Kleine Stilfibel des deutschen Buchtitels.* Hamburg : Furche, 1968; DERS.: *Der Zweck zeitigt die Titel.* Siegen : Universitätsverlag Siegen, 1984.

[270] Vgl. auch DIN 1429 Titelblätter und Einbandbeschriftung von Büchern. In: *Publikation und Dokumentation.* (Anm. 122). Bd. 1, S. 115–120.

[271] Sehr empfehlenswert ist nach wie vor das Büchlein von Horst KUNZE: *Über das Registermachen.* München-Pullach : Verl. Dokumentation, 1964. Vgl. auch DIN 31630 Teil 1: *Registererstellung : Begriffe, formale Gestaltung von gedruckten Registern,* in: *Publikation und Dokumentation* (Anm. 122). Bd. 1, S. 387–392. – Zur Geschichte vgl. I. ILLICH: *Im Weinberg des Textes* (Anm. 183), S. 108–111.

den Vorzug vor einem differenzierten (Personen-, Sach-, Orts-register usw.) geben, doch hängt dies von der Art der zu analysie-renden Arbeit ab. Manche Spezialregister (z. B. ein Bibelstellen-register, das man in der Reihenfolge der biblischen Bücher anlegen wird) lassen sich ohnehin nicht sinnvoll in ein alphabeti-sches Einheitsregister einordnen.

Begriffe und Fakten kann man nach dem Prinzip des Stich-worts (aus der Vorlage genommene Kennzeichnung) oder des Schlagworts (nach bestimmten Regeln gebildete Benennung, die nicht in der Vorlage selbst vorkommen muss) verzeichnen. Beides hat verschiedene Funktionen. Zur Auffindung von Titeln dient z. B. ersteres. Reine Stichwortindices kann man auch auto-matisch mit Hilfe einer geeigneten Textverarbeitung erstellen.

Für die Erschließung von sachlich Zusammenhängendem ist es aber unumgänglich, Schlagwörter zu bilden und diese ggf. weiter durch Unterschlagwörter aufzugliedern. Da diese Arbeit eine ge-naue Kenntnis des Stoffes voraussetzt, muss (leider) möglichst der Verfasser das Register erarbeiten. Die Prinzipien, nach denen er vorgegangen ist, sollten ggf. in einer Vorbemerkung mitgeteilt werden.

Das Register fertigt man an, wenn der *Umbruch* vorliegt (bzw. der endgültige Ausdruck erstellt ist) und die Seitenzahlen sich nicht mehr verschieben. Hat man den Umbruch in Papier vorlie-gen, unterstreicht man am besten zunächst die in Frage kommen-den Namen oder Sachen und schreibt sie dann zeilenweise in eine Textverarbeitungsdatei, die man gelegentlich als Ganze markiert und alphabetisch neu ordnet. Hat man den Umbruch z. B. als PDF-Datei vorliegen, so kann man den Vorgang auch gleich am Computer vornehmen (evtl. an zwei Bildschirmen parallel (etwa Laptop und PC). Seitenzahlen sollten genau angegeben werden (nicht 187ff., sondern z. B. 187–195). In einer zweiten Lektüre muss man die Angaben auf Fehler und Auslassungen hin durch-sehen, Schlagwörter vereinheitlichen, Synonyme ausmerzen und Verweisungen einfügen. Das Arbeiten mit (durchsuchbaren) PDF-Dateien hat den Vorteil, dass man nachträglich Stichwort-Kon-trollrecherchen relativ bequem durchführen kann.

Kurz zur Typographie: Bei Registern bietet sich wiederum Spaltensatz an – bei größeren Formaten auch dreispaltig –, da häufig einem kurzen Begriff nur eine oder wenige Zahlen folgen. Auch den Schriftgrad kann man hier auf »Konsultationsgröße« herabschrauben (8 Punkt). Bei alphabetischen Registern empfiehlt es sich, den jeweils ersten Eintrag eines Buchstabens zu kennzeichnen – entweder durch Fettdruck des ersten Begriffs oder durch eine vorangehende Leerzeile oder durch den vorangestellten, fetten Buchstaben selbst.

Im Übrigen: die elektronische Publikation – auf die wir noch zu sprechen kommen – macht Register zum Gutteil überflüssig: Nach Namen und Stichwörtern kann man hier ohnehin suchen. Ein Sachregister, das die Hauptgegenstände unter eigenen Begriffen (Schlagwörtern) zusammenfasst, hat man damit zwar noch nicht. Aber im Allgemeinen dürfte die Funktionalität der exakten Wortsuche ausreichend sein, manchmal ist sie sogar effektiver als traditionelle Register.

14.9 Sonstige Beigaben

Bei manchen Prüfungsarbeiten ist eine Erklärung des Verfassers beizufügen, in der er versichert, die Arbeit eigenständig und ohne Benutzung sonstiger nicht angegebener Hilfsmittel verfertigt zu haben. Die Prüfungsordnungen informieren darüber.

Bei Dissertationen wird im Allgemeinen ein kurzer *Lebenslauf* mit Angaben über den Ablauf des Studiums bzw. der Ausbildung verlangt, der üblicherweise an den Schluss der Arbeit gestellt wird. Man vergleiche hierzu ebenfalls die Prüfungsordnung. Ob diese Angaben in die Pflichtexemplare übernommen werden, ist auch eine Frage des Datenschutzes.

Die Beigabe einer kurzen *Inhaltsangabe* (»Abstract«) bei Dissertationen ist ebenfalls empfehlenswert. Der vor einigen Jahren von der Deutschen (National-)Bibliothek in Frankfurt gestartete Versuch, solche Zusammenfassungen von den Promovenden zu erbitten und sie im Jahresverzeichnis der Deutschen Hochschul-

schriften zu veröffentlichen, ist leider gescheitert. Die zunehmende Publikation von Dissertationen in elektronischer Form
auf universitäts(bibliotheks)eigenen Servern verlangt dies (meist)
aber wieder. Damit wird sich diese sinnvolle Ergänzungsinforma-
tion zumindest in diesem Bereich wohl durchsetzen.

15. Vortrag, Präsentation

Protokolle, Referate, u. U. auch Teile größerer Arbeiten (z. B. Dissertationen in Doktorandenseminaren) werden häufig auch vorgetragen. In der späteren Berufstätigkeit ist ebenfalls oft für den Theologen die Fähigkeit, gute Reden zu halten, von großer Bedeutung. Im universitären Bereich spielten die mündlichen Ausdrucksformen in früheren Jahrhunderten eher eine größere Rolle als heutzutage, was man daran sieht, dass viele schriftliche Gestaltungen aus ihnen hervorgewachsen sind (die mittelalterliche Quaestionenliteratur zeigt das; noch die Architektur der *Summa theologiae* spiegelt ihre Herkunft aus der Mündlichkeit des Unterrichts). Sieht man von der Homiletik ab, die ja eine Sonderaufgabe hat, so wurde diesem Thema in der Hochschulausbildung lange Zeit wohl zu wenig Raum gegeben[272].

In der derzeitigen Diskussion[273] spielt allerdings das Thema – von der schulischen Ausbildung an – unter dem Stichwort »Präsentation« eine große Rolle. »Präsentation« fasst die Elemente klassischer Rede, die äußeren Bedingungen und den Einsatz von Hilfsmitteln bis zu multimedialen Elementen zusammen. Präsentation ist in unserer medialen Umwelt ein ständig vorhandenes Phänomen: Stars oder neue Autos werden »präsentiert«, Politiker

---

[272] Dass dies in früheren Zeiten besser war, zeigen klassische Rhetorik-Bücher, zum Teil auch von bedeutenden Theologen verfasst, vgl. z. B. Joseph KLEUTGEN: *Ars dicendi*. Rom, 1847. Vgl. dazu den schönen Aufsatz von Peter WALTER: Joseph Kleutgens »Ars dicendi« und die rhetorische Tradition. In: Herbert HAMMANS ... (Hrsg.): *Geist und Kirche*. Paderborn : Schöningh, 1990, S. 359–380. – In den letzten Jahren hat die Rhetorik als wissenschaftliche Tradition wieder stärkere Aufmerksamkeit gefunden, wofür etwa das *Historische Wörterbuch der Rhetorik* (Anm. 216) steht.

[273] Als allgemeine Darstellung vgl. Rafic KUZBARI ; Reinhard AMMER: *Der wissenschaftliche Votrag*. Wien : Springer, 2006.

präsentieren sich medial und verstehen manchmal in glänzender »staatsmännischer« Darstellung die Dürftigkeit der Gehalte zu verschleiern. Es ist also ein durchweg zwiespältiges Phänomen (wie übrigens die Rhetorik seit der Antike generell; man denke an Sokrates‹ bzw. Platons Kritik der Sophistik). Für unseren Bereich ist das Thema insofern wichtig, als die angemessene (!) Darstellungsform auch für die Wirkung wissenschaftlicher Themen wesentlich ist.

So sollen hier wenigstens einige knappe Hinweise folgen, die sich zunächst auf den *Vortrag* beschränken und die dazu derzeit gängigen technischen Hilfsmittel nennen.

Die *Diskussion* wäre eine eigene Darlegung wert, bei der man viel aus der Vergangenheit lernen könnte. Sie setzt ein Ernstnehmen des anderen voraus und sollte versuchen, seine Argumente korrekt aufzunehmen, sie möglichst »stark« zu machen, ehe die Entgegnung folgt (man analysiere einmal Fernseh-Disputationen darauf hin!). Die Argumentationslehre selbst ist als Teil der Rhetorik gepflegt worden. Darüber kann man sich ebenfalls in einschlägigen Werken informieren[274].

15.1 Hinweise zum Vortrag

Wer ein Referat vorzutragen hat, sollte sich klarmachen, dass Rede und Schreibe zweierlei Dinge sind. Beim Vortrag findet sich der Redner einem *bestimmten Zuhörerkreis* gegenüber; er befindet sich in einer vorgefundenen *Situation,* die auch das Stilniveau festlegt; er kann an den *Reaktionen* bemerken, wie sein Vortrag wirkt. Darauf hat er in anderer Weise Rücksicht zu nehmen als beim Verfassen eines geschriebenen Textes. Die Aufmerksamkeit der Hörer wird durch Unverständlichkeit (inhaltliche und akustische), Langeweile, Langatmigkeit, zu viel Information, zu große Länge des Referats strapaziert.

---

[274] Vgl. S. Toulmin: Die Verleumdung der Rhetorik (Anm. 217), und die in der nächsten Anmerkung genannte Literatur.

Die Gegenmittel sind auf verschiedenen Ebenen angesiedelt, zunächst in der *Rhetorik*[275]: Ein deutlicher Hinweis auf die einzelnen Gliederungsschritte erleichtert dem Hörer den Nachvollzug. Hinweise auf Absicht, Ausführung, Probleme der Darstellung, Selbstbescheidung des Referenten ziehen den Zuhörer in den Gedankengang mit hinein. Gegenüber geschriebenen Texten wird der Vortrag durch erzählende (narrative) Elemente, Beispiele, Bilder usw. lebendig. Auflockern können auch treffende Zitate, Witz, Polemik – doch ist hier »Takt« geboten! Wichtig ist die *Veranschaulichung* derjenigen Dinge, die bildhaft darstellbar sind. Ein Vergleich von Zahlenmengen wird von den meisten Hörern in Form eines Stabdiagramms leichter erfasst als durch bloße Benennung; prozentuale Anteile werden durch

---

[275] In der Literatur zur Rhetorik finden sich verschiedene Gattungen nützlicher Werke. Pragmatisch ausgerichtet sind etwa die Arbeiten von Maximilian WELLER: *Das Buch der Redekunst.* München : Goldmann, o. J. (Goldmann Ratgeber ; 10546), bzw. Düsseldorf : Econ, [14]1978, und Heinz LEMMERMANN: *Lehrbuch der Rhetorik.* München : mgv, [5]1993; David BERNSTEIN: *Die Kunst der Präsentation : Wie Sie einen Vortrag ausarbeiten und überzeugend darbieten.* Frankfurt : Campus, [3]1993 bzw. München : Heyne, 1995 (Heine-Bücher ; 22); Wolfgang MENTZEL: *Rhetorik : Frei und überzeugend sprechen.* Planegg : Haufe, [5]2006; Claudia NÖLLKE: *Präsentieren.* Planegg : Haufe, [4]2006. – Zur Praxis des Seminarvortrags kompetent und auch unterhaltsam G. PRESLER: *Referate schreiben – Referate halten* (Anm. 211). – Umfassender auch im Hinblick auf die Randbedingungen, Voraussetzungen, Sprechtechnik ist eine andere Gattung von Büchern, etwa Herbert BIEHLE: *Redetechnik.* Berlin : de Gruyter, [4]1974 (Sammlung Göschen ; 6061); Julius HEY: *Der kleine Hey : Die Kunst des Sprechens.* Mainz : Schott, [51]2004. Vorauflage auch als DVD-ROM. Ebd. 2003. – Schließlich sind noch die Arbeiten aus der neueren Rhetorik-Diskussion zu nennen, die die grundlegende Funktion der Rhetorik für die Kommunikation generell im Blick haben, vgl. Chaïm PERELMAN: *Das Reich der Rhetorik.* München : Beck, 1980 (Beck'sche Schwarze Reihe ; 212); Chaïm PERELMAN ; Lucia OLBRECHTS-TYTECA: *Die neue Rhetorik : Eine Abhandlung über das Argumentieren* / Josef KOPPERSCHMIDT (Hrsg.). 2 Bde. Stuttgart : Frommann, 2004 (problemata ; 149); Gert UEDING ; Bernd STEINBRINK: *Grundriß der Rhetorik.* Stuttgart : Metzler, [4]2005; Hermann SCHLÜTER: *Grundkurs der Rhetorik.* München : dtv, [13]1994 (dtv WR ; 4149); Clemens OTTMERS: *Rhetorik* / überarb. von Fabian KLOTZ. Stuttgart : Metzler, [2]2007 (Sammlung Metzler ; 283).

farbige Kreisdiagramme anschaulicher usw.[276] Über bildhafte Gegenstände kann man oft ohnehin nur sinnvoll reden, wenn das Objekt angesehen werden kann.

Die optimale Redeform ist bei einem in der Sache kompetenten Redner mit guter sprachlicher Ausdrucksfähigkeit sicher die *freie Rede.* Beim Vortrag eines Referats kann es aber sehr gefährlich sein, sich zu viel zuzutrauen, zumal die Aufregung hinzukommen kann. Komplizierte wissenschaftliche Gedankengänge werden auch von geübten Rednern genau vorformuliert, wenngleich der mündliche Vortrag spontan davon abweichen kann. Die Präzision beim Zitieren ist ohnehin nur so zu gewährleisten. Exaktheit geht hier über »Lebendigkeit«! Schlecht beherrschte freie Rede ist peinlich und in der Sache schädlich. Nebenbei: Das Vorliegen eines Manuskripts und das »freie« Sprechen schließen sich nicht aus: Auch Nachrichtensprecher im Fernsehen lesen ab, suchen aber den »Blickkontakt« zum Zuschauer.

Eine Nebenbemerkung zum Manuskript: Ein vollständig durchformuliertes Manuskript, ausgedruckt in einer Schriftgröße, die unter den Vortragsbedingungen gut lesbar ist, ist selbst für den frei oder halb frei sprechenden Vortragenden beim wissenschaftlichen Vortrag meist die sinnvollste Voraussetzung. Wer sein Thema sehr gut beherrscht oder wer einfachere Aufgaben anderer Art als wissenschaftliche Vorträge zu erledigen hat (Begrüßungen etc.) mag evtl. auch mit den Hauptpunkten, den wichtigsten Daten, den zu erwähnenden Namen etc. hinkommen. Diese kann man sich dann ggf. auch auf Karteikarten notieren oder in entsprechender Größe ausdrucken, was wiederum angenehm sein kann, wenn man frei vor seinem Publikum steht. Aber: Nichts ist unangenehmer anzuhören als ein anhand

---

[276] Tabellenkalkulations-Programme für den PC erlauben die leichte Erstellung solcher Darstellungen (z. B. *Excel, Works).* Diese sind in Präsentationsprogramme übernehmbar, aber auch mittels Farbdruckern auf Overhead-Folien zu reproduzieren. Nach wie vor ein gutes Medium! Zu viel Technik kann auch problematisch sein a) durch Ablenkung, b) durch manchmal nicht vermeidbare technische Pannen. Banal aber wichtig: Einzusetzende Technik sollte vorher immer überprüft werden (dazu 15.2).

von Stichwörtern nach zusammenhängenden Formulierungen ringender Redner!

Die *sprachliche Korrektheit* des Vorgetragenen ist eine andere wesentliche Seite des Vortrags. Hierhin gehört auch, dass man die angemessene Stilebene einhält. Ein wissenschaftliches Referat soll sich durch seine Sachbezogenheit auszeichnen, – was nicht Trockenheit bedeutet. Es ist eine gute Tradition, dass die Person des Referenten im Hintergrund bleibt: Dass die Ich-Form vermieden werden soll, ist zwar kein Dogma; die mit dieser Regel ursprünglich intendierte Sachbezogenheit ist aber zu wahren.

Schließlich sei noch darauf hingewiesen, dass der Effekt eines Vortrags oft auch von Äußerlichkeiten abhängt, z. B. der Kleidung, aber auch von Ablenkungen und Störungen (vgl. Pascal: *Pensées*, Laf. 48:»Wundert euch nicht, dass er falsch schließt, eine Fliege fliegt um sein Ohr«). Daher ist es sinnvoll, vorher soweit möglich auch den äußeren Rahmen zu bedenken.

Viel lernen kann man von guten Rednern – wobei nicht jeder berühmte Hochschulprofessor ein guter Redner ist oder war. Sachlich gute Reden können aber auch eindrucksvoll sein, wenn der letzte rhetorische Schliff fehlt. Rede ist zudem ein viel zu persönliches Ausdrucksmittel, als dass man Normen für alles und jeden aufstellen könnte. Rede gibt ein Bild einer Persönlichkeit, den ein gedruckter Text nicht vermitteln kann[277].

---

[277] Zur Illustration verweise ich auf die Reihe *Rede des Monats* der Universitätsbibliothek Freiburg mit Reden bedeutender Freiburger Professoren – darunter Theologen wie A. Deißler, R. Gramlich, K. Lehmann, A. Vögtle, B. Welte u. a., Philosophen von E. Fink bis M. Heidegger und F. W. von Herrmann – aus den letzten rund sechzig Jahren, die als *Podcast* abonniert werden kann <http://www3.ub.uni-freiburg.de/?id=148>. Durch die Publikationsform *Podcast* kann man aber auch gegenwärtig lehrende Universitätsprofessoren mit aktuellen Angeboten anhören, Beispiele: <http://www3.ub. uni-freiburg.de/?id=111>.

15.2 Praktische Hilfsmittel

Hat man vor einer größeren Versammlung zu reden (in kleineren Seminaren stellen sich solche Fragen nicht), so ist besonders auf einige *äußere Gegebenheiten* zu achten: Ist ein Rednerpult vorhanden, auf das man das Manuskript legen kann, ohne dass es herunterrutscht, und – falls nötig – auch ein Wasserglas? Ist die Beleuchtung so, dass sie zur Lektüre des Manuskripts ausreicht? Ist die Aufgabe stimmlich zu bewältigen? Gibt es eventuell ein Mikrophon? Ist dieses vorher auszuprobieren? Auch das Sprechen ins Mikrophon will geübt sein! Je mehr Technik verwendet wird, desto wichtiger ist, dass man diese vorher genau überprüft. Ein nicht einschaltbares Mikrophon, ein nicht verdunkelbarer Raum und zu lichtschwache Projektoren oder auch schon eine fehlende Verlängerungsschnur können die beste Vorbereitung obsolet machen, ganz abgesehen von komplizierteren Problemen wie inkompatibler Computer-Hard- oder Software.

Im wissenschaftlichen Bereich ist es wichtig, sich genau zu überlegen, welche Hilfen man dem Hörer zur Verfügung stellt: Vervielfältigungen der *Texte,* die interpretiert werden; graphische Übersichten; Materialien zum Vor- oder Nachbereiten; Zusammenfassungen oder Gliederungen; Thesenpapiere.

Klassisches Hilfsmittel zur Veranschaulichung, zum Vorlegen einer Gliederung, für die Schreibweise komplizierter Ausdrücke oder Namen usw. ist die (*Wand-)Tafel.* Neben der alten Version, die mit Kreide beschreibbar ist, gibt es Tafeln, die mit abwischbaren Spezialfarbstiften (nicht mit den üblichen Filzschreibern!) zu beschreiben sind. Sogenannte »Flip-Charts« – Ständer mit Papierbögen – bieten flexible Möglichkeiten, Gedanken schriftlich festzuhalten, Gliederungen anzubieten o. ä. Sehr vielseitig sind *Tageslichtprojektoren (Overhead)* einsetzbar. Mit Folienschreibern kann man hier während des Vortrags und mit Blick auf die Zuhörer Begriffe, Gliederungsschritte usw. an die Wand projizieren, durch Abdeckung Texte und Bilder den Hörern bis zum gegebenen Augenblick vorenthalten u. a. m. Für viele Gebiete auch der Theologie, die der Veranschaulichung bedürfen

(Geographie, Geschichte, Kunst), gibt es Folienmappen, oft für den Schulunterricht erarbeitet. Mit Hilfe der Fotokopie kann man sich aber auch selbst Folien von Bildmaterialien herstellen. Es gibt für Laser- wie für Tintenstrahldrucker geeignete Folien. Wo die Arbeit sich lohnt (etwa für weiterhin vielfach zu gebrauchende Folien oder für besonders wichtige Vorträge), kann man auch aufwendigere Folien gestalten.

Die Tageslichtprojektion ist derzeit immer noch ein einfaches, technisch leicht zu beherrschendes Verfahren für die genannten Aufgaben, zumal man mit den entsprechenden Computerprogrammen leicht Folien graphisch gestalten kann. Für die Verwendung und Aufbewahrung der Folien (z. B. Klarsichtmappen für Projektion und Aufbewahrung: Flip-Frame von 3M). Überhaupt kann man über den Fachhandel immer wieder neuen Ideen bekommen.

Allerdings sollte man darauf achten, dass medial unterstützte Präsentationen nicht überfrachtet werden. Häufig ist ein Satz oder gar Wort auf einer Folie einprägsamer als viel »Schaumaterial«, – wobei eine überdidaktische Gestaltung wieder als zu kindliches An-der-Hand-Nehmen des Hörers empfunden werden kann. Jedenfalls sollte man darauf achten, dass der Hörer nicht parallel zum Vortrag ein Lektüreprogramm serviert bekommt, das ihn zum einen ablenkt, zum anderen bei zu viel Text auch kaum lesbar sein dürfte.

Dass es noch andere Geräte zur Visualisierung gibt – Epidiaskop, mit dessen Hilfe man z. B. Buchseiten projiziert, natürlich Diaprojektoren, die oft immer noch unentbehrlich sind, wenn es um Kunstgegenstände, um qualitätsvolle Projektion geht etc. – sei noch am Rande vermerkt[278].

---

[278] Zum Ganzen vgl. H. BIEHLE: *Redetechnik* (Anm. 275), S. 75ff. – Zur Bildprojektion in Vorträgen vgl. Wolfgang GRAU ; Hugo HEINE: *Projizierte Bilder in Vorträgen* / DIN (Hrsg.). Berlin : Beuth, 1982.

15.3 Präsentationsprogramme

Wir haben anfangs schon das Stichwort »Präsentation« und seine Wichtigkeit (oder zumindest Allpräsenz) in der modernen Medienwelt erwähnt. Präsentationsprogramme erlauben es, die früher mit Hilfe von Tafeln, Projektoren, Tageslichtschreibern etc. vorbereiteten und vorgeführten darstellenden Elemente als vom Computer aus zu projizierende Bildfolgen zu erarbeiten und darzubieten. Die technischen Voraussetzungen müssen dies allerdings ermöglichen: Es muss ein PC zur Verfügung stehen, auf dem das entsprechende Präsentationsprogramm ggf. in der entsprechenden Versionsnummer läuft. Für die Übertragung muss ein Projektionsgerät (Beamer) und schließlich eine geeignete Projektionsfläche vorhanden sein. Der Beamer muss die nötige Lichtstärke haben, der Raum soweit nötig abdunkelbar sein. Nicht ganz unwichtig: Steckdosen in erreichbarer Nähe und/oder Verlängerungskabel nicht vergessen!

Präsentationsprogramme wie *Powerpoint* (Microsoft) oder die entsprechenden Programme der anderen Office-Suiten (kostenlos ist *Impress* in *Open office* zu bekommen) sind für jeden, der eine Textverarbeitung beherrscht, nicht schwer erlernbar. Von ihrer »Logik« her lassen sich die Ergebnisse am besten mit Folien für Tageslichtprojektoren vergleichen. Man geht so vor, dass man eine leere »Folie« öffnet. Auf dieser kann man Textfelder legen, in die man Text schreiben oder aus einer Textverarbeitung übernehmen kann. Man hat dabei die volle Vielfalt der auf dem Computer installierten Schriften zur Verfügung[279]. Den Text kann man analog der Verwendung in Textverarbeitung auch formatieren (Absätze, Aufzählungen etc.). Auf diese Weise kann man Gliederungen etc. aus seinem Vortrag direkt übernehmen. Zu große Textmengen eigenen sich ebensowenig wie bei der »normalen« Tageslichtprojektion für die Übernahme in Folien.

---

[279] Achtung: Wenn die Präsentation auf einem anderen Computer stattfindet, muss man Schriften, die auf diesem nicht vorhanden sind, in die Präsentation »einbetten«.

In die Folien lassen sich ebenfalls analog der Textverarbeitung Graphik-Elemente einbinden wie Fotos, aber auch Diagramme etc. Schließlich lassen sich auch wirkliche multimediale Elemente einbauen, also Ton oder auch bewegte Bilder mit Ton (»Videos«), oder auch Verknüpfungen mit Internet-Adressen. Es ist beim Vortrag natürlich eine »Gefahrenquelle«, wenn man es riskiert, eine Online-Verbindung ad hoc aufzubauen. Deshalb ist dies wohl besser zu vermeiden oder durch hinterlegte Dateien zu simulieren, mindestens als Alternative für eine möglicherweise nicht zustande kommende Online-Verbindung.

Die einzelnen Elemente müssen nicht statisch eingebunden werden, sondern können auch mit Bewegungseffekten verbunden sein, so dass Überschriften nacheinander eingeblendet werden etc.

Auf diese Weise kommen dann doch recht komplexe Gestaltungsmöglichkeiten zusammen. Daher ist es auch sinnvoll oder zumindest angenehm, dass diese Programme mit einer Benutzerführung (»Assistent«) ausgestattet sind, die – wenn diese gewünscht – schon vorformatierte Folien zur Übernahme anbietet, bei denen etwa farbig oder auch motivisch gestaltete Hintergründe, die Anordnung der Textblöcke u. a. m. schon vorgegeben sind, wenngleich diese veränderbar bleiben. Wer sich nicht selbst mit der Problematik eleganter graphischer Lösungen herumschlagen will oder kann, sollte sich solcher Mittel bedienen. Sie sind auch hilfreich, um unnötig komplexe Lösungen zu vermeiden. Auch hier ist das »zu viel« zu vermeiden.

Im Übrigen darf man nicht meinen, einige gut gegliederte »Powerpoint«-Folien würden einen Vortrag ersetzen. Der Redner, der neben seiner brillanten Powerpoint-Präsentation nach Worten ringt, wird wenig beeindrucken. Auch die verbreitete Sitte, Powerpoint-Dateien als Zusammenfassungen von Vorträgen zu verwenden und dem Hörer zu überlassen oder diese evtl. im Internet anzubieten, nutzt die Möglichkeiten dieses Mediums nicht besonders geschickt und ersetzt auf keinen Fall einen ausgearbeiteten Text. Sie wird entweder dem Medium als Unterstützung eines Vortrags nicht gerecht, indem zu viel Inhalte hineingepackt werden, oder enthält – wenn sie korrekt für den Vortrag gestaltet ist –

zu wenig an gedanklicher Entwicklung. Anderseits mag eine Weitergabe dann durchaus sinnvoll sein, wenn Vorträge Bildgehalte interpretieren, die als solche auch für den Hörer Erinnerungs- oder Dokumentationswert haben. Insofern soll hier nichts dogmatisch dekretiert werden, wohl aber auf eine verbreitete Gefahr hingewiesen werden.

Für den, der seine wissenschaftlichen Texte elektronisch erarbeitet hat – was ja heute Standard ist – und einigermaßen sicher mit den technischen Medien und Programmen umgehen kann, bieten Präsentationsprogramme eine angenehme Umsetzungsmöglichkeit des bereits textlich Erarbeiteten für eine Vorführung. Durch einfache Einbindung weiterer medialer Elemente sind sie anderen Darstellungsweisen überlegen. Im Übrigen ersetzen sie (jedenfalls derzeit) nicht völlig Tafel und Tageslichtschreiber, da diese auf einfache Weise aktuelle Erläuterungen und Zusätze ermöglichen, die in einer exakt vorbereiteten und durchstrukturierten Computer-Präsentation nicht so leicht möglich sind. Das mag sich allerdings auch bald mit geeigneten Lehrprogrammen ändern. Derzeit sind die technischen Voraussetzungen zum einfachen Einsatz dieser Mittel im universitären Bereich häufig immer noch nicht ausreichend gegeben, da die Raumausstattung nicht entsprechend ist und nicht jeder wissenschaftlich Arbeitende mit Laptop und Beamer ausgerüstet ist.

16. Publikation

Nachdem wir die Formen wie die inhaltlichen und formalen Besonderheiten wissenschaftlicher Texte besprochen haben, die im universitären Umfeld vorkommen, wollen wir diesen Teil mit einigen Fragen der Publikation beschließen. Durch den inzwischen »flächendeckenden« Einsatz der elektronischen Textverarbeitung hat sich dieses Gebiet in mehrere Richtungen verändert:

- Über traditionelle Vervielfältigungsverfahren braucht man nicht mehr zu reden, da Scanner und Fotokopierverfahren sowie Tintenstrahl- oder Laserdrucker auf einfachste Weise Vervielfältigungen ermöglichen.
- Der Unterschied zwischen maschinenschriftlicher Arbeit und Buchdruck ist relativiert. Über das elektronisch erstellte Manuskript bzw. Typoskript und den Buchdruck kann man nicht mehr in zwei Schritten sprechen. Manuskripterstellung und Druck erfolgen in einem »Produktionsstrang«, da die klassischen Satzverfahren durch elektronische Verfahren ersetzt sind, der Schreibende also entweder die elektronische Datei für den Digitaldruck, die direkte Druckvorlage für einen Offsetdruck[280] oder die unmittelbare Vorstufe für ein Satzbüro erarbeitet.
- Die Möglichkeit des elektronischen Publizierens gibt praktisch das gesamte Publikationsverfahren in die Hand des Verfassers. Wegen der weitgehenden Eigenverantwortlichkeit des Autors für das Endprodukt sind zu den praktisch-technischen aber auch ästhetische Kenntnisse um das Endprodukt »Drucktext« oder gar »Buch« wichtig. Das klassische Gebiet der Typographie gewinnt neues Interesse und war daher oben immer schon heranzuziehen.

Die bisher besprochenen Erstellungsschritte für Typoskripte sind also schon die direkten Vorstufen für die Publikation. Es bleiben daher nur noch einige praktische Fragen zur Zusammenarbeit mit Verlagen sowie Besonderheiten der immer wichtiger werdenden

---

[280] Zur Geschichte und Technik der Druckverfahren vgl. umfassend Erhardt D. STIEBNER: *Bruckmann's Handbuch der Drucktechnik*. München : Bruckmann, ⁵1992.

elektronischen Publikation insbesondere von Dissertationen zu besprechen.

16.1 Zusammenarbeit mit Verlagen

Zu Zeiten des Bleisatzes war es noch einfach hinsichtlich der *technischen Seite* der Zusammenarbeit. Die Anforderungen an ein »lastenfreies« Manuskript sind im Verlagsrecht definiert; die Grenze des dem Verlag Zumutbaren an nachträglichen Autorenkorrekturen ebenfalls; die vom Verlag und vom Autor jeweils zu leistenden Korrekturen sind festgelegt (»Bis zur Beendigung der Vervielfältigung darf der Verfasser Änderungen an dem Werke vornehmen ... Nimmt der Verfasser nach dem Beginn der Vervielfältigung Änderungen vor, welche das übliche Maß übersteigen, so ist er verpflichtet, die hieraus entstehenden Kosten zu ersetzen ...« VerlG § 12[281]). Die Form der Korrekturzeichen ist normiert (DIN 16511). Eine Übersicht ist leicht erhältlich[282]. Das Korrigieren kommt auch heute noch auf einen Autor zu, der sein Opus in Druckfahnen vom Verlag zurückerhält[283]. Die Verwendung der Korrekturzeichen ist aber vielfach beim Korrigieren von Ausdrucken im Wissenschaftsbereich nützlich. Hier arbeitet man nach meiner Erfahrung zu oft mit skurrilem »Eigenbau«.

Fast alles andere beim Publizieren ist inzwischen Sache der Absprache:

Viele wissenschaftliche Werke (vor allem auch Dissertationen) werden direkt von der Papiervorlage des Autors gedruckt. Mit PC und Laserdrucker sind durchaus qualitätsvolle Druckvorlagen zu

---

[281] Gesetz über das Verlagsrecht, derzeit gültige Fassung von 2002: <http://transpatent.com/gesetze/verlagsg.html>.

[282] Z. B. <http://www.medienfachwirtin.info/downloads/korrekturzeichen.pdf>.

[283] Die Korrekturvorschriften sind z. B. auch abgedruckt im: *Duden : Die deutsche Rechtschreibung.* Mannheim : Dudenverlag, [22]2000 (Duden ; 1), S. 112–116 (und anderen Auflagen); *Publikation und Dokumentation* (Anm. 122). Bd. 1, S. 319–322 oder auch zugänglich unter: <http://e-write.de/mg/downloads/data/pdf/ewrite/korrekturzeichen.pdf>

erstellen. Hierbei sollte man die *minima moralia* guter Typographie von Fachleuten übernehmen. Die obigen Hinweise haben dazu Hilfestellung zu geben versucht.

In anderen Fällen erhält der Verlag eine Diskette oder CD mit dem Text. Hierbei sollte man vorher erfragen, ob die Druckerei mit dem verwendeten Textformat (der verwendeten Textverarbeitung) weiterarbeiten kann, ob ein unformatierter Text übermittelt oder das von allen Textverarbeitungen lesbare rtf-Format genommen werden soll.

Neben der technischen ist auch die *juristische Seite* der Zusammenarbeit wichtig. Wer ein Buch in einem Verlag veröffentlicht, schließt einen *Vertrag* ab. Das Verlagsrecht (Gesetz über das Verlagsrecht = VerlG)[284] regelt auch die Pflichten des Autors: er hat sich während der Vertragsdauer jeder Vervielfältigung und Verbreitung des Werks zu enthalten (VerlG § 2,1), Übersetzungs- und Bearbeitungsrechte (z. B.»in dramatischer Form«, was in der Theologie relativ selten sein dürfte) etc. verbleiben ihm, wenn dies nicht im speziellen Fall anders geregelt ist. Seit dem 1. Januar 2008 können auch»unbekannte Nutzungsarten«vertraglich abgegeben werden, was vordem nicht möglich war, so dass etwa das Recht der digitalen Publikation vor 1995 nicht abgegeben werden konnte, da diese Nutzungsart juristisch erst seit 1995 als»bekannt«gilt. Diese neue Regelung sollte dazu führen, dass man Verlagsverträge aufmerksam liest und nicht einleuchtende Dinge streicht (z. B.»unbekannte Nutzungsarten«).

Die Rechte zur digitalen Publikation wird man wohl derzeit im Allgemeinen dem Verlag bei einer Monographienpublikation abgeben oder sich verpflichten müssen, sich einer solchen zu ent-

---

[284] Vgl. oben Anm. 281; das Urheberrechtsgesetz findet sich in der 2008 geänderten Form <http://transpatent.com/gesetze/urhg.html>; vgl. ferner: Hans-Peter HILLIG (Hrsg.): *Urheber- und Verlagsrecht : Textausgabe mit einer ausführlichen Einführung und einem Sachverzeichnis ; mit »2. Korb«.* München : dtv, [11]2008 (dtv ; 5538). Diese Sammlung enthält schon die zum 1. Januar 2008 geänderten Paragraphen, die besonders im Bereich des digitalen Publizierens und der Verwertungsrechte Neuerungen – und leider manche Probleme in einem vielfach unklar gearbeiteten Gesetzestext gebracht haben.

halten; unter anderen Voraussetzungen wird der Verlag im Allgemeinen das wirtschaftliche Risiko nicht tragen wollen. Auf Seiten der Verlage ist derzeit noch eine große Unsicherheit über die Auswirkung einer digitalen Publikation auf den Bereich des gedruckten Buches gegeben. Im Falle von Dissertationspublikationen in elektronischer Form (s. unten) ist dies nicht unwichtig, zumindest falls eine allgemeine Verpflichtung zur elektronischen Publikation eingeführt werden sollte (wie es die Hochschulrektorenkonferenz derzeit anstrebt).

Für Dissertationen wären Publikationsformen, bei denen eine elektronische Publikation auf einem Hochschulserver mit einer Buchhandelsausgabe gekoppelt wird, deren Wirtschaftlichkeit einerseits durch eine Mindestabnahme garantiert wird und deren Zugänglichkeit als Druckwerk der Verlag durch Kleinauflagen oder On-Demand-Publikation gewährleistet, eine sinnvolle Form[285]. Das Prestige von Verlagsreihen steht dem aber häufig noch im Wege.

Wichtig ist, dass sich das Vertragsverhältnis zunächst auf eine Auflage bezieht (VerlG § 5,1) und dass es Fristenregelungen gibt (VerlG § 11). Die weiteren wichtigen Regelungen über Vergütung, Freiexemplare, Rücktrittsrechte usw. sehe man im Verlagsgesetz nach. Es empfiehlt sich, die jeweils vorgelegten Vertragsformulare mit den allgemeinen Regeln und evtl. einem »Normvertrag«[286] zu vergleichen, um ggf. auf einschränkende Regelungen aufmerksam zu werden. Allerdings ist der »normale« Verfasser wissenschaftlicher Werke in keiner besonders günstigen Verhandlungsposition gegenüber den Verlegern. Es mag einen trösten, dass laut Schiller selbst Goethe hinsichtlich der Verleger »mit keinem zufrieden« war, »und mancher mochte auch mit ihm nicht zufrieden sein« (17. Mai 1802). Trotzdem gehört es noch immer zu den befriedigenden Seiten wissenschaftlicher Arbeit, wenn man endlich ein Buch in ästhetisch guter Gestaltung in ei-

---

[285] Ein solcher Versuch ist die *Freiburger Dissertationsreihe* <http://www. fdr.rombach.de/>.
[286] Vgl. H. P. HILLIG, a. a. O.

nem renommierten wissenschaftlichen Verlag herausgebracht hat. Die Leistungen und Risiken der anderen Seite sollte man dabei auch im Auge behalten.

16.2 Kleiner Anhang zur Publikation von Dissertationen

Im Abschnitt 14.9 sind schon einige inhaltliche Spezialitäten genannt, die nur bei Dissertationen vorkommen. Auf einige weitere eher technische Fragen sei noch kurz eingegangen: Dissertationen lassen sich im Allgemeinen nicht durch den Verkauf finanzieren. Die veröffentlichenden Verlage verlangen Druckkostenzuschüsse. Da diese recht erheblich sein können, sollte man sich informieren, ob es irgendwelche Förderungsvereinigungen, Stiftungen o. ä. gibt. Durch die Entwicklung des elektronischen Publizierens sind manche Institutionen allerdings davon abgegangen, überhaupt noch Druckkostenzuschüsse zu geben. Es ist gegebenenfalls sinnvoll, sich mehrere Verlagsangebote einzuholen. Dabei ist nicht nur die Frage der Zuschüsse zu bedenken, sondern auch die der Verbreitung und Werbung. Eine Publikation in einem renommierten Verlag ist eher über den Buchhandel präsent als eine solche in einem typischen »Dissertationenverlag«. Von der Werbung her gesehen – etwa in Prospekten – kann der Aufwand durchaus umgekehrt sein, wobei wiederum zu fragen ist, wen diese Werbung erreicht (Bibliotheken erhalten die nötigen Informationen auch ohne Verlagsprospekte).

Sieht man davon ab, seine Arbeit über den Verlagsbuchhandel zu veröffentlichen, so muss man normalerweise eine hohe Anzahl von Pflichtabgabestücken an die promovierende Fakultät abliefern. Teurer braucht die Veröffentlichung daher nicht zu werden: Nach den meisten Promotionsordnungen sind die technischen Verfahren der Veröffentlichung nicht festgelegt, sondern nur die Stückzahl. Zudem ist auch die Publikation auf Mikrofiche(s) prinzipiell möglich. Der Nachteil dieser Art der Veröffentlichung ist, dass die Rezeption erfahrungsgemäß bei privat gedruckten/ vervielfältigten Dissertationen (noch) geringer ist als bei solchen, die im Verlagsbuchhandel erscheinen, wobei es in Mikroform veröffentlichte Arbeiten wohl am ehesten gelingt, nicht bemerkt zu werden ... Letztlich sind dies unglückliche Publikationsformen, die inzwischen wohl obsolet sind, da die Publikation in elektronischer Form auf hochschuleigenen Servern demgegenüber zu viele Vorteile bietet (vgl. 16.3)[287].

Nach manchen Promotionsordnungen ist für die Veröffentlichung der Dissertation noch eine eigene Genehmigung des Dekans einzuholen. Die Promotionsordnungen informieren darüber. Die Anzahl der an die Universitätsbibliothek abzugebenden Pflichtstücke erfährt man im Prüfungsamt bzw. Dekanat.

Bei Buchhandelsveröffentlichung der Dissertation sollte über dem Impressum (auf der Titelblattrückseite) ein »D« und das offizielle Sigel der Universitätsbibliothek angebracht werden (dort zu erfragen; z. B. Freiburg i.Br. = 25, d. h. über dem Impressum einer Freiburger Diss. steht: D 25).

16.3 Elektronische Publikation

Bei Dissertationen wird heute von den »regulierenden« und fördernden Gremien wie der Kultusminister- und der Hochschulrektorenkonferenz, der Deutschen Forschungsgemeinschaft etc. die elektronische Publikation vorgezogen.

Inzwischen dürfte es an allen deutschen Hochschulen Publikationsserver geben (z. B. mit der weit verbreiteten Software des Stuttgarter Systems *OPUS*). Hier kann der Promovierte seine von der Fakultät genehmigte Dissertation in elektronischer Form auflegen. Er muss diese in das gewünschte Format konvertieren (lassen), kann sie automatisch einspielen, wobei er eine Kurzzusammenfassung (Abstract) und Schlagwörter beizugeben hat.

---

[287] Dass Hochschullehrer es in manchen Fällen sogar *vermeiden* wollen, dass eine bei ihnen erarbeitete Dissertation wahrgenommen wird, habe ich auch erst lernen müssen – ich spreche nicht von der Theologie, da hier kaum wirtschaftliche Interessen vorliegen, die zu solchen Absurditäten führen können!

Die Dissertation wird automatisch in den Bibliothekskatalogen nachgewiesen und ggf. hinsichtlich der Beschlagwortung an der Universitätsbibliothek überprüft und normgerecht korrigiert. Die formale Seite kann der Promovend bei der zuständigen Universitätsbibliothek erfragen oder auf entsprechenden Internetseiten nachlesen[288].

Der Vorteil für den Promovenden liegt darin, dass die Publikation sehr schnell möglich ist, die Promotionsurkunde also auch sehr bald ausgehändigt werden kann. Er braucht zudem keine teuren Druckkostenzuschüsse aufzubringen. Schließlich reduziert sich auch die Anzahl der abzugebenden Exemplare (die Universitätsbibliothek archiviert im Allgemeinen zwei Papierexemplare).

Ferner bietet diese Publikationsform aber auch sachliche Vorteile: Komplexe Druckaufgaben können billig substituiert werden (z. B. Farbdarstellung bei kunsthistorischen Arbeiten), schließlich können sogar multimediale Elemente eingebunden werden, Notenbeispiele können hörbar gemacht werden. Die Aufbereitung einer elektronischen Publikation ermöglicht es, Internet-Adressen einzubauen (sog. »links«), z. B. Querverweisungen zu anderen elektronisch publizierten Arbeiten. Die Navigation innerhalb des Dokumentes ist einfach (etwa Inhaltsverzeichnis als »Lesezeichen« in linken Fensterrand). Der Text ist elektronisch Wort für Wort absuchbar. Die internationale Verbreitung ist sofort gegeben. Suchmaschinen erfassen das Thema ...

Die elektronische Publikation bietet sich nicht nur für Dissertationen an, für die allerdings die entsprechenden Einrichtungen zunächst geschaffen wurden. Auch Aufsatzpublikationen, die in Sammelbänden und Zeitschriften gemäß Urheberrecht in vielen Fällen nach einem Jahr wieder frei sind, lassen sich so präsent halten[289]. Damit gewinnt der »Sonderdruck« neues Leben, da

---

[288] Unter <http://www.freidok.uni-freiburg.de/freidok/veroeff.html> z.b. für den Freiburger Publikationsserver FreiDok. Die Beispiele gelten cum grano salis für die Publikationsserver anderer Universitäten. Man prüfe dies bei der eigenen Hochschule.

[289] UrhG § 38.

auf diese Weise etwa die Produktion der Professoren einer Universität, deren Forschung ja häufig zunächst in Aufsatzform geschieht, übersichtlich gemacht werden kann. Ein wichtiger Schritt auch zum »digitalen Semesterapparat«[290].

Die günstigen elektronischen Publikationsmöglichkeiten ermöglichen auch die Neuauflage vergriffener, für den Verlag nicht mehr interessanter, aber vor Ort trotzdem benötigter Werke, wenn die Rechte eingeholt werden können[291]. Die Edition von Materialien, deren Publikation in herkömmlichen Druckverfahren nicht so leicht zu finanzieren wäre, sind ein anderes Feld. Hier sind der Phantasie keine Grenzen gesetzt[292].

Die Dissertationsserver setzen im übrigen auf Publikationsformen, die dem traditionellen Buch entsprechen. Der Anlass war eben, eine günstige Publikationsmöglichkeit für Dissertationen zu bieten. Die digitale Publikation bietet sich aber auch für andere Materialien an, von der Zeitungsdigitalisierung bis zur Darbietung von musealen Gegenständen in digitaler Form. Wir überschreiten damit das Programm dieses Buches, möchten aber doch darauf hinweisen[293].

---

[290] Dass die Naturwissenschaften durch die elektronischen Zeitschriften diesen Bereich bereits seit längerem digital darbieten, ist eine andere Frage. Hier sind allerdings zunächst einmal Zugangsprobleme für nicht lizenzierte Benutzer gegeben. Das Publikationsfeld in den Geisteswissenschaften stellt sich derzeit noch anders dar.

[291] Verlagsseitig gilt z. B. UrhG § 41 (Rückrufrecht). Die Verlage geben diese Rechte häufig nach Ausverkauf oder »Verramschen« der Auflage bei wissenschaftlicher Literatur, die keine hohen potentiellen Käuferzahlen mehr hat, problemlos ab.

[292] Als – beliebiges – Beispiel aus der eigenen Publikationspraxis möchte ich die Vertonungen der Gedichte des Freiburger Professors Johann Georg Jacobi in einer fünfbändigen Sammelausgabe nennen, vgl. <http://www.freidok.uni-freiburg.de/volltexte/62/>.

[293] Vgl. etwa die digitale Publikation der *Freiburger Zeitung* ab 1784 unter <http://www.ub.uni-freiburg.de/dipro/fz.html>, die Münzsammlung der Universität Freiburg <http://freimore.uni-freiburg.de/muenzen/index.html> oder die mittelalterlichen Handschriften des Raimundus Lullus-Instituts Freiburg <http://www.theol.uni-freiburg.de/ab/qut/llull.htm>. Auch hier gilt: Beispiele seiner Heimatuniversität sollte man heraussuchen und kennen. In diesen Fällen

16.4 Zum Verhältnis von elektronischer und gedruckter Publikation und zum Bedarfsdruck (publishing on demand)

Obwohl besondere Schlaumeier schon vor längerem unter dem Schlagwort »Begrabt die Bibliotheken«[294] für die vollständige Substituierung der traditionellen durch die elektronischen Informationsträger plädierten, ist es nicht ganz so einfach. Für die historischen Bestände ist zum einen die Materialform auch ein Erkenntnisgegenstand. Das ist zwar zentral wichtig, soll hier aber nicht entfaltet werden[295]. Praktisches Haupthindernis für einen Umstieg auf bloße digitale Medien ist der Gebrauchswert der traditionellen Darbietungsformen. Bei allen schon vielfach genannten Vorzügen elektronischer Publikationen ist es doch in vielen Fällen praktischer, mit Druckmedien zu arbeiten. Nicht umsonst werden elektronische Dokumente für das wirkliche Studieren meist ausgedruckt. Solange die technischen Möglichkeiten nicht völlig anders sind (»elektronisches Papier« ist solch ein Stichwort), wird dies auch so bleiben. Der zweite Hauptvorzug der traditionellen Medien ist, dass sie nicht auf eine technische Ausstattung für die Benutzung angewiesen sind: ein Buch kann man auch auf der grünen Wiese oder im Bett lesen und dies ohne Tablet-PC. Ein dritter besteht darin, dass die traditionellen Publikationswege auch Qualitätskontrollen eingebaut haben, z. B. bei den Gutachtergremien wissenschaftlicher Zeitschriften, aber auch durch die Begutach-

---

liegen u. U. auch andere Publikationsplattformen zugrunde als beim Dissertationsserver. Die digitalen Angebote der Universitäten werden aber sicher durch entsprechende Einstiegsseiten gebündelt.

[294] Christoph ALBRECHT: Begrabt die Bibliotheken – unser Kulturauftrag ist die Digitalisierung. In: *Frankfurter Allgemeine* (16. 4. 2002), S. 43.

[295] Erschreckend unkundig ist in dieser Hinsicht die Aussage des baden-württembergischen Ministers für Wissenschaft, Forschung und Kunst Peter Frankenberg im sog. Badischen Kulturgüterstreit, dass mittelalterliche Handschriften durch Digitalisierung so für die Forschung bereitgestellt werden könnten, »dass man auch ein vollständiges Bild vom Original habe«, zitiert in: *Die Handschriftensammlung der Badischen Landesbibliothek : bedrohtes Kulturerbe?* / hrsg. von Peter Michael EHRLE ... Gernsbach : Casimir Katz, 2007, S. 86 (vgl. schon Anm. 75).

tung in Verlagen, wo die Frage nach wirschaftlichem Gewinn zweifelhafte Produkte unpublizierbar machen kann[296]. Solange diese Strukturen nicht ersetzt sind, sind elektronische Produkte nicht auf gleicher Ebene konkurrenzfähig. Schließlich hat das gedruckte Buch noch einen Repräsentationswert, den die elektronische Form ebenfalls nicht besitzt und der etwa für einen Promovenden, der Jahre seines besten Alters auf ihre Erstellung verwendet hat, wichtig sein kann. Weitere Gründe gäbe es noch bis hin zur Bibliophilie (die Bibel in einer Dünndruck-Lederausgabe hat auch etwas mit der Schätzung der »Schrift« zu tun).

Da zudem auch aus konservatorischen Gründen immer noch Papierexemplare archiviert werden (die Langzeitarchivierung und dabei nötige -konvertierung elektronischer Daten ist noch keineswegs in wirtschaftlich vertretbarer Form gesichert) und also produziert werden müssen, ist die Frage nicht unwichtig, wie man in wirtschaftlicher Form Kleinauflagen primär elektronisch publizierter Dokumente erstellen kann. Die Buchproduktion kennt inzwischen den Bedarfsdruck, das *Publishing on demand*: Bücher werden nur bedarfsbezogen, d. h. z. B. erst auf Grund einer konkreten Bestellung produziert. Im Extremfall auch in einem Exemplar. Das ist zwar nichts Neues: Auf Mikroformen veröffentlichte Dissertationen aus den USA sind z. B. schon seit langem in Ausdruckskopien bestellbar, wenn auch z.T. in miserabler Qualität. Die Elektronisierung der Bucherstellung und die Automatisierung von Buchfertigungsstraßen macht den Druck »on demand« heute aber in sehr guter Qualität möglich.

Nicht übersehen sollte man daher auch bei der Erstellung der elektronischen Vorlage, dass eine Schwarz-Weiß-Publikation – wenn sie in irgendeiner Form angestrebt wird – kostengünstiger ist. Wo Farbe nötig ist, steigen die Druckkosten erheblich. Wo Farbe – etwa bei Diagrammen – zur Unterscheidung verwendet wird, sollte man ggf. doppelte Codierungen wählen (z. B. Linien nicht nur farblich, sondern auch durch Unterbrechung, Punktie-

---

[296] Wirtschaftlich gewinnbringend zu vertreibender Schund wird damit natürlich nicht ausgeschlossen. Auch das gibt es – und selbst in der Theologie.

rung etc. unterscheiden). Näheres entnehme man den technischen Hinweisen der Anbieter.

Die On-demand-Publikation wird von verschiedener Seite angeboten. Im Falle von Promotionsarbeiten löst sie *allein* noch nicht das Problem der Veröffentlichungspflicht, der der Promovend unterliegt, da ein On-demand angebotenes Buch bei fehlender Nachfrage überhaupt nicht publiziert würde! Für eine Promotion nach deutschem Recht ist aber die erfolgte Publikation in einer entsprechenden Stückzahl die Voraussetzung. Ist das Werk jedoch elektronisch im Internet publiziert und in den Bibliothekskatalogen nachgewiesen, dann ist diese Voraussetzung erfüllt. Die On-demand-Publikation ist dann für den zusätzlichen Buchbedarf in gedruckter Form da.

Solche Angebote werden inzwischen entweder von Universitätsverlagen gemacht oder in Kooperation mit universitätseigenen oder kommerziellen Druckereien und mit Verlagen durchgeführt. Viele universitäre Schriftenserver arbeiten etwa mit dem Proprint-Service der Universitätsbibliothek der Berliner Humboldt und der Niedersächsischen Staats- und Universitätsbibliothek Göttingen zusammen[297]. Natürlich kann der Promovend dies auch selbständig *nach* elektronischer Publikation auf einem Universitätsserver mit einem Publishing-on-demand-Anbieter arrangieren, wenn dieser trotz der elektronischen Publikation zustimmt. Allerdings ist es juristisch nicht möglich, die elektronische Publikation in diesen Fällen zurückzuziehen, wenn sie die Voraussetzungen für die Erteilung des Doktorgrades (oder entsprechender akademischer Grade) war.

---

[297] Vgl. <http://edoc.hu-berlin.de/proprint/>.

17. Bücher- und Medienkunde zur Theologie

Dieser Abschnitt soll die für die Literaturermittlung im Fach Theologie wichtigsten bibliographischen Nachschlagewerke, Quelleneditionen und repräsentativen Handbücher nebst einigen Hilfsmitteln nennen. Es wurde – bis auf den lexikalischen und bibliographischen Bereich – vor allem auf deutschsprachige Literatur zurückgegriffen.

Die Liste lässt sich durch Befragung der entsprechenden Bibliothekskataloge hinsichtlich Neuauflagen leicht aktualisieren. Durch Abruf der Lesesaalbestände großer Universitätsbibliotheken (vgl. z. B. für die Theologie in der Universitätsbibliothek Tübingen : <http://opac.ub.uni-tuebingen.de/ls/theol/theol.html> oder in der Universitätsbibliothek Freiburg im Breisgau: <http://www3.ub.uni-freiburg.de/index.php?id=lsbestand>) oder auch Fakultätsbibliotheken (für Freiburg z. B. <http://www.theol.uni-freiburg.de/bibliothek/teilbibliotheken/index.html>) lassen sich ggf. neuere – aber auch ältere noch wesentliche! – Werke ermitteln. Es ist sinnvoll, solche Angebote der Bibliotheken am Studienort zu ermitteln und zu benutzen.

Eine generelle Schwierigkeit der folgenden Liste besteht darin, dass nicht ohne weiteres alle hier genannten Informationsmedien überall zugänglich und auch durch klassische Vermittlungsmedien wie Fernleihe und Dokumentenlieferdienste nicht immer einsehbar sind: Elektronische Datenbanken (seien es Bibliographien oder Volltexte) werden vielfach nur für die Benutzung durch einen bestimmten Benutzerkreis lizenziert, so dass sie z. B. nur in bestimmten universitären Netzen oder nur in bestimmten Räumlichkeiten zugänglich sind. Der Hinweis »elektronische Ressource« bedeutet daher vielfach, dass man im Online-Katalog seiner Bibliothek oder entsprechenden Nachweismitteln (z. B. DBIS, 5.2.2) erst eruieren muss, ob es einen Zugang zu diesem

Informationsmittel gibt. Da die folgende Liste sich auf relativ gängige Werke beschränkt, dürfte die Wahrscheinlichkeit aber zumindest in universitären Bibliothekssystemen hoch sein.

17.1 Allgemeine Bücherkunde und Bibliographie

17.1.1 Buchwesen

Reclams Sachlexikon des Buches / Ursula RAUTENBERG (Hrsg.). Stuttgart : Reclam, 2003
Helmut HILLER ; Stephan FÜSSEL: *Wörterbuch des Buches*. Frankfurt : Klostermann, [7]2006
Lexikon des gesamten Buchwesens / Severin CORSTEN ... (Hrsg.). Stuttgart : Hiersemann, 1985 –. – 2007 Bd. 7 bis »Uzès«. – Entgegen dem Titel vorwiegend historisch ausgerichtet, darin aber kompetent

17.1.2 Allgemeine bibliographische Nachschlagewerke

Die elektronischen Informationsmittel lösen die traditionellen Bibliographien mehr oder weniger vollständig ab. Deshalb hat das folgende Handbuch wohl »abschließenden« Charakter für den historischen Bereich, bleibt aber dafür wichtig; die dann folgenden Werke führen in die neue Situation über bzw. beschränken sich auf diese.

Wilhelm TOTOK (Hrsg.): *Handbuch der bibliographischen Nachschlagewerke* / TOTOK-WEITZEL. Hrsg. von Jürgen u. Dagmar KERNCHEN. 2 Bde. Frankfurt a. M. : Klostermann, [6]1984–1985. – Umfassendstes dt. Handbuch; im Bd. 2, S. 50–75, die Fachbibliographie für die Theologie, bearbeitet von Gerhard SCHWINGE
Georg SCHNEIDER ; Friedrich NESTLER: *Handbuch der Bibliographie*. Stuttgart : Hiersemann, [6]1999. – Führt auch in die neue Situation des »elektronischen« Bibliographierens ein; enthält keine Hinweise zur Fachbibliographie
Suzanne S. BELL: *Librarian's guide to online searching*. Westport, Conn. : Libraries Unlimited, 2006

Die American Library Association setzt den traditionellen, seit 1902 über hundert Jahre hin publizierten, aus amerikanischer Sicht umfassenden *Guide to reference books* jetzt online u. d. T. *Guide to Reference* fort: <http://ala.org/ala/editions2/guidetoreference.htm>

17.1.3 Nationalbibliographien

Vgl. die internationalen Angaben bei Totok (17.1.2), Bd. 1, S. 42ff., und Schneider-Nestler (17.1.2), S. 229–630. – Allgemeine Hinweise oben 5.3.1. – Für die gesamte deutschsprachige Literatur der letzten 300 Jahre sollte man kennen:

Gesamtverzeichnis des deutschsprachigen Schrifttums : 1700–1910. 160 Bde. München : Saur, 1979–1987. – Alphabetisches Verzeichnis ohne Sacherschließung oder Register; bibliographisch nicht zuverlässig, da reine Titelkumulation älterer Verzeichnisse ohne weitere Überprüfung; als Informationsquelle jedoch derzeit noch unentbehrlich.

Nur mit Einschränkungen ist noch folgende Übersicht von Bedeutung, die durch den nachfolgend genannten elektronischen Katalog weitgehendst ersetzt ist:

Gesamtverzeichnis des deutschsprachigen Schrifttums : 1911–1965. 150 Bde. München : Saur, 1976–1981. – Fortsetzung des vorigen Titels, beruhend auf zuverlässiger nationalbibliographischer Verzeichnung; enthält auch Dissertationen.

Die Bestände der Deutschen Nationalbibliothek – d. h. im Prinzip das gesamte deutschsprachige Schrifttum – sind ab 1913 in folgendem Katalog enthalten: <http://www.ddb.de/sammlungen/index.htm>. Die Deutsche Nationalbibliothek sammelt und verzeichnet in der Deutschen Nationalbibliographie (DNB) die Erscheinungen innerhalb und außerhalb des Verlagsbuchhandels, Karten, fremdsprachige Germanica und Übersetzungen deutschsprachiger Werke, Hochschulschriften, Musikalien und Musiktonträger. Nicht (oder nur begrenzt) ermitteln kann man in ihr (derzeit) elektronische Publikationen. Für Arbeiten, bei denen die Übersichtlichkeit gedruckter Verzeichnisse von Vorteil ist, kann man u. U. auf die *Deutsche Bibliographie. Reihe E: Fünfjahresverzeichnis / Deutsches Bücherverzeichnis* zurückgreifen (bis 2001 erschienen).

Mehr und mehr werden gedruckte Nationalbibliographien eingestellt und durch elektronische Verzeichnisse ersetzt, deren historische Teile ggf. auch durch die Kataloge der entsprechenden Nationalbibliotheken. Vgl. etwa:

Bibliographie de Belgique: <http://www.kbr.be/bb/fr/Bbstr1.htm>
Bibliographie nationale française: <http://bibliographienationale.bnf.fr/>

British National Bibliography: <http://www.bl.uk/services/bibliographic/natbib.html>
Österreichischen Bibliographie: <http://bibliographie.onb.ac.at/biblio/>
Zur amerikanischen Literatur (und darüber hinaus; der Katalog ist im Ansatz eine »Welt-bibliograpie) der Katalog der Library of Congress: <http://www.loc.gov/index.html>

Eine Art Weltbibliographie stellen die verschiedenen Kumulationen nationalbibliographischer Verzeichnungen u. d. T. *Bibliographien der Welt auf CD-ROM.* München : Saur (World bibliographies) dar.

17.1.4 Bibliothekskataloge

Die internationalen Großkataloge, die früher eine Art Ersatz einer Weltbibliographie waren, sind inzwischen fast durchweg digitalisiert oder werden digitalisiert; vgl. SCHNEIDER/NESTLER (17.1.2), S. 80–98 zu *The national union catalogue* [USA]; *General catalogue of printed books to 1975 / The British Library* und *Catalogue général* / BIBLIOTHÈQUE NATIONALE [Paris] (dort auch zu Fortsetzungen, elektron. Versionen etc.).

Die Suche im *Karlsruher Virtuellen Katalog [KVK],* über den die großen deutschen Bibliotheksverbünde wie die hauptsächlichen Nationalbibliotheken durchsucht werden können, ersetzt diese Instrumente inzwischen weitgehend:

<http://www.ubka.uni-karlsruhe.de/kvk.html>

Universal angelegt ist der *WorldCat,* der in seiner öffentlich zugänglichen Version auch über den KVK erreichbar ist (vgl. 5.2.5):

<http://www.worldcat.org/>

17.1.5 Zeitschriftentitelverzeichnisse

Die in den wissenschaftlichen Bibliotheken der Bundesrepublik vorhandenen Zeitschriften (abgeschlossene wie laufende) werden in der *Zeitschriftendatenbank* (ZDB) mit Bestandsangaben nachgewiesen: <http://zdb.staatsbibliothek-berlin.de/recherche/index.html>, die auch über den eben genannten KVK erreichbar ist.

17.1.6 Allgemeine Zeitschrifteninhalts-Bibliographie

Durch die Elektronisierung hat sich dieses Gebiet erheblich verändert, weshalb oben eine genauere Einführung gegeben ist (5.3.2) und hier nur die bibliographischen Angaben folgen.

Internationale Bibliographie der Zeitschriftenliteratur aus allen Gebieten des Wissens. Osnabrück : Dietrich, 1965ff. – Vorgänger erscheint seit 1897. – Elektron. Version (München : Saur) für 1983ff., ab 1999: *Internationale Bibliographie der geistes- und sozialwissenschaftlichen Zeitschriftenliteratur.* – Abkürzung: IBZ
Internationale Bibliographie der Rezensionen wissenschaftlicher Literatur. Osnabrück : Dietrich, 1971ff. – Elektronische Version (München : Saur) für 1995ff. – Abkürzung: IBR
Periodicals Index Online / PIO [früher: *Periodicals contents index / PCI*]. Chadwyck-Healey, jetzt: Cambridge: ProQuest <http://www.proquest.co.uk/>. – Elektronische Ressource. – Die Datenbank verzeichnet Zeitschrifteninhalte ab 1770 (!). Aufgebaut wird eine Volltext-Version, die den Durchgriff auf die Texte selbst erlaubt (*Periodicals Archiv Online / PAO*). Soweit Volltexte im Projekt JSTOR (Journal storage: <http://www.jstor.org/>) enthalten sind, ist der Durchgriff (bei vorhandener Lizenz) möglich. – PIO und PAO sind als Nationallizenzen von der Deutschen Forschungsgemeinschaft lizenziert.

In Frankreich erschien, nach fachlichen Sektionen gegliedert seit 1940 das *Bulletin signalétique*, jetzt in elektronischer Form:

Francis. Vandœuvre-lès-Nancy: Inist diffusion, 1992–.

17.1.7 Hochschulschriftenverzeichnisse

Vgl. für historische Angaben TOTOK (17.1.2), Bd. 1, S. 237–250. Die deutschen Hochschulschriften werden von der Deutschen Nationalbibliothek in Frankfurt und Leipzig verzeichnet. Im Katalog der Bibliothek <http://www.d-nb.de/> kann man bei der »erweiterten Suche« unter Eingabe von »Diss« im Feld »Hochschulschrift« und dem Ortsnamen im Feld »Hochschulort« entsprechende Recherchen – ggf. mit weiteren Sucheinschränkungen – durchführen. Die letzte große Kumulation in Buchform war:

Gesamtverzeichnis deutschsprachiger Hochschulschriften : 1966–1980. 40 Bde. München : Saur, 1983–1989

Zur laufenden Übersicht über theologische Dissertationen vgl. auch den: Index international des dissertations doctorales en théologie et en droit canonique. In: *Revue théologique de Louvain* 9 (1978) und ff. International wichtig ist:

Dissertation abstracts international. Ann Arbor : ProQuest. – Elektronische Ressource. Weist fast alle amerikanischen Dissertationen seit 1861 nach. Es werden auch kanadische und ab 1988 britische Dissertationen dokumentiert. Ab Juli 1980 werden weitgehend Inhaltsangaben miterfasst

17.2 Institutionen, Adressen

In diesem Bereich ist die direkte Suche von Institutionen im Internet meist vorzuziehen, da die Selbstdarstellung im Allgemeinen am aktuellsten und zutreffendsten sind. Die folgenden Verzeichnis sind aber als Übersichten und natürlich auch für historische Recherchen heranzuziehen.

17.2.1 Verzeichnisse von Gesellschaften und Organisationen

The world of learning 2005. London : Europa Publ., [55]2005. – Bibliotheken, Museen, Universitäten, wissenschaftliche Institutionen. Erscheint jährlich, auch als elektronische Ressource
Vademecum Deutscher Lehr- und Forschungsstätten. Stuttgart : Raabe, [9]1996. – Teil 1: Universitäten und gleichgestellte Hochschulen. – Teil 2: Fachhochschulen, Kunst- und Musikhochschulen, Verwaltungsfachhochschulen.

Weitere Verzeichnisse bei Totok (17.1.2), Bd. 1, S. 322–341

17.2.2 Kirchliche Bibliotheken und Archive

Franz Wenhard: *Handbuch der katholisch-theologischen Bibliotheken.* 3. Aufl. München : Saur, 1991 (Veröffentlichungen der Arbeitsgemeinschaft Katholisch-Theologischer Bibliotheken ; 4)
Bibliotheksführer der evangelischen Kirchen in der Bundesrepublik Deutschland. Hamburg : Arbeitsgemeinschaft der Archive und Bibliotheken in der Evangelischen Kirche, [6]2002. – 128 S. und 1 Diskette
Führer durch die Bistumsarchive der katholischen Kirche in Deutschland. Siegburg : F. Schmitt, 1991
Handbuch des Kirchlichen Archivwesens. Bd. 1. Bearb. von Hans Otte. Neustadt a. d. A. : Degener, [4]1997 (Veröffentlichungen der Arbeitsgemeinschaft für das Archiv- und Bibliothekswesen in der evangelischen Kirche ; 3)

17.2.3 Kirchliche Adress- und Institutionenverzeichnisse

Adressbuch für das katholische Deutschland : Ausgabe 2006/2007. Paderborn : Bonifatius, 2006. – Mit CD-ROM
Annuario pontificio. Vatikan : Libreria Editrice Vaticana. – Jährlich
Adressenwerk der evangelischen Kirchen. Frankfurt a. M. : Lembeck ; Stuttgart : Evang. Verlagswerk, [14]2002

17.3 Biographische Nachschlagewerke

17.3.1 Allgemeine Biographie

Werke wie die *Allgemeine deutsche Biographie* [ADB], die *Neue deutsche Biographie* [NDB] oder jüngst – als Zusammenfassung diverser älterer Nachschlagewerke auf Mikrofiches – das *Deutsche biographische Archiv* [elektronisch im »World Biographical Information System Online«] findet man in jeder Großbibliothek, wo man sich ggf. leicht über Ähnliches im internationalen Bereich usw. informieren kann; vgl. TOTOK (17.1.2), Bd. 1, S. 370–418.

Die beiden erstgenannten Werke ADB und NDB werden auch elektronisch frei zugänglich vorgelegt unter <http://www.deutsche-biographie.de/>, die NDB allerdings derzeit noch mit einem Abstand zu den in Papierform erscheinenden Bänden – eine zweifelhafte Benutzungsbehinderung der DFG-geförderten Reihe. Das *Deutsche biographische Archiv* wiederum ist Teil des elektronischen *World Biographical Information System Online,* von dem wiederum andere Teile durch Nationallizenzen in der Bundesrepublik zugänglich sind, während der deutsche Teil vor Ort vorhanden sein sollte.

Zu Personen der Zeitgeschichte vgl. die vielfältigen – auch bei TOTOK genannten – Ausgaben der Gattung »*Who's who?*« bzw. »*Wer ist wer?*« (vgl. 5.7); für den wissenschaftlichen Bereich ist wichtig:

Kürschners deutscher Gelehrtenkalender. München : K. G. Saur electronic publishing, [21]2007. – Elektronische Ressource. Erscheint periodisch

17.3.2 Kirchlich-theologische Biographie

Hierzu sind durchweg auch die allgemeinen, die allgemein-theologischen und die Fachenzyklopädien (17.5) heranzuziehen, die z. T. auch eigene biographische Listen enthalten (z. B. EKL[3], Bd. 5, Sp. 2–680; Lebensdaten von Theologen: LThK[2], Registerband, S. 357–394). Es sei darauf hingewiesen, dass es besonders für die großen Orden umfangreiche biobibliographische Verzeichnisse gibt und dass Publikationsunternehmen wie die *Germania sacra* (1923–) oder die *Helvetia sacra* (1972–) reichhaltige biographische Informationen zu einzelnen Klöstern etc. bieten. Vgl. auch die im Werke in 17.5.6 (Enzyklopädien zur Theologie- und Kirchengeschichte), 17.5.20 (Einzelne Epochen und Kulturen), 17.8 (Handbücher der Theologiegeschichte).

Biographisch-bibliographisches Kirchenlexikon / Friedrich W. BAUTZ (Begr.). 14 Bde. Hamm : T. Bautz, 1970–1998, letzterer Band mit Ergänzungen; dazu 15 Ergänzungsbände bis 2007, weitgehend im Internet zugänglich unter der URL: <http://www.bautz.de/bbkl/>
Dictionary of Christian biography / Michael WALSH (Hrsg.). London : Continuum, 2001

Antike und Mittelalter:

Heinrich KRAFT: *Kirchenväterlexikon.* München : Kösel, 1966
Hans von CAMPENHAUSEN: *Griechische Kirchenväter.* Stuttgart : Kohlhammer, [7]1986 (Urban-Taschenbücher ; 14). – Sehr empfehlenswerte Einführung
Hans von CAMPENHAUSEN: *Lateinische Kirchenväter.* Ebd. [7]1995 (Urban-Taschenbücher ; 50). – Sehr empfehlenswerte Einführung
Prosopographie chrétienne du Bas-Empire. 4 Bde. Paris : CNRS, 1982–2000. – Umfassend angelegtes Werk zum weströmischen Reich
Tusculum-Lexikon griechischer und lateinischer Autoren des Altertums und des Mittelalters / Wolfgang BUCHWALD ... (Bearb.). München : Heimeran, 1963. – Taschenbuchausgabe: Reinbek : Rowohlt, 1974 (rororo ; 6181).

Von der Reformationszeit bis zum 19. Jahrhundert:

Peter G. BIETENHOLZ (Hrsg.): *Contemporaries of Erasmus : a biographical register of the Renaissance and Reformation.* 3 Bde. Toronto : Univ. Pr., 1985–1987
Robert STUPPERICH: *Reformatorenlexikon.* Gütersloh : Mohn, 1984
Hugo HURTER: *Nomenclator literarius theologiae catholicae.* 6 Bde. New York : Burt Franklin, 1962. – Nachdruck der 3. Aufl. 1903–1913. – 5 Bde. in 6 Teilen
Manfred BRANDL: *Die deutschen katholischen Theologen der Neuzeit.* Salzburg : Neugebauer, 1978. – Nur Bd. 2, Aufklärung, erschienen

19. und 20 Jahrhundert:

Heinrich FRIES ... (Hrsg.): *Katholische Theologen Deutschlands im 19. Jahrhundert*. 3 Bde. München : Kösel, 1975

Martin GRESCHAT (Hrsg.): *Theologen des Protestantismus im 19. und 20. Jahrhundert*. Stuttgart : Kohlhammer, 1978 (Urban-Tb. ; 284/285)

Hans J. SCHULTZ (Hrsg.): *Tendenzen der Theologie im 20. Jahrhundert : Eine Geschichte in Porträts*. Stuttgart : Kreuz-Verlag, [2]1967. – Erw. italien. Ausgabe: DERS. ; Piersandro VARZAN (Hrsg.): *Lessico dei teologi del secolo XX*. Brescia : Queriniana, 1978

Wilhelm KOSCH: *Das katholische Deutschland*. 3 Bde. Augsburg : Haas und Grabher, 1933–1939. – unvollst., bis »Schlüter«

Rainer BÜRGEL ... (Hrsg.): *Wer ist wo in der evangelischen Kirche?* Hannover : Lutherisches Verlagshaus, 1999

Zur Hierarchie der katholischen Kirche:

John Norman D. KELLY: *Reclams Lexikon der Päpste*. Stuttgart : Reclam, [2]2005. – Bis Benedikt XVI.

Konrad EUBEL (Begr.): *Hierarchia catholica medii [et recentioris] aevi*. 8 Bde. in Teilbdn. [jetzt:] Patavii : Messagero di San Antonio, 1913–1978. – reicht bis 1903, verschiedene Bearbeiter. – In der Datenbank *Europa sacra* als Nationallizenz zugänglich

Series episcoporum ecclesiae catholicae : quotquot innotuerunt a beato Petro Apostolo; mit 2 Suppl. / ed. P. Pius Bonifacius GAMS. Unveränd. Abdr. d. Ausg. Regensburg 1873–1886. Graz : Akad. Druck- und Verlags-Anstalt, 1957. Enth. außerdem: *Hierarchia catholica Pio IX. pontifice Romano. Series episcoporum, qua series, quae apparuit 1873 completur et continuatur ab anno ca. 1870 ad 20. Febr. 1885*. – In der der Datenbank *Europa sacra* als Nationallizenz zugänglich

Series episcoporum ecclesiae catholicae occidentalis : Ab initio usque ad annum 1198 / Odilo ENGELS ; Stefan WEINFURTER (Hrsg.). Stuttgart : Hiersemann, 1982–.

Die Bischöfe des Heiligen Römischen Reiches : ein biographisches Lexikon / hrsg. von Erwin GATZ ... 3 Bde. Berlin : Duncker und Humblot, 1990–2001. – Von 1198–1803.

Erwin GATZ (Hrsg.): *Die Bischöfe der deutschsprachigen Länder 1785/1803 bis 1945 : ein biographisches Lexikon*. Berlin : Duncker und Humblot, 1984

Hierarchia ecclesiastica orientalis : Series episcoporum ecclesiarum christianarum orientalium / Giorgio FEDALTO (Hrsg.). 2 Bde. Padova : Messaggero, 1988

17.3.3 Hagiographie

Zur Hagiographie gibt es ein breites Literaturangebot, vgl. SCHWINGE (17.4.1). Zur Ikonographie der Heiligen vgl. LCI. Die klassischen historischen Werke der »Bollandisten«:

Acta sanctorum, quotquot toto orbe coluntur vel a catholicis scriptoribus celebrantur. Antwerpen 1643–1875. 61 Bde. Nachdruck Bruxelles : Culture et Civilisation, 1965–70. – Seit 2005 als Nationallizenz in der elektronischen Version
Bibliotheca hagiographica latina antiqua et mediae aetatis. 3 Bde. Bruxelles, 1989–1986 (Subsidia hagiographica ; 6. 70)
Bibliotheca hagiographica graeca. 5 Bde. Bruxelles : Soc. des Bollandistes, 1957–1984 (Subsidia hagiographica ; 8a. 47. 65)
Bibliotheca hagiographica orientalis. Bruxelles, 1910 (Subsidia hagiographica ; 10)

Als praktische Nachschlagewerke, wobei ersteres u. a. auch die liturgischen Gegebenheiten im deutschen Sprachraum berücksichtigt, vgl.:

Otto WIMMER ; Hartmann MELZER: *Lexikon der Namen und Heiligen* / Josef GELMI (Bearb.). Innsbruck : Tyrolia, ⁶1988. – Lizenzausgabe Hamburg : Nikol, 2002
Hiltgard L. KELLER: *Lexikon der Heiligen und biblischen Gestalten.* Stuttgart : Reclam, ¹⁰2005
The Oxford dictionary of saints / David Hugh FARMER (Hrsg.). New ed. London : Oxford University Press, ⁵2004
The book of saints : a comprehensive biographical dictionary / Basil WATKINS (Hrsg.). London : A. and C. Black, ⁷2002. – Vorauflage auch französisch: *Dix mille saints : dictionnaire hagiographique* / Marcel STROOBANTS (Bearb.). Turnhout : Brepols, 1991

17.3.4 Biographische Werke zu Nachbargebieten der Theologie

Für die Philosophie (vgl. auch 17.5.18):

Werner ZIEGENFUSS; Gertrud JUNG (Hrsg.): *Philosophen-Lexikon : Handwörterbuch der Philosophie nach Personen.* 2 Bde. Berlin : de Gruyter, 1949–1950
Metzler Philosophen-Lexikon / Bernd LUTZ (Hrsg.). Stuttgart : Metzler, ³2003
Denis HUISMAN (Hrsg.): *Dictionnaire des philosophes.* 2 Bde. Paris : P. U. F., ²1993

Für die Musik (vgl. auch 17.5.23):

Nicolas SLONIMSKY (Hrsg.): *Baker's biographical dictionary of musicians.* New York : Schirmer, ⁹2001
Hanns-Werner HEISTER ; Walter-Wolfgang SPARRER (Hrsg.): *Komponisten der Gegenwart : Loseblatt-Lexikon.* München : text + kritik, 1992–. – 36. Ergänzungslieferung 2008

Für die Literatur (vgl. auch 17.5.25):

Die deutsche Literatur des Mittelalters : Verfasserlexikon / Wolfgang STAMMLER (Begr.). 13 Bde. Berlin : de Gruyter, ²1978–2007
Deutsches Literaturlexikon : Biographisch-bibliographisches Handbuch / Wilhelm KOSCH (Begr.). 3. Aufl. 14 Bde. Bern : Francke, ³1968–1992

Gero von WILPERT (Hrsg.): *Lexikon der Weltliteratur*. 2 Bde. Stuttgart : Kröner, ³1988–1993. – 4 Bde. München : dtv, 1997. – Elektronische Ausgabe Berlin : Directmedia, 1999 (Digitale Bibliothek ; 13). – 4., völlig neu bearb. Ausg. Stuttgart : Kröner, 2004, 3 Bde.

Für die Kunst (vgl. auch 17.5.24):

Ulrich THIEME ; Felix BECKER (Hrsg.): *Allgemeines Lexikon der bildenden Künstler.* Reprint. Leipzig : Seeman, 1967–1970. – Taschenbuchausgabe: München : dtv, 1992 Hans VOLLMER: *Allgemeines Lexikon der bildenden Künstler des 20. Jahrhunderts.* 6 Bde. Leipzig : Seemann, 1953–1962. – Taschenbuchausgabe: München : dtv, 1992 *Saur Allgemeines Künstlerlexikon : die bildenden Künstler aller Zeiten und Völker* / Günter MEISSNER (Hrsg.). München : Saur, 1992–. Ursprünglich Leipzig 1984ff., Neubearbeitung bzw. Nachfolgeunternehmen des »Thieme-Becker-Vollmer«. – Bd. 56 bis »Goepfart« und 3 Nachtragsbände bis 2007. – Auf diesen Verzeichnissen fußt als elektronische Ressource: *Allgemeines Künstlerlexikon : Internationale Künstlerdatenbank.* München : Saur, ²⁷2000.

17.4 Allgemeine theologische Bibliographie

17.4.1 Bücherkunden zur Theologie

Das 17.1.2 genannte Werk von TOTOK verzeichnet in Bd. 2, S. 50–75, die Grundwerke der theologischen Bibliographie (G. SCHWINGE). Umfassend bis zum Erscheinungsjahr sind:

Gerhard SCHWINGE: *Bibliographische Nachschlagewerke zur Theologie und ihren Grenzgebieten.* München : Verlag Dokumentation, 1975

International:

Gary E. und Lyn GORMAN: *Theological and religious reference materials.* 3 Bde. Westport, Conn. : Greenwood, 1984–1986

Die komplexe Frage nach theologischen Internet-Angeboten behandelt einführend Michael BECHT: »Fides Quaerens Internetum«: Skizzen zum Stand theologischer Angebote im Internet. In: *Lebendige Seelsorge* 53 (2002), S. 302–306.

17.4.2 Periodische Bibliographien zur Theologie

Es sind hier nur solche Periodika und Datenbanken genannt, die mehr als ein theologisches Fach betreffen, auch wenn die Titelfassungen dies nicht immer deutlich machen. Weitere bibliographi-

sche Hinweise erhalten ggf. die Einführungen zu den Rubriken
von 17.7.

*Index theologicus – IxTheo : Zeitschrifteninhaltsdienst Theologie der Universitätsbiblio-
thek Tübingen.* – Frei zugänglich unter: <http://www.ixtheo.de/>. – Seit 1975 in Heftform,
seit 1995 als elektronische Datenbank mit laufender rückwärtiger Erfassung des Altdaten-
materials (Stand 2008: ca. 370.000 Aufsatznachweise, Berichtszeitraum ab Ende der 70er
Jahre). – Für die theologische Arbeit in Mitteleuropa der primäre Zugang
ATLA Religion database / AMERICAN THEOLOGICAL LIBRARY ASSOCIATION. Norwood, Mass. :
Silverplatter. – Elektronische Ressource. – Die Datenbank dokumentiert die weltweit er-
scheinende Fachliteratur – wenn auch mit einer Auswahl aus angloamerikanischer Optik –
im Bereich Theologie und Religionswissenschaften. Berücksichtigung finden Hinweise auf
Publikationen mit thematischem Bezug zu allen Weltreligionen. Datenmaterial ab 1949
Ephemerides theologicae Lovanienses : Elenchus bibliographicus. Louvain : Peeters,
1924 –. – Auch als elektronische Ressource ab 1998. Verzeichnet Literatur zu Theologie
und Theologiegeschichte, Religionen, Religionsphil., systemat. Theologie, Kirchenrecht
usw. – Abkürzung: EThL
Elenchus of Biblica = Elenchus of biblical bibliography. Roma, 1920 –. – Seit 1923 selbständig *(Elenchus bibliographicus biblicus),* vorher in der Zeitschrift *Biblica;* enthält auch exe-
gesegeschichtliche, z. B. patristische Literatur. – Abkürzung: EBB
*Internationale Zeitschriftenschau für Bibelwissenschaft und Grenzgebiete = Internatio-
nal review of biblical studies.* Düsseldorf : Patmos, 1952– ; jetzt Leiden : Brill. – Abkürzung: IZBG
Revue d'histoire ecclésiastique. Louvain, 1900 –. – Abkürzung: RHE. – der 2. Teil enthält
die Bibliographie
Bulletin de théologie ancienne et médiévale. Louvain, 1929 –
Bibliographia patristica. Berlin : de Gruyter, 1959 –1997. – Zur Ergänzung für die ältere Li-
teratur vgl. A. van ROEY ; G. DRIESEN: *Bibliographia patristica : Patres latini 1900 –1916.*
Louvain : Hellenisme en Christendom, 1974. – Abkürzung: BPatr
Bibliographia internationalis spiritualitatis. Roma : Teresianum, 1966 –
Bibliografia teológica comentada del área iberoamericana. Buenos Aires : Instituto Supe-
rior Evangelico de Estudios Teológicos, 1.1973/74 –24.1998

17.4.3 Periodische Bibliographien zu Nachbarfächern der Theologie

Wir beschränken uns hier auf Titel, die auch theologisches Material enthalten. Bibliographien zu den Human- und Sozialwissenschaften sind fachlich zugeordnet bei 17.7 genannt.

*L'année philologique : Bibliographie critique et analytique de l'antiquité chrétienne gré-
co-latine.* Paris, 1928 –. – Abkürzung: AnPh. – Auch als elektronische Ressource (CD-
ROM) u. d. T. *Database of classical bibliography.* Atlanta, GA : Scholars press

International medieval bibliography. Leeds : IMB 1969–. – Auch als elektronische Ressource Turnhout : Brepols. – Abkürzung: IMB

International philosophical bibliography : Répertoire bibliographique de la philosophie. Louvain : Peeters, 1949–. – Auch als elektronische Ressource ab 1996. – Früher war der Untertitel Haupttitel, daher Abkürzung: RBP; maßgeblich neben der folgenden Bibliographie:

Philosopher's index. Bowling Green, Ohio : Phil. Documentation Center, 1967–. – Auch als elektronische Ressource

MLA International Bibliography / MODERN LANGUAGE ASSOCIATION. Elektronische Ressource, über verschiedene Anbieter. – Die wichtigste Bibliographie zu den Bereichen Literatur, Linguistik und Folkloristik aller modernen Philologien.

17.5 Enzyklopädien, Lexika

Im folgenden Lexikonteil sind die aus der dritten Auflage des LThK entwickelten Fachlexika der Reihe *Lexikon für Theologie und Kirche kompakt* (*Lexikon der Reformationszeit, Lexikon des Kirchenrechts, Lexikon der Päpste und des Papsttums, Lexikon der Pastoral* etc.) nicht angeführt.

17.5.1 Wichtige Allgemeinenzyklopädien

Die Situation bei den Allgemeinenzyklopädien ist durch Angebote wie die *Wikipedia* (vgl. oben 1.7) revolutioniert worden. Der Brockhaus-Verlag hat jetzt die Konsequenz gezogen, nach der 21. keine weitere Druckausgabe mehr zu publizieren, so dass mehr und mehr freie oder kostenpflichtige Onlineangebote das Feld beherrschen. Die beiden wichtigsten Druckausgaben:

Brockhaus-Enzyklopädie. 30 Bde. Leipzig ; Mannheim : F. A. Brockhaus [21]2006. – Auch in digitaler Fassung vorgelegt

The new encyclopedia Britannica. 32 Bde. Veränd. Nachdruck. Chicago : Encyclopædia Britannica, [15]2005. – International führend; es erscheinen laufend veränderte Nachdrucke; fortgeführt durch Jahresbände. – Elektronische Fassung: *Encyclopaedia britannica 2002.* London : britannica.co.uk, 2002 und aktuelle Online-Version

17.5.2 Allgemeine deutschsprachige theologische Enzyklopädien und Lexika

Ältere Werke werden im folgenden nicht aufgeführt. Vgl. dazu Abraham Peter KUSTERMANN: Lexika, theologische. In: LThK[3] VI, Sp. 872–874; R. M.: Dictionnaires. In: *Catholicisme* (s. 17.5.3) III, Sp. 742–746.

Theologische Realenzyklopädie / Gerhard KRAUSE ; Gerhard MÜLLER (Hrsg.). 36. Bde., 2 Bde. Gesamtregister. Berlin : de Gruyter, 1976–2007. – In der Tradition der *Realenzyklopädie für protestantische Theologie* ([3]1896–1913, 24 Bde.) stehendes, monumentales, interkonfessionelles Werk mit ausführlichen, monographieartigen Darstellungen; maßgebliches Abkürzungsverzeichnis als Ergänzungsband (1976) und in Neubearb. u. d. T.: Siegfried M. SCHWERTNER: *Internationales Abkürzungsverzeichnis für Theologie und Grenzgebiete.* Berlin : de Gruyter, [2]1992. – Studienausgabe 36 Bde. 1993–2006. – Abkürzung: TRE

Lexikon für Theologie und Kirche / Walter KASPER u. a. (Hrsg.). 3. Aufl. 11 Bde. Freiburg : Herder, 1993–2001. – Sonderausgabe 2006. – Das derzeitige Standardwerk der katholischen Theologie. – Die 2. Aufl. in 14 Bänden (einschließlich eines Kommentars der Texte des Vaticanum II), hrsg. von Josef HÖFER und Karl RAHNER. 1957–1968, Taschenbuchausgabe 1986, ist für die konziliare Phase der katholischen Kirche nach wie vor eine zentrale Quelle wie auch für die Rahnersche Theologie (dessen Artikel jetzt in seinen *Sämtlichen Werken.* Bd. 17/1. Freiburg : Herder, 2002). Für die »vorkonziliare« Theologie ist auch das LThK[1], 1930–1938 immer noch wichtig. – Überarbeitete fachliche Auszüge der 3. Auflage erscheinen in der Reihe *Lexikon für Theologie und Kirche kompakt.* – Abkürzung für das Grundwerk: LThK[3]

Religion in Geschichte und Gegenwart : Handwörterbuch für Theologie und Religionswissenschaft / Hans Dieter BETZ u. a. (Hrsg.). 8 Bde. und Reg.bd. Tübingen : Mohr, 1998–2007. – Abkürzung: RGG[4] – Das Abkürzungsverzeichnis ist 2007 auch als eigene Publikation vorgelegt worden, sollte aber möglichst die durch das IATG (das Abkürzungsverzeichnis der TRE) weitgehend erreichte Normierung nicht stören. – Englischsprachige Ausgabe: *Religion past and present : encyclopedia of theology and religion.* Leiden : Brill, 2007– [bislang zwei Bde. bis Chr]. – Die 3. Auflage in 7 Bdn., hrsg. von Kurt GALLING. 1957–1965, Taschenbuchausgabe ebd. 1986, Ausgabe auf CD-ROM, Berlin : Directmedia, 2000 (Digitale Bibliothek ; 12) bleibt ein wichtiges Dokument für die Theologie »post Bultmann«, die 1. Aufl. (1909–1913) für die stark religionswissenschaftlich geprägte evangelische Theologie und die 2. Aufl. (1927–1932) für die postliberale evangelische Theologie der Zeit vor dem Nationalsozialismus und dem Zweiten Weltkrieg.

Evangelisches Kirchenlexikon : Internationale theologische Enzyklopädie / Erwin FAHLBUSCH ... (Hrsg.). 3. Aufl. 5 Bde. Göttingen : Vandenhoeck und Ruprecht, 1986–1997. – CD-ROM: Berlin : Directmedia, 2003 (Digitale Bibliothek ; 98). – Abkürzung: EKL[3] – Englische Ausgabe: *The encyclopedia of Christianity.* Grand Rapids, Mich. : Eerdmans, 1999– [2008 5 Bde. bis Z].

Wörterbuch des Christentums / Volker DREHSEN ... (Hrsg.). Gütersloh : Mohn ; Zürich : Benziger, 1988. – München : Orbis, 2001. – Praktisches einbändiges Werk; interkonfessionell *Taschenlexikon Religion und Theologie* / Erwin FAHLBUSCH (Hrsg.). 3 Bde., Reg. Göttingen : Vandenhoeck und Ruprecht, ⁵2007. – Elektronische Ausgabe der Vorauflage: Berlin : Directmedia, 2002 (Digitale Bibliothek ; 73). – 5. Aufl. 2007, 3 Bde. u. Reg.bd. – Knappes Taschenbuchlexikon
Neues Handbuch theologischer Grundbegriffe / Peter EICHER (Hrsg.). Erw. Neuausg. 4 Bde. München : Kösel, 2005. – Gegenüber dem Vorgänger HThG breiter ausgerichtet, enthält etwa Artikel über neuere theol. Strömungen etc. – Abkürzung NHThG

17.5.3 Allgemeine theologische Enzyklopädien und Lexika in Französisch und Englisch

Catholicisme : Hier, aujourd'hui, demain / G. JACQUEMET (Begr.); G. MATHON ... (Hrsg.). 15 Bde. Paris : Letouzey, 1948–2000. – Dazu: *Tables : compléments et mises à jour.* Bd. 16: A-K. 2004
Dictionnaire de théologie catholique / Albert VACANT (Begr.). 14 Bde. in 30 Bdn. und 3 Register-Bde. Paris : Letouzey, 1903–1972. – Umfangreichste franz. Fachenzyklopädie, durch den langen Erscheinungszeitraum auch ein Stück theol. Entwicklung spiegelnd. Elektronische Ausgabe angekündigt. – Abkürzung: DThC
New Catholic encyclopedia. 2. Aufl. Detroit : Thomson/Gale, 2003. – 15 Bde. – Abkürzung: NCE² – Die *Catholic encyclopedia* (1907–1914) findet sich digital auch unter <http://www.newadvent.org/cathen/a.htm>
The Oxford dictionary of the Christian church / Frank Leslie CROSS ; Elizabeth A. LIVINGSTONE (Hrsg.). 3. ed., rev. London : Oxford Univ. Press, 2005

17.5.4 Allgemeine theologische Enzyklopädien und Lexika in sonstigen Sprachen

Enciclopedia cattolica. 12 Bde. Vatican : Ente per l'Enc. Catt. e per il libro catt., 1949–1954
Dizionario ecclesiastico / A. MERCATI ; A. PELZER (Hrsg.). 3 Bde. Torino : Unione Tipogr., 1953–1958. – Abkürzung DizEc
Enciclopedia de la religión católica. 7 Bde. Barcelona : Dalmau y Jover, 1950–1956
Encyklopedia katolicka / Feliks GRYGLEWICZ ... (Hrsg.). Lublin : Kat. Univ., 1973–. – 2006: 11 Bde. bis »Maryawita«.
Θρησκευτικὴ καὶ ἠθικὴ ἐγκυκλοπαιδεία [Thrēskeutikē kai ētikē enkyklopaedeia]. 12 Bde. Athen : Martinos, 1962–1968

17.5.5 Bibellexika

Die Deutsche Bibelgesellschaft in Stuttgart baut ein wissenschaftliches Bibellexikon im Internet auf, das allgemeinverständlich und frei zugänglich ist und sicher als Ersteinstieg sinnvoll nutzbar sein wird. Das Projekt ist über die folgende Adresse aufrufbar; dort ist das Projekt auch erläutert und sind die Mitarbeiter aufgeführt (zur vollen Nutzung ist eine kostenlose Registrierung notwendig): http://www.bibelwissenschaft.de/wibilex/das-bibellexikon/. Das Internetlexikon ersetzt selbstverständlich nicht (jedenfalls derzeit) die großen wissenschaftlichen enzyklopädischen Werke. Zur Geschichte, zu Realien, Archäologie usw. vgl.:

Biblisch-historisches Handwörterbuch : Landeskunde, Geschichte, Religion, Kultur, Literatur / Bo REICKE ; Leonhard ROST (Hrsg.). 4 Bde. Göttingen : Vandenhoeck und Ruprecht, 1962–1979. – Studienausgabe in 1 Bd. 1994. – CD-ROM: Berlin : Directmedia, 2003 (Digitale Bibliothek ; 96). – Abkürzung: BHH

Neues Bibel-Lexikon / Manfred GÖRG ... (Hrsg.). 3 Bde. Zürich : Benziger, 1991–2001. – NBL

Biblisches Reallexikon / Kurt GALLING (Hrsg.). Tübingen : Mohr, 1977 (HAT 1,1)

Reclams Bibellexikon / hrsg. von Klaus KOCH .... 7., überarb. und erw. Auflage. Stuttgart : Reclam, 2004

Archäologisches Bibellexikon / Abraham NEGEV (Hrsg.). Neubearb. Neuhausen-Stuttgart : Hänssler, ²1991

The Anchor Bible dictionary / David Noel FREEDMAN (Hrsg.). 6 Bde. New York : Doubleday, 1992. – The Anchor Bible dictionary on CD-ROM. [Europäische Auslieferung:] Leiden : Brill, 1997

Archaeological encyclopedia of the Holy Land / edited by Avraham NEGEV and Shimon GIBSON. New, rev., and updated ed. New York : Continuum, 2001

Encyclopedia of archaeological excavations in the Holy Land / Mîka'el AVÎ-YÔNAH (Hrsg.). 4 Bde. London : Oxford University Press, 1975–1978

Personen (vgl. auch BHH; NBL; zu den Schreibweisen die *Loccumer Richtlinien*, 17.5.27):

Hans SCHMOLDT: Kleines Lexikon der biblischen Eigennamen. Durchges. Ausgabe. Stuttgart : Reclam, 2003 (RUB ; 8632)

Martin BOCIAN: Lexikon der biblischen Personen. Stuttgart : Kröner, ²2004 (KTA ; 460). – Enthält auch Informationen zum Nachwirken in Kunst, Literatur, Musik

Personenlexikon zum Neuen Testament / hrsg. von Josef HAINZ ... Düsseldorf : Patmos, 2004

Lexicon of Jewish names in late Antiquity / Tan ÎLAN. Tübingen : Mohr Siebeck, Bd. 1, 2002

Theologie, Begriffsgeschichte:

Theologisches Wörterbuch zum Alten Testament / Gerhard Johannes BOTTERWECK ; Helmer RINGGREN (Hrsg.). Stuttgart : Kohlhammer, 1970 –2000. 10 Bde. – Monumental angelegtes begriffsgeschichtliches Werk. Engl. Ausgabe im Erscheinen *Theological dictionary of the Old Testament.* Grand Rapids, Mich. : Eerdmans, 1974 –. – Abkürzung ThWAT
Theologisches Handwörterbuch zum Alten Testament / Ernst JENNI ; Claus WESTERMANN (Hrsg.). 2 Bde. Darmstadt : Wissenschaftliche Buchgesellschaft, [6]2004. – Engl.: *Theological lexicon of the Old Testament* / Transl. by Mark E. BIDDLE. 3 Bde. Peabody, Mass. : Hendrickson, 1997. – Abkürzung: THAT
Handbuch theologischer Grundbegriffe zum Alten und Neuen Testament (HGANT) / Angelika BERLEJUNG ; Christian FREVEL (Hrsg.). Darmstadt : Wissenschaftliche Buchgesellschaft, 2006
Theologisches Wörterbuch zum Neuen Testament / Gerhard KITTEL (Hrsg.). 10 Bde. in 11 Bdn. Stuttgart : Kohlhammer, 1933 –1979. – Studienausgabe ebd. 1990. – Abkürzung: ThWNT
Exegetisches Wörterbuch zum Neuen Testament / Horst BALZ ; Gerhard SCHNEIDER (Hrsg.). 3 Bde. Stuttgart : Kohlhammer, [2]1992. – Abkürzung: EWNT[2]
Theologisches Begriffslexikon zum Neuen Testament / Lothar COENEN ... (Hrsg.). Neubearb. Ausg., 1. Sonderauflage. Wuppertal : Brockhaus ; Neukirchen-Vluyn : Neukirchener Verlagsanstalt, 2005. – Eine CD-ROM der Vorausgabe erschien 2002. – Engl.: *The new international dictionary of New Testament theology* / ed. by Colin T. BROWN. 3 Bde. Exeter : Paternoster Press, 1975 –78. – Auch ohne Griechisch-Kenntnisse lesbar. – Abkürzung: TBLNT

Zu weiteren älteren Werken vgl. G. SCHWINGE (17.4.1), S. 88ff.; zum NT auch ThWNT 10/1, S. 1ff., zur Fachterminologie 17.5.27. Zur Bibelrezeption ist jetzt angekündigt (vgl. aber epochenspezifische Darstellungen, z. B. DE LUBAC unter 17.7.1):

Encyclopedia of the Bible and its reception / Hans-Josef KLAUCK u. a. (Hrsg.). 30 Bde. geplant. Berlin : de Gruyter, 2008(-2018)

17.5.6 Theologie- und Kirchengeschichte

Dictionnaire d'histoire et de géographie ecclésiastiques / Alfred BAUDRILLART (Begr.). Paris : Letouzey et Ané, 1912 –. 2007 Bd. 29 bis »Lambardi«. Abkürzung: DHGE
Reallexikon für Antike und Christentum / Franz Joseph DÖLGER (Begr.) ; Ernst DASSMANN (Hrsg.). Stuttgart : Hiersemann, 1950 –. Monumentales Werk (2006: 21 Bde. bis »Kreuzzeichen«, weitere Lieferungen), zu dessen ersten Bänden Ergänzungsartikel im JAC erschienen, jetzt gesammelt, ergänzt und fortgeführt in eigenen Supplementbänden (2001: Bd. 1 bis »Biographie«, weitere Lieferungen). – Abkürzung: RAC bzw. für das Supplement RAC.S

Lexikon der antiken christlichen Literatur / Siegmar Döpp ... (Hrsg.). Freiburg i.Br. : Herder, ³2002. – Abkürzung: LACL

Encyclopedia of religious and philosophical writings in late antiquity : Pagan, Judaic, Christian / Ed. Jacob Neusner ; Alan J. Avery-Peck. Leiden : Brill, 2007

Dictionnaire encyclopédique du christianisme ancien / Angelo DiBerardino ... (Hrsg.). 2 Bde. Paris : Cerf ; Desclée, 1990

Encyclopedia of early Christianity / Everett Ferguson (Hrsg.). 2 Bde. New York : Garland, ²1997

Dictionnaire d'archéologie chrétienne et de liturgie / Henri Leclercq (Begr.). 15 Bde. in 30 Bdn. Paris : Letouzey et Ané, 1907–53. – Abkürzung: DACL

Marienlexikon / Leo Scheffczyk ; Remigius Bäumer (Hrsg.). 6 Bde. St. Ottilien : EOS, 1988–1994

A dictionary of English church history / Sidney L. Ollard (Hrsg.). 3. Aufl. London : Mowbray, 1948

Diccionario de historia eclesiastica de España / Quintin Aldea Vaquero ... (Hrsg.). 5 Bde. Madrid : Inst. Enrique Florez, 1972–1987

Dicionário de história da Igreja em Portugal / António Alberto Banha de Andrade (Hrsg.). 2 Bde. Lisboa : Ed. Resistência, 1980–1983

Dizionario della Chiesa Ambrosiana / Angelo Majo (Hrsg.). 6 Bde. Milano : Nuove Ed. Duomo, 1987–1994

The Oxford encyclopedia of the Reformation / Hans J. Hillerbrand (Hrsg.). 4 Bde. New York : Oxford Univ. Press, 1996

J. Assfalg (Hrsg.): *Kleines Wörterbuch des christlichen Orients*. Wiesbaden : Harrassowitz, 1975. – Überarb.: *Petit Dictionnaire de l'Orient chrétien*. Turnhout : Brepols, 1991

The St. Thomas christian encyclopedia of India / George Menachery (Hrsg.). 2 Bde. Trichur, 1973–1982

Lexikon zur Weltmission / Stephen Neill (Hrsg.). Wuppertal : R. Brockhaus, 1975

Horst Rzepkowski: *Lexikon der Mission : Geschichte – Theologie – Ethnologie*. Graz : Styria, 1992

Karl Müller ; Theo Sundermeier (Hrsg.): *Lexikon missionstheologischer Grundbegriffe*. Berlin : Reimer, 1987

Dizionario dei Concili / Pietro Palazzini (Hrsg.). 6 Bde. Roma : Città nuova, 1963–1967

Isnard W. Frank: *Lexikon des Mönchtums und der Orden*. Ditzingen : Reclam, 2005

17.5.7 Theologische Richtungen und Strömungen

Wörterbuch der feministischen Theologie / Elisabeth Gössmann ... (Hrsg.). Gütersloh : Gütersloher Verlagshaus, ²2002

Horst Goldstein: *Kleines Lexikon zur Theologie der Befreiung*. Düsseldorf : Patmos, 1991

17.5.8 Lexikalische Übersichten theologischer Werke

Für die Information über die Literaturproduktion der Theologie
stehen zum einen Fachhandbücher zur Verfügung, die die literarische Produktion bestimmter Zeiträume darstellten, etwa in der
Patrologie (vgl. 17.7.3). Für die gesamte Theologie vgl.

Lexikon der theologischen Werke / hrsg. von Michael ECKERT ; Eilert HERMS ; Bernd Jochen HILBERATH ; Eberhard JÜNGEL (Hrsg.). Stuttgart : Kröner, 2003. – LThW

Entsprechende Werke für das Gesamtfeld der »schönen« und wissenschaftlichen Literatur (mit geringerem Anteil des letzteren gegenüber dem genannten Speziallexikon) gibt es schon länger, vor
allem das KNLL (17.5.25); dazu kommen solche Spezialübersich-
ten zu einzelnen herausragenden Theologen (z. B. Augustinus,
vgl.17.6.3).

17.5.9 Judentum

Encyclopaedia Judaica. 2. Aufl. 22 Bde. Detroit : Gale, 2007. – Umfassendes Werk. – Auch
als elektronische Ressource. – Abkürzung: EJ
Neues Lexikon des Judentums / Julius H. SCHOEPS (Hrsg.). Überarb. Neuausgabe.
Gütersloh : Bertelsmann, 2000
Jüdisches Lexikon / G. HERLITZ (Hrsg.). 4 Bde. Berlin, 1927–30. – Nachdruck : Königstein
i.Ts. : Jüd. Verl., 1982, ²1987. – Abkürzung: JL
Philo-Lexikon : Handbuch des jüdischen Wissens / Emanuel BIN GORION ... (Hrsg.). Nach-
druck. Frankfurt a.M. : Jüdischer Verlag (Suhrkamp), 1992. – Erstmals 1935 erschienen
Jakob Josef PETUCHOWSKI ; Clemens THOMA: Lexikon der jüdisch-christlichen Begegnung.
Neuausgabe. Freiburg i.Br. : Herder, 1997 (Herder Spektrum ; 4581)

Weitere Werke bei S. SHUNAMI: Bibliography of Jewish bibliographies. Jerusalem : Magnes, 1965. – Nachdruck 1969, S. 1–6 und
bei G. SCHWINGE (17.4.1), S. 151.

17.5.10 Kirchen, Konfessionen, Sekten

Lexikon der Ökumene und Konfessionskunde / im Auftrag des Johann-Adam-Möhler-In-
stituts für Ökumenik. Hrsg. von Wolfgang THÖNISSEN ... Freiburg im Breisgau : Herder, 2007
Taschenlexikon Ökumene / hrsg. von Harald UHL ... Frankfurt a. Main : Lembeck ; Paderborn : Bonifatius-Verlag, 2003

World Christian encyclopedia : a comparative study of churches and religions in the modern world / David B. BARRETT ... (Hrsg.). 2 Bde. London : Oxford Univ. Pr., [2]2001
Dictionary of the ecumenical movement / Nicholas LOSSKY ... (Hrsg.). Geneva : WCC, [2]2002
Kirchenlexikon : christliche Kirchen, Freikirchen und Gemeinschaften im Überblick / Sigrid und Karl-Wolfgang TRÖGER (Hrsg.). München : Beck, 1990

17.5.11 Religionen, Mythologie

Vgl. zu neueren Lexika die Rezensionen in *IfB* 8 (2000), S. 293–302
<http://www.bsz-bw.de/depot/media/3400000/3421000/3421308/table/001_100.html>.

Das Oxford Lexikon der Weltreligionen / John BOWKER (Hrsg.) ; Karl-Heinz GOLZIO (Bearb.). Düsseldorf : Patmos, 1999. – Gutes englisches Werk, aber mit einigen Problemen der deutschen Version, vgl. IfB 8 (2000), S. 297–300.
Metzler Lexikon Religion : Gegenwart – Alltag – Medien / hrsg. von Christoph AUFFARTH ... unter Mitarb. von Agnes IMHOF und Silvia KURRE. 4 Bde. Stuttgart; Weimar : Metzler, 1999–2002. – Stark auf den »medialen« Aspekt der Religionen ausgerichtet, von sehr unterschiedlicher Zuverlässigkeit, theologisch vielfach unzureichend; vgl. IfB 8 (2000), S. 300–302.
Alfred BERTHOLET: *Wörterbuch der Religionen* / Kurt GOLDAMMER (Bearb.). Stuttgart : Kröner, [4]1985 (KTA ; 125)
Lexikon der Religionen / Franz KÖNIG (Begr.) ; Hans WALDENFELS (Hrsg.). Freiburg i.Br. : Herder, [4]1999 (Herder-Spektrum ; 4090)
Handbuch religionswissenschaftlicher Grundbegriffe / Hubert CANCIK ... (Hrsg.). 5 Bde. Stuttgart : Kohlhammer, 1988–2001
Lexikon religiöser Grundbegriffe : Judentum, Christentum, Islam / Adel Theodor KHOURY (Hrsg.). Sonderausgabe. Wien : Styria, 1996
The encyclopedia of religion / Mircea ELIADE (Hrsg.). 16 Bde. New York : Macmillan, 1987. – Ausgabe in 8 Bdn. 1995. – CD-ROM 1997. – 2. Aufl. 2004 in 15 Bdn.
Encyclopaedia of religion and ethics / James HASTINGS (Hrsg.). 13 Bde. Edinburgh : Clark, 1908–1926. – 6. Nachdruck 1967–1969
Encylopédie des religions / Christian HERMANSEN (Hrsg.). Paris : Encyclopaedia Universalis, 2002
Lexikon neureligiöser Gruppen, Szenen und Weltanschauungen : Orientierungen im religiösen Pluralismus / Hrsg.: Harald BAER .... Freiburg im Breisgau : Herder Freiburg, 2005. – Früher u. d. T.: *Lexikon der Sekten, Sondergruppen und Weltanschauungen*

Alte Welt (vgl. auch die allgemeinen historischen Werke in 17.5.20):

Wörterbuch der Mythologie / Hans Wilhelm HAUSSIG (Hrsg.). Stuttgart : Klett, 1965–. – 6 Bde. bis 1999
Hans BONNET: *Reallexikon der ägyptischen Religionsgeschichte*. Berlin : de Gruyter, [3]2000

Otto HOLZAPFEL: *Lexikon der abendländischen Mythologie*. Sonderausgabe. Freiburg i.Br. : Herder, 2000

Lexicon iconographicum mythologiae classicae. 8 Bde. Zürich : Artemis, 1981–1997. – Indices. 2 Bde. 1999 – Abkürzung: LIMC

Manfred LURKER: *Lexikon der Götter und Dämonen* : Namen, Funktionen, Symbole, Attribute. Stuttgart : Kröner, ²1989 (KTA ; 463)

Herbert HUNGER: *Lexikon der griechischen und römischen Mythologie* : mit Hinweisen auf das Fortwirken antiker Stoffe und Motive in der bildenden Kunst, Literatur und Musik des Abendlandes bis zur Gegenwart. Wien : Hollinek, ⁸1988

Edward TRIPP: *Reclams Lexikon der antiken Mythologie*. Stuttgart : Reclam, ⁷2001

Ausführliches Lexikon der griechischen und römischen Mythologie / Wilhelm Heinrich ROSCHER (Hrsg.). 6 Bde., 4. Suppl.-Bde. Leipzig, 1884 –1927. – Nachdruck Hildesheim : Olms, 1965, ³1992

Bernhard MAIER: *Lexikon der keltischen Religion und Kultur*. Stuttgart : Kröner, 1994 (KTA ; 466)

Islam (Vgl. auch unter 17.9 Atlanten):

Enzyklopaedie des Islam : geographisches, ethnographisches und biographisches Wörterbuch der muhammedanischen Völker / Martin T. HOUTSMA (Hrsg.). 5 Bde. Leipzig : Harrassowitz; Leiden : Brill, 1913 –1938. – Engl.: The encyclopedia of Islam. 9 Bde. Leiden : Brill, 1913 –1936, Reprint 1987

The encyclopedia of Islam / Hamilton A. R. GIBB ... (Hrsg.). 11 Bde. Leiden : Brill, 1960 –2002. – Dazu Index-Bde. und CD-ROM Ausgabe

Concise encyclopedia of Islam / Hamilton A. R. GIBB (Hrsg.). 4. Druck. Boston : Brill, 2001

Islam-Lexikon / Adel Theodor KHOURY ... (Hrsg.). Überarb. Neuausg. 3 Bde. Freiburg i.Br. : Herder, 1999 (Herder Spektrum ; 4753)

Lexikon der islamischen Welt / Klaus KREISER ; Rotraud WIELANDT (Hrsg.). Neuausg. Stuttgart : Kohlhammer, 1992 (Urban-Tb. ; 200)

Encyclopaedia of the Qur'an / Jane D. McAULIFFE (Hrsg.). 6 Bde. Leiden : Brill, 2001–2006

Ferner Osten:

Encyclopedia of hinduism / ed. by Denise CUSH ... London : Routledge, 2007

The Hindus : encyclopaedia of Hinduism / ed. Subodh KAPOOR. 5 Bde. New Delhi : Cosmo Publ., 2000

Klaus-Josef NOTZ (Hrsg.): *Das Lexikon des Buddhismus : Grundbegriffe, Traditionen, Praxis in 1200 Stichworten von A-Z.* 2 Bde. Freiburg i.Br. : Herder, 1998 (Herder-Spektrum ; 4700). – Nachdruck Wiesbaden : Fourier, 2002. – CD-ROM: Berlin : Directmedia, 2001 (Digitale Bibliothek ; 48)

Damien KEOWN: *Lexikon des Buddhismus* / Karl H. GOLZIO (Bearb.). Düsseldorf : Patmos, 2005. – Originalausgabe: A dictionary ob Buddhism. Oxford : Oxford University Press, 2003. Vgl. jetzt auch: Encyclopedia of Buddhism / ed. by Damien KEOWN ... London : Routledge, 2007

Franz-Karl EHRHARD ; Ingrid FISCHER-SCHREIBER: *Das Lexikon des Buddhismus : Grundbegriffe und Lehrsysteme, Philosophie und meditative Praxis, Literatur und Kunst, Meister und Schulen, Geschichte, Entwicklung und Ausdrucksformen von ihren Anfängen bis heute.* Bern : Scherz, 1992. – München : Goldmann, 1995 (Goldmann-Taschenbuch ; 12661) *Encyclopedia of Buddhism* / ed. by Robert E. BUSWELL. 2 Bde. New York : Macmillan, 2003–2005 *Encyclopaedia of Buddhism* / founder ed.-in chief: G. P. MALALASEKERA. Ed.-in chief: W. G. WEERARATNE. Colombo : Government of Ceylon, 1965–. 2006 7 Bde. bis »Sasanavamsa« Michael S. DIENER: *Das Lexikon des Zen : Grundbegriffe und Lehrsysteme, Meister und Schulen, Literatur und Kunst, meditative Praktiken, Geschichte, Entwicklung und Ausdrucksformen von ihren Anfängen bis heute.* Bern : Scherz, 1992. – München : Goldmann, 1996 (Goldmann-Taschenbuch ; 12666) Ingrid FISCHER-SCHREIBER ; Stephan SCHUMACHER: *Lexikon der östlichen Weisheitslehren : Buddhismus, Hinduismus, Taoismus, Zen.* Bern : Scherz, 1986. – Sonderausg. Wiesbaden : Barth, [2]2001

17.5.12 Aberglaube, Esoterik

Dieter HARMENING: *Wörterbuch des Aberglaubens.* Stuttgart : Reclam, 2005 *Handwörterbuch des deutschen Aberglaubens* / H. BÄCHTOLD-STÄUBLI (Hrsg.). 10 Bde. Berlin : de Gruyter, 1927–1942. – Taschenbuchausgabe ebd. 1987. – Digitale Ausgabe: Berlin : Directmedia, 2006 (Digitale Bibliothek ; 145) Julia IWERSEN: *Lexikon der Esoterik.* Düsseldorf : Artemis und Winkler, 2001 Helmut WERNER: *Lexikon der Esoterik.* Wiesbaden : Fourier, 1991. – München : Orbis, 1999

17.5.13 Systematische Theologie

Handbuch theologischer Grundbegriffe / Heinrich FRIES (Hrsg.). 2 Bde. München : Kösel, 1962–1963. – Taschenbuchausgabe 4 Bde.: München : dtv, 1970 (dtv ; 4055–58). – Das Nachfolgewerk dieses Klassikers der Konzilszeit ist umfassender angelegt und daher bei 17.5.2 eingeordnet: NHThG. – Abkürzung: HThG bzw. HThG.dtv Wolfgang BEINERT (Hrsg.): *Lexikon der katholischen Dogmatik.* Freiburg i.Br. : Herder, [5]1997 Herbert VORGRIMLER: *Neues theologisches Wörterbuch.* Freiburg i.Br. : Herder, [5]2008. – Mit CD-ROM des Volltextes. – Neubearbeitung von Karl RAHNER ; Herbert VORGRIMLER: *Kleines theologisches Wörterbuch.* Freiburg i.Br. : Herder, [16]1988 (Herderbücherei ; 557)

17.5.14 Moraltheologie

Vgl. auch 17.5.21 (PALAZZINI) und 17.5.18 (philosophische Ethik)

Hans ROTTER (Hrsg.): *Neues Lexikon der christlichen Moral.* Innsbruck : Tyrolia, 1990
Bernhard STOECKLE (Hrsg.): *Wörterbuch christlicher Ethik.* 2. Aufl. Freiburg i.Br. : Herder, 1980 (Herderbücherei ; 533)
Bernhard STOECKLE (Hrsg.): *Wörterbuch der ökologischen Ethik.* Freiburg i.Br. : Herder, 1986 (Herderbücherei ; 1262)
Francesco COMPAGNONI (Hrsg.): *Nuovo dizionario di teologia morale.* Milano : Paoline, 1990
James F. CHILDRESS ; John MACQUARRIE (Hrsg.): *A new dictionary of Christian ethics.* London : SCM, 1986

17.5.15 Spiritualität, christliches Leben

Dictionnaire de spiritualité ascétique et mystique / Marcel VILLER (Begr.). 17 Bde. Paris : Beauchesne, 1937–1995. – Umfassend angelegtes, auch für die gesamte Theologiegeschichte bedeutsames Werk; monographische Faszikel daraus mit Einzelthemen sind im gleichen Verlag erschienen. – Abkürzung: DSp
Christian SCHÜTZ (Hrsg.): *Praktisches Lexikon der Spiritualität.* Freiburg i.Br. : Herder, 1988. – Paperbackausg. ebd. 1992
Gordon S. WAKEFIELD (Hrsg.): *A dictionary of Christian spirituality.* London : SCM, 1983
Stefano de FIORES ; Tullio GOFFI ; François VIAL (Hrsg.): *Dictionnaire de la vie spirituelle.* Paris : Cerf, 1987
Ermanno ANCILLI (Hrsg.): *Dizionario enciclopedico di spiritualità.* 3 Bde. Roma : Città nuova, 1990
Dizionario degli istituti di perfezione / Guerrino PELLICCIA (Hrsg.). 10 Bde. Roma : Paoline, 1974–2003
The new dictionary of Catholic spirituality / Michael DOWNEY (Hrsg.). Collegeville, Minn. : Liturgical Press, 1993

17.5.16 Liturgie

Vgl. das DACL unter 17.5.6; zu Sprache und Terminologie auch 17.5.27.

Rupert BERGER: *Neues pastoralliturgisches Handlexikon.* Freiburg i.Br. : Herder, [2]2001
Konrad ONASCH: *Liturgie und Kunst der Ostkirche in Stichworten : Unter Berücksichtigung der Alten Kirche.* Veränd. Ausg. Berlin : Union, 1993
The new SCM dictionary of liturgy and worship / Paul BRADSHAW (Hrsg.). London : SCM Press, 2002
Dictionnaire encyclopédique de la liturgie / Domenico SARTORE ... (Hrsg.). 2 Bde. Turnhout : Brepols, 1992–2002

17.5.17 Praktische Theologie

Lexikon der Pastoraltheologie / Ferdinand KLOSTERMANN ; Karl RAHNER (Hrsg.). Freiburg i.Br. : Herder, 1972 (Handbuch der Pastoraltheologie ; 5)
Heimo GASTAGER (Hrsg.): *Praktisches Wörterbuch der Pastoralanthropologie : Sorge um den Menschen.* Wien : Herder, 1975
Neues Handbuch religionspädagogischer Grundbegriffe / Gottfried BITTER ... (Hrsg.). München : Kösel, ²2006
Lexikon der Religionspädagogik : [LexRP] / hrsg. von Norbert METTE ... 2 Bde. Neukirchen-Vluyn : Neukirchener Verlag, 2001. – Auch auf CD-ROM
Praktisches Wörterbuch der Religionspädagogik und Katechetik / E. J. KORHERR ... (Hrsg.). Wien : Herder, ²1978

17.5.18 Philosophie

Historisches Wörterbuch der Philosophie / Joachim RITTER (Begr.). 13 Bde. Basel : Schwabe ; Darmstadt : Wiss. Buchges., 1971–2007. – Begriffsgeschichtliches Lexikon, mit Volltext CD-ROM
Enzyklopädie Philosophie / Hans Jörg SANDKÜHLER (Hrsg.). 2 Bde. Hamburg : Meiner, 1999. – Digitale Version auf CD-ROM ebd. 2003
Enzyklopädie Philosophie und Wissenschaftstheorie / Jürgen MITTELSTRASS (Hrsg.). 4 Bde. Stuttgart : Metzler, 1995–1996. – 2. Aufl. 2005–. – Bd. 3, 2006 bis »J«. 9 Bde. bis 2009 angekündigt
Heinrich SCHMIDT (Begr.): *Philosophisches Wörterbuch* / Georgi SCHISCHKOFF (Bearb.). Stuttgart : Kröner, ²²1991 (KTA ; 13)
Walter BRUGGER (Hrsg.): *Philosophisches Wörterbuch.* Freiburg i.Br. : Herder, ¹⁴1975 = ²³1998. – Neubearbeitung von Harald SCHÖNDORF (Hrsg.) angekündigt
Handbuch philosophischer Grundbegriffe / Hermann KRINGS ... (Hrsg.). München : Kösel, 1973. – 3 Bde., Taschenbuchausgabe in 6 Bdn. – CD-ROM: Berlin : Xenomos-Verl., 2003
Philosophisches Wörterbuch / Alois HALDER (Hrsg.). Völlig überarb. Neuausg. Freiburg i.Br. : Herder, 2000 (Herder Spektrum ; 4752).
Handwörterbuch Philosophie / hrsg. von Wulff D. REHFUS. Göttingen : Vandenhoeck und Ruprecht, 2003 (UTB ; 8208). – CD-ROM-Ausgabe 2005
Lexikon philosophischer Grundbegriffe der Theologie / Albert FRANZ ; Wolfgang BAUM ; Karsten KREUTZER. Freiburg i.Br. : Herder, 2003. – Mit CD-ROM
Handlexikon zur Wissenschaftstheorie / Helmut SEIFFERT ; Gerard RADNITZKY (Hrsg.). München : Ehrenwirth, 1989. – Taschenbuchausgabe: München : dtv ²1994 (dtv ; 2396)
Handbuch wissenschaftstheoretischer Begriffe / Josef SPECK (Hrsg.). Göttingen : Vandenhoeck und Ruprecht, 1980 (UTB ; 966–968). – 3 Bde.
Lexikon der Erkenntnistheorie und Metaphysik / Friedo RICKEN (Hrsg.). München : Beck, 1984 (Beck'sche schwarze Reihe ; 288)

Franco Volpi (Hrsg.): *Großes Werklexikon der Philosophie.* 2 Bde. Stuttgart : Kröner, 1999. – Jubiläumsausgabe 2004
Routledge Encyclopedia of philosophy / Edward Craig (Hrsg.). 10 Bde. London : Routledge, 1998. – Auch auf CD-ROM
The encyclopedia of philosophy / Paul Edwards (Hrsg.). 8 Bde. New York : Macmillan, 1967. – Nachdruck in 4 Bdn. 1972. – Neuausgabe in 10 Bdn. 2005
Encyclopédie philosophique universelle / André Jacob (Hrsg.). 4 Bde. Paris : P.U.F., 1989–98
Vocabulaire technique et critique de la philosophie / André Lalande (Hrsg.). Paris : P. U. F., [16]1988. – Taschenbuchausgabe 1991 (Quadrige ; 133–134)
Enciclopedia filosofica / *Centro di studi filosofici di Gallarate.* Erg. Nachdr. der 2. Aufl. 8 Bde. Roma : Lucarini, 1982

Ethik:

Lexikon der Ethik / hrsg. von Otfried Höffe ; bearb. von Maximilian Forschner ; Christoph Horn ; Wilhelm Vossenkuhl. München : Beck, [7]2008
Lexikon der Bioethik / hrsg. im Auftrag der Görres-Gesellschaft von Wilhelm Korff ... 3 Bde. Gütersloh : Gütersloher Verlagshaus, 1998. – CD-ROM ebd. 2000
Encyclopedia of ethics / Lawrence C. Becker (Hrsg.). 3 Bde. New York : Garland, [2]2001
Encyclopedia of bioethics / Stephen G. Post (Hrsg.). 5 Bde. New York : Macmillan, 2004

Religionsphilosophie:

Karl-Heinz Weger (Hrsg.): *Argumente für Gott : Gott-Denker von der Antike bis zur Gegenwart ; Ein Autorenlexikon.* Freiburg i.Br. : Herder, 1987 (Herderbücherei ; 1393)
Karl-Heinz Weger (Hrsg.): *Religionskritik von der Aufklärung bis zur Gegenwart : Autorenlexikon von Adorno bis Wittgenstein.* Freiburg i.Br. : Herder, [4]1980 (Herderbücherei ; 716)

Ästhetik:

Ästhetische Grundbegriffe : historisches Wörterbuch in sieben Bänden / hrsg. von Karlheinz Barck ... 7 Bde. Stuttgart ; Weimar : Metzler, 2000–2005. – ÄGB
Wolfhart Henckmann ; Konrad Lotter (Hrsg.): *Lexikon der Ästhetik.* 2., erw. Aufl. München : Beck, 2004

17.5.19 Geschichte allgemein

Wörterbuch zur Geschichte / Erich Bayer ; Frank Wende (Hrsg.). Stuttgart : Kröner, [5]1995 (KTA ; 289)
Eugen Haberkern ; Joseph F. Wallach: *Hilfswörterbuch für Historiker : Mittelalter und Neuzeit.* 2 Bde. Tübingen : Francke, [9]2001
Geschichtliche Grundbegriffe: Historisches Lexikon zur politisch-sozialen Sprache in Deutschland / O. Brunner ... (Hrsg.). 8 Bde. in 9 Teilen. Stuttgart : Klett, 1972–1997, Neuausgabe 2004

17.5.20 Einzelne Epochen und Kulturen

Reallexikon der Vorgeschichte / M. Ebert (Hrsg.). 15 Bde. Berlin : de Gruyter, 1925–1932
Lexikon Alte Kulturen / Hellmuth Brunner ... (Hrsg.). 3 Bde. Mannheim : Bibliograph. Institut, 1990–1991
Lexikon der Ägyptologie / W. Helck ... (Hrsg.). 7 Bde. Wiesbaden : Harrassowitz, 1972–1992
Kleines Wörterbuch der Ägyptologie / W. Helck ... (Hrsg.). Wiesbaden : Harrassowitz, ²1970
Reallexikon der Assyriologie und vorderasiatischen Archäologie / Erich Ebeling (Begr.). Berlin : de Gruyter, 1932–. – 2006, Bd. 11, bis »Qattara«
Der neue Pauly : Enzyklopädie der Antike hrsg. von Hubert Cancik ... Stuttgart : Metzler, 1996–2003: Reihe Altertum, 12 Bde. In 13 Teilen, Reihe: Rezeptions- und Wissenschaftsgeschichte Bd. 13–15/3, 1999–2003 und Registerbd. 2003. – Auch als Online-Angebot. – Ersatz für die monumentale *Paulys Realencyclopädie der classischen Alterthumswissenschaft* / G. Wissowa (Begr.). [jetzt:] München : Druckenmüller, 1894–1976. – 68 Bde., 15 Suppl.-Bde., Reg.
Der kleine Pauly / K. Ziegler ... (Hrsg.). 5 Bde. München : Druckenmüller, 1964–75. – Taschenbuchausgabe München : dtv, 1979 (dtv ; 5963)
Kleines Lexikon des Hellenismus / Hatto H. Schmitt (Hrsg.). Studienausgabe. Wiesbaden : Harrassowitz, 2003
Lexikon des Mittelalters. 10 Bde. München : Artemis, 1977–1999. – Studienausgabe 9 Bde. Stuttgart : Metzler, 1999. – CD-ROM ebd. 2000, online-Zugang über den Verlag Brepols
Peter Dinzelbacher (Hrsg.): *Sachwörterbuch der Mediävistik.* Stuttgart : Kröner, 1992 (KTA ; 477)
Res medii aevi = Kleines Lexikon der Mittelalterkunde / hrsg. von Renate Neumüllers-Klauser. Wiesbaden : Harrassowitz, 1999
Lexikon der mittelalterlichen Zahlenbedeutungen. München : Fink, 1987 (Münstersche Mittelalter-Schriften ; 56)
Clavis mediaevalis : Kleines Wörterbuch der Mittelalterforschung / R. Klauser ... (Hrsg.). Wiesbaden : Harrassowitz, 1962. – Nachdruck 1966
Enzyklopädie der Neuzeit / hrsg. von Friedrich Jaeger. Stuttgart : Metzler, 2005–. – 2007 Bd. 6 bis »Konvikt«. 16 Bde. geplant

17.5.21 Gesellschaft, Staat, Recht, Kirchenrecht

Staatslexikon / Görres-Gesellschaft (Hrsg.). 7 Bde. Freiburg i.Br. : Herder, ⁷1985–1992. – Sonderausgabe ebd. 1995
Evangelisches Staatslexikon / Werner Heun ; Martin Honecker ; Martin Morlok ; Joachim Wieland (Hrsg.). Stuttgart : Kohlhammer, ⁴2006
Katholisches Soziallexikon / Alfred Klose ... (Hrsg.). Innsbruck : Tyrolia, ²1980
Lexikon für Kirchen- und Staatskirchenrecht / hrsg. von Axel von Campenhausen ... 3 Bde. Paderborn : Schöningh, 2000–2004

Encyclopedia of Catholic Social Thought, Social Science and Social Policy. 2 Bde. / Michael L. COULTER ... (Hrsg.). Lanham, MD : Scarecrow 2007
The new dictionary of Catholic social thought / Judith A. DWYER (Hrsg.). Collegeville, Minn. : Liturgical Press, 1994
Lexikon der Wirtschaftsethik / Georges ENDERLE (Hrsg.). Freiburg i.Br. : Herder, 1993
Evangelisches Soziallexikon / Martin HONECKER ... (Hrsg.). Stuttgart : Kreuz, [8]2001
Handwörterbuch der Sozialwissenschaften. 12 Bde., Reg.bd. Stuttgart : G. Fischer, 1956 –1968
Lexikon der Politik / hrsg. von Dieter NOHLEN. 7 Bde. München : Beck, 1992–1998. – CD-ROM: Berlin : Directmedia, 2003 (Digitale Bibliothek ; 79)
Handlexikon zur Politikwissenschaft / Axel GÖRLITZ (Hrsg.). München : Ehrenwirth, [2]1972. – Taschenbuchausgabe in 2 Bdn.: Reinbek : Rowohlt, 1973 (rororo ; 6169/70)
Wörterbuch zur Politik / Manfred G. SCHMIDT. Stuttgart : Kröner, [2]2004
Dictionnaire de droit canonique / R. NAZ (Hrsg.). 7 Bde. Paris : Letouzey, 1935 –1965
Dictionarium morale et canonicum / Pietro PALAZZINI (Hrsg.). 4 Bde., Romae : Off. libri cath., 1962–1968
Grundbegriffe des Kirchenrechts / Ilona RIEDEL-SPANGENBERGER. Paderborn : Schöningh, 1992 (UTB ; 1618)
Handlexikon zur Rechtswissenschaft / Axel GÖRLITZ (Hrsg.). München : Ehrenwirth, 1972. – Taschenbuchausg. in 2 Bdn.: Reinbek : Rowohlt, 1974 (rororo ; 6179/80)
Handwörterbuch zur deutschen Rechtsgeschichte / Adalbert ERLER ... (Hrsg.). 5 Bde. Berlin : E. Schmidt, 1971–1998

17.5.22 Psychologie, Pädagogik

Psychologie:

Dorsch Psychologisches Wörterbuch / Friedrich DORSCH (Begr.) ; Hartmut HÄCKER ; Kurt H. STAPF (Hrsg.). Göttingen : Huber, [14]2004
Lexikon der Psychologie / Gerd WENNINGER (Projektleitung). 5 Bde. Heidelberg : Spektrum, 2000 –2002. – Auch als CD-ROM
Christian MICHEL ; Felix NOVAK: *Kleines psychologisches Wörterbuch.* Freiburg i.Br. : Herder, [22]2007 (Herder Spektrum ; 5870)
Handwörterbuch Psychologie / Roland ASANGER ... (Hrsg.). Studienausgabe. Weinheim : Beltz, 1999. – CD-ROM: Berlin : Directmedia, 2000 (Digitale Bibliothek ; 23)
Thomas STÄDTLER: *Lexikon der Psychologie : Wörterbuch, Handbuch, Studienbuch.* Stuttgart : Kröner, 1998 (KTA ; 357). – Sonderausgabe 2003
Lexikon der Psychologie / Wilhelm ARNOLD ... (Hrsg.). 3 Bde. Freiburg i.Br. : Herder, [13]1995. – Nachdruck Augsburg : Bechtermünz-Verlag, 1997. – Abkürzung: LPs

Psychoanalyse:

Handbuch psychoanalytischer Grundbegriffe / Wolfgang MERTENS ; Bruno WALDVOGEL (Hrsg.). Stuttgart : Kohlhammer, [2]2002

Jean LAPLANCHE ; Jean-Bertrand PONTALIS: *Das Vokabular der Psychoanalyse*. Frankfurt : Suhrkamp, [17]2005 [Nachdruck] (stw ; 7)
Andrew SAMUELS ; Bani SHORTER ; Fred PLAUT: *Wörterbuch Jungscher Psychologie*. München : dtv, 1991 (dtv ; 15088)
Dylan EVANS: *Wörterbuch der Lacanschen Psychoanalyse*. Wien : Turia und Kant, 2002

Parapsychlogie:

Werner F. BONIN: *Lexikon der Parapsychologie*. München : Orbis, 1988
Lexikon der Parawissenschaften : Astrologie, Esoterik, Okkultismus, Paramedizin, Parapsychologie kritisch betrachtet / Irmgard OEPEN ... (Hrsg.). Münster : Lit, 1999

Pädagogik:

Lexikon der Pädagogik. Weinheim : Beltz, 2007
Lexikon der Pädagogik / Heinrich ROMBACH (Hrsg.). Neue Ausg. 4 Bde. Freiburg i.Br. : Herder, [3]1975
Pädagogische Grundbegriffe / Dieter LENZEN (Hrsg.). 2 Bde. Reinbek bei Hamburg : Rowohlt, [7]2004 –2005 (Rowohlts Enzyklopädie ; 55487/55488)
Wörterbuch Pädagogik / Horst SCHAUB ; Karl G. ZENKE. München : dtv, [5]2002 (dtv ; 32521). – CD-ROM: *dtv-Wörterbuch Pädagogik*. Berlin : Directmedia, 2002 (Digitale Bibliothek ; 65)
Pädagogik-Lexikon / hrsg. von Gerd REINHOLD. München : Oldenbourg, 1999
Wörterbuch der Pädagogik / Winfried BÖHM ; Frithjof GRELL. Begr. von Wilhelm HEHLMANN. Stuttgart : Kröner, [16]2005 (KTA ; 94)
Josef A. KELLER ; Felix NOVAK: *Kleines pädagogisches Wörterbuch*. Freiburg i.Br. : Herder, [7]2000. – Jetzt als: *Herders pädagogisches Wörterbuch*. Erftstadt : Hohe, 2007

Sonderpädagogik, Sozialarbeit:

Enzyklopädie der Sonderpädagogik, der Heilpädagogik und ihrer Nachbargebiete / Gregor DUPUIS ... (Hrsg.). Berlin : Ed. Marhold im Wiss.-Verl. Spiess, 1992
Lexikon Sozialarbeit, Sozialpädagogik, Sozialrecht / Paul K. KALLER (Hrsg.). Wiebelsheim : Quelle und Meyer, 2001
Handbuch Sozialarbeit/Sozialpädagogik / Hans-Uwe OTTO ... (Hrsg.). München : E. Reinhardt, [3]2005
Lexikon der Sozialpädagogik und der Sozialarbeit / Franz STIMMER (Hrsg.). München ; Wien : Oldenbourg, [4]2000
Fachlexikon der sozialen Arbeit / Roland BECKER ... (Red.). Baden-Baden : Nomos, [6]2007
Wörterbuch soziale Arbeit : Aufgaben, Praxisfelder, Begriffe und Methoden der Sozialarbeit und Sozialpädagogik / Dieter KREFT ; Ingrid MIELENZ (Hrsg.). Weinheim : Juventa, [5]2005
Wörterbuch der Sozialarbeit und Sozialpädagogik / Arnold SCHWENDTKE (Hrsg.). Heidelberg : Quelle und Meyer, [4]1995

17.5.23 Musik

Zur Biographie der Musiker vgl. auch 17.3.4.

Die Musik in Geschichte und Gegenwart / Ludwig FINSCHER (Hrsg.). 2. Aufl. Kassel : Bärenreiter ; Stuttgart : Metzler. – Sachteil 12 Bde. und Reg. 1994–1999. – Personenteil 18 Bde. (Bd. 18 = Reg.) 1999–2007. – 1. Aufl. Hrsg. von Friedrich BLUME. 16 Bde. und Registerbd. Kassel : Bärenreiter, 1948–1979. – Taschenbuchausgabe der 1. Aufl. 17 Bde. München : dtv, 1989 (dtv BVK ; 5913). – Digitale Ausgabe der 1. Aufl. Berlin : Directmedia, 2001 (Digitale Bibliothek ; 60). – Abkürzung: MGG^2 bzw. MGG^1
The new Grove dictionary of music and musicians / S. SADIE (Hrsg.). 29 Bde. London : Macmillan, ^{2}2001. – Auch als elektronische Ressource erweitert, aktualisiert, mit hörbaren gemachten Notenbeispielen etc.: *Grove music online*.

17.5.24 Kunst

Zur Biographie der Künstler vgl. 17.3.4. Zur antiken Ikonographie 17.5.11.

Lexikon der Kunst : Architektur, Bildende Kunst, Angewandte Kunst, Industrie-Formgestaltung, Kunsttheorie / Gerhard STRAUSS (Begr.) ; Harald OLBRICH (Hrsg.). 7 Bde. Leipzig : Seeman, 1987–1994. – CD-ROM: Berlin : Directmedia Publ., 2001 (Digitale Bibliothek ; 43)
Lexikon der Kunst : Malerei, Architektur, Bildhauerkunst / Wolf STADLER (Hrsg.). 12 Bde. Freiburg : Herder, 1987–1990
Reallexikon zur deutschen Kunstgeschichte / Otto SCHMITT (Begr.). Stuttgart ; [jetzt:] München : Druckenmüller, 1937–. – Monumental, aber sehr langsame Erscheinungsweise; 1987 Bd. 8 bis »Firnis«
Kindlers Malerei-Lexikon / Hrsg. v. Germain BAZIN … 6 Bde. Zürich : Kindler, 1964–1971. – Sonderausgaben in 15 Bde. München : dtv, 1982 ; Köln : Lingen, 1984 ; München : Kindler, 1985. – Als elektronische Ressource: Berlin : Directmedia, 1999 (Digitale Bibliothek ; 22) u. ö.
Reallexikon zur byzantinischen Kunst / Klaus WESSEL (Begr.). Stuttgart : Hiersemann, 1966–. – 1995 Bd. 5 bis »Maltechnik«
Lexikon der christlichen Ikonographie / Engelbert KIRSCHBAUM (Begr.). 8 Bde. Freiburg i.Br. : Herder, 1968–1976. – Taschenbuchausgabe ebd. 1990 und 1994. – 4 Bde. allg. christl. Ikonographie und 4 Bde. Ikonographie der Heiligen
The dictionary of art / Jane TURNER (Hrsg.). 34 Bde. New York : Grove, 1996, korrig. Ausgabe 1998. – Auch als elektronische Ressource erweitert, aktualisiert: *Grove art online*.

17.5.25 Literatur

Zur Schriftstellerbiographie vgl. 17.3.4

Kindlers Neues Literaturlexikon. 20 Bde. München : Kindler, 1988–1992. – 2 Ergänzungsbde. 1998. – Studienausgabe 21 Bde. München : Kindler, 1996. – Digitale Ausgabe auf CD-ROM: München : Systema, 2002. – Abkürzung: KNLL
Literaturlexikon : Autoren und Werke deutscher Sprache / Walther KILLY (Hrsg.). 15 Bde. Gütersloh : Bertelsmann, 1988–1993. – CD-ROM: Berlin : Directmedia, 1998 (Digitale Bibliothek ; 9). – Die 2. Auflage beginnt 2008 zu erscheinen (Berlin : de Gruyter)
Reallexikon der deutschen Literaturwissenschaft : Neubearbeitung des Reallexikons der deutschen Literaturgeschichte / hrsg. von Klaus WEIMAR. 3 Bde. Berlin : de Gruyter, 1997–2003
Gisbert KRANZ: *Lexikon der christlichen Weltliteratur.* Freiburg i.Br. : Herder, 1978.

17.5.26 Sprachwissenschaft, Rhetorik

Theodor LEWANDOWSKI: *Linguistisches Wörterbuch.* Heidelberg : Quelle und Meyer, ⁶1994 (UTB ; 1518). – 3 Bde.
Lexikon der Sprachwissenschaft / hrsg. von Hadumod BUSSMANN. Stuttgart : Kröner, ³2002
Historisches Wörterbuch der Rhetorik / Gert UEDING (Hrsg.). Darmstadt : Wiss. Buchgesellschaft, 1992–. – 10 Bde. geplant; 2007 Bd. 8 bis »St«

17.5.27 Hilfswörterbücher zur Theologie allgemein, Terminologie

Friedrich HAUCK ; Gerhard SCHWINGE: *Theologisches Fach- und Fremdwörterbuch : Mit einem Verz. von Abkürzungen aus Theologie und Kirche.* Göttingen : Vandenhoeck und Ruprecht, ¹⁰2005
Paul CHRISTOPHE: *Vocabulaire historique de culture chrétienne.* Paris : Desclée, 1991
Ökumenisches Verzeichnis der biblischen Eigennamen nach den Loccumer Richtlinien. Stuttgart : Dt. Bibelges., ²1981. – Verbindliche Transkriptionsliste biblischer Eigennamen, Maße, Gewichte usw.
Ecumenical terminology. Geneva : W.C.C., ²1986. – Viersprachig
Paul-Gerhard MÜLLER: *Lexikon exegetischer Fachbegriffe.* Stuttgart : Katholisches Bibelwerk, 1985 (Biblische Basis Bücher ; 1)
Albert BLAISE: *Le vocabulaire des principaux thèmes liturgiques.* Turnhout : Brepols, 1966
Martine ROTY: *Dictionnaire russe-français des termes en usage dans l'église russe.* Paris : Institut d'études slaves, ²1983 (Lexiques de l'Institut de'études slaves ; 4)
Lexikon kirchlicher Amtsbezeichnungen der Katholischen, Evangelischen und Orthodoxen Kirchen in Deutschland / Richard PUZA (Hrsg.). Stuttgart : Hiersemann, 2007

17.5.28 Sprachwörterbücher zu den »alten Sprachen«

Hebräisch, Aramäisch:

Wilhelm GESENIUS: *Hebräisches und aramäisches Handwörterbuch über das Alte Testament* / Rudolf MEYER ; Herbert DONNER (Hrsg.). 18. Aufl. Berlin : Springer, 1987–. – 2007 4. Lfrg. bis »Pe«. – Bis zum Abschluss der Neubearbeitung: W. GESENIUS: *Hebräisches und aramäisches Handwörterbuch über das Alte Testament.* 17. Aufl. 1915. Nachdruck. Berlin : Springer, 1991

Ludwig KOEHLER ; Walter BAUMGARTNER: *Hebräisches und aramäisches Lexikon zum Alten Testament.* Neu bearb. 3. Aufl. 6 Bde. Leiden : Brill, 1967–1996. – Auch engl. Studienausgabe. 2 Bde.: *The Hebrew and Aramaic lexicon of the Old Testament.* Leiden : Brill, 2001–. – Engl. Kurzausgabe: William L. HOLLADAY: *A concise Hebrew and Aramaic lexicon of the Old Testament : based upon the lexical work of Ludwig Koehler and Walter Baumgartner.* 10. Druck. Grand Rapids, Mich. : Eerdman, 1988

Benjamin DAVIDSON: *The analytical Hebrew and Chaldee lexicon.* Grand Rapids : Zondervan, [15]1982

Georg FOHRER u. a.: *Hebräisches und aramäisches Wörterbuch zum Alten Testament.* Berlin : de Gruyter, 1971

The dictionary of classical Hebrew / David J. A. CLINES (Hrsg.). Sheffield : Sheffield Acad. Press, 1993–. – 6 Bde. bis 2007

Griechisch:

A Greek-English lexicon of the Septuagint / Johan LUST ; E. EYNIKEL ; K. HAUSPIE. 5. Druck. 2 Bde. Stuttgart : Dt. Bibelges., 2000

Walter BAUER: *Griechisch-deutsches Wörterbuch zu den Schriften des Neuen Testaments und der frühchristlichen Literatur* / Kurt und Barbara ALAND (Hrsg.). 6., völlig neu bearb. Aufl. Berlin : de Gruyter, 1988

Friedrich REHKOPF: *Griechisch-deutsches Wörterbuch zum Neuen Testament.* Studienausgabe, Göttingen : Vandenhoeck und Ruprecht, 2000 (UTB ; 8202)

Rudolf KASSÜHLKE: *Kleines Wörterbuch zum Neuen Testament.* Stuttgart : Dt. Bibelges., [3]2001

A patristic greek lexicon / Geoffrey William H. LAMPE. Oxford : Clarendon Pr., [4]1976

Latein – wesentliche Werke aus der folgenden Liste sind in der *Database of Latin Dictionaries* (Turnhout : Brepols) enthalten:

Albert BLAISE: *Dictionnaire latin-français des auteurs chrétiens.* Turnhout : Brepols, [2]1967

Albert BLAISE: *Lexicon latinitatis medii aevi praesertim ad res ecclesiasticas investigandas pertinens.* Turnhout : Brepols, 1975. – Lat.-franz.

Charles D. DU CANGE: *Glossarium mediae et infimae latinitatis.* Nachdr. der Ausg. 1883–1887. Graz : Akademische Verlagsanstalt, 1954

Jan Frederik NIERMEYER ; C. VAN DE KIEFT: *Mediae latinitatis lexicon minus.* 2 Bde. Leiden : Brill, [2]2002

Mittellateinisches Wörterbuch bis zum ausgehenden 13. Jahrhundert / begr. von Paul LEHMANN. München : Beck, 1967–. 2007 Bd. 3 bis »E«
Mittellateinisches Glossar / Edwin HABEL (Hrsg.) ; Friedrich GRÖBEL (Mitarb.). Paderborn : Schöningh, ²1959. – Nachdruck 1989 (UTB ; 1551)

Für das Kirchenlatein bzw. moderne Latein vgl.:
Albert SLEUMER: *Kirchenlateinisches Wörterbuch* / Joseph SCHMID (Mitarb.). 2. Nachdr. der Ausg. Limburg a. d. Lahn : Steffen, 1926. Hildesheim : Olms, 1996
PONS Wörterbuch des neuen Lateins / Stefan FEIHL ... (Übers.). Stuttgart : Klett, 2001. – Dt. Ausgabe von *Lexicon recentis latinitatis.* 2 Bde. Vatican : Libr. Ed. Vaticana, 1992–1997

17.5.29 Sprach- und Sachlexika zu einzelnen Theologen

Augustinus-Lexikon / Cornelius MAYER (Hrsg.). Basel : Schwabe, 1986–. – 2004 Bd. 3, Faszikel 3/4 bis »institutio«.
Lexicon Bonaventurianum philosophico-theologicum in quo termini theologici, distinctiones et effata praecipua scholasticorum a seraphico doctore declarantur / Antonio MARIA A VICETIA ; J. A RUBINO. Venetiis, 1880
Ludwig SCHÜTZ: *Thomas-Lexikon.* 2. Nachdruck. d. 2. Aufl. Stuttgart : Fromann, 1983
Roy Joseph DEFERRARI: *A Latin-English dictionary of St. Thomas Aquinas : based on the Summa Theologica and selected passages of his other works* / by Roy J. DEFERRARI. Boston, Mass. : St. Paul Editions, 1986
Battista MONDIN: *Dizionario enciclopedico del pensiero di San Tommaso d'Aquino.* Bologna : Ed. Studio Dominicano, 1991
Adolf HAAS: *Teilhard de Chardin-Lexikon.* Freiburg i.Br. : Herder, 1971 (Herderbücherei ; 407–408). – 2 Bde.

17.6 Quelleneditionen, Textcorpora

Dieser Abschnitt kann nur ganz grundlegende Informationen bieten. In Fachhandbüchern, Lexika, Repertorien, »Claves« (z. B. 17.7.3.) kann man weitere maßgebliche Editionen ermitteln. Praktische Quellenanthologien, die auf die Arbeit in einem bestimmten Fach ausgerichtet sind (Enchiridia o. ä.) sind jedoch bei den einzelnen Fächern untergebracht (17.7.).

17.6.1 Heilige Schrift und Apokryphen

Biblia hebraica Stuttgartensia / Karl ELLIGER ... (Hrsg.). Stuttgart : Dt. Bibelges., ⁵1997. – Nachdruck 2006. – Abkürzung: BHS. – Vgl. zur BHS: Reinhard WONNEBERGER: *Leitfaden zur BHS.* Göttingen : Vandenhoeck und Ruprecht, ²1986. – Die BHS ist frei zugänglich unter <http://www.bibelwissenschaft.de/>

Biblia Hebraica : quinta editione cum apparatu critico novis curis elaborato = Tôra, nevî'îm û-ketûvîm / participantibus R. ALTHANN ... Communiter ediderunt A. SCHENKER .... Stuttgart : Dt. Bibelgesellschaft, 2004 –. – 2007 3 Faszikel

Das Alte Testament : Interlinearübersetzung : Hebr.-Dt. und Transkription des hebr. Grundtextes nach der BHS / Rita Maria STEURER (Übers.). Neuhausen-Stuttgart : Hänssler, 1989 –2003. – Bislang 5 Bde.

Septuaginta / Alfred RAHLFS (Hrsg.) ; recogn. et emendavit Robert HANHART. Stuttgart : Dt. Bibelgesellschaft, ²2006. – Frei zugänglich unter <http://www.bibelwissenschaft.de/>

Septuaginta Deutsch : Das griechische Alte Testament in deutscher Übersetzung / Hrsg. von Martin KARRER ; Wolfgang KRAUS. Stuttgart : Deutsche Bibelges., 2008 [angekündigt]

Novum Testamentum graece / NESTLE-ALAND ; Barbara und Kurt ALAND ... (Hrsg.). Stuttgart : Dt. Bibelgesellschaft, ²⁷2001. – Frei zugänglich unter <http://www.bibelwissenschaft.de/>. – Von der 26. Aufl. an völlig neu bearb. Standardausgabe; auch in mehrsprachigen Versionen erhältlich, z. B. mit Luther- und Einheitsübersetzung neben dem griech. Text. – Vgl. Kurt ALAND ; Barbara ALAND: *Der Text des Neuen Testaments : Einführung in die wissenschaftlichen Ausgaben sowie in Theorie und Praxis der modernen Textkritik.* 2. ergänzte und erweiterte Aufl., [Nachdr.]. Stuttgart : Dt. Bibelges., 2006

Das Neue Testament : Interlinearübersetzung : Griech.-Dt. / Ernst DIETZFELBINGER (Übers.). Neuhausen-Stuttgart : Hänssler, ⁷2003

Biblia sacra iuxta Vulgatam versionem / Robert WEBER ; Roger GRYSON (Hrsg.). Ed. minor. Stuttgart : Dt. Bibelges., ⁵2007. – Frei zugänglich unter <http://www.bibelwissenschaft.de/>

Nova Vulgata : Bibliorum sacrorum editio. Vatican : Libr. ed. Vaticana, 1979. ²1986. – Neuauflage 2005. – Offiziell kath. Textausgabe ohne krit. Apparat

Aus dem übergroßen Angebot an *Bibelübersetzungen* ermittle man die jeweils lieferbaren Ausgaben im VLB (Anm. 29). Die kirchenamtliche Übersetzung ist katholischerseits die *Einheitsübersetzung* <http://alt.bibelwerk.de/bibel/>, die in vielen Ausgaben vorliegt und 1985 auch mit dem neubearbeiteten Kommentar der Jerusalemer Bibel erschienen ist und sich damit als Lese- bzw. Studienausgabe empfiehlt (Freiburg i.Br. : Herder). Die ganze Übersetzung ist ökumenisch erarbeitet. NT, Psalmen und altkirchliche Perikopen sind auch evangelischerseits approbiert und für ökumenische Veranstaltungen empfohlen. Verbindliche Textausgaben im evangelischen Bereich sind die *Luther-Bibel*, deren letzte Revision (leider

teilweise mit traditionalistischen Abweichungen der Namens-
schreibweisen von der wissenschaftl. Transkription) 1984 erfolgte
(<http://www.bibelwissenschaft.de>), sowie die *Zürcher Bibel*, deren jüngste Revision bzw. Neuübersetzung 2007 vorgelegt wurde.
Für verschiedene Zwecke gibt es sehr viele weitere Übersetzungen,
von Martin BUBERS und Franz ROSENZWEIGS sprachkräftiger Ein-
deutschung der hebr. Bibel über die alltagssprachliche *Gute Nach-
richt* <http://www.bibelwissenschaft.de/> bis zu Jörg ZINKS quasi
kommentierenden Ausgaben oder Ulrich WILCKENS kommentier-
ter NT-Übersetzung. Einen extremen Weg der Abbildung der
sprachlichen Eigenheiten des Originals wählt das *Münchener
Neue Testament* (interessant z. B. für denjenigen, dem der griech.
Urtext nicht zugänglich ist; dazu gibt es eine eigene Synopse:
17.7.1). Das geht fast in Richtung der Interlinearübersetzungen,
die den deutschen (oder z. B. englischen) Text Wort für Wort unter
das Original stellen. Sprachkräftig ist die Übersetzung des NT von
Fridolin STIER. Als Übersetzung unbrauchbar ist die *Bibel in ge-
rechter Sprache* (hrsg. von Ulrike BAIL, Frank und Marlene CRÜSE-
MANN, Erhard DOMAY, Jürgen EBACH, Claudia JANSSEN, Hanne
KÖHLER, Helga KUHLMANN, Martin LEUTZSCH und Luise SCHOT-
TROFF, vgl. die Rezension von Ingolf U. DALFERTH, in: *Neue Zürcher Zeitung* 18.11.2006).

Interessant ist auch die Frage, welche Texte in elektronischer
Form vorliegen; vgl. z. B. zu frei zugänglichen Texten folgende
Seite: <http://www.ub.uni-freiburg.de/referate/04/bibelinh.htm>.
Zum Angebot des Katholischen Bibelwerks und der Deutschen
Bibelgesellschaft sind oben schon die nötigen URLs eingefügt.

Praktisch alle wesentlichen originalsprachlichen Ausgaben und
Übersetzungen der Hauptsprachen sind elektronisch vorhanden in:

Stuttgarter Elektronische Studienbibel (SESB[2]) / Hrsg. Christof HARDMEIER ; Eep TALSTRA ;
Alan GROVES. Stuttgart : Deutsche Bibelgesellschaft, [2]2006

Die Hilfsmittel zum Text (Konkordanzen, Synopsen, Wörterbücher etc.) siehe 17.7.1.

Zum Altorientalischen, jüdisch-hellenistischen, apokryphen
Schrifttum vgl.:

Die Apokryphen und Pseudepigraphen des Alten Testaments / Emil KAUTZSCH (Hrsg.). 2 Bde. Tübingen, 1900 u. ö. – Darmstadt : Wiss. Buchgesellschaft, 1994
Altjüdisches Schrifttum außerhalb der Bibel / Paul RIESSLER (Hrsg.). Freiburg : Kerle, ⁴1979
Altorientalische Texte zum Alten Testament / Hugo GRESSMANN (Hrsg.). Nachdr. der 2. Auflage [1926]. Berlin : de Gruyter, 1970
Texte aus der Umwelt des Alten Testaments / Otto KAISER (Hrsg.). Gütersloh : Gütersloher Verlagshaus, 1985–1997. – 3 Bde. und Ergänzungslieferung 2001. – Neue Folge 3 Bde. 2004–2006. – CD-ROM 2005
Religionsgeschichtliches Textbuch zum Alten Testament / Walter BEYERLEIN (Hrsg.). Göttingen : Vandenhoeck und Ruprecht, ²1985 (GAT ; 1)
Jüdische Schriften aus hellenistisch-römischer Zeit / Werner Georg KÜMMEL ... (Hrsg.). 5 Bde. Gütersloh : Mohn, 1973–2005, Bd. 6 in Lieferungen 1999–
Charles Kingsley BARRETT: *Texte zur Umwelt des Neuen Testaments* / Claus-Jürgen THORNTON (Hrsg.). Tübingen : Mohr, ²1991 (UTB ; 1591)
Neutestamentliche Apokryphen in deutscher Übersetzung / Edgar HENNECKE ; Wilhelm SCHNEEMELCHER (Hrsg.). 6. Aufl. Studienausgabe. 2 Bde. Tübingen : Mohr, 1999
Die Texte aus Qumran : Hebr./dt. / Eduard LOHSE (Hrsg.). München : Kösel ; Darmstadt : Wiss. Buchges., ⁴1986
Johann MAIER: *Die Qumran-Essener : Die Texte vom Toten Meer.* 3 Bde. München : Reinhardt, 1995–1996 (UTB ; 1862, 1863, 1916)

17.6.2 Kirchengeschichte allgemein

Monumenta Germaniae historica. In verschiedenen Reihen des monumentalen Editionsunternehmens sind auch kirchengeschichtliche Quellen enthalten, vgl. bes.: Autores antiquissimi, 1877–; Concilia, 1893–; Capitula episcoporum, 1984–. – Das Werk wird sukzessive digitalisiert: <http://www.dmgh.de/>. Ein kommerzielles digitales Angebot gibt es im Verlag Brepols
Bibliothèque des Écoles françaises d'Athènes et de Rome. Paris, 1884–. – Verschiedene Serien, Quellen zur Papstgeschichte

Material zur Kirchengeschichte enthalten naturgemäß auch andere historische Quellensammlungen. Vgl. die folgenden Abschnitte und für das Mittelalter auch QUIRIN (17.7.4).

17.6.3 Patristik und mittelalterliche Theologie

Im folgenden nennen wir zuerst die umfassendst angelegte Sammlung der antiken und mittelalterlichen christlichen Literatur und danach weitere Editionsreihen nach Sprachgruppen geordnet.

Corpus Christianorum seu nova Patrum collectio. Turnhout : Brepols, 1953 –. – Sammlung kritischer Editionen der lateinischen Kirchenväter und mittelalterlichen Theologen. Erscheint in mehreren im folgenden angeführten Reihen. – Abkürzung: CChr

Series latina	=	CChr.SL
Series graeca	=	CChr.SG
Series apocryphorum	=	CChr.SA
Continuatio mediaevalis	=	CChr.CM
Instrumenta lexicologica latina	=	CChr.ILL

Die Series latina mit der Continuatio mediaevalis ist auch als elektronische Ressource, ergänzt um die vollständigen Werkausgaben Augustins, Hieronymus, Gregor des Großen und um weitere Werke unter dem Titel *Library of latin texts* erschienen und inzwischen als Nationallizenz in der Bundesrepublik Deutschland zugänglich.

Griechische Kirchenväter:

Patrologiae cursus completus : series graeca / Jacques-Paul MIGNE (Hrsg.). Paris, 1857–1866. – 161 Bde. – Nachdrucke (Turnhout: Brepols) erhältlich. Die Sammlung reicht bis zum Florenzer Konzil, 1438–39; mit lat. Übers. – Dazu Index: Th. HOPFNER: *Migne, Patrologiae cursus completus, series graeca : Index locupletissimus.* Paris, 1928–1945. – Die elektronische Ausgabe (Paris : Champion, 2005) ist als Nationallizenz in der Bundesrepublik Deutschland zugänglich. – Abkürzung: PG
Die griechischen Schriftsteller der ersten drei Jahrhunderte / PREUSSISCHE AKADEMIE DER WISSENSCHAFTEN (Hrsg.). Berlin, 1907–. – Abkürzung: GCS
Bibliothek der griechischen Literatur. Stuttgart : Hiersemann, 1971–. – Übersetzungsreihe mit vielen patristischen Texten. Bislang über 60 Bde.
Thesaurus linguae graecae. Irvine, Calif. : University of California. – Elektronische Ressource – Datenbank kritischer Texte der gesamten griechischen Antike, einschließlich vieler Kirchenväter. – TLG

Orientalische Kirchenväter:

Patrologia orientalis / René GRAFFIN ... (Hrsg.). Paris, 1907–

Lateinische Kirchenväter (siehe oben CChr.SL):

Patrologiae cursus completus : series latina / Jacques Paul MIGNE (Hrsg.). Paris, 1844–1855. – 221 Bde. – Nachdrucke (Turnhout : Brepols) und Microfiche-Ausgaben sind erschienen; dazu die elektronische Version als *Patrologia latina database* auf CD-ROM und online (Chadwyck-Healey, jetzt Cambridge : ProQuest). – Teile, wie die Augustinus-Ausgabe (s. u.) sind auch frei im Internet zugänglich, einige Bände derzeit auch über die Google-Buchsuche (suchbar über Autor Migne oder über Titel *Patrologiae cursus completus*). – Abkürzung: PL

Der »Migne« ist immer noch die umfassendste Sammlung der lateinischen patristisch-mittelalterlichen Quellen. Er reicht bis Innozenz III, 1216. 4 Bde. Indices. Zur kritischen Benutzung vgl. P. GLORIEUX: *Pour revaloriser Migne : Tables recitificatives.* Lille : Fac. cathol., 1952. Die Texte sind den damals vorliegenden Ausgaben entnommen, in vielen Fällen daher schlecht oder problematisch, in anderen – etwa bei der Mauriner-Ausgabe der Werke Augustins – aber auch wiederum hervorragend. Soweit vorliegend sind die Ausgaben im CChr und in den folgenden Reihen dem Text in PL vorzuziehen (entsprechendes gilt für PG und die modernen kritischen Ausgaben).

> *Patrologiae cursus completus : Supplementum /* Adalbert HAMMAN (Hrsg.). Paris : Garnier; [jetzt:] Turnhout : Brepols, 1958–1974. – 5 Bde.
> *Corpus scriptorum ecclesiasticorum latinorum /* WIENER AKADEMIE ... (Hrsg.). Wien, 1866–. – Ersetzt Mignes Sammlung durch kritische Ausgaben. – Abkürzung: CSEL
> *Monumenta Germaniae historica. Auctores antiquissimi.* Berlin, 1877–1919. – 15 Bde. – Spätere lat. Schriftsteller des christlichen Altertums bis zum Mittelalter. – Zu MGH vgl. auch oben 17.6.2. – Abkürzung: MGH.AA

Für die direkten nachbiblischen Schriften sei noch hingewiesen auf:

> *Schriften des Urchristentums : Griechisch und Deutsch /* Joseph A. FISCHER ; Ulrich KÖRTNER (Hrsg.). Darmstadt : Wissenschaftliche Buchgesellschaft, 2004

Wegen der großen Quellencorpora brauchen im folgenden keine Einzelausgaben der Kirchenväter genannt zu werden. Dennoch ist als Einzeledition wegen der herausragenden Bedeutung des hl. Augustinus aber auf die erste (!) deutsche Gesamtausgabe seiner Werke, eine frei nutzbare Ausgabe und als einzigartiges Arbeitsinstrument auf das CAG hinzuweisen:

> Aurelius AUGUSTINUS: *Opera.* Paderborn : Schöningh, 2002–. – Lat.-dt. Ausgabe. Geplant auf 130 Bde.
> *Sant'Agostino.* – <http://www.augustinus.it>. Dort sind die lateinischen Werke nach der Patrologia Latina (Mauriner-Edition) frei zugänglich unter: <http://www.augustinus.it/latino/index.htm>.
> *Corpus Augustinianum Gissense /* Cornelius MAYER (Hrsg.). Basel : Schwabe, 1995. – CD-ROM, 2. Ausg. 2004. – Kritischer Text, umfangreiche Bibliographie; die Literatur auch abrufbar über das Zentrum für Augustinus-Forschung in Würzburg: <http://www.augustinus.de/>.

Die folgenden *Übersetzungsreihen* trennen nicht nach Sprachen der Kirchenväter:

Sources chrétiennes / Henri DE LUBAC ... (Hrsg.). Paris : Cerf, 1941–. – Urtexteditionen mit franz. Übersetzungen. – Abkürzung: SC
Fontes christiani. Freiburg i.Br. : Herder, 1991–. Ab dritter Reihe Turnhout : Brepols. – Urtexteditionen mit deutschen Übersetzungen nach dem Vorbild der *Sources chrétiennes.* – Abkürzung: FC
Bibliothek der Kirchenväter / Otto BARDENHEWER ... (Hrsg.). 61 Bde., 2 Registerbde. Kempten : Kösel, 1911–1931. – 2. Reihe. 20 Bde. Ebd. 1930 –1932. – Abkürzung: BKV

Die Handbücher der Patrologie und die »Claves« CPG und CPL (17.7.3) bzw. das Verzeichnis von Frede verhelfen zum Auffinden der besten Ausgaben. Für die weiteren Einzelausgaben und Übersetzungen ist auf die Bibliotheks- und Buchhandelskataloge zu verweisen.

Hilfsmittel zu einzelnen Autoren:

Augustin Handbuch / hrsg. von Volker Henning DRECOLL. Tübingen : Mohr Siebeck, 2007

Mittelalter:

Die großen mittelalterlichen Autoren werden – abgesehen von den alten Ausgaben in PL und einigen kritischen Editionen in CChr.CM (z. B. RAIMUNDUS LULLUS) – in großen kritischen Einzelausgaben ediert, vgl. dazu die einschlägigen lexikalischen Werke. Elektronische Ausgaben sind u. U. in der *Library of latin texts* enthalten. Für die großen Theologen der Hochscholastik seien folgende kritische Ausgaben (nebst weiteren Thomas-Editionen) genannt:

ANSELM VON CANTERBURY: *Opera omnia* / Franz Sales SCHMITT (Hrsg.). Neudruck. 2 Bde. Stuttgart-Bad Canstatt : Frommann-Holzboog, ^{2}1984. – Als elektronische Ressource bei Intelex Past Masters
ALBERTUS MAGNUS: *Opera omnia* / INSTITUTUM ALBERTI MAGNI COLONIENSE (Hrsg.). Münster : Aschendorff, 1951–
BONAVENTURA: *Opera omnia* / COLL. S. BONAVENTURA (Hrsg.). 11 Bde. Quaracchi : Coll. S. Bonav., 1882–1902
THOMAS VON AQUIN: *Opera omnia : iussu Leonis XIII P. M. edita.* Romae, 1882–. – Sog. »Editio Leonina«. – Danach praktische Handausgaben im Turiner Verlag Marietti *Corpus thomisticum.* Subsidia studii ab Enrique ALARCÓN collecta et edita Pampilonae ad

Universitatis Studiorum Navarrensis aedes ab A. D. MM: <http://www.corpusthomisticum. org/> – Vollständige Werkausgabe, umfassende Bibliographie, Übersicht über die Editio Leonina etc. – Enthält unter der URL <http://www.corpusthomisticum. org/it/index.age> auch den *Index Thomisticus* von Roberto BUSA

THOMAS VON AQUIN: *Deutsche Thomas-Ausgabe.* Salzburg : Pustet ; [jetzt:] Graz : Styria, 1933 –. – Zweisprachige kommentierte Ausgabe der Summa theologiae

THOMAS VON AQUIN: *Summa contra gentiles.* Lat.-dt. 4 Bde. in 5 Teilen. Sonderausgabe. Darmstadt : Wissenschaftliche Buchgesellschaft, 2001

MEISTER ECKHART: *Die deutschen und lateinischen Werke* / hrsg. von Josef QUINT. Stuttgart : Kohlhammer, 1936 –. – Teilweise in Neuauflagen. – Der Text der deutschen Werke ist auch in der *Bibliothek deutscher Klassiker,* Bd. 91 und 92 (Frankfurt : Deutscher Klassikerverlag, [2]2002 ; Taschenbuchausgabe 2008) und in deren elektronischer Version enthalten (Cambridge : Chadwyck-Healey).

JOHANNES DUNS SCOTUS: *Opera omnia* / Commissio Scotistica (Hrsg.). Civitas Vaticana : Typis polygl. Vatic., 1950 –

NIKOLAUS VON CUES: *Opera omnia* / iussu et auctoritate Academiae Litterarum Heidelbergensis ad codicum fidem ed. Hamburg : Meiner, 1932–

17.6.4 Ökumenische Konzilien

Zur Übersicht vgl. J. HELMRATH: Konzilssammlungen. In: LThK[3] VI, Sp. 352–355, Regionalkonzilien auch in MGH usw. – Im folgenden ist zunächst die empfehlenswerte Handausgabe, sodann die umfassendste Sammlung genannt:

Conciliorum oecumenicorum decreta / Giuseppe ALBERIGO ... (Hrsg.). Bologna : Ist. per le Scienze Religose, [3]1973. – Praktische Ausgabe der originalsprachlichen Texte, ab 2. Aufl. einschl. Vaticanum II. – Mit dt. Übers.: *Dekrete der ökumenischen Konzilien* / Josef WOHLMUTH (Hrsg.). 3 Bde. Paderborn : Schöningh, [3]2002

Sacrorum conciliorum nova et amplissima collectio / Giovanni Domenico MANSI ... (Hrsg.). 53 Bde. Nachdr. Graz : Akadem. Verlagsanst., 1960 –1962. – Umfassendste, aber nicht kritisch edierte Sammlung. – Abkürzung: Mansi

Kritische Ausgaben:

Bibliothek der Symbole und Glaubensregeln der Alten Kirche / August und G. Ludwig HAHN (Hrsg.). [[3]1897]. Nachdruck. Hildesheim : Olms, 1962. – Enthält die Symbole der ersten beiden Konzilien

Acta conciliorum oecumenicorum / Eduard SCHWARZ ... (Hrsg.). Straßburg ; [jetzt:] Berlin : de Gruyter, 1914 –. Enthält als Series I die Dekrete und Akten des 3.- 5. Ökumen. Konzils nebst Registern; ab 1984 erscheint die Series II (Lateransynode von 649 und Konstantinopolitanum III) (4 Bde. bis 2001). – Abkürzung: ACO

Acta concilii Constanciensis / Heinrich FINCKE ... (Hrsg.). 4 Bde. Münster : Regensberg, 1896 –1928. – Abkürzung ACCon

Concilium Basiliense / Johannes HALLER ... (Hrsg.). Basel : Reich [4ff.: Helbing und Lichtenhahn], 1896 –1936. – 8 Bde. – Abkürzung: ConBas

Concilium Florentinum. Roma : Pont. Inst. Orient. Stud., 1940 –. – 22 Bde. bis 1977. – Abkürzung: CFl

Concilium Tridentinum / SOCIETAS GOERRESIANA (Hrsg.). Freiburg i.Br. : Herder, 1901–. 30 Bde. bis 2001. – Abkürzung: CT

Acta et decreta sacrorum conciliorum recentiorum : Collectio Lacensis / Gerhard SCHNEEMANN ; Theodor GRANDERATH (Hrsg.). 7 Bde. Freiburg i.Br. : Herder, 1870 –1890. – Heranzuziehen für das Vaticanum I und zahlreiche Texte von Provinzialkonzilien, die sich bei Mansi nicht finden

Acta synodalia sacrosancti concilii oecumenici Vaticani II. Vatican : Typis polygl. Vaticanis, 1970 –1999. – 6 Bde. mit Appendices und Indices in 35 Teilbänden.

Kommentar:

Herders Theologischer Kommentar zum Zweiten Vatikanischen Konzil / Peter HÜNERMANN ; Bernd Jochen HILBERATH (Hrsg.). 5 Bde. Freiburg i.Br. : Herder, 2004 –2006

17.6.5 Reformation und Katholische Reform

Gesamtausgaben:

Martin LUTHER: *Kritische Gesamtausgabe.* Weimar : Böhlau, 1883 –1983. – Nachdrucke ebd. – Sog. »Weimarer Ausgabe« mit den im folgenden genannten Nebenreihen. – Abkürzung: WA. – Elektronische Ausgabe Cambridge: Chadwyck-Healey (wegen des hohen Preises derzeit noch nicht allen Universitätsbibliotheken zugänglich). – Spezielle Unterreihen:

Briefwechsel = WA.B
Deutsche Bibel = WA.DB
Tischreden = WA.TR

Corpus reformatorum / C. G. BRETSCHNEIDER ... (Hrsg.). Braunschweig; [später:] Zürich : TVZ, 1834 –. – Enthält die Werke MELANCHTHONS (Bd. 1–29), CALVINS (Bd. 29 –87); ZWINGLIS (Bd. 88ff.)

Handausgabe:

Martin LUTHER: *Luther deutsch : Die Werke Martin Luthers in neuer Auswahl für die Gegenwart* / Kurt ALAND (Hrsg.). 10 Bde., Reg. Göttingen : Vandenhoeck und Ruprecht, 1991 (UTB ; 1656). – Digitale Ausgabe: Martin LUTHER: *Gesammelte Werke.* Berlin : Directmedia ; Göttingen : Vandenhoeck und Ruprecht, 2002 (Digitale Bibliothek ; 63)

Calvin-Studienausgabe / hrsg. von Eberhard BUSCH ... Neukirchen-Vluyn : Neukirchener, 1994 –. – 2007 6 Bde.

Hilfsmittel zu einzelnen Theologen:

Albrecht BEUTEL (Hrsg.): *Luther Handbuch*. Tübingen : Mohr, 2005

Daneben gibt es verschiedene Sammlungen, Studien- und Handausgaben etc.; vgl. die biograph. Artikel der Enzyklopädien, Handbücher der Kirchengeschichte etc. – Zu den evangelischen Bekenntnisschriften und klassischen Texten des Protestantismus vgl.:

Die Bekenntnisschriften der evangelisch-lutherischen Kirche. Göttingen : Vandenhoeck und Ruprecht, [12]1998. – Die maßgebliche Ausgabe dieser Texte. – Abkürzung: BSLK

Unser Glaube : Die Bekenntnisschriften der evangelisch-lutherischen Kirche / Horst Georg PÖHLMANN (Hrsg.). Gütersloh : Gütersloher Verlagshaus, [3]1991 (GTB Siebenstern ; 1289). – Praktische Handausgabe

Die Bekenntnisschriften der reformierten Kirche / E. F. Karl MÜLLER (Hrsg.). [1903] Nachdruck. Zürich : Theol. Buchh., 1987 – Abkürzung: BSRK

Bekenntnisschriften und Kirchenordnungen der nach Gottes Wort reformierten Kirche / Wilhelm NIESEL (Hrsg.). [1938] Nachdruck. Zürich : Theol. Buchhandlung, 1985

Reformierte Bekenntnisschriften : eine Auswahl von den Anfängen bis zur Gegenwart / hrsg. von Georg PLASGER ... Göttingen : Vandenhoeck und Ruprecht, 2005.

Reformierte Bekenntnisschriften / hrsg. ... von Heiner FAULENBACH ... Neukirchen-Vluyn : Neukirchener-Verlag, 2002–. – 3 Bde. bis 2007

The Digital Library of Classic Protestant Texts. – Elektronische Volltextdatenbank, Nationallizenz. – Umfangreiche Sammlung

Klassiker des Protestantismus. 8 Bde. Bremen : Schünemann, 1963–1967. – Nachdruck Wuppertal: Brockhaus, 1988. – CD-ROM: Berlin : Directmedia, 2005 (Digitale Bibliothek ; 127). – Sammlung von Grundlagentexten zur Geschichte des Protestantismus von den spätmittelalterlichen Wegbereitern der Reformation bis hin zum Protestantismus im 19. und 20. Jh.

Für die Katholische Reform ist CT (17.6.4) besonders wichtig, dazu noch:

Corpus catholicorum : Werke katholischer Schriftsteller im Zeitalter der Glaubensspaltung. Münster : Aschendorff, 1919–. – 2007 Bd. 46. – Abkürzung: CCath

Desiderius ERASMUS: *Opera omnia : recognita et adnotatione critica instructa notisque illustrata*. Amsterdam : Elsevier, 1969–. – 2003 35 Bde.

The Digital Library of the Catholic Reformation. – Elektronische Volltextdatenbank, Nationallizenz

17.6.6 Neuzeit, neuste Zeit

Zu amtlichen kirchlichen Verlautbarungen vgl. 17.6.7. Ausgaben bedeutender Theologen der Nachformationszeit waren bislang selten. Neuerdings sind aber einige Ausgaben von Theologen des 20. Jahrhunderts begonnen worden und zum Teil auch schon weit fortgeschritten. Das Werk Romano GUARDINIS ist in Neuausgabe unter dem Reihentitel »Guardini Werke« im Matthias-Grünewald-Verlag (Mainz, jetzt Ostfildern) weitgehend erschienen, jedoch ungezählt, daher als Werkausgabe nicht leicht auffindbar. Leider fehlt eine Gesamtausgabe von Hans Urs VON BALTHASAR. Für die Edition der Hauptwerke im »Johannes-Verlag Einsiedeln« in Freiburg i.Br. hat er im Prinzip selbst gesorgt; die wichtige Zusatzedition »Studienausgabe seiner frühen Schriften« reicht aber noch nicht aus, solange gewichtige Werke wie »Die Gottesfrage des heutigen Menschen« (1956) und viele Artikel, die den Weg des Theologen deutlicher machen würden, vergriffen oder nur schwer erreichbar sind. Eine Werkausgabe Joseph Ratzinger (Benedikt XVI.) ist in Planung.

Katholische Theologie:

Matthias J. SCHEEBEN: *Gesammelte Schriften* / Josef HÖFER (Hrsg.). 8 Bde. Freiburg : Herder, 1941–1967
Henri de LUBAC: *Œuvres complètes* / Georges CHANTRAINE (Hrsg.). Paris : Éd. du Cerf, 1998 –. – 13 Bde. bis 2006. – Eine italienische Gesamtausgabe *Opera omnia* / Elio GUERRIERO (Hrsg.). Mailand : Jaca books, 1978 –, ist auf 32 Bde. angelegt. 25 Bde. sind bis 2006 erschienen
Bernard J. F. LONERGAN: *Collected works*. Toronto : Univ. of Toronto Press, 1988 –. – 2007 sind 13 von über 20 Bdn. erschienen
Karl RAHNER: *Sämtliche Werke* / Karl LEHMANN ... (Hrsg.). Freiburg i.Br. : Herder, 1995 –. – 2008 sind ca. drei Viertel der 32 Bdn. erschienen. Übersicht unter: <http://www.ub.uni-freiburg.de/referate/04/rahner/rahnersw.htm>
Bernhard WELTE: *Gesammelte Schriften*. Freiburg i.Br. : Herder, 2006 –. – 15 Bde. geplant; 2008 liegen 10 Bde. vor
Walter KASPER: *Gesammelte Schriften*. Freiburg i.Br. : Herder, 2007 –. – 17 Bde. geplant; 2008 liegen 2 Bde. vor

Evangelische Theologie:

Friedrich Daniel Ernst SCHLEIERMACHER: *Kritische Gesamtausgabe* / Hans-Joachim BIRKNER (Hrsg.). Berlin : de Gruyter, 1984 –. – 22 Bde. erschienen

Karl BARTH: *Gesamtausgabe* / Hinrich STOEVESANDT (Hrsg.). Zürich : Theologischer Verlag, 1971–. – Derzeit über 30 Bde. – Unter den angekündigten Nationallizenzen findet sich 2008 auch *The Digital Karl Barth Library – Volltextausgabe der Werke, Schriften, Gespräche und Briefe des Theologen Karl Barth* (1886–1968).
Dietrich BONHOEFFER: *Werke* / Eberhard BETHGE (Hrsg.). 17 Bde. München : Kaiser, 1986–1999
Paul TILLICH: *Gesammelte Werke* / Renate ALBRECHT (Hrsg.). 14 Bde. Stuttgart : Evangelisches Verlagswerk, 1959–1990. – Derzeit 12 Ergänzungsbände 1971–2001

17.6.7 Kirchliche Verlautbarungen der Gegenwart

Hierzu sind die offiziellen Organe der jeweiligen kirchlichen Institutionen hinzuzuziehen: AAS, Amtsblätter der Diözesen, der EKD und der Landeskirchen.

Die Deutsche Bischofskonferenz gibt mehrere Schriftenreihen heraus: Hirtenschreiben und Erklärungen Deutscher Bischöfe, Verlautbarungen des Apostolischen Stuhls, Stimmen der Weltkirche, Texte des Vorsitzenden der Deutschen Bischofskonferenz, Arbeitshilfen und gemeinsamen (ökumenische) Erklärungen. Übersicht und Möglichkeit, die Texte selbst abzurufen unter: <http://dbk.de/>.

Verlautbarungen des Vatikans finden sich unter: <http://www.vatican.va/phome_ge.htm>. Dazu kommen die folgenden Buchausgaben:

Enchiridion Vaticanum. Bologna : Dehoniane, Bd. 1.[13]1985. – Nebst: Ergänzungenbänden *Documenti ufficiali della Santa Sede ...*, 22 Bde. bis 2006 und 3 Suppl.Bde. – Originalsprachl. Texte mit italien. Übers.
Nachkonziliare Dokumentation. Trier : Paulinus, 1967–1977. – Quellentexte mit Übers. und Kommentar. Der abschließende Bd. 58 ist ein Indexband.
Kompendium der Soziallehre der Kirche / PÄPSTLICHER RAT FÜR GERECHTIGKEIT UND FRIEDEN. Freiburg im Breisgau : Herder, [2]2006

Verlautbarungen der Evangelischen Kirche Deutschlands finden sich unter: <http://www.ekd.de/>. Vgl. noch die Sammlung:
Die Denkschriften der Evangelischen Kirche in Deutschland. Gütersloh : Mohn, 1978– (GTB Siebenstern ; 413–). – 4 Bde. mit Register 1998, je nach Auflagen in unterschiedl. Teilbänden. – Auch auf CD-ROM Hannover : Lutherisches Verlagshaus, 2005.

Zur den Verlautbarungen des Weltkirchenrats:

Pierre BEFFA: *Index to the World Council of Churches' official statements and reports :* *1948–1994.* Geneva : W.C.C., 1995

17.7 Handbücher und Hilfsmittel einzelner theologischer Fächer

Folgende Lehrbuchreihen zu allen theologischen Fächern werden im folgenden nur noch ausnahmsweise genannt:

AMATECA : *Lehrbücher der katholischen Theologie.* Paderborn : Bonifatius. – Erscheint in mehreren Sprachen
Grundkurs Theologie. Stuttgart : Kohlhammer, 1989– (Urban Taschenbücher). – Abkürzung: GKT
Grundlagen Theologie. Freiburg i.Br. : Herder, 2008–
Kohlhammer Studienbücher Theologie. Stuttgart : Kohlhammer, 1991–
Leitfaden Theologie. Düsseldorf : Patmos, 1981–. – Abkürzung: LeTh
Theologische Wissenschaft. Stuttgart : Kohlhammer, 1972–. – Abkürzung: ThW

17.7.1 Bibelwissenschaft

Die Quelleneditionen sind 17.6.1, Lexika 17.5.5, 17.5.27 (Fachbegriffe) genannt. Von den periodischen Bibliographien ist EBB (17.4.2) wichtig. Zu abgeschlossenen und Spezialbibliographien vgl. die Einleitungen. Die Zahl spezieller Fachzeitschriften ist groß (BZ, Biblica, ZAW, ZNW usw.). In Abstractform informieren OTA und NTAb. Das Vorhandensein digitaler Ausgaben ist in der Elektronischen Zeitschriftenbibliothek (EZB) zu ermitteln. In vollem Umfang unterrichten die *Einleitungen* über die vielen Hilfsmittel, Kommentarreihen (BK, HAT, ATD, HThKAT, KEK, ThHK, HThK, HNT, NTD [inzwischen auch als CD-ROM], RNT, EKK, Die neue Echter-Bibel, Ökumenischer Taschenkommentar zum NT, Kleiner Stuttgarter Kommentar ...). Vgl. bes.:

Otto KAISER: *Einleitung in das Alte Testament.* Gütersloh : Gütersloher Verlagshaus, [5]1984. – Nachdruck 2003
Georg FOHRER: *Einleitung in das Alte Testament* / Ernst SELLIN (Begr.). Heidelberg : Quelle und Meyer, [12]1979
Werner H. SCHMIDT: *Einführung in das Alte Testament.* Berlin : de Gruyter, [5]1995

Erich ZENGER: *Einleitung in das Alte Testament.* Stuttgart : Kohlhammer, [6]2006 (Kohlhammer-Studienbücher Theologie ; 1.1)

Otto EISSFELDT: *Einleitung in das Alte Testament : unter Einschluss d. Apokryphen u. Pseudepigraphen sowie d. apokryphen- und pseudepigraphenartigen Qumrān-Schriften; Entstehungsgeschichte des Alten Testaments.* Tübingen : Mohr, [4]1976

Hans-Christoph SCHMITT: *Arbeitsbuch zum Alten Textament : Grundzüge der Geschichte Israels und der alttestamentlichen Schriften.* Göttingen : Vandenhoeck und Ruprecht, 2005 (UTB ; 2146 M)

Jan Christian GERTZ (Hrsg.): *Grundinformation Altes Testament.* Göttingen : Vandenhoeck und Ruprecht, [2]2007 (UTB ; 2745)

Udo SCHNELLE: *Einleitung in das Neue Testament.* Göttingen : Vandenhoeck und Ruprecht, [5]2005 (UTB ; 1830)

Werner Georg KÜMMEL: *Einleitung in das Neue Testament.* Heidelberg : Quelle und Meyer, [21]1983

Hans-Martin SCHENKE ; Karl Martin FISCHER: *Einleitung in die Schriften des Neuen Testaments.* Gütersloh : Gütersloher Verlagshaus, 1978–79. – 2 Bde.

Josef SCHMID ; Alfred WIKENHAUSER: *Einleitung in das Neue Testament.* Freiburg i.Br. : Herder, [6]1973

Leonhard ROST: *Einleitung in die alttestamentlichen Apokryphen und Pseudepigraphen einschließlich der großen Qumran-Handschriften.* Heidelberg : Quelle und Meyer, [3]1985

Otto KAISER: *Die alttestamentlichen Apokryphen : Eine Einleitung in Grundzügen.* Gütersloh : Kaiser, Gütersloher Verl.-Haus, 2000

Wörterbücher siehe 17.5.28. – Die *Hilfsmittel* zum Studium des Bibeltextes in Buchform sind durch die elektronischen Medien zu ergänzen. Die klassischen Buchausgaben sind aber wegen der z. T. hochdifferenzierten Aufbereitung des Textmaterials weiterhin unverzichtbar.

Konkordanzen:

A new concordance of the Bible : Thesaurus of the language of the bible ; Hebrew and Aramaic ; roots, words, proper names, phrases amd synonyms / Avrāhām EVEN-ŠÔŠĀN. 2 Bde. Jerusalem : Qiryat-Sēfer, [2]1985, versch. Auflagen, zuletzt 2000

Edwin HATCH ; Adeney REDPATH: *A concordance to the Septuagint.* Grand Rapids, Mich. : Baker Books, [2]1998

Bonifatius FISCHER: *Novae concordantiae Bibliorum Sacrorum iuxta Vulgatam versionem critice editam.* Stuttgart : Fromann, 1977. – 5 Bde.

Vollständige Konkordanz zum griechischen Neuen Testament / Kurt ALAND ... (Hrsg.). 3 Bde. Berlin : de Gruyter, 1975–83

Alfred SCHMOLLER: *Handkonkordanz zum griechischen Neuen Testament* / Neu bearb. von Beate KÖSTER. 8. neubearb. Aufl., 5. rev. Druck. Stuttgart : Deutsche Bibelgesellschaft, 2002

17. Bücher- und Medienkunde zur Theologie

Franz J. SCHIERSE: *Neue Konkordanz zur Einheitsübersetzung der Bibel* / Winfried BADER (Bearb.). Düsseldorf : Patmos ; Darmstadt : Wiss. Buchgesellschaft, 1996

Synopsen:

Synopsis quattuor evangeliorum / Kurt ALAND (Hrsg.). Stuttgart : Deutsche Bibelgesellschaft, [15]1996

Vollständige Synopse der Evangelien : Nach dem Text der Einheitsübersetzung ; Mit wichtigen außerbiblischen Parallelen / Otto KNOCH (Hrsg.). Stuttgart : Katholisches Bibelwerk, [2]1989

Synopse zum Münchener Neuen Testament / Josef HAINZ (Hrsg.). Düsseldorf : Patmos, [2]1998. – Extrem nahe am griech. Urtext, vgl. oben 17.6.1

Sprachliche Hilfen, Grammatik:

Wilfrid HAUBECK ; Heinrich von SIEBENTHAL: *Neuer sprachlicher Schlüssel zum griechischen Neuen Testament.* Gießen : Brunnen-Verlag, [2]2007

Ernst G. HOFFMANN ; Heinrich von SIEBENTHAL: *Griechische Grammatik zum Neuen Testament.* Riehen/Schweiz : Immanuel-Verlag, [2]1990

Zur Geschichte Israels in biblischer Zeit und zur neutestamentlichen Zeitgeschichte vgl.:

Martin NOTH: *Geschichte Israels.* Göttingen : Vandenhoeck und Ruprecht, [10]1986

Herbert DONNER: *Geschichte des Volkes Israel und seiner Nachbarn in Grundzügen.* Göttingen : Vandenhoeck und Ruprecht, 1987 (GAT ; 4)

Martin METZGER: *Grundriß der Geschichte Israels.* Neukirchen : Neukirchener Verl., [11]2004

Bernd KOLLMANN: *Einführung in die neutestamentliche Zeitgeschichte.* Darmstadt : Wiss. Buchgesellschaft, 2006

Bo REICKE: *Neutestamentliche Zeitgeschichte.* Berlin : de Gruyter, [3]1982

Aus dem reichhaltigen Angebot der *Theologien des Alten* und *Neuen Testaments* können im folgenden nur einige repräsentative Gesamtdarstellungen sowie Schriften zur Methodologie und Geschichte alt- und neutestamentlicher *Theologie* genannt werden:

Brevard S. CHILDS: *Die Theologie der einen Bibel.* 2 Bde. Freiburg i.Br. : Herder, 1994 – 1996. – Sonderausgabe 2003

John H. HAYES ; Frederick C. PRUSSNER: *Old Testament theology : Its history and development.* Atlanta : Knox, 1985

Hans-Joachim KRAUS: *Die Biblische Theologie.* Neukirchen : Neukirchener Verlag, [2]1974

Walter EICHRODT: *Theologie des Alten Testaments.* Göttingen : Vandenhoeck und Ruprecht ; Stuttgart : Klotz, Bd. 1: [8]1968, Bd. 2: [6]1967, Bd. 3: [5]1964 (und Nachdrucke)

Gerhard VON RAD: *Theologie des Alten Testaments.* München : Kaiser, [10]1992/93 (Kaiser

Tb. 2 und 3). – Zu ergänzen durch DERS.: *Weisheit in Israel*. Neukirchen : Neukirchener Verl., ³1985 bzw. Gütersloh : Mohn, 1992 (Gütersloher Taschenbücher ; 1437)
Werner H. SCHMIDT: *Alttestamentlicher Glaube*. Neukirchen : Neukirchener Verlag, ¹⁰2007
Horst Dietrich PREUSS: *Theologie des Alten Testaments*. 2 Bde. Stuttgart : Kohlhammer, 1991–1992
Rudolf BULTMANN: *Theologie des Neuen Testaments* / Otto MERK (Hrsg.). Tübingen : Mohr, ⁹1984 (UTB ; 630)
Leonhard GOPPELT: *Theologie des Neuen Testaments* / Jürgen ROLOFF (Hrsg.). Nachdruck der 3. Aufl. Göttingen : Vandenhoeck und Ruprecht, 1991 (UTB ; 850)
Hans CONZELMANN: *Grundriß der Theologie des Neuen Testaments* / Andreas LINDEMANN (Bearb.). München : Kaiser, ⁶1997 (UTB ; 1446)
Hans HÜBNER: *Biblische Theologie des Neuen Testaments*. 3 Bde. Göttingen : Vandenhoeck und Ruprecht, 1990 –1995
Joachim GNILKA: *Theologie des Neuen Testaments*. Neuausgabe. Freiburg i. Br. : Herder, 2004 (Wie das Christentum entstand / J. GNILKA ; 3)

Zur *Kulturgeschichte* sowie zur *Geschichte* der patristischen und mittelalterlichen Exegese:

Neues Testament und antike Kultur / Hrsg. von Kurt ERLEMANN ; Karl-Leo NOETHLICHS ; Klaus SCHERBERICH ; Jürgen ZANGENBERG. 4 Bde. Neukirchen-Vluyn : Neukirchener Verlag, 2004 –2006
Novum Testamentum Patristicum / Tobias NIKLAS ; Andreas MERKT (Hrsg.). Göttingen : Vandenhoeck und Ruprecht, 2007–
Henri DE LUBAC: *Exégèse médiévale: les quatre sens de l'écriture*. 4 Bde. Paris : Aubier, 1959 –1991. – Nachdruck Paris : Cerf, 1993. – Engl. DERS.: *Medieval exegesis*. 2 Bde. Grand Rapids, Mich. : Eerdmans [u. a.], 1998 –2002. – Deutsche Teilausgabe: DERS.: *Typologie, Allegorie, geistiger Sinn : Studien zur Geschichte der christlichen Schriftauslegung* / Aus dem Französ. übertr. und eingel. von Rudolf VODERHOLZER. Freiburg i. Br. : Johannes-Verlag, 1999 (Theologia Romanica ; 23)

Zur *Geschichte* der historisch-kritischen Exegese:

Hans-Joachim KRAUS: *Geschichte der historisch-kritischen Erforschung des Alten Testaments*. Neukirchen : Neukirchener Verlag, ³1982, Nachdruck 1988
Werner Georg KÜMMEL: *Das Neue Testament : Geschichte der Erforschung seiner Probleme*. Freiburg i.Br. : Alber, ²1970 (Orbis academicus ; 3,3)

Zur *Methodenlehre* gibt es in diesem Fach eine sehr umfangreiche und qualifizierte Literatur. Beispiele:

Uwe BECKER: *Exegese des Alten Testaments : Ein Methoden- und Arbeitsbuch*. Tübingen : Mohr Siebeck, 2005 (UTB ; 2664)
Exegese des Alten Testaments : Einführung in die Methodik / Georg FOHRER u. a. Heidelberg : Quelle und Meyer, ⁶1993 (UTB ; 267)

Odil Hannes STECK: *Exegese des Alten Testaments : ein Arbeitsbuch für Proseminare, Seminare und Vorlesungen. Leitfaden der Methodik.* Neukirchen : Neukirchener Verlag, ¹⁴1999

Heinrich ZIMMERMANN: *Neutestamentliche Methodenlehre : Darstellung der historisch-kritischen Methode* / Klaus KLIESCH (Hrsg.). Stuttgart : Katholisches Bibelwerk, ⁷1982

Hans CONZELMANN ; Andreas LINDEMANN: *Arbeitsbuch zum Neuen Testament.* Tübingen : Mohr, ¹⁴2004 (UTB ; 52)

Jürgen ROLOFF: *Neues Testament.* Neukirchen : Neukirchener Verlag, ⁷1999

Klaus BERGER: *Exegese des Neuen Testaments : Vom Text zur Auslegung.* Heidelberg : Quelle und Meyer, ³1991

Thomas SÖDING ; Christian MÜNCH: *Kleine Methodenlehre zum Neuen Testament.* Freiburg i.Br. : Herder, 2005

17.7.2 Kirchengeschichte (allgemein)

Von den laufenden theologischen Fachbibliographien ist zur gesamten Kirchengeschichte bes. diejenige der RHE (17.4.2) heranzuziehen. Eine umfassende bibliographische Einführung bietet HKG(J) I; ausgesprochen umfangreiche Bibliographien enthalten die Faszikel von KIG. Zu Quelleneditionen vgl. 17.6.2ff. Lexika siehe 17.5.6, aber auch passim in den anderen Abschnitten von 17.5. Zur Bewertung der (älteren) Handbücher die Übersicht in *Concilium* 6 (1970), S. 508–516. Die folgende Gliederung trennt nach Epochen; Literatur zur Papst-, Konzilien-, Ordensgeschichte usw. entnehme man den Handbüchern. Die Missionsgeschichte ist in 17.7.16 eigens angeführt ebenso wie die Geschichte der ökumenischen Bewegung 17.7.8.

Die Geschichte des Christentums : Religion, Politik, Kultur / Jean-Marie MAYEUR (Hrsg.) ; Norbert BROX ... (Hrsg. d. dt. Ausg.). 14 Bde. Freiburg i.Br. : Herder, 1991–2004. – Sonderausgaben der Teile Altertum 2005, Mittelalter 2007 in je 3 Bdn.

Handbuch der Kirchengeschichte / Hubert JEDIN (Hrsg.). 6 Bde. in 10 Teilbdn. Freiburg i.Br. : Herder, 1962–1975. – Paperback-Ausgabe ebd. 1985. – Dazu ergänzend: *Complimenti alla storia della chiesa.* Milano : Jaca Books, 1984–. – Elektronische Ausgabe: Berlin : Directmedia, 2000 (Digitale Bibliothek ; 35). – Abkürzung: HKG(J)

Histoire de l'Église depuis les origines jusqu'à nos jours / Augustin FLICHE ; Victor MARTIN (Hrsg.). 21 Bde. Paris : Bloud et Gay, 1945–1964. – Italienische Fortsetzung in: *Storia della chiesa* / iniziata da Augustin FLICHE ... Dir. da Jean-Baptiste DUROSELLE. Milano : Ed. Paoline, 1958–1994

Die Kirche in ihrer Geschichte / Kurt D. SCHMIDT ... (Hrsg.). Göttingen : Vandenhoeck und Ruprecht, 1961–. – Bibliographisch sehr ergiebig. Erscheint in Einzelfaszikeln. – Abkürzung: KIG

Kurt D. SCHMIDT: *Grundriß der Kirchengeschichte*. Göttingen : Vandenhoeck und Ruprecht, ⁹1990. – Beiheft: DERS.; Gerhard RUHBACH: *Chronologische Tabellen zur Kirchengeschichte* / Horst RELLER (Bearb.). Göttingen : Vandenhoeck und Ruprecht, ⁵1986

Sozialgeschichte des Christentums / Hrsg. Denis R. JANZ ... Gütersloh : Gütersloher Verlagshaus 2007–

Es gibt verschiedene *Quellenanthologien* für das Studium der Kirchengeschichte. Neben den größeren Editionen, die z. T. in 17.6.2 genannt sind, vgl.:

Kirchen- und Theologiegeschichte in Quellen : Ein Arbeitsbuch / Heiko Augustinus OBER-MAN ... (Hrsg.). 4 Bde. in 5 Teilbdn. Neukirchen : Neukirchener Verl., 1977–1980

Conrad KIRCH ; Leo UEDING (Hrsg.): *Enchiridion fontium historiae ecclesiasticae antiquae.* Freiburg i.Br. : Herder, ⁹1965

Carlo SILVA-TAROUCA: *Fontes historiae ecclesiasticae medii aevi I : saec. V–IX.* Roma, 1930

Quellen zur Geschichte des Papsttums und des Römischen Katholizismus / Carl MIRBT (Begr.) ; Kurt ALAND (Hrsg.). Tübingen : Mohr, ⁶1967

Die *methodisch einführende Literatur* ist im Bereich der allgemeinen Geschichtswissenschaft breit gestreut, in der Kirchengeschichte spezifisch eher rar, vgl.:

Egon BOSHOF ; Kurt DÜWELL ; Hans KLOFT: *Grundlagen des Studiums der Geschichte.* Köln : Böhlau, ⁵1997

Joseph OVERATH: *Einführung in das Studium der mittleren und neueren Kirchengeschichte.* Frankfurt a. M. : Lang, 1979

Christoph MARKSCHIES: *Arbeitsbuch Kirchengeschichte.* Tübingen : Mohr, 1995 (UTB ; 1857)

Hilfsmittel:

Wolfgang TRAPP: *Kleines Handbuch der Maße, Zahlen, Gewichte und der Zeitrechnung.* Stuttgart : Reclam, ⁴2001 (RUB ; 8737)

Peter-Johannes SCHULER: *Historisches Abkürzungslexikon.* Stuttgart : Steiner, 2007 (Historische Grundwissenschaften in Einzeldarstellungen ; 4)

17.7.3 Alte Kirche, Patrologie, Christliche Archäologie und Kunstgeschichte

Vgl. hierzu den vorigen Abschnitt, soweit er sich auch auf die Alte Kirche bezieht, dort die Quellenanthologie von KIRCH-UE-DING, die Quelleneditionen 17.6.2ff. Laufende Bibliographien 17.4.2: RHE, BPatr, AnPh, BThAM, aber auch ggf. zu einzelnen

Autoren der Väterzeit EBB (17.4.2), RBP (17.4.3) usw. Von den Lexika 17.5.6 bes. RAC, DHGE, DACL, LACL, aus 17.5.15 DSp. Zur Einführung auch die beiden Bändchen von H. Frhr. von CAMPENHAUSEN (17.3.2). Sprachliche Hilfsmittel siehe 17.5.28. An Handbüchern vgl. neben HKG(J) I-II/2: KIG I:

Karl Suso FRANK ; Elisabeth GRÜNBECK: *Lehrbuch der Geschichte der Alten Kirche.* Paderborn : Schöningh, ³2002
Karl Suso FRANK: *Grundzüge der Geschichte der Alten Kirche.* Darmstadt : Wiss. Buchgesellschaft, ³1993 (Grundzüge ; 55)
Carl ANDRESEN: *Die Kirchen der alten Christenheit.* Stuttgart : Kohlhammer, 1971 (RM ; 29,1/2)
Heinrich KRAFT: *Einführung in die Patrologie.* Darmstadt : Wiss. Buchgesellschaft, 1991
Berthold ALTANER ; Alfred STUIBER: *Patrologie.* Freiburg i.Br. : Herder, ⁹1981. – Als Neubearbeitung gilt das *Lexikon der antiken christlichen Literatur* (vgl. 17.5.6)
Hubertus R. DROBNER: *Lehrbuch der Patrologie.* Frankfurt : Lang, ²2004
Hans-G. BECK: *Kirche und theologische Literatur im byzantinischen Reich.* München : Beck, ²1977 (HAW ; Abt. 12, Teil 2, Bd.1)
Handbuch der antiken christlichen Literatur / Claudio MORESCHINI ; Enrico NORELLI. Gütersloh : Gütersloher Verlagshaus, 2007

Verzeichnisse der Schriften und Ausgaben der Kirchenväter sind:

Eligius DEKKERS ; Aemilius GAAR: *Clavis patrum latinorum.* Steenbrugge, ³1995
Maurits GEERARD: *Clavis patrum graecorum.* 6 Bde. Turnhout : Brepols, 1974–98 und Nachauflagen (CChr.SG)
Hermann J. FREDE: *Kirchenschriftsteller : Verzeichnis und Sigel.* / Roger GRYSON (Bearb.). Freiburg i.Br. : Herder, 2 Bde. ⁵2007 (Vetus latina ; I/1).

Zur *Christlichen Archäologie und Kunstgeschichte* vgl. zusätzlich die Enzyklopädien und Lexika in 17.5.24: LCI, RDK, RBK, 17.5.11: LIMC. An handbuchartigen Einführungen und Darstellungen neben dem bibliographisch ergiebigen Faszikel von KIG B1 (C. ANDRESEN):

Friedrich W. DEICHMANN: *Einführung in die christliche Archäologie.* Darmstadt : Wiss. Buchgesellschaft, 1983
Beat BRENK: *Spätantike und frühes Christentum.* Frankfurt a. M. : Propyläen, 1977 (Propyläen-Kunstgeschichte ; Suppl.bd. 1). – Nachdruck 1985

Als Repertorium auch der kirchlichen Baudenkmäler vgl. die Reihe:

Denkmaltopographie Bundesrepublik Deutschland. Braunschweig : Vieweg [und in weiteren Verlagen]

Zur Bildrecherche umfassend:

Angela KARASCH: *Architektur- und Kunstgeschichte : Bildrecherche. Abbildungssammlungen und Bilddatenbanken im Überblick.* Freiburg i.Br. : UB, 2001, aktualisiert 2006. – Auch elektronisch: <http://www.freidok.uni-freiburg.de/volltexte/119/> [jeweils in der aktuellen Fassung]

17.7.4 Mittelalterliche Kirchen- und Theologiegeschichte

Die in 17.7.2 genannten Werke zur allgemeinen Kirchengeschichte sind wieder heranzuziehen. Dabei ist HKG(J) III als Darstellung, KIG E-H (Bd. 2) als bibliographische Einführung bes. wichtig. Sprachliche Hilfsmittel siehe 17.5.28. An laufenden Bibliographien vgl. 17.4.2/17.4.3: RHE, IMB, BThAM, RBP, an Lexika 17.5.6: DHGE, 17.5.20: *Clavis mediaevalis* und *Lexikon des Mittelalters.* Zu den Quellen vgl. auch die Angaben in 17.6.2

Als *Einführung* in das Denken der Hochscholastik kann das in Anm. 144 genannte Werke von M.-D. CHENU dienen. Für die Frühscholastik:

Artur Michael LANDGRAF: *Einführung in die Geschichte der theologischen Literatur der Frühscholastik.* Regensburg : Gregorius, 1948. = *Introduction à l'histoire de la littérature théologique de la scolastique naissante* / Albert-M. LANDRY (Bearb.). Paris : Vrin, 1973

Einführend in die allgemeine Geschichte bzw. die historische Methodologie:

Gerd TELLENBACH: *Die westliche Kirche vom 10. bis zum frühen 12. Jahrhundert.* Göttingen : Vandenhoeck und Ruprecht, 1988 (KIG ; F 1, Bd. 2)

Richard W. SOUTHERN: *Kirche und Gesellschaft im Abendland des Mittelalters.* Berlin : de Gruyter, 1976

Arnold ANGENENDT: *Das Frühmittelalter : Die abendländische Christenheit von 400 bis 900.* Stuttgart : Kohlhammer, [3]2001

Heinz QUIRIN: *Einführung in das Studium der mittelalterlichen Geschichte.* Stuttgart : Steiner, [5]1991

Als übergreifende Darstellungen der Geistesgeschichte vgl. neben GILSONs Philosophiegeschichte (17.7.18) besonders das 17.8 genannte Werk von GRABMANN. Ferner für die Frühscholastik:

Artur Michael LANDGRAF: *Dogmengeschichte der Frühscholastik.* 4 Bde. in 8 Teilen. Regensburg : Pustet, 1952–1956

17.7.5 Reformation und Katholische Reform

Als abgeschlossene Bibliographie vgl. Karl SCHOTTENLOHER: *Bibliographie zur deutschen Geschichte im Zeitalter der Glaubensspaltung.* 7 Bde. Stuttgart : Hiersemann, 1955–1966 [teilw. 2. Aufl.]; *Bibliographie de la Réforme 1450–1648.* 8 Faszikel. Leiden : Brill, 1958–1982. – Als laufende Verzeichnung das *Archiv für Reformationsgeschichte* mit dem Beiheft *Literaturbericht.* 1972–. Die wesentlichen Hilfsmittel nennt HKG(J) IV, S. XVIIff. – Ferner neben der *Geschichte der Christentums,* Bd. 7 (17.7.2). Umfangreiche Quellensammlungen sind 17.6.5 genannt.

Joseph LORTZ: *Die Reformation in Deutschland.* 2. Nachdr. d. unveränd. Neuausg. Freiburg i.Br. : Herder, 1982. – Standardwerk der kath. Forschung. In dieser Ausg. mit Nachw. von P. MANNS

Robert STUPPERICH: *Die Reformation in Deutschland.* Gütersloh : Gütersloher Verlagshaus, ³1988 (GTB Siebenstern ; 1401)

Bernd MOELLER: *Deutschland im Zeitalter der Reformation.* Göttingen : Vandenhoeck und Ruprecht, ³1988 (Deutsche Geschichte ; 4)

Harm KLUETING: *Das Konfessionelle Zeitalter : Europa zwischen Mittelalter und Moderne ; Kirchengeschichte und Allgemeine Geschichte.* Darmstadt : Wissenschaftl. Buchges., 2007

Daneben sind vor allem auch weitere »profangeschichtlichen« Darstellungen heranzuziehen, z. B. im *Handbuch der deutschen Geschichte* von GEBHARDT, dem *Grundriß der Geschichte* im Oldenbourg-Verlag, der *Propyläen Geschichte Deutschlands* oder in dem von Th. SCHIEDER hrsg. *Handbuch der europäischen Geschichte.* – Ferner:

Hubert JEDIN: *Die Geschichte des Konzils von Trient.* 4 Bde. in 5 Teilen. Freiburg i.Br. : Herder, 1949–1975

17.7.6 Fundamentaltheologie

Die bibliographischen Hilfsmittel sind für die systematisch-theologischen Fächer weitgehend identisch, vgl. 17.4.2/17.4.3: EThL, *ATLA religion database, Index theologicus, Repertoire bibliographique de la philosophie* und bedarfsweise die Spezialbibliographien zu Bibel, Patristik usw. Neben den allgemein-theologischen

Lexika vgl. insbes. 17.5.10–17.5.12 und 17.5.18. Quellennantheo-
logien zur systematischen Theologie vgl. 17.7.7 (bes. DH, TzT). Es
liegen mehrere Handbücher vor, die sehr unterschiedliche Konzeptionen vertreten (A. KOLPING, P. KNAUER, H. WALDENFELS, H.
FRIES, F. N. FIORENZA, K. H. NEUFELD; evangelischerseits – wo
die Fragestellung früher nicht unter diesem Titel abgehandelt
wurde – W. JOEST). Im folgenden seien das repräsentative Gemein-
schaftswerk der deutschsprachigen Fundamentaltheologen und die
jüngsten systematischen Konzeptionen einzelner Autoren genannt:

Walter KERN ... (Hrsg.): *Handbuch der Fundamentaltheologie.* 4 Bde. Tübingen : Francke,
²2000 (UTB ; 8170–8173)
Hansjürgen VERWEYEN: *Gottes letztes Wort : Grundriß der Fundamentaltheologie.*
Regensburg : Pustet, ⁴2002. – Vgl. noch: Hansjürgen VERWEYEN: *Philosophie und Theo-
logie : vom Mythos zum Logos zum Mythos.* Darmstadt : Wissenschaftliche Buchges.,
2005
Jürgen WERBICK: *Den Glauben verantworten : eine Fundamentaltheologie.* Freiburg i.Br. :
Herder, ³2005.

Evangelische Theologie:

Kurt HÜBNER: *Glaube und Denken : Dimensionen der Wirklichkeit.* Tübingen : Mohr Sie-
beck, 2001
Gunther WENZ: *Religion : Aspekte ihres Begriffs und ihrer Theorie in der Neuzeit.* – DERS.:
Offenbarung : Problemhorizonte moderner evangelischer Theologie.– DERS.: *Kirche : Per-
spektiven reformatorischer Ekklesiologie in ökumenischer Absicht.* Göttingen : Vanden-
hoeck und Ruprecht, 2005 (Studium Systematische Theologie ; 1–3)
Wolfhart PANNENBERG: *Philosophie, Religion, Offenbarung.* Göttingen : Vandenhoeck und
Ruprecht, 1999 (Beiträge zur systematischen Theologie / PANNENBERG, Wolfhart ; 1)
Traugott JÄHNICHEN ; André WITTE-KARP: *Religion und Offenbarung : ein Studienbuch zur
Einführung in die systematische Theologie.* Waltrop : Spenner, ²2007 (Modul-Studien-
bücher Evangelische Theologie ; 1)

17.7.7 Dogmatik und Dogmengeschichte

Bibliographien wie 17.7.6; zur speziellen Dogmatik davon bes.
EThL, IxTheo; Lexika wie 17.7.6.

Eine größere Zahl von Einzeltraktaten liegt in monographi-
schen Bearbeitungen vor (von A. GANOCZY, G. GRESHAKE, D.
HATTRUP, W. KASPER, M. KEHL, K.-H. MENKE, O. H. PESCH, J.
RATZINGER [BENEDIKT XVI.], K.-H. RUHSTORFER, Th. SCHNEI-

DER, H. VORGRIMLER, S. WIEDENHOFER u. a.). An jüngeren Gesamtdarstellungen liegen die Dogmatiken von M. SCHMAUS, J.
AUER/J. RATZINGER, L. SCHEFFCZYK/A. ZIEGENAUS, H. WAGNER
und die *Neue Summe Theologie* aus dem Französischen vor.

Im Folgenden sei das repräsentative, aber inzwischen schon etwas ältere MySal neben neueren katholischen Dogmatiken genannt:

Mysterium salutis : Grundriß heilsgeschichtlicher Dogmatik / Johannes FEINER ; Magnus
LÖHRER (Hrsg.). Einsiedeln ; Zürich : Benziger, 1965 – 81. – 5 Bde. in 7 Teilen und Ergänzungs-
bd. – Abkürzung: MySal
Handbuch der Dogmatik / Theodor SCHNEIDER (Hrsg.): 2 Bde. Düsseldorf : Patmos, 1992
Glaubenszugänge / Wolfgang BEINERT (Hrsg.). 3 Bde. Paderborn : Schöningh, 1995

Als einbändiges Repertorium ist zum Verständnis der vorkon-
ziliaren Theologie (und damit der neuzeitlichen Schultheologie)
immer noch wichtig:

Ludwig OTT: *Grundriß der katholischen Dogmatik.* Freiburg i.Br. : Herder, 1952. – [10]1981. –
11., Aufl., mit Literaturnachtr. Bonn : Verlag Nova und Vetera, 2005

Das Werk ist beim Originalverlag durch folgendes Lehrbuch ersetzt:

Gerhard Ludwig MÜLLER: *Katholische Dogmatik : für Studium und Praxis der Theologie.*
Freiburg i.Br. : Herder, [6]2005

Quellenanthologien:

Heinrich DENZINGER: *Kompendium der Glaubensbekenntnisse und kirchlichen Lehrent-
scheidungen = Enchiridion symbolorum, defitionum et declarationum de rebus fidei et
morum* / Peter HÜNERMANN (Hrsg.). Freiburg i.Br. : Herder, [41]2007. – Das Werk ist gegenüber
der Bearbeitung von Adolf Schönmetzer (DS) seit der 37. Auflage zweisprachig angelegt,
erweitert und fortgeführt; die Numerierung ist für die in beiden Ausgaben enthaltenen
Texte identisch. – Eine frühere Auflage erschien auch als CD-ROM: Freiburg i.Br. : Herder,
1997, eine CD-ROM der 41. Auflage ist für 2008 angekündigt. – Abkürzung: DH
Texte zur Theologie : TzT. 22 Bde. Graz: Styria, 1989 – 99. – Fach- bzw. traktatweise erschienen.

Zur Methodenlehre und Einführung:

Johanna RAHNER: *Einführung in die katholische Dogmatik.* Darmstadt : Wiss. Buchgesellschaft, 2008
Klaus VON STOSCH: *Einführung in die Systematische Theologie.* Paderborn : Schöningh,
2006 (UTB ; 2819)
Wolfgang BEINERT: *Dogmatik studieren.* Regensburg : Pustet, 1985

Auch in der *evangelischen Dogmatik* gibt es eine große Anzahl von Einzeldarstellungen (von E. JÜNGEL, J. MOLTMANN, W. PANNENBERG, G. SAUTER u. a.). Es ist hier aber schwer, repräsentative Handbücher zu nennen: die konfessionellen Traditionen der lutherischen bzw. reformierten Kirchen kommen in den älteren Werken von W. ELERT (⁶1988) und O. WEBER vielleicht am klarsten zum Ausdruck. Von größter Bedeutung für die protestantische Theologie des 20. Jhs. sind die Dogmatiken von K. BARTH, E. BRUNNER, P. TILLICH, dazu kommen die späteren Arbeiten von G. EBELING, H. GRASS, W. JOEST, H. THIELICKE, W. TRILLHAAS u. a. Als umfangreiche Gemeinschaftsarbeit bzw. als neuste Lehr- und Arbeitsbücher vgl.:

> *Handbuch systematischer Theologie* / Carl H. RATSCHOW (Hrsg.). Gütersloh : Gütersloher Verl., 1979 –
> Wolfhart PANNENBERG: *Systematische Theologie*. 3 Bde. Göttingen : Vandenhoeck und Ruprecht, 1988–1993
> Hans-Martin BARTH: *Dogmatik : evangelischer Glaube im Kontext der Weltreligionen ; ein Lehrbuch*. Gütersloh : Kaiser, Gütersloher Verl.-Haus, ³2008
> Wilfried HÄRLE: *Dogmatik*. Berlin : de Gruyter, ³2007

Quellensammlungen zur kirchlichen Lehrtradition (zu den Bekenntnisschriften vgl. 17.6.5, zur gemeinsamen altkirchlichen Lehrtradition auch DH, siehe oben) und zur systematischen Theologie:

> Heinrich SCHMID: *Die Dogmatik der evangelisch-lutherischen Kirche : dargest. und aus den Quellen belegt* / Horst G. PÖHLMANN (Bearb.). Gütersloh : Gütersloher Verlagshaus, ¹²1998
> Emanuel HIRSCH: *Hilfsbuch zum Studium der Dogmatik*. Nachdr. der 4. Aufl. Berlin : de Gruyter, 1974
> Heinrich HEPPE: *Die Dogmatik der evangelisch-reformierten Kirche* / Ernst BIZER (Hrsg.). Neukirchen : Neuk. Verl., ²1958.
> Richard H. GRÜTZMACHER ; Gerhard G. MURAS (Hrsg.): *Textbuch zur deutschen systematischen Theologie und ihrer Geschichte vom 16. bis 20. Jahrhundert*. 2 Bde. Bern : Haupt ; Tübingen : Katzmann, 1961 (Bd. 1 in 4. Aufl.)

Zur Methodologie:

> Gerhard SAUTER ; Alex STOCK: *Arbeitsweisen systematischer Theologie*. München : Kaiser ; Mainz : Grünewald, ²1982 (Studium Theologie ; 2)

Zur ostkirchlichen Dogmatik:

Dumitru STANILOAE: *Orthodoxe Dogmatik.* 3 Bde. Zürich : Benziger ; Gütersloh : Gütersloher Verl., 1985–1995

Sergej N. BULGAKOV: *Die Orthodoxie : Die Lehre der orthodoxen Kirche* / Thomas BREMER (Einltg.). Trier : Paulinus, 1996 (Sophia ; 29)

Hilarion ALFEJEV: *Geheimnis des Glaubens : Einführung in die orthodoxe dogmatische Theologie.* Freiburg, Schweiz : Universitätsverl., 2003 (FZPhTh : Ökumenische Beihefte ; 43)

Zur lehramtlichen Tradition der Ostkirche:

Johannes KARMIRIS ; Endre VON IVÁNKA: *Repertorium der Symbole und Bekenntnisschriften der griechisch-orthodoxen Kirche in lateinischen ... Übersetzungen.* Düsseldorf : Patmos, 1969. – verhilft zur Auffindung derselben, keine Textausgabe, auch enthalten in HOK[1], S. 688–722

Zur *Dogmengeschichte* sind immer noch die klassischen Werke der protestantischen liberalen Theologie der Jahrhundertwende wichtig:

Adolf VON HARNACK: *Lehrbuch der Dogmengeschichte.* [41909] Nachdruck. 3 Bde. Darmstadt : Wiss. Buchges., 1983

Adolf VON HARNACK: *Dogmengeschichte.* 8. Aufl. Tübingen : Mohr, 1991 (UTB ; 1641)

Reinhold SEEBERG: *Lehrbuch der Dogmengeschichte.* 4. Aufl. Sonderaufl. 4 Bde. in 5 Bdn. Darmstadt : Wiss. Buchges., 1953–1954

Neben dem katholischen, nach Traktaten geordneten *Handbuch der Dogmengeschichte* und der monumentalen Dogmengeschichte der Christologie von Alois GRILLMEIER seien noch drei weitere Werke genannt. Der Übergang zur Theologiegeschichte (vgl. 17.8) ist nicht immer eindeutig.

Handbuch der Dogmengeschichte / Michael SCHMAUS ... (Hrsg.). Freiburg i.Br. : Herder, 1951–. – Abkürzung: HDG

Alois GRILLMEIER; [ab Bd. 2,2 u. Mitarb. v.:] Theresia HAINTALER: *Jesus der Christus im Glauben der Kirche.* 2 Bde. in 5 Teilbdn. Freiburg i.Br. : Herder, 1979–2002. – Sonderausgabe 2004

Alfred ADAM: *Lehrbuch der Dogmengeschichte.* Gütersloh : Gütersl. Verlagshaus, 61992

Handbuch der Dogmen- und Theologiegeschichte / Carl ANDRESEN (Hrsg.). 3 Bde. Göttingen : Vandenhoeck und Ruprecht, 1980–1984. – Sonderausgabe 1998 (UTB ; 8160–8162)

Karlmann BEYSCHLAG: *Grundriß der Dogmengeschichte.* Darmstadt : Wiss. Buchgesellschaft, 1982–2000 (Grundrisse ; 2 und 3,1/3,2)

Wolf-Dieter HAUSCHILD: *Lehrbuch der Kirchen- und Dogmengeschichte.* 3 Bde. Gütersloh : Gütersloher Verlagshaus, 22000–2001

17.7.8 Ökumenische Theologie, Konfessionskunde

Die ökumenische Dimension muss in jeder christlichen Theologie präsent sein. Die Konfessionskunde bietet hierzu als »Hilfswissenschaft« Informationen über Theologie und Selbstverständnis der christlichen Kirchen und Gemeinschaften. Ein zweiter Schwerpunkt sind Fragen zwischenkirchlicher Art: Zusammenarbeit, Einigungsmöglichkeiten usw. Es gibt spezielle Zeitschriften für ökumenische Fragen *(Catholica, Una Sancta,* ÖR, JES usw.). Wegen des besonderen Verhältnisses zum Judentum ist dieses hier ebenfalls genannt. Lexikalische Werke finden sich 17.5.10 und 17.5.9 (Judentum). Die Literatur kann man folgenden Handbüchern entnehmen:

Konrad ALGERMISSEN: *Konfessionskunde* / Heinrich FRIES (Bearb.). Paderborn : Bonifacius, ⁸1969

Handbuch der Ökumenik / Hans Jörg URBAN ; Harald WAGNER (Hrsg.). 3 Bde. Paderborn : Bonifatius, 1985–1987

Friedrich HEYER: *Konfessionskunde.* Berlin : de Gruyter, 1977

Die Kirchen der Welt / Hans H. HARMS (Hrsg.). Stuttgart : Evang. Verlagswerk, 1959–1988. – 20 Bde. mit Selbstdarstellungen christlicher Kirchen und 5 Bde. der Serie B

Handbuch der Ostkirchenkunde / Wilhelm NYSSEN ... (Hrsg.). Neu erarb. Ausg. 3 Bde. Düsseldorf : Patmos, 1984–1997. – Abkürzung: HOK²

Handbuch religiöse Gemeinschaften und Weltanschauungen / Hans KRECH u. a. (Hrsg.). Gütersloh : Gütersloher Verlagshaus, ⁶2006

Kirchen, Sekten, Religionen : religiöse Gemeinschaften, weltanschauliche Gruppierungen und Psycho-Organisationen im deutschen Sprachraum ; ein Handbuch / begr. von Oswald EGGENBERGER ; hrsg. von Georg SCHMID. Zürich : Theol. Verl., ⁷2003

Kurt HUTTEN: *Seher, Grübler, Enthusiasten : das Buch der traditionellen Sekten und religiöse Sonderbewegungen.* Stuttgart : Quell, ¹⁵1997. – Populär, aber informativ

Zur *Geschichte der ökumenischen Bewegung* vgl.:

Ruth ROUSE ; Stephen Ch. NEILL: *Geschichte der ökumenischen Bewegung : 1517–1948.* 2. Aufl. 2 Bde. Göttingen : Vandenhoeck und Ruprecht, 1963–1973. – Dazu als Bd. 3:

Harold FEY: *Geschichte der ökumenischen Bewegung : 1948–1968.* Göttingen : Vandenhoeck und Ruprecht, 1974 (Theologie der Ökumene ; 13)

Jörg ERNESTI: *Kleine Geschichte der Ökumene.* Freiburg i.Br. : Herder, 2007

Quellensammlungen zur innerchristlichen Ökumene und zum Verhältnis zum Judentum:

315

*Dokumente wachsender Übereinstimmung : sämtliche Berichte und Konsenstexte inter-
konfessioneller Gespräche auf Weltebene 1931–1982* / Harding Meyer ... (Hrsg.).
Paderborn : Bonifatius ; Frankfurt a. M. : Lembeck, 1983. – 2. Neubearb. Aufl. 1992. – Bd.
2: *1982–1990.* Ebd. 1992. – Bd. 3: *1990–2001.* Ebd. 2003
Die Kirche und das Judentum / Rolf Rendtorff ; Hans Hermann Hendrix (Hrsg.). 2 Bde.
Paderborn : Bonifatius ; München : Kaiser, 1988 –2001

17.7.9 Moraltheologie, Ethik, christliches Leben

Zu den bibliographischen Hilfsmitteln vgl. 17.7.6, lexikalische
Nachschlagewerke siehe in 17.5.13–17.5.15 und 17.5.21 (Palazzini), 17.5.18 (Ethik). Die zentralen moraltheologischen Diskussionen spielen sich derzeit wohl im Umkreis der Bioethik mit ihren vielen Facetten ab (vgl. etwa die Arbeiten von D. Mieth, J. Reiter, E.
Schockenhoff u. a.). Die Situation ist in der Moraltheologie
handbuchartig nicht ganz problemlos darstellbar. Im folgenden
seien einige einführende und zusammenfassende Werke genannt:

Franz Furger: *Einführung in die Moraltheologie.* Darmstadt : Wiss. Buchgesellschaft, [2]1997
Josef Römelt: *Handbuch der Moraltheologie.* 3 Bde. Regensburg : Pustet, 1996 –1999
Helmut Weber: *Allgemeine Moraltheologie.* Graz : Styria, 1991
Helmut Weber: *Spezielle Moraltheologie.* Graz : Styria, 1999
Franz Böckle: *Fundamentalmoral.* München : Kösel, [3]1981
Dietmar Mieth: *Was wollen wir können? Ethik im Zeitalter der Biotechnik.* Freiburg i.Br. :
Herder, 2002
Johannes Gründel (Hrsg.): *Leben aus christlicher Verantwortung : Ein Grundkurs der Mo-
ral.* 3 Bde. Düsseldorf : Patmos, 1991–1992
Handbuch der christlichen Ethik / hrsg. von Anselm Hertz ... Aktualisierte Neuausgabe. 3
Bde. Freiburg i.br. : Herder, 1993
Gerfried W. Hunold ... (Hrsg.): *Theologische Ethik : ein Werkbuch.* Tübingen : Francke,
2000 (UTB ; 1966)

Evangelische Theologie:

Martin Honecker: *Einführung in die theologische Ethik.* Berlin : de Gruyter, 1990
Trutz Rendtorff: *Ethik : Grundelemente, Methodologie und Konkretionen einer ethi-
schen Theologie.* 2 Bde. Stuttgart : Kohlhammer, 1981 (ThW ; 13)
Horst Afflerbach: *Handbuch christliche Ethik.* Wuppertal : Brockhaus, 22003
Alexander Heck: *Grundkurs theologische Ethik : ein Arbeits- und Studienbuch.* Münster :
Lit, 2003 (Münsteraner Einführungen : Theologische Arbeitsbücher ; 5)

Oxford handbook of theological ethics / Gilbert MEILAENDER ; William WERPEHOWSKI (Hrsg.). Oxford : Oxford University Press, 2005. – Paperback-Ausgabe 2007

Spiritualität:

Kees WAAIJMAN: Handbuch der Spiritualität. 3 Bde. Mainz : Matthias-Grünewald-Verlag, 2004–2007

17.7.10 Christliche Gesellschaftslehre, Sozialethik

Zum kath. Gesellschaftslehre vgl. Rudolf HENNING. In: *Katholisches Soziallexikon*, ²1980, Sp. 1306–17; Walter KERBER. In: LThK³ 5, Sp. 1362–1365; zur evangelischen Sozialethik Wolfgang HUBER. In: RGG⁴ 2, Sp. 1723–1727. Lexika: 17.5.21, 17.5.14. Fachzeitschriften: JCSW, ZEE usw. Für interdisziplinäre Fragestellungen sind auch sozialwissenschaftliche, politologische, wirtschaftswissenschaftliche und juristische Hilfsmittel heranzuziehen, die den Rahmen dieser Übersicht sprengen würden, für den entsprechenden Zeitraum vgl. bes. A. UTZ: *Bibliographie der Sozialethik : Grundsatzfragen des öffentlichen Lebens.* Freiburg i.Br. : Herder, 1964–1980. Handbücher und Quellensammlungen:

Oswald von NELL-BREUNING: Gerechtigkeit und Freiheit : Grundzüge katholischer Soziallehre. München : Olzog, ²1985 (Geschichte und Staat ; 273)

Franz FURGER: Christliche Sozialethik : Grundlagen und Zielsetzungen. Stuttgart : Kohlhammer, 1991 (Kohlhammer-Studienbücher Theologie ; 20)

Walter KERBER: Katholische Gesellschaftslehre im Überblick : 100 Jahre Sozialverkündigung der Kirche. Frankfurt a. M. : Knecht, 1991

Arno ANZENBACHER: Christliche Sozialethik : Einführung und Prinzipien. Paderborn : Schöningh, 1997

Reinhard MARX ; Helge WULSDORF: Christliche Sozialethik : Konturen – Prinzipien – Handlungsfelder. Paderborn : Bonifatius, 2002

Christliche Sozialethik : ein Lehrbuch / Marianne HEIMBACH-STEINS (Hrsg.). 2 Bde. Regensburg : Pustet, 2004–2005

Quellen (siehe auch das *Kompendium der Soziallehre der Kirche* oben unter 17.6.7):

Texte zur katholischen Soziallehre : Die sozialen Rundschreiben der Päpste und andere kirchliche Dokumente. Kevelaer : Butzon und Bercker, Bd. 1: ⁸1992, Bde. 2–3: 1976–1978. – Als Kommentar zu den Enzykliken: O. v. NELL-BREUNING: Soziallehre der Kirche. Wien : Europaverlag, 1977

17. Bücher- und Medienkunde zur Theologie

Die katholische Sozialdoktrin in ihrer geschichtlichen Entwicklung / Arthur F. UTZ ; Brigitta von GALEN (Hrsg.). Aachen : Scientia humana Inst., 1976. – 4 Bde. – Ohne die Texte Pius XII., die im »UTZ-GRONER« enthalten sind:
PIUS XII.: *Aufbau und Entfaltung des gesellschaftlichen Lebens* / Arthur F. UTZ ; Joseph-F. GRONER (Hrsg.). 3 Bde. Freiburg/Schweiz : Paulus-Verlag, 1954 –1961

Zur evangelischen Sozialethik vgl.:

Martin HONECKER: *Grundriß der Sozialethik.* Berlin : de Gruyter, 1995
Ulrich H. J. KÖRTNER: *Evangelische Sozialethik : Grundlagen und Themenfelder.* Göttingen : Vandenhoeck und Ruprecht, 1999 (UTB ; 2107)
Martin ROBRA: *Ökumenische Sozialethik* / Mit einer Einf. von Konrad RAISER. Gütersloh : Kaiser ; Gütersloh : Gütersloher Verlags-Haus, 1994

Die Sammlung der sozialethischen Denkschriften der EKD ist 17.6.7 genannt.

17.7.11 Caritas-, Diakoniewissenschaft, christliche Sozialarbeit

Als Universitätswissenschaft traditionell in Freiburg i.Br. und Heidelberg vertreten. Vgl. zur Caritaswissenschaft R. VÖLKL. In: HPTh 5, Sp. 79 – 83; H. POMPEY. In: LThK³ 2, Sp. 953; zur Diakoniewissenschaft Th. STROHM. In: RGG⁴ 2, Sp. 801– 803 (Lit.).

Neben den Fachbibliographien der Hilfswissenschaften und den einschlägigen theol. period. Bibliographien (17.4.2) vgl. die Zeitschrift *Caritas* und *Caritas : Jahrbuch des Deutschen Caritas-verbandes.* Zur Einordnung vgl. Konrad DEUFEL: Sozialstaat und christliche Diakonie. In: CGG 15, 121–177.

Heinrich POMPEY; Paul-Stefan ROSS: *Kirche für andere : Handbuch für eine diakonische Praxis.* Mainz : Matthias-Grünewald-Verlag, 1998
Unterwegs zu einer Kultur des Helfens : Handbuch des diakonisch-sozialen Lernens / Gottfried ADAM ... (Hrsg.). Stuttgart : Calwer; RPE, 2006
Diakonie an der Schwelle zum neuen Jahrtausend : ökumenische Beiträge zur weltweiten und interdisziplinären Verständigung / hrsg. von Theodor STROHM ... Heidelberg : Winter, 2000 (Veröffentlichungen des Diakoniewissenschaftlichen Instituts an der Universität Heidelberg ; 12)

Zur Geschichte:

Wilhelm LIESE: *Geschichte der Caritas.* 2 Bde. Freiburg i.Br. : Caritasverlag, 1922–1936
Die Geschichte der christlichen Diakonie : praktizierte Nächstenliebe von der Antike bis

318

zur Reformationszeit / Gottfried HAMMANN. Göttingen : Vandenhoeck und Ruprecht, 2003
Erich BEYREUTHER: *Geschichte der Diakonie und inneren Mission in der Neuzeit.* Berlin : Christl. Zeitschriftenverlag, ³1983
Herbert KRIMM (Hrsg.): *Quellen zur Geschichte der Diakonie.* 3 Bde. Stuttgart : Evang. Verlagswerk, 1960–1966

17.7.12 Kirchenrecht, kirchliche Rechtsgeschichte

Außer den Lexika in 17.5.21 vgl. auch das *Lexikon kirchlicher Amtsbezeichnungen* (17.5.27). Von den periodischen Bibliographien vgl. bes. EThL (17.4.2) und die *Canon law abstracts* (jetzt elektron. Ressource). Das amtliche Gesetzblatt der katholischen Kirche sind die AAS, dazu kommen die diözesanen und evangelischerseits die Amtsblätter der Landeskirchen, der EKD etc. Quelleneditionen älteren Rechts sind in den Handbüchern zu ermitteln. Das Gesetzbuch der katholischen Kirche ist:

Codex des kanonischen Rechts : Lateinisch-deutsche Ausgabe. Kevelaer : Butzon und Bercker, ⁵2001. – Ab der 3. Auflage mit einem Sachverzeichnis. – Abkürzung: CIC. – Elektronische Fassung: <http://codex-iuris-canonici.de/>. Harmut ZAPP: *Codex iuris canonici : Lemmata, Stichwörter.* Freiburg : Rombach, 1986

Zum Recht der mit Rom unierten Ostkirchen:

Codex Canonum Ecclesiarum Orientalium. Vatikan : Ed. Vaticana, 1990
Codex Canonum Ecclesiarum Orientalium : Gesetzbuch der katholischen Ostkirchen / Libero GEROSA und Peter KRÄMER (Hrsg.). Paderborn : Bonifatius, 2000 (AMATECA Repertoria ; 2)
Carl Gerold FÜRST (Hrsg.): *Canones-Synopse zum Codex Iuris Canonici (CIC) und Codex Canonum Ecclesiarum Orientalium (CCEO).* Freiburg i.Br. : Herder, 1992

Zum Recht der Evangelischen Kirche in Deutschland siehe:

Das Recht der Evangelischen Kirche in Deutschland : Rechtsquellensammlung / im Auftr. des Kirchenamtes der EKD neu bearb. von Gerhard EIBACH. 2 Bde. Bielefeld : Bertelsmann, 2007
Evangelische Kirchenverfassungen in Deutschland / Dieter KRAUS (Hrsg.). Berlin : Duncker und Humblot, 2001

Handbücher zum gesamten kath. Kirchenrecht, zu dem bes. wichtigen Teilgebiet des Eherechts, zum evang. Kirchenrecht sowie zum Staatskirchenrecht:

319

Klaus LÜDICKE (Hrsg.): *Münsterischer Kommentar zum CIC unter besonderer Berücksichtigung der Rechtslage in Deutschland, Österreich und der Schweiz.* Loseblattausg. Münster : Ludgerus, 1985 (Grundwerk) und Ergänzungslieferungen
Handbuch des katholischen Kirchenrechts / Joseph LISTL ... (Hrsg.). Regensburg : Pustet, ²1999
Winfried AYMANS: *Kanonisches Recht : Lehrbuch aufgrund des CIC* / Klaus MÖRSDORF (Begr.). 13., völlig neu bearb. Aufl. Paderborn : Schöningh, Bd. 1, 1991. – Bd. 2, 1997. – Bd. 3, 2007
Richard PUZA: *Katholisches Kirchenrecht.* Heidelberg : Müller, ²1993 (UTB ; 1395)
Hartmut ZAPP: *Kanonisches Eherecht* / Ulrich MOSIEK (Begr.). Freiburg i.Br. : Rombach, ⁷1988
Albert STEIN: *Evangelisches Kirchenrecht.* Neuwied : Luchterhand, ³1992
Hans DOMBOIS: *Das Recht der Gnade : Ökumenisches Kirchenrecht.* 3 Bde. Witten : Luther Verlag, 1963–1983
Erik WOLF: *Ordnung der Kirche : Lehr- und Handbuch des Kirchenrechts auf ökumenischer Basis.* Frankfurt a. M. : Klostermann, 1961

Zur Geschichte:

Willibald Maria PLÖCHL: *Geschichte des Kirchenrechts.* 5 Bde. Wien : Herold, 1953–1970. – Teils in 2. Auflage
Hans Erich FEINE: *Kirchliche Rechtsgeschichte.* Bd. 1: Die katholische Kirche. Köln : Böhlau, ⁵1972
Péter ERDÖ: *Geschichte der Wissenschaft vom kanonischen Recht : eine Einführung* / Hrsg. von Ludger MÜLLER. Berlin : Lit-Verl., 2006 (Kirchenrechtliche Bibliothek ; 4) = Péter ERDÖ: *Introductio in historiam scientiae canonicae.* Rom : Gregoriana, 1990

Staatskirchenrecht:

Handbuch des Staatskirchenrechts der Bundesrepublik Deutschland / Ernst FRIESENHAHN ... (Hrsg.). Berlin : Duncker und Humblot, ²1994–1995
Staatskirchenrecht und Kirchenrecht: Textauswahl / Zsgest. von Michael GERMANN ... Halle : Univ., ²2007

17.7.13 Praktische Theologie, Pastoraltheologie

Die folgenden Angaben betreffen die Pastoraltheologie allgemein. Es sollen hier keine wissenschaftstheoretischen Entscheidungen durch die Aufteilung vorgenommen werden. Die Abteilung von 17.7.14ff. ist nur aus Gliederungsgesichtspunkten erfolgt:

Norbert METTE: *Katholische Praktische Theologie : Ein Überblick.* Darmstadt : Wissenschaftliche Buchgesellschaft, 2005

Handbuch der Pastoraltheologie / Franz Xaver ARNOLD ; Karl RAHNER (Hrsg.). 5 Bde. in 6 Teilen. Freiburg i.Br. : Herder, 1974–72. – Teils in 2. Aufl. – Die umfangreichen Anteile Karl RAHNERS jetzt in DERS.: *Selbstvollzug der Kirche.* Freiburg i.Br. : Herder, 1995 (K. RAHNER: Sämtliche Werke ; 19)

Handbuch praktische Theologie / Herbert HASLINGER ... (Hrsg.). 2 Bde. Mainz : Matthias-Grünewald-Verlag, 1999–2000

Paul Michael ZULEHNER: *Pastoraltheologie.* 4 Bde. Düsseldorf : Patmos, 1989–1990. – Teilweise weitere Auflagen

Stefan KNOBLOCH: *Praktische Theologie : ein Lehrbuch für Studium und Pastoral.* Freiburg im Breisgau : Herder, 1996

Zu Einzelgebieten vgl. noch:

Isidor BAUMGARTNER, (Hrsg.): *Handbuch der Pastoralpsychologie.* Regensburg : Pustet, 1990

Jürgen BLATTNER ... (Hrsg.): *Handbuch der Psychologie für die Seelsorge.* 2 Bde. Düsseldorf : Patmos, 1992–1993

Günter BIEMER (Hrsg.): *Handbuch kirchlicher Jugendarbeit.* 4 Bde. Freiburg i.Br. : Herder, 1985–1988

Evangelischerseits sind zu nennen:

Handbuch praktische Theologie / hrsg. von Wilhelm GRÄB ... Gütersloh : Gütersloher Verl.-Haus, 2007

Dietrich RÖSSLER: *Grundriß der praktischen Theologie.* Berlin : de Gruyter, [2]1994

Klaus WINKLER: *Seelsorge.* Berlin : de Gruyter, [2]2000

Jürgen ZIEME: *Seelsorgelehre : eine Einführung für Studium und Praxis.* Göttingen : Vandenhoeck und Ruprecht, [2]2004

Handbuch der Seelsorge : Grundlagen und Profile / hrsg. von Wilfried ENGEMANN. Leipzig : Evang. Verl.-Anst., 2007

Zur Seelsorgsgeschichte vgl.:

Geschichte der Seelsorge in Einzelporträts / Christian MÖLLER (Hrsg.). Göttingen : Vandenhoeck und Ruprecht. – Band 1: *Von Hiob bis Thomas von Kempen,* 1994; Band 2: *Von Martin Luther bis Matthias Claudius,* 1995; Band 3: *Von Friedrich Schleiermacher bis Karl Rahner,* 1996

Alfons FISCHER: *Pastoral in Deutschland nach 1945.* 3 Bde. Freiburg : Seelsorge-Verlag ; Würzburg : Echter, 1985–1990

Einführende Literatur:

Einführung in die katholische Praktische Theologie / Norbert METTE. Darmstadt : Wiss. Buchgesellschaft, 2005

Einführung in die praktische Theologie / Christian MÜLLER. Tübingen : Francke, 2004 (UTB ; 2529)

Einführung in die Empirische Theologie : gelebte Religion erforschen / Astrid DINTER ... (Hrsg.). Göttingen : Vandenhoeck und Ruprecht, 2007 (UTB M ; 2888)

17.7.14 Liturgik und Homiletik, Kirchenmusik

Die Liturgiewissenschaft hat sowohl praktische wie historische (Liturgiegeschichte) und systematische (Theologie der Liturgie) Aspekte. Unterschiedlich sind daher auch die Fachzeitschriften ausgerichtet: ALW, JLW usw. Gute bibliographische Übersichten regelmäßig im ALW. Daneben sind je nach Aufgabe die entsprechenden periodischen Bibliographien der Theologie (17.4.2) heranzuziehen. Die lexikalischen Werke sind 17.5.16 genannt, vgl. aber auch 17.5.6 und 17.5.23, Sprachlexika/Terminologie 17.5.28 sowie den Abschnitt zur Patrologie 17.7.3. Quelleneditionen – teils in den großen patristisch/mittelalterlichen Corpora enthalten (17.6.3) – sind den Fachhandbüchern zu entnehmen. Zur Typologie liturgischer Bücher vgl. z. B. Hanns Peter NEU-HEUSER: Typologie und Terminologie liturgischer Bücher. In: *Bibliothek* 16 (1992), S. 45–65.

Katholische:

Reinhard MESSNER: *Einführung in die Liturgiewissenschaft.* Paderborn : Schöningh, 2001
Albert GERHARDS ; Benedikt KRANEMANN: *Einführung in die Liturgiewissenschaft.* Darmstadt : Wiss. Buchgesellschaft, 2006
Handbuch der Liturgiewissenschaft / Aimé-G. MARTIMORT (Hrsg.). 2 Bde. Freiburg i.Br. : Herder, 1963–1965 (eine Neubearb. des orig. franz. Werks erschien: *L'Église en prière* / A.-G. MARTIMORT (Hrsg.). 4 Bde. Paris : Desclée, 1983–1994). – Für die neueren Entwicklungen ersetzt durch:
Gottesdienst der Kirche : Handbuch der Liturgiewissenschaft / Hans Bernhard MEYER ... (Hrsg.). 4 Bde. Regensburg : Pustet, 1983–1999
Joseph Andreas JUNGMANN: *Missarum sollemnia : eine genetische Erklärung der römischen Messe.* 2 Bde. Freiburg i.Br. : Herder, ^{5}1962. – Nachdruck Bonn : Nova und Vetera, 2003. – Nach der offiziellen Wiederzulassung der Tridentinischen Messe unverzichtbar für das Verständnis der Entwicklungen, die zu diesem Messformular und dann zur Reform der Liturgie führten
Theodor KLAUSER: *Kleine abendländische Liturgiegeschichte.* Bonn : Hanstein, ^{5}1965

Evangelische:

Leiturgia : Handbuch des evangelischen Gottesdienstes / Karl Ferdinand MÜLLER ... (Hrsg.). 5 Bde. Kassel : Stauda, 1964 –1970
Hans-Christoph SCHMIDT-LAUBER: *Handbuch der Liturgik : Liturgiewissenschaft in Theologie und Praxis der Kirche.* Leipzig : EVA ; Göttingen : Vandenhoeck und Ruprecht, ³2003

Zur Liturgie der Ostkirchen vgl. die einschlägigen Lexika (17.5.16) sowie das HOK² (17.7.8), ferner:

Hans-Joachim SCHULZ: *Die byzantinische Liturgie : Glaubenszeugnis und Symbolgestalt.* Trier : Paulinus, ³2000 (Sophia ; 5)

Amtliche Normen; Quellensammlungen:

Enchiridion documentorum instaurationis liturgicae / Reiner KACZYNSKI (Hrsg.). 3 Bde. Torino : Marietti, 1976 –1997
Dokumente zur Erneuerung der Liturgie / Heinrich RENNINGS ... (Hrsg.). 3 Bde. Kevelaer : Butzon und Bercker, 1983 –2001
Der Gottesdienst im deutschen Sprachgebiet : Liturgische Dokumente, Bücher und Behelfe / Hans B. MEYER (Hrsg.). Regensburg : Pustet, 1982 (Studien zur Pastoralliturgie ; 5)
Evangelischer Gottesdienstes : Quellen zu seiner Geschichte / Wolfgang HERBST (Hrsg.). Göttingen : Vandenhoeck und Ruprecht, ²1992
Michael MEYER-BLANCK: *Liturgie und Liturgik : der evangelische Gottesdienst aus Quellentexten erklärt.* Gütersloh : Kaiser, 2001 (Theologische Bücherei ; 97)

Zur Homiletik:

Rolf ZERFASS: *Grundkurs Predigt.* 2 Bde. Düsseldorf : Patmos, ⁵/²1997
Handbuch der Verkündigung / Bruno DREHER ... (Hrsg.). Freiburg i.Br. : Herder, 1970. – Abkürzung: HVk
Wolfgang TRILLHAAS: *Einführung in die Predigtlehre.* Darmstadt : Wiss. Buchges., ²1980
Wilfried ENGEMANN: *Einführung in die Homiletik.* Tübingen : Francke, 2002 (UTB ; 2128)

Zur Kirchenmusik und zum Komplex Musik und Religion vgl. auch die Lexika 17.5.23 (besonders MGG^{1/2}) und ggf. die Abschnitte in den Handbüchern der Liturgiewissenschaft, ferner:

Geschichte der katholischen Kirchenmusik / K. G. FELLERER (Hrsg.). Kassel : Bärenreiter, 1972–1976. – 2 Bde.
Musik im Gottesdienst : Ein Handbuch zur Grundausbildung in der katholischen Kirchenmusik / MUSCH, Hans (Hrsg.). 2 Bde. Regensburg : ConBrio, ⁵/⁴1994
Friedrich BLUME: *Geschichte der evangelischen Kirchenmusik.* Kassel : Bärenreiter, ²1965
Musik im Raum der Kirche : Fragen und Perspektiven : ein ökumenisches Handbuch zur Kirchenmusik / Hrsg. von Winfried BÖNING ... Stuttgart : Carus ; Ostfildern : Matthias-Grünewald-Verlag, 2007

Musik und Religion / hrsg. von Helga DE LA MOTTE-HABER. Mit Beitr. von Barbara BARTHELMES ... Laaber : Laaber-Verlag ; Darmstadt : Wissenschaftliche Buchgesellschaft, ²2003.

17.7.15 Religionspädagogik, Katechetik

Vgl. die Lexika 17.5.17 und 17.5.22; für die laufende Literaturverzeichnung vgl. jetzt die Datenbank *Religionspädagogik, Kirchliche Bildungsarbeit, Erziehungswissenschaft* (RKE), die das Comenius-Institut in Münster herausgibt [Literatur ab 1976].

Albert BIESINGER (Hrsg.): *Religionsunterricht heute.* Freiburg i.Br. : Herder, 1989
Achim BATTKE ... (Hrsg.): *Schulentwicklung – Religion – Religionsunterricht : Profil und Chance von Religion in der Schule der Zukunft.* Freiburg i.Br. : Herder, 2002
Wolfgang BARTHOLOMÄUS: *Einführung in die Religionspädagogik.* Darmstadt : Wiss. Buchgesellschaft, 1983
Georg HILGER ; Stephan LEIMGRUBER ; Hans-Georg ZIEBERTZ: *Religionsdidaktik : ein Leitfaden für Studium, Ausbildung und Beruf.* München : Kösel, 2001
Bernhard GROM: *Methoden für Religionsunterricht, Jugendarbeit und Erwachsenenbildung.* Düsseldorf : Patmos ; Göttingen : Vandenhoeck und Ruprecht, ¹⁰1996
Joachim KUNSTMANN: *Religionspädagogik : eine Einführung.* Tübingen : Francke, 2004 (UTB ; 2500)
Religionsunterricht – Orientierung für das Lehramt : mit 25 Tabellen/Grafiken / Rainer LACHMANN ... (Hrsg.). – Göttingen : Vandenhoeck und Ruprecht, 2006
Ökumenisches Arbeitsbuch Religionspädagogik / Harry NOORMANN ... (Hrsg.). Stuttgart : Kohlhammer, ³2007.
Handbuch interreligiöses Lernen : eine Veröffentlichung des Comenius-Instituts / hrsg. von Peter SCHREINER ... Gütersloh : Gütersloher Verlagshaus Mohn, 2005

17.7.16 Missionswissenschaft

Lexika vgl. 17.5.6. Bibliographien: L. VRIENS: *Kritische Bibliographie der Missionswissenschaft.* Nimwegen : V.S.K.B., 1961, sowie *Bibliotheca missionum* / R. STREIT (Begr.). 30 Bde. Münster ; [jetzt:] Roma : Herder, 1916–1974. Zur Missionstheologie:

Horst BÜRKLE (Hrsg.): *Die Mission der Kirche.* Paderborn : Bonifatius, 2002 (AMATECA ; 13)
Gerhard ROSENKRANZ: *Die christliche Mission : Geschichte und Theologie.* München : Kaiser, 1977
Dietrich RITSCHL ; Werner USTORF: *Ökumenische Theologie – Missionswissenschaft.* Stuttgart : Kohlhammer, 1994 (Urban-Tb. ; 430,2)

Zur Missionsgeschichte vgl. die Darstellungen in HKG(J) und
KIG, *Geschichte des Christentums* (17.7.2) sowie die Übersichts-
karten im *Atlas zur Kirchengeschichte* (17.9), ferner:

Alfons J. MULDERS: *Missionsgeschichte.* Regensburg : Pustet, 1960
Kenneth S. LATOURETTE: *A history of the expansion of Christianity.* New York : Harper,
1936–1945. – 7 Bde. – Dt. Kurzausgabe: DERS.: *Geschichte der Ausbreitung des Christen-
tums.* Göttingen : Vandenhoeck und Ruprecht, 1956. – Fortsetzung des Werks: Ralph D.
WINTER: *The 25 unbelievable years : 1945 to 1969.* South Pasadena, Calif. : Carey, 1970
Kirchengeschichte als Missionsgeschichte / Heinzgünter FROHNER ... (Hrsg.). München :
Kaiser, 1974–78. – 2 Bde. bis Frühmittelalter. – Abkürzung: KGMG
Karl MÜLLER (Hrsg.): *Einleitung in die Missionsgeschichte.* Stuttgart : Kohlhammer, 1995
(ThW ; 18)

17.7.17 Religionswissenschaft

Vgl. die 17.5.9–17.5.12. genannten Lexika und HFTh 1
(17.7.6). Zur Beurteilung älterer Handbücher K. RUDOLPH:
Historia Religionum. In: ThLZ 98 (1973), Sp. 401–418. Rezensionen neuerer Werke finden sich auch in IfB 8 (2000), S.
293–302. Vgl. als Hilfsmittel: *Historical atlas of the religions
of the world* (17.9).

Klaus HOCK: *Einführung in die Religionswissenschaft.* Darmstadt : Wiss. Buchgesellschaft,
2002
Horst BÜRKLE: *Einführung in die Theologie der Religionen.* Darmstadt : Wiss. Buchgesell-
schaft, 1977
Adel Theodor KHOURY ; Georg GIRSCHEK: *Das religiöse Wissen der Menschheit.* 2 Bde.
Freiburg i. Br. : Herder, 1999–2002
Theo SUNDERMEIER: *Was ist Religion? Religionswissenschaft im theologischen Kontext.*
Gütersloh : Kaiser, 1999 (ThB ; 96)
Handbuch der Religionsgeschichte / Jens P. ASMUSSEN ... (Hrsg.). 3 Bde. Göttingen : Van-
denhoeck und Ruprecht, 1971–1975
Mircea ELIADE ; Ioan P. CILIANU: *Geschichte der religiösen Ideen.* 4 Bde. Freiburg i.Br. : Her-
der, 2002 (Herder Spektrum ; 5274)
Die Religionen der Menschheit / Chr. M. SCHRÖDER (Hrsg.). Stuttgart : Kohlhammer,
1960–. – Monumentale Reihe von z.T. mehrbändigen Darstellungen
Friedrich HEILER: *Die Religionen der Menschheit* / Kurt GOLDAMMER (Hrsg.). Stuttgart : Re-
clam, [7]2003
Geo WIDENGREN: *Religionsphänomenologie.* Berlin : de Gruyter, 1969
Gerardus van der LEEUW: *Phänomenologie der Religion.* Tübingen : Mohr, [4]1977

17.7.18 Religionsphilosophie

Vgl. die Lexika der Philosophie und Religionswissenschaft (17.5.18 und 17.5.11); als Einführung in die philosophische Institutionenkunde etc. Wulff D. REHFUS: *Einführung in das Studium der Philosophie.* Heidelberg : Quelle und Meyer, [2]1992 (UTB ; 1138). Als umfangreiches rein bibliographisches Nachschlagewerk vgl. W. TOTOK (Hrsg.): *Handbuch der Geschichte der Philosophie.* 6 Bde. Frankfurt : Klostermann, 1964–1990. – Obwohl mit diesen Hinweisen keine allgemeine Einführung in die Philosophie beabsichtigt ist, sei dennoch auf die Lehrbuchreihe der Münchener Jesuiten zu den klassischen Traktaten der Philosophie verwiesen:

Grundkurs Philosophie. Stuttgart : Kohlhammer, 1982– (Urban-Tb.)

Neben individuellen Entwürfen zur Religionsphilosophie (etwa von A. LANG, K. RAHNER [Sämtliche Werke 4], W. TRILLHAAS, N. H. SØ, S. HOLM, B. WELTE, J. SPLETT, J. SCHMITZ, W. WEISCHEDEL, H. G. HUBBELING u. a.) vgl. als Übersicht zur gegenwärtigen Religionsphilosophie, katholischem Denken der beiden letzten Jahrhunderte und zum christlichen Denken vor der Reformation die folgenden Werke (s. auch unter Fundamentaltheologie 17.7.6: VERWEYEN):

Richard SCHAEFFLER: Religionsphilosophie. Freiburg i.Br. : Alber, [2]1997
Stephan GRÄTZEL ; Armin KREINER: Religionsphilosophie. Stuttgart : Metzler, 1999
Willi OELMÜLLER ; Ruth DÖLLE-OELMÜLLER: Grundkurs Religionsphilosophie. München : Fink, 1997 (UTB ; 1959)
Phänomenologie der Religion : Zugänge und Grundfragen / Markus ENDERS ... (Hrsg.). Freiburg : Alber, 2004
Étienne GILSON ; Philotheus BÖHNER: Christliche Philosophie von ihren Anfängen bis Nikolaus von Cues. Paderborn : Schöningh, [3]1954
Emerich CORETH ... (Hrsg.): Christliche Philosophie im katholischen Denken des 19. und 20. Jahrhunderts. 3 Bde. Graz : Styria, 1987–1990
Norbert FISCHER: Die philosophische Frage nach Gott : Ein Gang durch ihre Stationen. Paderborn : Bonifatius, 1995 (AMATECA ; 2)

Handbücher zur Philosophiegeschichte:

Johannes HIRSCHBERGER: Geschichte der Philosophie. Sonderausg. d. 16. Aufl. 2 Bde. Freiburg i.Br. : Herder, 1991. Dass.: 2 Bde. Frechen : Komet, 1999. – Traditionell ausgerichtetes Reper-

torium, elektronische Version in: *Geschichte der Philosophie : Darstellungen, Handbücher, Lexika* / Mathias BERTRAM (Hrsg.). Berlin : Directmedia, 1998 (Digitale Bibliothek ; 3)
Friedrich UEBERWEG (Begr.): *Geschichte der Philosophie.* Nachdr. d. 11./12. Aufl. Darmstadt : Wiss. Buchges., 1957. – 5 Teile. – Breiteste klassische Darstellung, bibliographisch ergiebig, eine völlige Neubearbeitung erscheint als:
Grundriß der Geschichte der Philosophie / Friedrich UEBERWEG (Begr.) – Völlig neubearb. Ausg. Basel : Schwabe, 1983 –. – Derzeit 15 Bde. bis 2004, zur Antike und zum 17. und 18. Jh.

17.7.19 Religionspsychologie

Obwohl es sich hier und 17.7.20 nicht um theologische Fächer im eigentlichen Sinne handelt, spielen die Fragestellungen beider Disziplinen doch in manche theologische Fragestellung hinein.

Über die bibliographische Situation, vor allem die aktuellen Datenbanken informiert die jeweils aktuelle Version von Wilfried SÜHL-STROHMENGER: *Psychologie und Medizin elektronisch: Einführung in die Nutzung der von der Universitätsbibliothek Freiburg bereitgestellten elektronischen Informationsressourcen.* Freiburg im Breisgau: Universitätsbibliothek, digital unter <http://www.freidok.uni-freiburg.de/volltexte/55/>. – Handbücher der Religionspsychologie:

Bernhard GROM: *Religionspsychologie.* Vollst. überarb. 3. Ausg. München : Kösel, 2007
Michael UTSCH: *Religionspsychologie : Voraussetzungen, Grundlagen, Forschungsüberblick.* Stuttgart : Kohlhammer, 1998
Hans-Jürgen FRAAS: *Die Religiosität des Menschen : Ein Grundriß der Religionspsychologie.* Göttingen : Vandenhoeck und Ruprecht, 1990 (UTB ; 1578)
Religionspsychologie: eine Bestandsaufnahme des gegenwärtigen Forschungsstandes / Edgar SCHMITZ (Hrsg.). Göttingen : Hogrefe, 1992

17.7.20 Religionssoziologie

Für die *Religionssoziologie* bietet das ältere Werk von J. MATTHES eine gute Einführung in verschiedene Theorien, die durch beigegebene Quellentexte aus erster Hand vermittelt werden. Bibliographie dort Bd. 1, S. 236; zum Christentum vgl. bes.: Hervé CARRIER ; Émile PIN: *Sociologie du christianisme : Bibliographie internationale (1900–1961).* Roma : Ed. Univ. Gregoriana, 1964. Forts.: DIES. und Alfred FASOLA-BOLOGNA: *Supplément 1962–*

1966. Ebd. 1968. Als Zeitschrift das *Internationale Jahrbuch für Wissens- und Religionssoziologie.* Köln, 1965 –. In die Datenbanken zur Soziologie allgemein führt die aktuelle Ausgabe folgender digitaler Publikation ein: Wilfried SÜHL-STROHMENGER: *Politik und Soziologie elektronisch : Einführung in die elektronischen Informationsressourcen der Universitätsbibliothek Freiburg für die Fächer Wissenschaftliche Politik und Soziologie.* Freiburg i. Br. : Universitätsbibliothek,   <http://www.freidok.uni-freiburg.de/ volltexte/111/>. Als lexikalisches Handbuch das 17.5.21 genannte *Handwörterbuch der Sozialwissenschaften.*

Gert PICKEL: *Religionssoziologie : eine Einführung in zentrale Themenbereiche.* Wiesbaden : VS Verlag für Sozialwissenschaften, 2008
Hubert KNOBLAUCH: *Religionssoziologie.* Berlin : de Gruyter, 1999 (Sammlung Göschen ; 2094)
Joachim MATTHES: *Religion und Gesellschaft : Einführung in die Religionssoziologie.* Bd. 1. Reinbek : Rowohlt, 1976 (rde ; 279/280); DERS.: *Kirche und Gesellschaft : Einführung ...* Bd. 2. Ebd., 1969 (rde ; 312/313)
Günter KEHRER: *Einführung in die Religionssoziologie.* Darmstadt : Wiss. Buchges., 1988

17.8 Geschichte der Theologie

Nach dem Durchgang durch die Grundliteratur der Einzelfächer der Theologie sollen abschließend noch einige größere Zeiträume umgreifende Darstellungen der Geschichte der Theologie genannt werden. In 17.3.2 sind biographisch angelegte Werke genannt. Für ihre Epochen wären hierzu nochmals die verschiedenen Handbücher zur Patrologie, zum Mittelalter, zur Reformation usw. heranzuziehen. Darüber hinaus sind grundlegend:

Bengt HÄGGLUND: *Geschichte der Theologie : Ein Abriß.* Gütersloh : Kaiser, [3]1997 (Kaiser-Taschenbücher ; 79)
Justo L. GONZÁLEZ: *A history of Christian thought.* Rev. ed. 3 Bde. Nashville : Abingdon, 1987 u. ö.
William Carl PLACHER: *A history of Christian theology.* Philadelphia : Westminster Pr., 1983
Ulrich G. LEINSLE: *Einführung in die scholastische Theologie.* Paderborn : Schöningh, 1995 (UTB ; 1865)
Martin GRABMANN: *Die Geschichte der katholischen Theologie seit dem Ausgang der Väterzeit.* Freiburg : Herder, 1933 u. ö.

Carl WERNER: *Geschichte der katholischen Theologie seit dem Trienter Konzil bis zur Gegenwart*. München, 1866

James C. LIVINGSTON: *Modern Christian thought*. 2 Bde. Upper Saddle River, NJ : Prentice-Hall, ²1997–2000. – Zur neuzeitlichen Theologiegeschichte

Horst STEPHAN ; Martin SCHMIDT: *Geschichte der evangelischen Theologie in Deutschland seit dem Idealismus*. Berlin : de Gruyter, ³1973

Emanuel HIRSCH: *Geschichte der neuern evangelischen Theologie im Zusammenhang mit den allgemeinen Bewegungen des europäischen Denkens* / neu hrsg. und eingel. von Albrecht BEUTEL. 5 Bde. Waltrop : Spenner, 2000 (HIRSCH: Gesammelte Werke ; 5)

Karl BARTH: *Die protestantische Theologie im 19. Jahrhundert.* Zürich : TVZ, ⁶1994. – Taschenbuchausg. in 2 Bdn. München : Siebenstern, 1975 (Siebenstern-Tb. ; 177/178)

Jan ROHLS: *Protestantische Theologie der Neuzeit.* 2 Bde. Tübingen : Mohr, 1997

Raymond WINLING: *La théologie contemporaine (1945–1980).* Paris : Centurion, 1983

Bilanz der Theologie im 20. Jahrhundert : Perspektiven, Strömungen, Motive in der christlichen und nichtchristlichen Welt / Herbert VORGRIMLER ... (Hrsg.). 4 Bde. Freiburg i.Br. : Herder, 1969–1979

Georg STRECKER (Hrsg.): *Theologie im 20. Jahrhundert.* Tübingen : Mohr, 1983 (UTB ; 1238). – Nur zur protestantischen deutschsprachigen Theologie

Rosino GIBELLINI: *Handbuch der Theologie im 20. Jahrhundet.* Regensburg : Pustet, 1995

Hermann FISCHER: *Protestantische Theologie im 20. Jahrhundert.* Stuttgart : Kohlhammer, 2002

Yves Marie Joseph CONGAR: *A history of theology* / Translated and edited by Hunter GUTHRIE. New York : Doubleday & Co., 1968. – Beruht auf Congars magistralem Artikel in DThC 15, Sp. 341–502

17.9 Atlanten

Zu dem umfangreichen, in vielen Einzelfaszikeln erscheinenden und von der Steinzeit bis zum 20. Jahrhundert reichenden Unternehmen des *Tübinger Atlas des Vorderen Orients* vgl. die Bibliothekskataloge. – Wichtige Atlanten zur Geschichte:

Großer Historischer Weltatlas. 3 Bde., Erläuterungsbd.; versch. Aufl. München : Bayerischer Schulbuchverlag, 1953–1970. – Zur allgemeinen Geschichte

Putzger Historischer Weltatlas / hrsg. von Ernst BRUCKMÜLLER und Peter Claus HARTMANN. Berlin : Cornelsen, ¹⁰³2006 [Nachdruck]. – Gängigster Handatlas

Archäologie, außerbiblische Religionen:

Ismāʿīl RĀGĪ AL FĀRŪQĪ ; David E. SOPHER (Hrsg.): *Historical atlas of the religions of the world.* London : Collier-Macmillan, 1974

Karl HARTMANN: *Atlas-Tafel-Werk zur Geschichte der Weltreligionen.* 3 Bde. Stuttgart : Quelle-Verlag, 1987–1990

David u. Ruth D. WHITEHOUSE: *Lübbes archäologischer Weltatlas* / Joachim REHORK (Dt. Bearbeitung). Bergisch Gladbach : Lübbe, 1976

Martinus A. BEEK: *Bildatlas der assyrisch-babylonischen Kultur* / Wolfgang RÖLLING (Dt. Bearbeitung). Gütersloh : Gütersloher Verlagshaus, 1961

Günter KETTERMANN: *Atlas zur Geschichte des Islam* / Adel Theodor KHOURY (Einf.). Darmstadt : Wiss. Buchgesellschaft, 2001

An historical atlas of Islam = Atlas historique de l'Islam / ed. by Hugh KENNEDY. 2., rev. ed. Leiden ; Köln : Brill, 2002

Atlanten zur Bibel:

Herders großer Bibel-Atlas / James B. PRITCHARD (Hrsg.). Sonderausgabe. 2. Aufl. Freiburg i.Br. : Herder, 2002. – Neuausgabe Erftstadt : Hohe, 2007

Tübinger Bibelatlas : auf der Grundlage des Tübinger Atlas des Vorderen Orients (TAVO) / Siegfried MITTMANN ... (Hrsg.). Stuttgart : Deutsche Bibelgesellschaft, 2001

Calwer Bibelatlas / erarb. von Wolfgang ZWICKEL. Stuttgart : Calwer, [2]2007

Yôhänän AHARÖNÏ ; Mikä'ël AVÏ-YÔNÄH: *Der Bibel-Atlas.* Augsburg : Weltbild, 1991. – Lizenzausgabe Augsburg : Bechtermünz, 1998 [The Macmillan Bibel-Atlas, dt.]

George E. WRIGHT ; Floyd V. FILSON: *The Westminster historical atlas of the Bible.* Rev. ed. 6. print. Philadelphia, Pa. : Westminster Pr., 1974. – Dt. Kurzausgabe: DIES.: *Kleiner historischer Bibelatlas* / Theodor SCHLATTER (Bearb.). Stuttgart : Calwer Verlag, [8]1986

Studienatlas zur Bibel : Handbuch zur historischen Geographie der biblischen Länder / H. T. FRANK ... (Bearb.) ; Bela T. NAGY (Dt. Bearb.). Neuhausen-Stuttgart : Hänssler, 1983. – Teil des »Breitwand-Projekts« audiovisueller geographischer Dokumentation des Pictorial Archive (Near Eastern History), P. O. Box 19823, Jerusalem; steht in Zusammenhang mit der *Encyclopedia of archaeological excavations:* 17.5.5

Karl HARTMANN: *Atlas-Tafel-Werk zu Bibel und Kirchengeschichte : Karten, Tabellen, Erläuterungen.* 5 Bde. in 9 Teilbdn. Stuttgart : Quell, 1979 –1983. – Enthält unterschiedliche Arten von Übersichtsmaterial

Atlanten zur Kirchengeschichte (vgl. nochmals das vorgenannte Werk):

Atlas zur Kirchengeschichte : Die christlichen Kirchen in Geschichte und Gegenwart / Hubert JEDIN ... (Hrsg.). Aktualisierte Neuausgabe. Freiburg i.Br. : Herder, 1987; [3]1988. – Sonderausgabe 2004. – Das Standardwerk

Franklin H. LITTELL: *Atlas zur Geschichte des Christentums* / Erich GELDBACH (Bearb.). Sonderauflage. Wuppertal : R. Brockhaus, 1989

Heinrich EMMERICH: *Atlas hierarchicus : descriptio geographica et statistica insuper notae historicae ecclesiae catholicae.* 2 Bde. Mödling : St. Gabriel-Verlag, [5]1992

Christine MOHRMANN ; Frederik VAN DER MEER: *Bildatlas der frühchristlichen Welt* / Heinrich KRAFT (Hrsg.). Gütersloh : Mohn, 1959

Jonathan RILEY-SMITH (Hrsg.): *Großer Bildatlas der Kreuzzüge.* Freiburg i. Br. : Herder, 1992

Anton FREITAG: *Die Wege des Heils : Bildatlas zur Geschichte der Weltmission.* Salzburg : O. Müller, 1960

Heinrich EMMRICH ; Lujo SCHORER: *Atlas missionum a sacra congregatione de propaganda fide dependentium.* Civitas Vaticana : S. Congregatio de Propaganda Fide, 1958

18. Abkürzungsverzeichnis

Zum Gebrauch von Abkürzungen bei Titelangaben vgl. oben den Abschnitt 6.8, zum Gebrauch in Anmerkungen 14.3. Die folgende Liste will nicht zu einem verstärkten Gebrauch anregen, sondern gängige Abkürzungen, die häufiger begegnen können, erläutern. Die zweite Liste hält sich an das normsetzende Werk von S. SCHWERTNER (vgl. 17.5.2), abgeglichen mit dem Abkürzungsverzeichnis aus LThK³, dort finden sich jeweils auch die genaueren bibliographischen Angaben. Einen völlig einheitlichen Gebrauch dieser Kürzel gibt es aber nicht. Dazu kommen natürlich Kürzel aus anderen Gebieten, die z. T. identisch sein können (unten z. B. DDC).

18.1 Abkürzungen in Anmerkungen und Zitatnachweisen

a. a. O	am angegebenen Ort	ders.	derselbe
Abb.	Abbildung(en)	dies.	dieselbe(n)
art.	articulus (vgl. 6.10.3)	ebd.	ebd.
Aufl.	Auflage	ed.	editio (Ausgabe)
Ausg.	Ausgabe	ed.	editor (Hrsg.)
Bd.	Band	Einf.	Einführung
Bde.	Bände	Einl.	Einleitung
Bearb.	Bearbeiter	Erg.	Ergänzung
Begr.	Begründer	et. al.	et alii (besser: u. a.)
Beih.	Beiheft	f.	folgende (Sing.)
Beil.	Beilage	ff.	folgende (Plural)
Bl.	Blatt	Forts.	Fortsetzung
c.	canon (vgl. 6.10.4)	Fot.	Fotograph
c.	corpus articuli (vgl. 6.10.3)	gedr.	gedruckt
cf.	confer (= vgl.)	Ges.	Gesellschaft
corp.	corpus articuli (vgl. 6.10.3)	H.	Heft
d.	distinctio	Hg.	Herausgeber

Hrsg.	Herausgeber		Red.	Redaktion, Redaktor
ib.	ibidem (= ebd.)		Reg.	Register
ibid.	ibidem (= ebd.)		Repr.	Reprint (Nachdruck)
Ill.	Illustrationen, Illustrator		rev.	revidiert (überarbeitet)
Interv.	Interviewer		S.	Seite
Intervt.	Interviewter		Ser.	Serie
Jg.	Jahrgang		Sp.	Spalte
Kap.	Kapitel		Suppl.	Supplement
Kt.	Karte		T.	Tomus, tome
Ktn.	Karten		Taf.	Tafel (Abbildungstafel)
Lfrg.	Lieferung		Tb.	Taschenbuch
loc. cit.	loco citato (= a. a. O.)		u. a.	und andere
masch.	Maschinenschriftl.		u. d. T.	unter dem Titel
Mitarb.	Mitarbeiter		Übers.	Übersetzer
Nachdr.	Nachdruck		v.	vide (besser: s.)
Nachw.	Nachwort		v.	verso
N. F.	Neue Folge			(Rückseite, vgl. r.)
o. J.	ohne Jahr		Veranst.	Veranstalter
o. O.	ohne Ort		Verf.	Verfasser
Orig.	Original(ausgabe)		Verl.	Verlag
P.	Pars, part		Vol.	Volumen, volume
period.	periodisch		Vorw.	Vorwort
Pseud.	Pseudonym		Z.	Zeile
r.	recto (Vorderseite)			

18. Abkürzungsverzeichnis

18.2 Sigel gängiger Zeitschriften, Reihen, Standardwerke, Datenbanken

AAS	Acta apostolicae sedis
ACCon	Acta concilii Constanciensis (17.6.4)
ACO	Acta conciliorum oecumenicorum (17.6.4)
ADSCR	Acta et decreta sacrorum conciliorum recentiorum (17.6.4)
ÄGB	Ästhetische Grundbegriffe (17.5.18)
AET	Abhandlungen zur evangelischen Theologie
AGK	Arbeiten zur Geschichte des Kirchenkampfs
AGSU	Arbeiten zur Geschichte des Spätjudentums und Urchristentums
AGTL	Arbeiten zur Geschichte und Theologie des Luthertums
AHC	Annuarium historiae conciliorum
AkathKR	Archiv für katholisches Kirchenrecht
ALGM	Ausführliches Lexikon der griech. und röm. Mythologie (17.5.11)
ALW	Archiv für Liturgiewissenschaft
AMT	Abhandlungen zur Moraltheologie
AnPh	L'année philologique (17.4.3)
APTh	Arbeiten zur Pastoraltheologie
ARG	Archiv für Reformationsgeschichte
ATD	Das Alte Testament Deutsch [Kommentarreihe]
AThANT	Abhandlungen zur Theologie des Alten und Neuen Testaments
AugL	Augustinus-Lexikon (17.5.29)
Aug(L)	Augustiniana (Leuven)
AzTh	Arbeiten zur Theologie

BBB	Bonner biblische Beiträge
BBKL	Biographisch-bibliographisches Kirchenlexikon (17.3.2)
BEvTh	Beiträge zur evangelischen Theologie
BGBE	Beiträge zur Geschichte der biblischen Exegese
BGBH	Beiträge zur Geschichte der biblischen Hermeneutik
BGLRK	Beiträge zur Geschichte und Lehre der Reformierten Kirche
BGPhMA	Beiträge zur Geschichte d. Philosophie (u. Theologie) des Mittelalters
BGrL	Bibliothek der griechischen Literatur (17.6.3)
BHH	Biblisch-historisches Handwörterbuch (17.5.5)
BHS	Biblia hebraica Stuttgartensia (17.6.1)
BHTh	Beiträge zur historischen Theologie
BiBe	Biblische Beiträge
BiKi	Bibel und Kirche
BiLi	Bibel und Liturgie
Bill.	Strack; Billerbeck: Kommentar zum NT aus Talmud und Midrasch
BK	Biblischer Kommentar
BKV	Bibliothek der Kirchenväter (17.6.3)

BNGKT	Beiträge zur neueren Geschichte der katholischen Theologie
BÖT	Beiträge zur ökumenischen Theologie
BPatr	Bibliographia patristica (17.4.2)
BPTh	Beiträge zur praktischen Theologie
BSKORK	Bekenntnisschriften und Kirchenordnungen der nach Gottes Wort reformierten Kirche (17.6.5)
BSLK	Bekenntnisschriften der Evangelisch-Lutherischen Kirche (17.6.5)
BSRK	Bekenntnisschriften der Reformierten Kirche (17.6.5)
BSTh	Beiträge zur systematischen Theologie
BThAM	Bulletin de théologie ancienne et médiévale (17.4.2)
BThZ	Berliner theologische Zeitschrift
BWANT	Beiträge zur Wissenschaft vom Alten und Neuen Testament
BZ	Biblische Zeitschrift
BZAW	Beihefte zur ZAW
BZNW	Beihefte zur ZNW
CCath	Corpus catholicorum (17.6.5)
CCEO	Codex canonum ecclesiarum orientalium (17.7.12)
CChr	Corpus christianorum (17.6.3 dort Unterreihen)
CFl	Concilium Florentinum (17.6.4)
CGG	Christlicher Glaube in moderner Gesellschaft
CIC	Codex iuris canonici (17.7.12)
COD	Conciliorum oecumenicorum decreta (17.6.4)
ConBas	Concilium Basiliense (17.6.4)
CPG	Clavis patrum graecorum (17.7.3)
CPL	Clavis patrum latinorum (17.7.3)
CR	Corpus reformatorum (17.6.5)
CSCO	Corpus scriptorum christianorum orientalium
CSEL	Corpus scriptorum ecclesiasticorum latinorum (17.6.3)
CT	Concilium Tridentinum (17.6.4)
D	Denzinger: Enchiridion, bis zu 31. Aufl. (→ DS → DH)
DACL	Dictionnaire d'archéologie chrétienne et de liturgie (17.5.6)
DBIS	Datenbank-Informationssystem (5.2.2)
DDC	Dictionnaire de droit canonique (17.5.21) – vgl. auch das Folgende
DDC	Dewey decimal classification – vgl. auch das Voranstehende
DH	Denzinger/Hünermann (Hrsg.): Enchiridion, ab 37. Aufl. (17.7.7)
DHGE	Dictionnaire d'histoire et de géographie ecclésiastiques (17.5.6)
DIP	Dizionario degli istituti di perfezione (17.5.15)
DizEc	Dizionario ecclesiastico (17.5.4)
DS	Denzinger/Schönmetzer (Hrsg.): Enchiridion, 32.-36. Aufl. (→ DH)
DSp	Dictionnaire de spiritualité (17.5.15)

18. Abkürzungsverzeichnis

DThA	Deutsche Thomas Ausgabe (17.6.3)
DThC	Dictionnaire de théologie catholique (17.5.3)
dtv	Deutscher Taschenbuch-Verlag
EBB	Elenchus bibliographicus biblicus (17.4.2)
EF	Enciclopedia filosofica (17.5.18)
EHS.T	Europäische Hochschulschriften. Reihe 23: Theologie
EI	Encyclopaedia of Islam (17.5.11)
EJ	Encyclopaedia Judaica (17.5.9)
EKK	Evangelisch-katholischer Kommentar zum NT
EKL	Evangelisches Kirchenlexikon (17.5.2)
EncBud	Encyclopaedia of Buddhism (17.5.11)
epd	Evangelischer Pressedienst
ER	Ecumenical review
ERE	Encyclopaedia of religion and ethics (17.5.11)
ESL	Evangelisches Soziallexikon (17.5.21)
EStL	Evangelisches Staatslexikon (17.5.21)
EThL	Ephemerides theologicae Lovanienses (17.4.2)
EuA	Erbe und Auftrag
EvTh	Evangelische Theologie
EWNT	Exegetisches Wörterbuch zum NT (17.5.5)
EZB	Elektronische Zeitschriftenbibliothek (5.2.1)
FC	Fontes christiani (17.6.3)
FGLP	Forschungen zur Geschichte und Lehre des Protestantismus
FKDG	Forschungen zur Kirchen- und Dogmengeschichte
FKGCA	Forschungen zur Kunstgeschichte und christlichen Archäologie
FKGG	Forschungen zur Kirchen- und Geistesgeschichte
FRLANT	Forschungen zur Religion und Literatur des ATs und NTs
FrRu	Freiburger Rundbrief
FSÖTh	Forschungen zur systematischen und ökumenischen Theologie
FThSt	Freiburger theologische Studien
FTS	Frankfurter theologische Studien
FZPhTh	Freiburger Zeitschrift für Philosophie und Theologie
GAT	Grundrisse zum Alten Testament
GCS	Die griechischen christlichen Schriftsteller der ersten drei Jhh. (17.6.3)
GETh	Grundrisse zur evangelischen Theologie
GGB	Geschichtliche Grundbegriffe (17.5.19)
GNT	Grundrisse zum Neuen Testament
GKT	Grundkurs Theologie (17.7)
GÖK	Geschichte der ökumenischen Konzilien

GrTS	Grazer theologische Studien
GT	Gesellschaft und Theologie
GTB	Gütersloher Taschenbücher
GuL	Geist und Leben

HAT	Handbuch zum Alten Testament
HAW	Handbuch der Altertumswissenschaft
HCE	Handbuch der christlichen Ethik (17.7.9)
HDG	Handbuch der Dogmengeschichte (17.7.7)
HerKorr	Herder-Korrespondenz
HFTh	Handbuch der Fundamentaltheologie (17.7.6)
HJ	Historisches Jahrbuch der Görres-Gesellschaft
HKG(J)	Handbuch der Kirchengeschichte / H. Jedin (Hrsg.) (17.7.2)
HNT	Handbuch zum Neuen Testament
HOK	Handbuch der Ostkirchenkunde (17.7.8)
HPhG	Handbuch philosophischer Grundbegriffe (17.5.18)
HPTh	Handbuch der Pastoraltheologie (17.7.13)
HRG	Handbuch der Religionsgeschichte (17.7.17)
HThG	Handbuch theologischer Grundbegriffe (17.5.12)
HThK	Herders theologischer Kommentar zum Neuen Testament
HThKAT	Herders theologischer Kommentar zum Alten Testament
HUTh	Hermeneutische Untersuchungen zur Theologie
HVk	Handbuch der Verkündigung (17.7.14)
HWDA	Handwörterbuch des deutschen Aberglaubens (17.5.12)
HWP	Historisches Wörterbuch der Philosophie (17.5.18)

IATG	Internationales Abkürzungsverzeichnis für Theologie und Grenzgebiete / S. M. Schwertner (Anm. 136)
IBR	Internationale Bibliographie der Rezensionen (17.1.6)
IBZ	Internationale Bibliographie der Zeitschriftenliteratur (17.1.6)
ICC	The international critical commentary (OT and NT)
IfB	Informationsmittel für Bibliotheken <http://www.bsz-bw.de/SWBplus/ifb/ifb.shtml>
IKaZ	Internationale katholische Zeitschrift »Communio«
IKZ	Internationale kirchliche Zeitschrift
IMB	International medieval bibliography (17.4.3)
IxTheo	Index Theologicus (17.4.2)

JAC	Jahrbuch für Antike und Christentum
JCSW	Jahrbuch für christliche Sozialwissenschaften
JES	Journal of ecumenical studies

18. Abkürzungsverzeichnis

JL   Jüdisches Lexikon (17.5.9)
JLW   Jahrbuch für Liturgiewissenschaft

KAT   Kommentar zum Alten Testament
KatBl   Katechetische Blätter
KEK   Kritisch-exegetischer Kommentar über das Neue Testament
KGMG   Kirchengeschichte als Missionsgeschichte (17.7.16)
KIG   Die Kirche in ihrer Geschichte (17.7.2)
KiKonf   Kirche und Konfession
KKSMI   Konfessionskundliche Schriften des J.-A.Möhler Instituts
KKTS   Konfessionskundliche und kontroverstheologische Studien
KL   Kirchenlexikon / Wetzer/Welte (Hrsg.) (1. Aufl., vgl. WWKL)
KLK   Katholisches Leben und Kirchenreform im Zeitalter der Glaubensspaltung
KlBl   Klerusblatt
KNA   Katholische Nachrichtenagentur
KNLL   Kindlers Neues Literatur-Lexikon (vgl. KNLL) (17.5.25)
KP   Der kleine Pauly (17.5.20)
KTA   Kröners Taschenausgabe
KuD   Kerygma und Dogma
KVK   Karlsruher virtueller Katalog (5.2.5)
KVVK   Karlsruher virtueller Volltext-Katalog (5.2.5)
KW   Die Kirchen der Welt (17.7.8)

LACL   Lexikon der antiken christlichen Literatur (17.5.6)
LÄ   Lexikon der Ägyptologie (17.5.20)
LCI   Lexikon der christlichen Ikonographie (17.5.24)
LF   Liturgiegeschichtliche Forschungen
LIMC   Lexikon iconographicum mythologiae classicae (17.5.11)
LJ   Liturgisches Jahrbuch
LPs   Lexikon der Psychologie (17.5.22)
LR   Lutherische Rundschau
LS   Lebendige Seelsorge
LThK   Lexikon für Theologie und Kirche (17.5.2)
LThW   Lexikon der theologischen Werke (17.5.8)
LuJ   Luther-Jahrbuch
LWQF   Liturgiewissenschaftliche Quellen und Forschungen

Mansi   Sacrorum conciliorum nova et amplissima collectio (17.6.4)
MBTh   Münsterische Beiträge zur Theologie
MdKI   Materialdienst des konfessionskundlichen Instituts
MGG   Die Musik in Geschichte und Gegenwart (17.5.23)
MGH   Monumenta Germaniae historica (17.6.2 und 17.6.3)

MThS	Münchener theologische Studien
MuK	Musik und Kirche
MySal	Mysterium salutis (17.7.7)

NBL	Neues Bibel-Lexikon (17.5.5)
NCE	New catholic encyclopedia (17.5.3)
NEB.AT	Die Neue Echter-Bibel. Altes Testament
NEB.NT	Die Neue Echter-Bibel. Neues Testament
NHThG	Neues Handbuch theologischer Grundbegriffe (17.5.2)
NKD	Nachkonziliare Dokumentation (17.6.7)
NRTh	Nouvelle revue théologique
NTA	Neutestamentliche Abhandlungen
NTAb	New Testament abstracts
NTD	Das Neue Testament Deutsch [Kommentarreihe]
NZM	Neue Zeitschrift für Missionswissenschaft
NZSTh	Neue Zeitschrift für systematische Theologie und Religionsphilosophie

ODCC	Oxford dictionary of the Christian church (17.5.3)
ÖF	Ökumenische Forschungen
ÖR	Ökumenische Rundschau
OR	L'osservatore Romano
OR(D)	L'osservatore Romano (deutsche Wochenausgabe)
OTA	Old Testament abstracts

PAO	Periodicals archive online
PaThSt	Paderborner theologische Studien
PG	Patrologia graeca (17.6.3)
PGL	Patristic greek lexicon (17.5.28)
PhB	Philosophische Bibliothek
PhJ	Philosophisches Jahrbuch
PhR	Philosophische Rundschau
PIO	Periodicals index online
PL	Patrologia latina (17.6.3)
PO	Patrologia orientalis (17.6.3)

QD	Quaestiones disputatae
QKK	Quellen zur Konfessionskunde
RAC	Reallexikon für Antike und Christentum (17.5.6)
RÄRG	Reallexikon der ägyptischen Religionsgeschichte (17.5.11)
RBK	Reallexikon zur byzantinischen Kunst (17.5.24)
RBP	Répertoire bibliographique de la philosophie (17.4.3)
RDK	Reallexikon zur deutschen Kunstgeschichte (17.5.24)

RDL	Reallexikon der deutschen Literaturgeschichte (17.5.25)
RGG	Religion in Geschichte und Gegenwart (17.5.2)
RGST	Reformationsgeschichtliche Studien und Texte
RHE	Revue d'histoire ecclésiastique (17.4.2)
RLA	Reallexikon der Assyrologie (17.5.20)
RLV	Reallexikon der Vorgeschichte (17.5.20)
RM	Die Religionen der Menschheit (17.7.17)
RNT	Das Regensburger Neue Testament
RQ	Römische Quartalschrift
RSPhTh	Revue des sciences philosophiques et théologiques
RSR	Recherches de science religieuse
RTA	Religious and theological abstracts
RThAM	Recherches de théologie ancienne et médiévale
RThom	Revue Thomiste
RThPh	Revue de théologie et de philosophie
RTL	Revue théologique de Louvain
RUB	Reclams Universal-Bibliothek
SBS	Stuttgarter Bibelstudien
SC	Sources chrétiennes (17.6.3)
SDGSTh	Studien zur Dogmengeschichte und systematischen Theologie
SESB	Stuttgarter elektronische Studienbibel (17.6.1)
STGL	Studien zur Theologie des geistlichen Lebens
STGMA	Studien und Texte zur Geistesgeschichte des Mittelalters
StL	Staatslexikon (17.5.21)
stw	suhrkamp taschenbuch wissenschaft
StZ	Stimmen der Zeit
TB	Theologische Bücherei
TBLNT	Theologisches Begriffslexikon zum Neuen Testament (17.5.5)
TEH	Theologische Existenz heute
TGA	Theologie der Gegenwart in Auswahl
THAT	Theologisches Handwörterbuch zum Alten Testament (17.5.5)
ThB	Theologische Bücherei
ThD	Theology digest
ThF	Theologische Forschung
ThGl	Theologie und Glaube
ThHK	Theologischer Handkommentar zum Neuen Testament
ThLZ	Theologische Literaturzeitung
ThPh	Theologie und Philosophie
ThPQ	Theologisch-praktische Quartalschrift
ThPr	Theologia practica

ThQ	Theologische Quartalschrift
ThR	Theologische Rundschau
ThRv	Theologische Revue
ThTh	Themen der Theologie
ThW	Theologische Wissenschaft (17.7, Vorbemerkung)
ThWAT	Theologisches Wörterbuch zum Alten Testament (17.5.5)
ThWNT	Theologisches Wörterbuch zum Neuen Testament (17.5.5)
ThZ	Theologische Zeitschrift (Basel)
TLG	Thesaurus linguae graecae (17.6.3)
TRE	Theologische Realenzyklopädie (17.5.2)
TRT	Taschenlexikon Religion und Theologie (17.5.2)
TS	Theological studies (Woodstock)
TSMA	Texte des späten Mittelalters (und der frühen Neuzeit)
TSTP	Tübinger Studien zur Theologie und Philosophie
TThZ	Trierer theologische Zeitschrift
TTS	Tübinger theologische Studien
TU	Texte und Untersuchungen zur Geschichte der altchristlichen Literatur
TzT	Texte zur Theologie (17.7.7)
US	Una sancta (Meitingen)
UTB	Uni-Taschenbücher
VF	Verkündigung und Forschung
VigChr	Vigiliae Christianae
VLB	Verzeichnis lieferbarer Bücher (Anm. 29)
VRF	Vorreformationsgeschichtliche Forschungen
WA	M. Luther: Werke (Weimarer Ausgabe) (17.6.5)
WBTh	Wiener Beiträge zur Theologie
WiWei	Wissenschaft und Weisheit
WM	Wörterbuch der Mythologie (17.5.11)
WUNT	Wissenschaftliche Untersuchungen zum Neuen Testament
WWKL	Wetzer und Welte's Kirchenlexikon (2. Aufl.; vgl. KL)
ZAW	Zeitschrift für die alttestamentliche Wissenschaft
ZEE	Zeitschrift für evangelische Ethik
ZEvKr	Zeitschrift für evangelisches Kirchenrecht
ZfBB	Zeitschrift für Bibliothekswesen und Bibliographie
ZKG	Zeitschrift für Kirchengeschichte
ZKTh	Zeitschrift für katholische Theologie
ZMRW	Zeitschrift für Missionswissenschaft und Religionswissenschaft
ZNW	Zeitschrift für die neutestamentliche Wissenschaft

18. Abkürzungsverzeichnis

ZPhF   Zeitschrift für philosophische Forschung
ZRGG   Zeitschrift für Religions- und Geistesgeschichte
ZThK   Zeitschrift für Theologie und Kirche

Register

Das folgende Register will dazu verhelfen, die wichtigsten inhaltlichen Punkte schnell zu finden. Es ist bewusst auswahlhaft gehalten. Bei der Benutzung ist darauf zu achten, dass spezielle Materialien teils unter Oberbegriffen gesucht werden müssen (die Traktate der Dogmatik etwa unter dieser), wenn nicht umfassende Darstellungen eines spezifischen Bereichs selbst genannt sind (hier z. B. zur Christologie). – Ein umfassendes Namenregister schien wegen der vielen vor allem bibliographischen Daten nicht sinnvoll. Allerdings sind Hilfsmittel und Erläuterungen zu den großen Theologen als »Gegenständen« der Theologie – von Augustinus bis Rahner – unter deren Namen nachgewiesen. – Auf ein Titelregister wurde desgleichen verzichtet. Wer zu suchende Titel bereits kennt und verifizieren will, arbeitet am besten mit der bibliographischen Grundliteratur weiter oder sucht gleich in den entsprechenden Online-Katalogen. Über die Verweisungen im Abkürzungsverzeichnis 18.2 können bibliographische Angaben zentraler theologischer Nachschlagewerke jedoch aufgefunden werden. Der Pfeil → bedeutet sowohl »siehe« wie »siehe auch«.